DICTIONARY OF CHINESE SCHOLARS
WHO RETURNED FROM NORTH AMERICA
IN THE 1950S

归来

二十世纪五十年代
归国北美留学生名录

王德禄 主编　　程宏 刘志光 副主编

中国科学技术出版社
·北京·

图书在版编目（CIP）数据

归来：二十世纪五十年代归国北美留学生名录 / 王德禄主编；程宏，刘志光副主编 . —北京：中国科学技术出版社，2023.3

ISBN 978-7-5046-9250-4

Ⅰ.①归… Ⅱ.①王… ②程… ③刘… Ⅲ.①留学生 - 人名录 - 中国 -20 世纪　Ⅳ.① K828.4

中国版本图书馆 CIP 数据核字（2021）第 202614 号

策划编辑	许　慧
责任编辑	余　君
正文设计	中文天地
封面设计	李学维
责任校对	焦　宁　吕传新　邓雪梅　张晓莉
责任印制	李晓霖

出　　版	中国科学技术出版社
发　　行	中国科学技术出版社有限公司发行部
地　　址	北京市海淀区中关村南大街16号
邮　　编	100081
发行电话	010-62173865
传　　真	010-62173081
网　　址	http://www.cspbooks.com.cn

开　　本	787mm×1092mm　1/16
字　　数	563千字
印　　张	34.5
版　　次	2023年3月第1版
印　　次	2023年3月第1次印刷
印　　刷	北京顶佳世纪印刷有限公司
书　　号	ISBN 978-7-5046-9250-4 / K·339
定　　价	120.00元

（凡购买本社图书，如有缺页、倒页、脱页者，本社发行部负责调换）

题辞

吴良镛题辞

科学无国界
我们有国籍

九五老人 李恒德

李恒德题辞

百年家国苦烽烟
贫弱重洋求更生
岂甘篱下损荣辱
争来朝霞照归程

傅君诏
二〇〇六年书

傅君诏题辞

胡聿贤 戴月棣题辞

幼年时军阀混战日寇残暴入侵国将不国
少年时远渡重洋为兴国
获得博士时排除万难绕道回国
为国家发展的需要三改专业发展高等教育
今日强国梦将圆无比振奋与快乐
九十五岁老人王启东回忆说

以上为王启东老人亲笔书写的奋斗与幸福感

王启东题辞

莘莘学子　负笈留美
历经艰辛　系念祖国
不论英雄　如今安在
巍巍中华　永记册东

蓝天

蓝天题辞

我们那一代人，因国家遭受日本侵略，爱国心强，希望中国现代化、摆脱落後贫穷。出国学习是为了中国现代化。正如周总理上小学时所说的：

为中华崛起而学习

吴大昌　2016年6月

吴大昌题辞

少壮赴美留学，心系祖国
晚年旅居欧洲，怀念故土

百岁老人　潘良儒

2016.10.10

潘良儒题辞

序

《二十世纪五十年代归国北美留学生名录》的编撰历时十年，终于要出版了。它是《归国留美科学家访谈录》（获国家出版基金项目资助，湖南教育出版社出版）的姐妹篇，都出自王德禄及他的团队。我不禁回忆起三十多年前与王德禄的相识和交往。

我与王德禄相识于1984年11月在厦门召开的一次科学与社会研讨会。王德禄作为年轻的科学史学者，给我印象很深。次年，王德禄调入新成立不久的中国科学院政策与管理研究所，我们成为同事。1988年他与中国科学院研究生院的英文教师、美国学者杜开昔（Kathy Dugan）合作，对五十年代归国科学家进行访谈。我本人也关心归国留学群体，并从1976年就开始从事科学家的传记和科学史的研究，所以我十分关注他们这项费时、费力却鲜有人去做的工作，自此与王德禄有了更多的共同语言。

我对留学归国科学家的认识始于1958年。那年，我入读中国科技大学核物理及核工程系。当时给我们授课的许多老师都有留学背景，如上高等数学课的关肇直留法，上普通物理课的张文裕留英、留美，上专业物理课的赵忠尧留美、郑林生留美、丁渝留学加拿大。毕业后，我到中国科学院高能物理研究所工作，实验部的研究员萧健留美，等等。

"文化大革命"刚结束，我即开始创作科学家传记电影《李四光》的剧本。该剧本曾受到方毅、李昌、钱三强等中国科学院多位领导及学术委员会张文裕、何泽慧等人的关注，同名电影于1979年底上映。此后，我陆续发表了论文《近代物理在中国的兴起》《华裔美籍物理学家对近代物理的贡献及其社会意义》《留学教育对中国科学技术发展的影响——兼评留学政策》等。

七八十年代，我曾有五次机会接触、访谈科学家，他们多是不同时代的归国留学生，我对这个群体有了更深的了解，并结交了许多科学家。第一次是1977年我参加物理学词典的编译工作，及其后科学技术词典的编译工

I

作。编译过程中，接触到一百二十位不同学科的科学家。第二次是1982年至1984年，我到美国哈佛大学科学史系访学，研究华裔美籍物理学家，曾采访四十余位华裔美籍科学家和学者，收获颇丰。第三次是1984年回国后，参加《当代中国》科学院卷的发展史的撰稿工作，其间和科学院的科学家及各级干部的接触及访谈，使我更多地了解了科学院的发展历史及归国留学科学家的心声。第四次是1988年，中央电视台拍摄反映新中国四十年科学发展道路的电视系列片《共和国之恋》，我受邀撰写第二集"热望的凝聚"的脚本，讲述留学生回国的历史。第五次是我与哈佛大学科学史系厄文·希尔伯特教授合作进行"自三十年代以来中国对核物理的传播与贡献"课题研究，又访谈了十多位核物理学家。2017年，我撰写的反映中国百年留学史的专著《回首百年路遥——伴随中国现代化的十次留学潮》出版（上海教育出版社）。

在1990年前后，王德禄和杜开昔博士开展了对五十年代归国科学家的密集访问。两位心存敬畏，对三十多位在那个特殊年代回归的科学家进行了规范和系统的访谈，留存了一百零五盘录音带，由中国科学院政策所樊洪业研究员精心保管了二十年。2011年，美国加州理工大学普莫娜分校历史系王作跃教授在美国申请了一个留美华裔科学家课题，因从范岱年教授那里得知有这批录音带，而向王德禄询问其下落，故触发了王德禄的记忆并唤起他的热情。王德禄从樊洪业研究员那里寻回录音带，组织了一个团队，整理成文字。在樊洪业研究员的具体指导下，这些昔日的录音终于汇成了一本可贵的访谈录并付梓。其后王德禄又率团队继续追踪五十年代归国北美留学生的下落，为他们编写名录，即本书。

本书中的留学生大都是国民政府在抗战期间和战后初期为了将来国家重建，经过考试遴选，以公费和官方美元汇率资助，派送去美国留学、培训和进修的。理工科和人文学科的比例约为三比一。新中国成立后，百废待兴，留学人才顺理成章地成为人民政府人才战略的重点。随着一系列鼓励他们回国政策的实施，至1956年，从美国回国的留学人员就有一千五百人左右，而当年中国科学院的高级研究人员加上全国高等学校副教授以上的教师也只有七千余人。

五十年代归国北美留学生是个特殊的群体，只有了解他们的人生经历，才能深切认识新中国对他们的强大感召力和他们在历史上的地位和价值。实际上，普通国人对这个群体的认知始于"两弹一星"功勋奖章的颁发，而此前对这个群体的了解并不太多。至1980年中国科学院遴选出的三批四百七十三名院士（学部委员）中，有留学经历的占82%，有留美经历的占49%，而五十年代留美回国的占23%。

2011年中国科协启动了"老科学家学术成长资料采集工程"项目，并筹建国家科学家博物馆。本书征编工作被纳入"采集工程"。王德禄率北京长城企业战略研究所团队经过近十年锲而不舍的努力，征编了从美国回来的各类留学生及学者一千八百余人，其中获得主要信息者一千三百六十余人。二十世纪五十年代留美回国潮已经过去六七十年了，多数当事人已经去世，在人事档案开放有限的大环境下，本书能够征编到这种程度，实属不易。

最后，让我们向这个特殊的群体致敬！

姚蜀平
美国哈佛大学费正清中心协作研究员
2021年12月2日

前言

二十世纪五十年代回国的留学生是一个特殊的群体，这是因为他们都是抗战期间或战后初期，国民政府为了战后重建而派到国外留学的储备人才。新中国成立后，他们受到中央政府、国家领导人的直接或间接邀请、被动员感召回国为新中国建设服务。他们回国后，参与了《一九五五年至一九六七年科学技术发展远景规划纲要》的制定，参与了"两弹一星"的研制，展开了众多新学科的建设，培养了大量的科技人才。

五十年代回国的留美学者为八十年代改革开放后的科技崛起和腾飞打下了坚实的基础，发挥了无以替代的作用。1999年，国家表彰的二十三位"两弹一星"功勋奖章获得者有任新民、朱光亚、邓稼先、吴自良、王希季、钱学森、陈能宽、杨嘉墀、郭永怀九人。至2013年度，国家最高科学技术奖获得者二十四人中有叶笃正、闵恩泽、徐光宪、师昌绪、吴良镛、谢家麟、郑哲敏、张存浩八人。

2011年中国科协启动了"老科学家学术成长资料采集"工程。为此我们在2011年整理了我在1990年前后进行的访谈并撰写了《1950年代归国留美科学家访谈录》，在2013年承担了《二十世纪五十年代归国北美留学生名录》的采集编撰课题。我们与美国哈佛大学费正清中国研究中心协作研究员姚蜀平合作，在波士顿召开了"剑桥中国近现代留美史"研讨会，美国科学院院士、中国科学院外籍院士丘成桐教授到场致辞。这些年来我们发表了《1950年代回国留美科学家的归程与命运》《罗沛霖：党派我去留学，我要对得起党》《寻找爱因斯坦给中国留美学生的回信》《威尔逊总统号不寻常的第17次航程》《寻访与钱学森同船回国的陆孝颐》《克利夫兰逊总统号第60次航程上的回国学子》《追寻"留美学生通讯"和汪衡》《1949年前后留美学生组织及其期刊》《1950年代回国：抗战老兵中的留美知识分子》等十余篇论文。此外，北京大学研究生陈丹以此群体为研究对象完成了博士论文《1950年代归国留美学人群体研究》。

经过近十年的努力，我们共采集到一千八百余位北美留学生的资料。但是遗憾的是，目前还有四百多人，对他们除了名字几乎没有更多的信息。要完善《名录》还需要花费很长时间，而收集全部人员完整准确的信息几乎是不可能的。无论如何，我们首先将个人信息相对完整或较多的一千三百六十余人的传略，编辑成书出版。希望广大读者积极提供信息，完善资料。

凡例

【收集对象】

1949年到1965年回国的留学北美（包括少数留英、留法）的学生学者，包括考察进修、培训、访学交流的科技文化人员，他们出国前受过高等教育，或回国时至少受过一年当地的高等教育。

【资料来源】

主要有五个：一是《1950年代归国留美科学家访谈录》中的信息；二是他们的子女、亲属、学生、朋友和同事所提供的信息、资料；三是他们所在单位、组织部门提供的信息；四是公开出版物，包括人物传记、史志资料、学术论文、回忆纪念文章、百科资料、人物数据库、新闻报道等；五是网上拍卖的有关留学的文物、资料，包括信札、档案、老照片等。

【撰写原则】

勾勒传主生平轮廓，避免使用过于专业的词语，注重收集留学经历、回国时间和回国后的命运归宿。尽量使用客观性、史料性的词典式语言。

【略传要素】

（一）姓名、曾用名、性别、民族（仅注明女性和少数民族）、籍贯或出生地。

（二）职业身份（专业学科类别）。

（三）国内受教育情况（学校、专业、毕业时间和毕业后的经历）。

（四）留学时间及自费、公费。

（五）国外受教育情况（学校、专业、毕业时间和毕业后的经历）。

（六）回国时间（尽量精确）和回国后的去向。

（七）回国后的工作情况（职务，学术成绩和所获奖励）。

（八）社会职务（人大代表、政协委员、政府、民主党派职务）。

（九）晚年归宿。

【分辑说明】

本书分上、下两辑。信息较完整的归入上辑；信息较欠缺，甚至只有人名的归入下辑。

目录

序 ……………………………………………………………………… I

前言 …………………………………………………………………… V

凡例 …………………………………………………………………… I

人名细目（按姓名音序排列） ……………………………………… 1

上辑 ………………………………………………………………… 001

下辑 ………………………………………………………………… 435

附录：克利夫兰总统号和威尔逊总统号简介 …………………… 501

后记 ………………………………………………………………… 502

人名细目

（按姓名音序排列）

上辑

A

艾国英（1923—2019）……… 003
安希伋（1916—2009）……… 003

B

白家祉（1917—2014）……… 004
鲍城志（1924—2019）……… 004
鲍家善（1918—2003）……… 005
鲍文奎（1916—1995）……… 005
毕季龙（1914—2007）……… 005
卞荫贵（1917—2005）……… 006

C

蔡博渊（1916—1980）……… 007
蔡灿星（1914—2000）……… 007
蔡焌年（1924—1996）……… 007
蔡镏生（1902—1983）……… 008
蔡启瑞（1913—2016）……… 008
蔡强康（1921—2011）……… 008

蔡淑莲（1913—1969）……… 009
蔡益铣（1924—   ）……… 009
蔡咏春（1904—1983）……… 009
蔡用舒（1916—2000）……… 009
蔡聿彪（1922—2000）……… 010
蔡祖宏（1918—   ）……… 010
曹德谦（1922—   ）……… 010
曹　孚（1911—1968）……… 011
曹　骥（1916—   ）……… 011
曹建猷（1917—1997）……… 011
曹锡华（1920—2005）……… 012
曹贞敏（1924—2018）……… 012
曹忠民（1912—   ）……… 012
曹宗巽（1920—2011）……… 013
常沙娜（1931—   ）……… 013
陈百屏（1913—1993）……… 013
陈北亨（1921—2009）……… 013
陈秉聪（1921—2008）……… 014
陈炳兆（1911—1988）……… 014
陈彩章（1903—1988）……… 014
陈昌蕃（1913—2005）……… 015
陈椿庭（1915—2016）……… 015
陈迭云（1917—1996）……… 015
陈尔真（1926—   ）……… 015

陈芳禄（1919—1976）……016	陈　恕（1924—　）……025
陈更华（1924—2012）……016	陈舜祖（1921—1986）……025
陈官玺（1912—1995）……016	陈天池（1918—1968）……026
陈冠荣（1915—2010）……017	陈铁云（1918—2005）……026
陈光辉（1923—　）……017	陈维华（1920—　）……026
陈光谦（1920—　）……017	陈贤镕（1917—1987）……026
陈国凤（1932—　）……018	陈肖南（1921—1985）……027
陈涵奎（1918—2017）……018	陈心陶（1904—1977）……027
陈翰笙（1897—2004）……018	陈秀霞（1923—　）……027
陈　辉（1928—2007）……019	陈秀煐（1926—2022）……028
陈家镛（1922—2019）……019	陈亚英（1924—　）……028
陈嘉鎏（1919—1966）……019	陈一鸣（1920—2014）……028
陈鉴远（1916—1995）……020	陈荫枋（1919—2005）……028
陈　荩（1921—2005）……020	陈永定（1921—　）……029
陈　立（1922—2017）……020	陈幼军（　—　）……029
陈励常（1919—2002）……021	陈余年（1913—2004）……029
陈明斋（1911—1997）……021	陈玉清（1920—　）……029
陈铭谟（　—　）……021	陈　誉（1920—2003）……030
陈迺隆（1921—2015）……021	陈泽霖（1891—1968）……030
陈能宽（1923—2016）……022	陈展猷（1914—1968）……030
陈其恭（1920—1979）……022	陈兆兴（1921—　）……031
陈钦材（1912—1993）……022	陈祯琳（1910—1991）……031
陈庆诚（1921—　）……023	陈志德（1917—2002）……031
陈仁烈（1911—1974）……023	陈志平（1912—1998）……031
陈日曜（1920—　）……023	陈致忠（1918—　）……032
陈荣悌（1919—2001）……023	陈中天（1919—　）……032
陈荣耀（1922—1997）……024	陈仲颐（1923—2019）……032
陈茹玉（1919—2012）……024	陈祚修（1918—　）……032
陈绍澧（1925—1968）……024	成竟志（1920—2010）……033
陈善明（1918—　）……025	成俊卿（1915—1991）……033
陈世忠（1920—2009）……025	成众志（1921—2017）……033

诚静容（1913—2012）……… 034
程尔康（1916—2014）……… 034
程光玲（1924—1983）……… 034
程懋坪（1922—2001）……… 035
程美德（？—1963）……… 035
程民德（1917—1998）……… 035
程明鉴（1918—　）……… 035
程洒欣（1929—　）……… 036
程瑞琮（1919—　）……… 036
程世祜（1918—1968）……… 036
程守洙（1908—1988）……… 036
程澹如（？—1986）……… 037
程文锷（1915—　）……… 037
程先安（1916—2006）……… 037
程晓伍（1926—2015）……… 037
程之光（1922—1994）……… 038
池际尚（1917—1994）……… 038
褚长福（1919—2004）……… 038
褚应璜（1908—1985）……… 039
崔　澂（1911—1996）……… 039

D

戴广茂（1920—1989）……… 040
戴汉笠（1924—　）……… 040
戴礼智（1907—2007）……… 040
戴乾定（1925—2015）……… 041
戴强生（1926—2013）……… 041
戴士铭（　—　）……… 042
戴月棣（1923—　）……… 042
邓光禄（　—　）……… 042

邓汉馨（1924—2011）……… 042
邓稼先（1924—1986）……… 043
邓述高（1917—1955）……… 043
邓婉嫦（1922—1990）……… 043
邓衍林（1908—1980）……… 043
刁开智（1925—　）……… 044
丁光生（1921—2022）……… 044
丁光训（1915—2012）……… 044
丁汉波（1912—2003）……… 045
丁　儆（1924—2013）……… 045
丁克明（1917—　）……… 045
丁宽智（1920—　）……… 046
丁舜年（1910—2004）……… 046
丁延祄（1914—1993）……… 046
丁耀瓒（　—　）……… 047
丁　渝（1920—1974）……… 047
丁则民（1919—2001）……… 047
董国瑛（1921—2014）……… 048
董晋炎（1913—　）……… 048
董时光（1918—1961）……… 048
董铁宝（1917—1968）……… 048
董彦曾（1921—2016）……… 049
都焕文（1924—　）……… 049
杜秉洲（1919—　）……… 049
杜　度（1915—2000）……… 049
杜连耀（1910—2004）……… 050
杜庆华（1919—2006）……… 050
杜天崇（1914—　）……… 050
杜遵礼（1925—2010）……… 050
段连城（1926—1998）……… 051

F

范恩锟（1919—1971）……052
范怀忠（1917—2003）……052
范 濂（1919— ）……052
范少泉（1911—2011）……053
范 棠（1914— ）……053
范维垣（1919— ）……053
范新弼（1921—2010）……053
方 纲（1913—1981）……054
方 琳（1930— ）……054
方文均（1911—2002）……054
方正知（1918—2017）……055
方宗熙（1912—1985）……055
费存仁（1924— ）……056
费近仁（1922—2013）……056
费致德（1914— ）……056
丰华瞻（1920— ）……057
冯大麟（1923— ）……057
冯 斐（1914— ）……057
冯国栋（1917— ）……057
冯 慧（1917—2017）……058
冯俊凯（1921—2011）……058
冯启德（1925—1996）……058
冯世瑄（1920—2010）……059
冯世章（1923—2012）……059
冯树模（1912—2008）……059
冯锡良（1920—2006）……059
冯锡璋（1918—1994）……060
冯伊湄（1908—1976）……060
冯 寅（1914—1998）……060
冯应琨（1908—1992）……061
冯之榴（1921— ）……061
冯致英（1914—2003）……061
傅举孚（1920—2016）……062
傅君诏（1921—2023）……062
傅书遐（1924— ）……062
傅统先（1910—1985）……063
傅望衡（1923— ）……063
傅信祥（1913—1993）……063
傅 鹰（1902—1979）……064

G

甘怀义（1912—1995）……065
甘培根（1925—2006）……065
甘祯祥（1920—2000）……066
高墀恩（1911—1977）……066
高鼎三（1914—2002）……066
高鸿业（1921—2007）……066
高联佩（1919—2011）……067
高麟英（1918—1987）……067
高汝淼（1925— ）……067
高时浏（1915—2012）……068
高小霞（1919—1998）……068
高婴齐（1907—1996）……068
高永寿（1919— ）……068
高有焕（1911—1972）……069
高芝兰（1922—2013）……069
葛春霖（1907—1994）……069
葛 力（1915—1998）……070

葛明裕（1913—2013）……070
葛庭燧（1913—2000）……070
葛绍岩（1925—2010）……071
葛修怀（1918—　）……071
龚兰真（1904—1987）……071
龚树模（1915—2001）……071
龚维瑶（1923—2011）……072
龚正洪（1931—　）……072
顾德仁（1924—　）……072
顾家杰（1913—1979）……072
顾钧禧（1915—2003）……073
顾懋祥（1923—1996）……073
顾淑型（1897—1968）……073
顾夏声（1918—2012）……074
顾学稼（1926—　）……074
顾亚声（1921—2016）……074
顾以健（1922—2017）……075
关桂梧（1920—2017）……075
关淑庄（1919—2012）……075
关懿娴（1918—2020）……076
关颖谦（1924—2014）……076
关粤华（1923—　）……076
关哲昭（1911—　）……076
管锦康（1918—2013）……077
管士滨（1920—1993）……077
管相桓（1909—1966）……077
桂灿昆（1919—1996）……078
桂慧君（1919—　）……078
桂世祚（1917—2008）……078
桂湘云（1926—　）……079
郭春华（1923—　）……079

郭大栋（　—　）……079
郭浩清（1911—1960）……079
郭季芳（1920—2008）……080
郭俊彦（1926—2018）……080
郭开兰（　—　）……080
郭可詹（1917—2008）……080
郭明达（1913—2014）……081
郭慕孙（1920—2012）……081
郭圣铭（1915—2006）……082
郭世康（1917—2019）……082
郭舜平（1909—　）……082
郭挺章（1917—1957）……082
郭秀梅（1916—1995）……083
郭永怀（1909—1968）……083
郭兆仪（1921—2015）……083
郭忠兰（1925—2014）……084
过邦辅（1919—2012）……084

H

韩德馨（1917—2009）……085
韩叔信（1903—1965）……085
杭晨濠（　—　）……085
郝德元（1915—2012）……086
郝日英（　—　）……086
何炳林（1918—2007）……086
何诚志（1925—　）……087
何福煦（1919—1990）……087
何福照（1917—2002）……087
何光篯（1913—1999）……088
何广乾（1920—2010）……088

5

何国栋（1918—1992）……088	胡汉泉（1918—2005）……097
何国柱（1922—2017）……088	胡鹤年（1922—2017）……098
何 基（1916—1966）……089	胡镜容（1918—2004）……098
何佩芬（ — ）……089	胡伦积（1918—2004）……098
何伟发（1908—1996）……089	胡明正（1918—1998）……099
何文昆（1921—1992）……089	胡 宁（1916—1997）……099
何宪章（1915—2003）……090	胡日恒（1920—1996）……099
何怡贞（1910—2008）……090	胡士襄（1920—2006）……100
何永佶（1902—1979）……090	胡世平（1921—2017）……100
何永照（1913—1984）……091	胡树声（1926— ）……100
何 宇（1924—2022）……091	胡为柏（1922—2001）……101
何毓津（1924— ）……091	胡西樵（1920—2002）……101
何肇发（1921—2001）……092	胡熙庚（1912—2001）……101
何正礼（1908—2003）……092	胡先晋（1910—1984）……102
何兹全（1911—2011）……092	胡先文（1909—1981）……102
贺祥麟（1921—2012）……093	胡聿贤（1922— ）……102
贺钟麟（1919—1999）……093	胡 征（1917—2006）……102
赫崇本（1908—1985）……093	华罗庚（1910—1985）……103
洪朝生（1920—2018）……094	华宁熙（1927— ）……103
洪 晶（1917—2003）……094	环惜吾（1907—1984）……103
洪镜纯（1924—2004）……094	黄邦彦（1930— ）……104
洪用林（1916—1972）……095	黄葆同（1921—2005）……104
侯博渊（1923— ）……095	黄 敞（1927—2018）……104
侯浚吉（1919—2007）……095	黄翠芬（1921—2011）……105
侯祥麟（1912—2008）……095	黄大斌（1915—2001）……105
侯学煜（1912—1991）……096	黄大器（ — ）……105
侯虞钧（1922—2001）……096	黄德禄（1913—1986）……106
侯元庆（1917—1985）……096	黄定坤（1925— ）……106
胡昌寿（1918— ）……096	黄飞立（1917—2017）……106
胡 定（1922—2018）……097	黄宏嘉（1924—2021）……106
胡敦元（1902—1975）……097	黄宏煦（1920— ）……107

黄鸿宁（1915—2015）……… 107
黄景泉（1921—1978）……… 107
黄巨兴（1917—2008）……… 108
黄克累（1919—　　）……… 108
黄克维（1907—1996）……… 108
黄兰洁（1934—　　）……… 109
黄兰林（1926—2015）……… 109
黄兰友（1929—2013）……… 109
黄　量（1920—2013）……… 109
黄茂光（1916—2007）……… 110
黄明慎（1923—2016）……… 110
黄鸣龙（1898—1979）……… 110
黄启宇（1916—1981）……… 111
黄荣翰（1917—　　）……… 111
黄士松（1920—2017）……… 111
黄叔善（1916—2016）……… 112
黄　宛（1918—2010）……… 112
黄维廉（1897—1993）……… 112
黄维垣（1921—2015）……… 113
黄武汉（1919—1968）……… 113
黄蕴元（1916—1994）……… 114
黄　西（1901—1974）……… 114
黄希坝（1921—　　）……… 114
黄小玲（　—　）……… 115
黄孝迈（　—　）……… 115
黄星圻（　—　）……… 115
黄永轼（1908—　　）……… 115
黄雨青（1918—1994）……… 115
黄志千（1914—1965）……… 116
黄中立（1918—1983）……… 116
黄仲熊（1917—1968）……… 116
黄子卿（1900—1982）……… 116

J

计苏华（1917—1976）……… 118
纪河清（1916—　　）……… 118
纪仲愚（1914—1992）……… 118
冀朝铸（1929—2020）……… 119
冀一伦（1919—2014）……… 119
贾　健（1914—　　）……… 119
贾日升（1920—1968）……… 120
贾文林（1918—2007）……… 120
贾有权（1916—2010）……… 120
简浩然（1912—2007）……… 121
江乃萼（　—　）……… 121
江启元（　—　）……… 121
江晴芬（1914—1966）……… 121
江士昂（1921—2021）……… 122
江泽佳（1920—2013）……… 122
江之鉴（　—　）……… 122
姜圣阶（1915—1992）……… 123
姜泗长（1913—2001）……… 123
姜文钊（1928—2002）……… 123
蒋次升（1914—2004）……… 124
蒋恩钿（1908—1975）……… 124
蒋丽金（1919—2008）……… 124
蒋士骕（1924—2011）……… 125
蒋士驹（1917—　　）……… 125
蒋书楠（1914—2013）……… 125
蒋锡夔（1926—2017）……… 126
蒋湘泽（1916—2006）……… 126

蒋荫恩（1910—1968）·········· 126
蒋　英（1919—2012）·········· 127
蒋咏秋（1920—2021）·········· 127
蒋豫图（1913—1993）·········· 127
焦联星（1920—2011）·········· 127
焦瑞身（1918—2009）·········· 128
金大勋（1915—2010）·········· 128
金诗箴（1921—2015）·········· 128
金荫昌（1915—2007）·········· 129
金永祚（1918—2008）·········· 129
金云铭（1904—1987）·········· 129
金蕴华（1925—　）·········· 130
荆广生（1917—2004）·········· 130

K

阚冠卿（1916—1997）·········· 131
康振黄（1920—2018）·········· 131
孔庆义（1918—1985）·········· 131
寇淑勤（1915—2009）·········· 132
匡达人（1921—2004）·········· 132

L

蓝　天（1927—　）·········· 133
郎　所（1918—1991）·········· 133
劳远琇（1919—2013）·········· 133
雷海鹏（1918—2007）·········· 134
雷宏俶（1924—1969）·········· 134
黎禄生（1916—　）·········· 134
黎希干（1907—1989）·········· 134

李葆坤（1923—　）·········· 135
李本汉（1911—1977）·········· 135
李　芯（1915—1989）·········· 135
李伯悌（1918—1996）·········· 136
李朝增（1922—　）·········· 136
李储文（1918—2018）·········· 136
李春辉（1917—1994）·········· 137
李道揆（1919—2007）·········· 137
李法西（1916—1985）·········· 137
李赋宁（1917—2004）·········· 137
李赣驹（1919—2014）·········· 138
李耕田（1909—1997）·········· 138
李功受（1925—2004）·········· 138
李观华（1925—2015）·········· 139
李观仪（1924—　）·········· 139
李国润（1921—　）·········· 139
李国桢（1917—2000）·········· 139
李果珍（1915—　）·········· 140
李鹤鼎（1913—1991）·········· 140
李恒德（1921—2019）·········· 140
李　珩（1898—1989）·········· 141
李华天（1922—2007）·········· 141
李桓英（1921—　）·········· 141
李家治（1915—1998）·········· 142
李家忠（？—1988）·········· 142
李嘉禄（1919—1982）·········· 142
李景汉（1895—1986）·········· 143
李靖国（1916—　）·········· 143
李匡武（1917—1985）·········· 143
李　亮（1907—1971）·········· 144
李禄先（　—　）·········· 144

李美玉（1920—2013）………… 144	李正名（1931—2021）………… 154
李敏华（1917—2013）………… 145	李正武（1916—2013）………… 154
李明俊（1900—　）………… 145	李祉川（1907—1995）………… 154
李明哲（1921—2010）………… 145	李志尚（1916—2017）………… 155
李盘生（　—　）………… 146	李志伟（1918—2008）………… 155
李　佩（1918—2017）………… 146	李志远（1915—1999）………… 155
李庆昌（1910—1990）………… 146	李中宪（1912—1982）………… 156
李荣真（1915—2007）………… 147	李薯璟（1926—　）………… 156
李汝祺（1895—1991）………… 147	利翠英（1912—2004）………… 156
李瑞骅（1924—2009）………… 147	梁曼娟（1929—1986）………… 156
李士谔（1919—2014）………… 147	梁思礼（1924—2016）………… 157
李寿康（1917—1980）………… 148	梁思懿（1914—1988）………… 157
李铁铮（1906—1990）………… 148	梁晓天（1923—2009）………… 157
李维渤（1924—2007）………… 148	梁　徐（1917—　）………… 158
李希宪（1922—1989）………… 149	梁毅文（1903—1991）………… 158
李孝芳（1915—1999）………… 149	梁于华（1927—　）………… 158
李学禧（1918—　）………… 149	梁植权（1914—2006）………… 158
李雅书（1921—2007）………… 150	梁卓生（1923—　）………… 159
李　漪（1897—1982）………… 150	廖可兑（1916—2001）………… 159
李　懿（1924—2013）………… 150	廖山涛（1920—1997）………… 159
李荫远（1919—2016）………… 151	廖延雄（1922—2007）………… 160
李　滢（1924—2020）………… 151	廖韫玉（1911—1997）………… 160
李永禄（1911—1996）………… 151	林秉南（1921—2014）………… 160
李永熹（1915—2000）………… 152	林昌善（1913—　）………… 161
李玉瑞（1921—2007）………… 152	林春业（1919—　）………… 161
李远义（1912—　）………… 152	林达光（1920—2004）………… 161
李肇基（1920—1955）………… 152	林凤藻（1915—1997）………… 162
李肇特（1913—2006）………… 153	林冠彬（1901—1987）………… 162
李振宇（1917—　）………… 153	林鸿荪（1925—1968）………… 162
李　震（1919—1988）………… 153	林兰英（1918—2003）………… 163
李正理（1918—2009）………… 153	林乐义（1916—1988）………… 163

林启荣（1921— ）……… 163	刘明球（1928— ）……… 173
林启寿（1919—1978）……… 164	刘年芬（1920—2002）……… 173
林少宫（1922—2009）……… 164	刘培楠（1912—1991）……… 174
林同骥（1918—1993）……… 164	刘佩瑛（1921— ）……… 174
林为干（1919—2015）……… 165	刘　蓉（1924—2017）……… 174
林戊荪（1928—2021）……… 165	刘善建（1919— ）……… 175
林　一（1911—1990）……… 165	刘寿荫（1924—2018）……… 175
林正仙（1919—1986）……… 166	刘叔仪（1918—2003）……… 175
林祝恒（1931—1957）……… 166	刘树楷（1918—1994）……… 176
林宗彩（1917—2000）……… 166	刘崧生（1920—1994）……… 176
林作砥（1919—2006）……… 167	刘天怡（1914—1992）……… 176
凌佩弘（1918— ）……… 167	刘维勤（1916—1993）……… 177
凌熙华（1921— ）……… 167	刘锡田（1920—2001）……… 177
刘保华（1916— ）……… 167	刘心显（1910—1985）……… 177
刘　豹（1923— ）……… 168	刘学高（1929— ）……… 178
刘本立（1914—1998）……… 168	刘　永（1912—1986）……… 178
刘昌永（1924—1995）……… 168	刘永铭（1918—1979）……… 178
刘尔雄（1924—2005）……… 169	刘有成（1920—2016）……… 178
刘复光（1922—1992）……… 169	刘豫麒（1927—2004）……… 179
刘国杰（1915—2006）……… 169	刘源张（1925—2014）……… 179
刘恢先（1912—1992）……… 170	刘韵清（1924—2015）……… 179
刘惠芳（1910—1972）……… 170	刘正刚（1911—2001）……… 180
刘嘉树（1910—1975）……… 170	刘铸晋（1919—1993）……… 180
刘建康（1917—2017）……… 171	刘自强（1924—2019）……… 180
刘金旭（1917—1991）……… 171	刘祖洞（1917—1998）……… 181
刘景伊（1920—2008）……… 171	刘祖慰（1922—2005）……… 181
刘静和（1911—2004）……… 172	留润州（1914—1983）……… 181
刘静宜（1925—2023）……… 172	柳大纲（1904—1991）……… 182
刘骊生（1924—1998）……… 172	龙毓骞（1923—2006）……… 182
刘联宝（1918— ）……… 173	卢乐山（1917—2017）……… 182
刘良模（1909—1988）……… 173	卢庆骏（1913—1995）……… 183

卢肇钧（1917—2007）……183
陆　敏（1915—　）……184
陆明盛（1917—2014）……184
陆启荣（1922—1968）……184
陆婉珍（1924—2015）……184
陆师义（1920—　）……185
陆时万（1914—2011）……185
陆文发（1916—2003）……185
陆孝宽（1922—　）……185
陆孝彭（1920—2000）……186
陆孝颐（1925—1981）……186
陆星垣（1905—1991）……187
陆裕朴（1917—1993）……187
陆元九（1920—　）……187
陆子敬（1918—2009）……188
吕保维（1916—2004）……188
吕家鸿（1912—1967）……188
吕秀贞（1920—　）……188
吕忠恕（1916—1991）……189
罗承熙（1920—　）……189
罗焕炎（　—　）……189
罗会元（1923—2013）……189
罗明铮（1921—2013）……190
罗沛霖（1913—2011）……190
罗时钧（1923—　）……190
罗士权（1920—　）……191
罗菘发（1915—　）……191
罗维东（　—　）……191
罗应荣（1918—1971）……191
罗蛰潭（1919—2009）……192
罗仲愚（？—1968）……192

罗宗赉（1916—2011）……192
罗祖道（1920—1992）……193
骆振黄（1924—2017）……193

M

马璧如（1921—　）……194
马革顺（1914—2015）……194
马　骥（1917—　）……194
马家骅（1919—1983）……195
马龙翔（1912—1993）……195
马世骏（1915—1991）……195
马秀权（1917—1970）……196
马幼梅（1918—2007）……196
马育华（1912—1996）……196
马蕴珠（1923—1975）……197
马之骕（1924—　）……197
马钟魁（1911—1999）……197
麦乔威（1921—2008）……197
麦任曾（1922—1993）……198
麦少楣（1924—　）……198
麦文奎（1917—2019）……198
毛汉礼（1919—1988）……199
毛文书（1910—1988）……199
毛燮均（1901—1979）……199
茅福谦（　—　）……200
茅于恭（1912—2003）……200
茅于宽（1922—2008）……200
茅于美（1920—1998）……200
茅于文（1913—1996）……201
梅健鹰（1916—1990）……201

梅汝和（1918—2000）……201
梅镇安（1918—2014）……202
梅镇岳（1915—2009）……202
梅祖彦（1924—2003）……202
蒙思明（1908—1974）……203
孟繁俊（1915—1990）……203
孟庆彭（1919—1975）……203
宓超群（1919—　）……203
苗永淼（1924—2010）……204
缪鸿基（1915—2001）……204
闵嗣桂（1918—1995）……204
闵恩泽（1924—2016）……205
莫根生（1915—2017）……205
莫　叶（1914—　）……205
穆　旦（1918—1977）……206

N

南国农（1920—　）……207
聂崇信（1921—1992）……207
钮经义（1920—1995）……208

O

欧冶樑（1922—2003）……209

P

潘炳皋（1908—1994）……210
潘鸿声（1902—1993）……210
潘良儒（1917—2018）……210

潘南鹏（1922—　）……211
潘绍周（1908—1980）……211
潘守鲁（　—　）……211
裴明丽（1924—　）……212
裴锡恒（1908—　）……212
彭淮源（1922—2017）……212
彭吉人（1909—2005）……212
彭季谐（1917—1981）……213
彭洁清（1930—　）……213
彭琪瑞（1913—1985）……213
彭清源（1920—2003）……214
彭瑞复（1916—1991）……214
彭少逸（1917—2017）……214
彭司勋（1919—2018）……215
彭　毅（1929—　）……215
彭兆元（1918—1987）……215
彭　浙（1914—2002）……216
蒲保明（1910—1988）……216
浦　山（1923—2003）……216
浦寿昌（1922—2019）……217
蒲蛰龙（1912—1997）……217

Q

齐毓海（1923—1960）……218
钱保功（1916—1992）……218
钱定华（1917—1983）……219
钱丰格（1899—1989）……219
钱季光（1921—　）……219
钱家欢（1923—　）……219
钱念曾（1909—1991）……220

钱　宁（1922—1986）………… 220
钱寿华（1915—1990）………… 220
钱寿易（1917—1991）………… 221
钱维顺（　—　）……………… 221
钱学森（1911—2009）………… 221
钱志坚（1921—2003）………… 222
乔明顺（1916—2001）………… 222
乔石琼（1922—1990）………… 222
钦俊德（1916—2008）………… 222
秦学圣（1917—1998）………… 223
邱从非（1923—　）…………… 223
邱立崇（1919—1987）………… 223
邱正文（1915—1975）………… 223
瞿同祖（1910—2008）………… 224

R

饶鸿雁（1919—　）…………… 225
饶　敏（　—　）……………… 225
任新民（1915—2017）………… 225
任以书（1925—　）…………… 226
容观夐（1922—2018）………… 226

S

沙逸仙（1920—2009）………… 227
沙志培（1902—1978）………… 227
单人骅（1909—1986）………… 227
单秀嫄（1917—1998）………… 228
商善最（1924—1991）………… 228
尚德延（1918—1985）………… 228

邵士斌（　—　）……………… 229
邵循道（1923—2019）………… 229
邵循恺（1916—1980）………… 229
佘守宪（1924—2011）………… 230
申葆诚（1915—1998）………… 230
申恩荣（1918—2001）………… 230
沈长慧（1916—　）…………… 231
沈达尊（1922—2002）………… 231
沈蕚先（1918—　）…………… 231
沈光铭（1923—2007）………… 231
沈　慧（1919—1990）………… 232
沈济川（1905—1966）………… 232
沈家楠（1917—2005）………… 232
沈仁权（1919—　）…………… 233
沈善炯（1917—2021）………… 233
沈淑瑾（1920—2011）………… 233
沈玉麟（1921—2013）………… 234
沈学均（1933—1994）………… 234
沈志荣（1922—1999）………… 234
沈治平（1915—2010）………… 234
盛祖嘉（1916—2015）………… 235
师昌绪（1920—2014）………… 235
施履吉（1917—2010）………… 235
施纫兰（1913—1986）………… 236
施士升（1920—2012）………… 236
施子愉（1916—1998）………… 236
石景云（1921—　）…………… 236
石明章（1915—　）…………… 237
石声泰（1917—2006）………… 237
史瑞和（1917—2004）………… 237
史久镛（1926—　）…………… 238

舒光冀（1916—2002）·········· 238
疏松桂（1911—2000）·········· 238
司徒慧敏（1910—1987）········ 239
司徒乔（1902—1958）·········· 239
斯重遥（1921—2005）·········· 239
宋　憬（1919—　）············ 240
宋娟娟（1924—2015）·········· 240
宋丽川（1916—　）············ 240
宋寿昌（1914—　）············ 240
宋文彪（1921—　）············ 241
宋彧浙（1921—2010）·········· 241
宋振玉（1915—2010）·········· 241
苏德民（1919—2007）·········· 242
苏鸿熙（1915—2018）·········· 242
苏开明（1904—1988）·········· 242
孙本旺（1913—1984）·········· 243
孙秉莹（1917—1995）·········· 243
孙芳垂（1920—2011）·········· 243
孙更生（1924—　）············ 244
孙观华（1919—2015）·········· 244
孙国栋（1917—　）············ 244
孙鸿泉（1910—1979）·········· 244
孙继商（1911—1987）·········· 245
孙　侃（1916—　）············ 245
孙　渠（1911—1975）·········· 245
孙仁浛（？—1999）············ 246
孙若鉴（？—1968）············ 246
孙绍谦（1912—1988）·········· 246
孙世铮（1919—2013）·········· 246
孙天风（1920—2010）·········· 247
孙　湘（1916—1999）·········· 247

孙训方（1923—2000）·········· 247
孙以实（1930—　）············ 248
孙云畴（1917—2014）·········· 248
孙泽瀛（1911—1981）·········· 248
孙竹生（1914—　）············ 248
索　颖（1922—2016）·········· 249

T

谈镐生（1916—2005）·········· 250
谭超夏（　—　）·············· 250
谭　丁（1923—　）············ 250
谭庆磷（1922—2000）·········· 251
谭寿清（1914—1998）·········· 251
汤定元（1920—2019）·········· 251
汤汉芬（　—　）·············· 252
汤季芳（1920—　）············ 252
汤逸人（1910—1978）·········· 252
汤之璋（1919—1996）·········· 253
唐敖庆（1915—2008）·········· 253
唐宝鑫（1915—2002）·········· 253
唐翰青（1918—　）············ 254
唐冀雪（1915—　）············ 254
唐家琛（1908—1982）·········· 254
唐建文（1919—2000）·········· 254
唐立民（1924—2013）·········· 255
唐明照（1910—1998）·········· 255
唐　笙（1922—2016）·········· 255
唐孝纯（1923—2020）·········· 256
唐孝宣（1925—2007）·········· 256
唐有祺（1920—2022）·········· 256

唐仲璋（1905—1993）………… 257
陶葆楷（1906—1992）………… 257
陶德悦（1914— ）…………… 257
陶国泰（1916—2018）………… 258
陶继侃（1913— ）…………… 258
陶启坤（ — ）……………… 258
陶愉生（1923—2014）………… 259
滕大春（1911—2002）………… 259
田洵德（1916—1991）………… 259
田曰灵（1917—1994）………… 259
仝允栩（1919—2011）………… 260
童第周（1902—1979）………… 260
童诗白（1920—2005）………… 260
童志鹏（1924—2017）………… 261
涂敦鑫（ — ）……………… 261
涂光炽（1920—2007）………… 261
涂光涵（1922—2000）………… 262
涂光楠（1928—2016）………… 262
涂莲英（1925—1986）………… 262
涂允檀（1897—1976）………… 263
屠善澄（1923—2017）………… 263

W

万方祥（1907—1990）………… 264
万建中（1917—1991）………… 264
万叔寅（1913—1982）………… 264
汪安琦（1922—2003）………… 265
汪　衡（1914—1993）………… 265
汪堃仁（1912—1993）………… 265
汪良能（1916—1989）………… 266

汪敏刚（1922— ）…………… 266
汪明瑀（ — ）……………… 266
汪善国（1917—2004）………… 266
汪　坦（1916—2001）………… 267
汪闻韶（1919—2007）………… 267
汪祥春（1918— ）…………… 267
汪旭庄（1916—1978）………… 268
汪尧田（1918—2006）………… 268
汪友泉（1918—2018）………… 268
王宝琳（1919—2011）………… 269
王保华（1919— ）…………… 269
王补宣（1922—2019）………… 269
王曾壮（1921—2007）………… 270
王承书（1912—1994）………… 270
王传志（1922—2015）………… 270
王德宝（1918—2002）………… 270
王多恩（1917—1997）………… 271
王尔性（1923—1966）………… 271
王放勋（1917—1998）………… 271
王凤翔（1924—1993）………… 272
王淦昌（1907—1998）………… 272
王赣愚（1906—1997）………… 272
王恭业（1929—2011）………… 273
王光超（1912—2003）………… 273
王广森（1920—2008）………… 273
王桂生（1912—1991）………… 274
王国秀（1895—1971）………… 274
王涵清（1915—1988）………… 274
王恒立（1919—2000）………… 275
王弘立（1922—2017）………… 275
王宏儒（1918—2006）………… 275

15

王洪毅（1921— ）……276
王洪章（1915—2002）……276
王鸿儒（1916—1998）……276
王焕葆（1923—2014）……276
王积涛（1918—2006）……277
王继祖（1924—2011）……277
王金陵（1927—2016）……277
王 锟（1914— ）……278
王 隶（1917— ）……278
王明贞（1906—2010）……278
王培祚（1910—1984）……279
王 普（1900—1969）……279
王启东（1921—2019）……279
王 仁（1921—2001）……280
王 仁（1922—2000）……280
王仁慈（1911—1999）……280
王仁东（1908—1983）……281
王荣光（1912—2007）……281
王瑞麟（1918—2003）……281
王世真（1916—2016）……281
王守武（1919—2014）……282
王太江（1914— ）……282
王天眷（1912—1989）……282
王慰曾（1909—1966）……283
王希季（1921— ）……283
王湘浩（1915—1993）……284
王轩孙（1923— ）……284
王业蘧（1916—2005）……284
王义润（1917—2011）……285
王 莹（1913—1974）……285
王永龄（1919— ）……285
王用楫（1917—2007）……286
王有辉（1919—1983）……286
王毓骅（1923— ）……286
王毓铨（1910—2002）……287
王兆俊（1911—2001）……287
王振通（1925—2014）……287
王志符（1915— ）……288
王志均（1910—2000）……288
王祖耆（1927— ）……288
王作民（1916—2005）……289
韦固安（1918—2007）……289
卫道煦（1925—1968）……289
魏景超（1908—1976）……290
魏鸣一（1924— ）……290
魏荣爵（1916—2010）……290
魏嵩寿（1920—2020）……291
魏治统（1912—1997）……291
温光均（1924—2012）……291
温可门（1923— ）……291
温锡增（1908—1989）……292
文士域（1911—1970）……292
巫宝三（1905—1999）……292
巫宁坤（1920—2019）……293
邬沧萍（1922— ）……293
吴半农（1905—1978）……293
吴宝榕（1920—2000）……294
吴伯雄（ — ）……294
吴承康（1929—2022）……294
吴持恭（1918—2012）……295
吴崇筠（1921—1995）……295
吴大昌（1918— ）……295

吴大琨（1916—2007）………… 295
吴大炘（1916—   ）………… 296
吴德诚（1914—1995）………… 296
吴福临（1919—2010）………… 296
吴寒欤（1916—1988）………… 297
吴和光（1910—1994）………… 297
吴华庆（1915—1968）………… 298
吴惠永（1929—   ）………… 298
吴鸿适（1922—   ）………… 298
吴继辉（1911—1979）………… 298
吴纪先（1914—1997）………… 299
吴家楹（1918—2010）………… 299
吴健生（1923—1999）………… 299
吴皎如（1908—1981）………… 300
吴　珏（1912—2008）………… 300
吴良镛（1922—   ）………… 300
吴柳生（1903—1984）………… 301
吴茂娥（1917—2003）………… 301
吴其轺（1918—2010）………… 301
吴琼璁（1920—   ）………… 301
吴仁发（1901—1987）………… 302
吴仁润（1919—2000）………… 302
吴如歧（1910—1983）………… 302
吴汝康（1916—2006）………… 303
吴沈钇（1914—2017）………… 303
吴式枢（1923—2009）………… 303
吴　棠（1916—2003）………… 304
吴　文（1919—2003）………… 304
吴文藻（1901—1985）………… 304
吴锡九（1932—2020）………… 304
吴新智（1921—2007）………… 305

吴学成（   —   ）…………… 305
吴驯叔（1926—   ）………… 305
吴　铱（1917—2000）………… 306
吴乙申（1918—   ）………… 306
吴友三（1909—1997）………… 306
吴　钰（1913—2003）………… 306
吴兆苏（1919—1994）………… 307
吴肇光（1925—   ）………… 307
吴肇之（1921—   ）………… 307
吴振英（1920—2007）………… 308
吴之仁（1915—1993）………… 308
吴中禄（1916—   ）………… 308
吴中伦（1913—1995）………… 308
吴仲华（1917—1992）………… 309
吴柱存（1916—2006）………… 309
吴自良（1917—2008）………… 309
伍丕舜（1916—2001）………… 310
武宝琛（1922—2010）………… 310
武　迟（1914—1988）………… 310
武泰昌（1920—   ）………… 311
武寿铭（   —   ）…………… 311
武希辕（1916—1987）………… 311

X

席承藩（1915—2002）………… 312
席克正（1924—1996）………… 312
夏定友（1911—1995）………… 312
夏国琼（1917—2012）………… 313
夏开儒（1917—1978）………… 313
夏良才（1911—1975）………… 313

17

夏美琼（1912—2004）……… 314	谢　昕（1916—2005）……… 323
夏彭春（　—　）……………… 314	谢义炳（1917—1995）……… 324
夏　煦（1917—2002）……… 314	谢毓章（1915—2011）……… 324
夏禹甸（1916—1971）……… 314	谢震亚（1902—　）………… 324
向近敏（1913—2006）……… 315	辛润棠（1905—1986）……… 325
向仁生（1917—1985）……… 315	辛治华（　—　）……………… 325
向哲浚（1892—1987）……… 315	熊文愈（1915—2014）……… 325
项宗沛（　—　）……………… 316	熊向晖（1919—2005）……… 325
相望年（1916—1986）……… 316	熊　尧（1920—1987）……… 326
萧刚柔（1918—2005）……… 316	熊　毅（1910—1985）……… 326
萧光琰（1920—1968）……… 317	徐宝陞（1912—2007）……… 326
萧光珍（　—　）……………… 317	徐炳华（1918—2016）……… 327
萧纪美（1920—2014）……… 317	徐骥宝（1915—1986）……… 327
萧嘉魁（1910—1997）……… 317	徐　斐（1922—2013）……… 327
萧　健（1920—1984）……… 318	徐冠仁（1914—2004）……… 328
萧　伦（1911—2000）……… 318	徐光宪（1920—2015）……… 328
萧蓉春（1920—2008）……… 319	徐禾夫（1917—　）………… 328
萧天铎（1916—1995）……… 319	徐华舫（1916—2008）……… 329
萧树滋（1914—2002）……… 319	徐积功（1924—1981）……… 329
萧卓然（1908—1998）……… 319	徐静怀（1920—2003）……… 329
谢成科（1913—2006）……… 320	徐　鸣（1920—2014）……… 329
谢成侠（1914—1996）……… 320	徐起超（1922—2007）……… 330
谢成章（1916—2003）……… 320	徐　仁（1920—2017）……… 330
谢光道（1914—2000）……… 321	徐仁吉（1928—2010）……… 330
谢汉俊（1919—2003）……… 321	徐日光（　—　）……………… 330
谢和赓（1912—2005）……… 321	徐绍武（1902—1995）……… 331
谢焕章（1920—1999）……… 322	徐水月（1924—2017）……… 331
谢家麟（1920—2016）……… 322	徐　僖（1921—2013）……… 331
谢珽造（1915—1963）……… 322	徐先伟（1920—2018）……… 332
谢　荣（1921—2021）……… 323	徐鑫福（1915—2008）……… 332
谢希德（1921—2000）……… 323	徐　璇（1918—2017）……… 332

徐亦庄（1924—1993）……… 332
徐璋本（1911—1988）……… 333
徐　陑（1919—1997）……… 333
许保玖（1918—2021）……… 333
许国志（1919—2001）……… 334
许慧君（1925—　）………… 334
许健生（1925—2010）……… 334
许乃炯（　—　）…………… 335
许鹏程（1911—1976）……… 335
许如琛（1917—1978）……… 335
许少鸿（1921—2010）……… 336
许声潮（1915—　）………… 336
许顺生（1920—2007）……… 336
许协庆（1918—2014）……… 336
薛蕃康（1923—2019）……… 337
薛济英（1914—1996）……… 337
薛社普（1917—2017）……… 337
薛廷耀（1914—1998）……… 338
薛威麟（1913—1969）……… 338
薛贻源（1913—1957）……… 338
薛　正（1901—1995）……… 339

Y

严东生（1918—2016）……… 340
严仁英（1913—2017）……… 340
严　炎（1920—　）………… 340
严忠铎（1915—1972）……… 341
颜坚莹（1919—　）………… 341
颜鸣皋（1920—2014）……… 341
颜瑞清（1919—　）………… 342

晏新民（1925—1990）……… 342
晏振东（1922—2006）……… 342
杨昌栋（1897—1983）……… 343
杨大望（1912—1985）……… 343
杨德馨（1921—1969）……… 343
杨　绯（1909—1990）……… 344
杨　凤（1921—2015）……… 344
杨光华（1923—2006）……… 344
杨　惠（　—　）…………… 344
杨纪珂（1921—2015）……… 345
杨嘉墀（1919—2006）……… 345
杨　简（1911—1981）……… 345
杨力生（1911—1996）……… 346
杨善济（1924—　）………… 346
杨尚灼（1904—1980）……… 346
杨世铭（1925—2017）……… 346
杨式德（1917—1976）……… 347
杨守仁（1912—2005）……… 347
杨树勋（1918—1992）……… 347
杨伟成（1927—　）………… 348
杨文骐（？—1994）………… 348
杨文藻（　—　）…………… 348
杨西孟（1900—1990）……… 349
杨秀英（1917—2016）……… 349
杨琇珍（1920—　）………… 349
杨雪章（1918—1964）……… 349
杨樱华（　—　）…………… 350
杨友鸿（1929—　）………… 350
杨友鸾（1927—1996）……… 350
杨云慧（1910—1998）……… 350
杨振华（1911—2007）……… 351

杨 倬（1918—1996）……… 351
姚曾荫（1912—1988）……… 352
姚皙明（1920—1966）……… 352
业治铮（1918—2003）……… 352
叶笃正（1916—2013）……… 353
叶馥荪（1913—2001）……… 353
叶衍增（1910—2000）……… 353
叶仲玑（1915—1977）……… 354
叶渚沛（1902—1971）……… 354
叶醉蓝（1923—   ）……… 354
易梦虹（1916—1991）……… 355
殷之文（1919—2006）……… 355
尹智麒（1919—2000）……… 355
应崇福（1918—2011）……… 356
雍文远（1916—2021）……… 356
尤子平（1919—1996）……… 356
游补钧（1920—1968）……… 357
于同隐（1917—2017）……… 357
余伯良（1920—2003）……… 357
余长河（1917—   ）……… 358
余国琮（1922—2022）……… 358
余恒睦（1918—2013）……… 358
余瑞璜（1906—1997）……… 358
余先觉（1909—1994）……… 359
俞宝传（1920—1997）……… 359
俞德葆（1900—1981）……… 359
俞懋旦（1915—   ）……… 360
俞启忠（1913—1999）……… 360
俞庆棠（1897—1949）……… 360
俞天民（1922—   ）……… 360
俞惟乐（1926—2022）……… 361

俞锡璇（1912—1988）……… 361
俞元开（1922—2007）……… 361
虞福春（1914—2003）……… 362
虞光裕（1918—1970）……… 362
虞 俊（1922—2013）……… 362
郁知非（1916—2002）……… 363
喻培厚（1909—1991）……… 363
喻宜萱（1909—2008）……… 363
袁伯樵（1900—1996）……… 364
袁家宸（1919—2002）……… 364
袁建新（1930—   ）……… 364
袁同功（1912—1990）……… 365
袁嗣令（1919—   ）……… 365
袁宗虞（1921—   ）……… 365
乐以成（1904—2001）……… 366

Z

曾广骅（1922—   ）……… 367
曾广植（1918—2015）……… 367
曾国熙（1918—2014）……… 367
曾畿生（1916—2004）……… 368
曾 威（1913—   ）……… 368
曾宪昌（1917—1993）……… 368
曾性初（1923—2014）……… 369
曾泽培（1914—2003）……… 369
曾昭抡（1899—1967）……… 369
詹 镁（1916—1998）……… 370
张宝堃（1903—1994）……… 370
张报先（1916—2003）……… 370
张 斌（1930—2013）……… 370

张炳熹（1919—2000）……… 371	张钦楠（1931— ）…………… 380
张炳星（1915— ）………… 371	张钦栻（1929—2004）………… 380
张昌谋（ — ）…………… 371	张庆年（1930—2020）………… 380
张承修（1918—2003）……… 371	张　权（1919—1993）………… 380
张存浩（1928— ）………… 372	张绍良（1907—1993）………… 381
张大奇（1913—2009）……… 372	张绍英（1915—2011）………… 381
张道真（1926—2009）……… 372	张守仪（1922— ）…………… 381
张发慧（1920—2000）……… 373	张素初（1926—2011）………… 381
张光儒（1916—2007）……… 373	张素央（1925— ）…………… 382
张国霞（1920— ）………… 373	张慎余（1926—2002）………… 382
张华麟（1912—1985）……… 374	张慎志（1928— ）…………… 382
张鸿增（ — ）…………… 374	张士铎（1925—2015）………… 383
张惠珠（1919—2012）……… 374	张是我（1915— ）…………… 383
张继平（1918—1993）……… 374	张松荫（1900—1992）………… 383
张继英（1911—1968）……… 375	张堂恒（1917—1996）………… 384
张家骅（1915—2010）……… 375	张万楷（ — ）……………… 384
张家麟（1918—1984）……… 375	张为申（1909—1966）………… 384
张建侯（1914—1991）……… 375	张炜逊（1913— ）…………… 385
张　锦（1910—1965）……… 376	张文裕（1910—1992）………… 385
张景哲（1918—2011）……… 376	张希先（1911— ）…………… 385
张君儒（1911—1997）……… 376	张希仲（1922—2003）………… 386
张宽厚（1921—1976）……… 377	张祥年（1927— ）…………… 386
张　礼（1925— ）………… 377	张香桐（1907—2007）………… 386
张力田（1913—2009）……… 377	张孝礼（ — ）……………… 387
张丽珠（1921—2016）……… 378	张兴钤（1921—2022）………… 387
张连华（1917— ）………… 378	张星联（1902—1986）………… 387
张　鎏（1920—2003）……… 378	张雄武（1919—2013）………… 387
张梦白（1910—2002）……… 378	张学德（1916—1981）………… 388
张明珠（ — ）…………… 379	张学远（1915—1997）………… 388
张培刚（1913—2011）……… 379	张燕刚（1912—1989）………… 388
张培基（1921—2021）……… 379	张英伯（1913—1984）………… 389

张瑜英（1909—　　） ……………… 389
张育明（1913—2001） ……………… 389
张渊才（1918—　　） ……………… 390
张元一（1928—2020） ……………… 390
张远谋（1918—1996） ……………… 390
张云鹤（1921—1996） ……………… 390
张增年（1925—2012） ……………… 391
张振仁（1913—1989） ……………… 391
张之光（1909—1998） ……………… 391
张之毅（1911—2003） ……………… 392
张志禧（1916—1997） ……………… 392
张治道（1909—2010） ……………… 392
张致一（1914—1990） ……………… 392
张中允（1919—　　） ……………… 393
张仲礼（1920—2015） ……………… 393
张祖华（1908—1998） ……………… 394
张祖烈（1914—　　） ……………… 394
张祖绅（1920—　　） ……………… 394
张作干（1906—1969） ……………… 394
章纪川（　　—　　） ……………… 395
章守华（1917—　　） ……………… 395
章修华（1915—2002） ……………… 395
章育中（1919—2013） ……………… 395
章志鸿（1924—2008） ……………… 396
章周芬（1915—2017） ……………… 396
赵崇龄（1916—1996） ……………… 396
赵福基（1911—1968） ……………… 397
赵华明（1918—2009） ……………… 397
赵寄石（1921—　　） ……………… 397
赵家宝（1918—2004） ……………… 398
赵景伦（1923—2015） ……………… 398

赵　澧（1919—1995） ……………… 398
赵　绵（1918—2013） ……………… 399
赵　沨（1920—　　） ……………… 399
赵士杰（1916—2011） ……………… 399
赵天福（1921—2002） ……………… 399
赵同芳（1917—2000） ……………… 400
赵修复（1917—2001） ……………… 400
赵养昌（1909—1981） ……………… 400
赵一鹤（1923—1990） ……………… 401
赵英琪（1922—2021） ……………… 401
赵蕴如（1920—2014） ……………… 401
赵曾玖（1910—1976） ……………… 401
赵志华（1921—1966） ……………… 402
赵忠尧（1902—1998） ……………… 402
甄尚灵（1915—2012） ……………… 402
郑北渭（1921—2012） ……………… 403
郑　炽（1923—　　） ……………… 403
郑德如（1921—　　） ……………… 403
郑国锠（1914—2012） ……………… 404
郑际睿（1914—2008） ……………… 404
郑林生（1922—2014） ……………… 404
郑　敏（1920—2022） ……………… 405
郑思竞（1915—2013） ……………… 405
郑象铣（1915—1996） ……………… 405
郑伊雍（1924—2007） ……………… 406
郑翼宗（1913—　　） ……………… 406
郑友揆（1909—1999） ……………… 406
郑哲敏（1924—2021） ……………… 407
钟韶琴（1904—2003） ……………… 407
钟香驹（1923—2015） ……………… 407
钟昭华（1901—1995） ……………… 408

周伯埙（1920—2009）………… 408
周卜颐（1924—2003）………… 408
周春晖（1922—2008）………… 409
周德勤（1920—2002）………… 409
周光炯（1919—2018）………… 409
周光瑄（1925—2010）………… 410
周华章（1917—1968）………… 410
周家骖（1915—1968）………… 410
周家炽（1911—1998）………… 411
周　坚（1924—2006）………… 411
周　镜（1925—　）…………… 411
周炯槃（1921—2011）………… 412
周珏良（1916—1992）………… 412
周　卡（1915—　）…………… 412
周连圻（1915—2012）………… 413
周　履（1917—2005）………… 413
周明镇（1918—1996）………… 413
周其鉴（1920—　）…………… 414
周世勋（1921—2002）………… 414
周寿宪（1925—1976）………… 414
周泰康（1921—　）…………… 415
周廷冲（1917—1996）………… 415
周廷儒（1909—1989）………… 415
周同惠（1924—2020）………… 416
周彤芬（　—　）……………… 416
周文彦（1924—2006）………… 416
周锡庚（1920—1999）………… 417
周锡卿（1915—2004）………… 417
周小松（1925—1986）………… 417
周洵钧（1917—1994）………… 418
周宜妙（1927—　）…………… 418

周永源（1919—1966）………… 418
周有光（1906—2016）………… 418
周与良（1923—2002）………… 419
周政岐（　—　）……………… 419
朱葆琳（1921—1996）………… 419
朱本源（1916—2006）………… 420
朱　勃（1919—1988）………… 420
朱　城（1921—1959）………… 420
朱大成（1917—2017）………… 421
朱光亚（1924—2011）………… 421
朱浩然（1910—1999）………… 421
朱和周（1911—1968）………… 421
朱惠方（1902—1978）………… 422
朱晋卿（1915—2004）………… 422
朱景尧（1916—2013）………… 422
朱康福（1921—2007）………… 423
朱康侯（1917—2004）………… 423
朱可善（1920—　）…………… 423
朱立宏（1921—2016）………… 423
朱丽中（1932—　）…………… 424
朱良漪（1920—2008）………… 424
朱慕唐（1919—　）…………… 424
朱鹏程（1920—1993）………… 425
朱淇昌（1920—2003）………… 425
朱启贤（1911—1968）………… 425
朱起鹤（1924—　）…………… 426
朱士嘉（1905—1989）………… 426
朱天孝（1920—　）…………… 426
朱廷儒（1912—1998）………… 427
朱新吾（　—　）……………… 427
朱应庚（1922—2004）………… 427

朱　永（1918—2005）………… 427
朱祖培（1921—2009）………… 428
朱祖祥（1916—1996）………… 428
朱尊权（1919—2012）………… 428
祝维章（1911—1968）………… 428
庄炳文（1919—　　）………… 429
庄长恭（1894—1962）………… 429
庄逢甘（1925—2010）………… 429
庄慕兰（1921—2017）………… 430
庄涛声（1923—2004）………… 430
宗之发（1905—1987）………… 430
邹秉文（1893—1985）………… 431
邹德华（1926—2016）………… 431
邹德真（1930—　　）………… 431
邹海帆（1907—1969）………… 432
邹路得（1917—1999）………… 432
邹斯履（1923—2015）………… 432
邹斯颐（1922—1990）………… 433
祖振纲（1925—2003）………… 433
左宗杞（1908—1989）………… 433

下辑

B

包启瑗（？—1961）…………… 437
毕国箴（　—　）……………… 437
卞维德（　—　）……………… 437

C

蔡君陆（　—　）……………… 438
蔡梅雪（　—　）……………… 438
蔡慕莲（　—　）……………… 438
曹继贤（　—　）……………… 438
曹静渊（　—　）……………… 438
陈爱琴（　—　）……………… 439
陈本湘（　—　）……………… 439
陈炳辉（　—　）……………… 439
陈昌贤（　—　）……………… 439
陈德华（1924—　）…………… 439
陈光宗（　—　）……………… 439
陈惠生（　—　）……………… 439
陈继文（　—　）……………… 439
陈建和（　—　）……………… 440
陈君君（　—　）……………… 440
陈俊雄（　—　）……………… 440
陈曼宜（　—　）……………… 440
陈美觉（　—　）……………… 440
陈奇英（　—　）……………… 440
陈谦受（　—　）……………… 440
陈时侃（　—　）……………… 440
陈树裕（1921—　）…………… 440
陈泗柱（　—　）……………… 441
陈松盛（　—　）……………… 441
陈诉闻（　—　）……………… 441
陈维新（　—　）……………… 441
陈文训（　—　）……………… 441
陈文耀（　—　）……………… 441

陈撷英（　　—　　）……………441
陈虚威（　　—　　）……………441
陈燕园（　　—　　）……………442
陈以静（　　—　　）……………442
陈耀华（　　—　　）……………442
陈云岚（　　—　　）……………442
陈肇华（　　—　　）……………442
陈震东（　　—　　）……………442
陈至英（　　—　　）……………442
陈卓思（　　—　　）……………442
陈祖庇（　　—　　）……………442
成嘉祐（　　—　　）……………443
程家辉（　　—　　）……………443
褚明馨（1910—1961）……………443
崔淑瑗（　　—　　）……………443

D

戴延曾（　　—　　）……………444
戴誉斌（　　—　　）……………444
邓海泉（　　—　　）……………444
邓培植（　　—　　）……………444
邓伟才（　　—　　）……………444
邓先仁（　　—　　）……………444
邓巽保（　　—　　）……………445
刁开丽（　　—　　）……………445
丁宝贵（　　—　　）……………445
董春光（　　—　　）……………445
董　浩（　　—　　）……………445
杜涛声（　　—　　）……………445
端木镇康（　　—　　）…………445

F

范文龙（　　—　　）……………446
冯蕊尊（　　—　　）……………446
冯永祥（1930—　　）……………446
扶学炼（1913—　　）……………446
傅安龄（　　—　　）……………446
傅为方（　　—　　）……………446

G

高法悌（1916—　　）……………447
高思聪（　　—　　）……………447
高廷庆（　　—　　）……………447
葛安农（　　—　　）……………447
葛果行（　　—　　）……………447
龚学孟（　　—　　）……………447
顾汉英（　　—　　）……………447
顾启源（　　—　　）……………448
顾瑞清（　　—　　）……………448
顾作铭（　　—　　）……………448
关允庭（　　—　　）……………448
关振文（　　—　　）……………448
归邵升（　　—　　）……………448
郭保国（　　—　　）……………448
郭懋安（　　—　　）……………448
郭开华（　　—　　）……………449
郭志佩（　　—　　）……………449
郭忠信（　　—　　）……………449

25

H

韩德兴（　—　）……………450
郝荫方（　—　）……………450
何广扬（　—　）……………450
何梅生（　—　）……………450
何阳林（　—　）……………450
何祚佩（　—　）……………450
贺戴之（　—　）……………450
洪宝林（　—　）……………451
胡继葛（　—　）……………451
胡绍声（　—　）……………451
胡　微（　—　）……………451
胡玉璋（　—　）……………451
华世钧（　—　）……………451
皇甫奎（　—　）……………451
黄逢坤（1905—　）…………452
黄桂江（1921—　）…………452
黄国涛（　—　）……………452
黄国祥（　—　）……………452
黄鸿鼎（　—　）……………452
黄鸿辉（　—　）……………452
黄继昌（　—　）……………452
黄金德（　—　）……………453
黄力强（　—　）……………453
黄丽丝（　—　）……………453
黄美丽（　—　）……………453
黄荣翰（　—　）……………453
黄　鑫（　—　）……………453
黄绍基（　—　）……………453

黄渝江（　—　）……………453
黄玉锦（　—　）……………453
黄玉璞（　—　）……………454
黄志明（　—　）……………454
黄梓祥（　—　）……………454
侯启泉（　—　）……………454

J

季麟征（　—　）……………455
贾成允（　—　）……………455
简月真（　—　）……………455
江云镒（　—　）……………455
金华光（　—　）……………455
靳乃瑞（　—　）……………455

L

李德沛（　—　）……………456
李芳兰（　—　）……………456
李梅娇（　—　）……………456
李　憨（　—　）……………456
李华桐（　—　）……………456
李继尧（　—　）……………456
李家琨（　—　）……………457
李嘉祥（　—　）……………457
李金沂（　—　）……………457
李立青（　—　）……………457
李明德（　—　）……………457
李明真（　—　）……………457
李明珠（　—　）……………457

李鹏飞（1914—　　） …………… 457	林同珠（1922—　　） …………… 461
李其慧（　　—　　） …………… 457	林兴育（　　—　　） …………… 461
李琼华（　　—　　） …………… 458	凌志钧（　　—　　） …………… 461
李瑞麒（1923—　　） …………… 458	刘传琰（　　—　　） …………… 461
李瑞震（　　—　　） …………… 458	刘福佑（　　—　　） …………… 462
李时奇（　　—　　） …………… 458	刘君谔（　　—　　） …………… 462
李　宋（　　—　　） …………… 458	刘慕静（　　—　　） …………… 462
李　荪（　　—　　） …………… 458	刘　勤（　　—　　） …………… 462
李天铎（　　—　　） …………… 458	刘时中（　　—　　） …………… 462
李天孝（　　—　　） …………… 458	刘书元（　　—　　） …………… 462
李廷杰（　　—　　） …………… 458	刘天锡（　　—　　） …………… 462
李万英（1922—　　） …………… 459	刘效乾（　　—　　） …………… 462
李信德（　　—　　） …………… 459	刘懿芳（　　—　　） …………… 463
李秀娴（　　—　　） …………… 459	刘永光（　　—　　） …………… 463
李延直（　　—　　） …………… 459	刘振华（　　—　　） …………… 463
李耀华（　　—　　） …………… 459	楼启明（　　—　　） …………… 463
李育珍（　　—　　） …………… 459	楼启钥（　　—　　） …………… 463
李元绩（　　—　　） …………… 459	卢定涛（　　—　　） …………… 463
李振家（　　—　　） …………… 459	卢光荣（　　—　　） …………… 463
李　梲（　　—　　） …………… 459	卢鹤钟（　　—　　） …………… 463
李自然（　　—　　） …………… 460	陆大年（1913—　　） …………… 463
栗思提（　　—　　） …………… 460	陆善华（　　—　　） …………… 464
梁守滨（　　—　　） …………… 460	路成铭（　　—　　） …………… 464
梁泽楚（1921—　　） …………… 460	吕　方（　　—　　） …………… 464
廖宝昀（　　—　　） …………… 460	罗福祯（　　—　　） …………… 464
廖瑞俭（1903—2001） …………… 460	罗惠恬（　　—　　） …………… 464
林冰峰（　　—　　） …………… 460	罗世钰（　　—　　） …………… 464
林惠贞（　　—　　） …………… 461	骆传龙（　　—　　） …………… 464
林健中（　　—　　） …………… 461	骆美蕙（　　—　　） …………… 464
林其新（1920—　　） …………… 461	
林松年（　　—　　） …………… 461	

M

马青华（　—　）……… 465
马作舟（　—　）……… 465
麦雷兰（　—　）……… 465
毛以信（　—　）……… 465
梅柏翠（　—　）……… 465
梅勤志（1917—　）……… 465
梅贤豪（1923—　）……… 465
莫如俭（　—　）……… 466

N

聂际云（　—　）……… 467
钮志芳（　—　）……… 467

P

潘锡麟（　—　）……… 468
潘正方（　—　）……… 468
裴惠毅（　—　）……… 468
裴惠珍（　—　）……… 468
裴明龙（　—　）……… 468

Q

齐光斗（　—　）……… 469
齐文卿（　—　）……… 469
钱祝钧（　—　）……… 469
丘中杰（　—　）……… 469
全赓华（　—　）……… 469

R

任运祥（　—　）……… 470
戎志浩（？—1968）……… 470
阮　柔（　—　）……… 470

S

邵丙昆（　—　）……… 471
邵振家（　—　）……… 471
沈　缄（　—　）……… 471
沈杰飞（　—　）……… 471
沈慕函（　—　）……… 471
沈天然（　—　）……… 471
沈心立（1922—2018）……… 471
沈瑶华（　—　）……… 472
施复言（　—　）……… 472
施家韡（　—　）……… 472
施家椝（　—　）……… 472
石中玉（　—　）……… 472
史超礼（？—1992）……… 472
宋秀圻（　—　）……… 472
宋雪亭（1902—　）……… 472
宋耀林（　—　）……… 473
孙宝华（　—　）……… 473
孙常龄（　—　）……… 473
孙汉书（　—　）……… 473
孙以照（　—　）……… 473

T

谭超风（ — ）……………474
汤素芳（ — ）……………474
唐马可（ — ）……………474
唐佩勤（ — ）……………474
唐启隆（ — ）……………474
唐丝威（ — ）……………474
唐学乾（ — ）……………474
陶巩霞（ — ）……………474
陶光允（ — ）……………475
陶佩霞（ — ）……………475
陶　铸（ — ）……………475
田洵德（ — ）……………475

W

万迪钧（1914— ）…………476
汪导华（ — ）……………476
汪稷曾（ — ）……………476
汪敏勇（ — ）……………476
汪通祺（ — ）……………476
王长部（ — ）……………476
王传延（1921— ）…………477
王德华（1922— ）…………477
王德馨（ — ）……………477
王鄂伟（ — ）……………477
王海北（ — ）……………477
王海波（ — ）……………477
王合和（ — ）……………477
王河林（1922— ）…………477
王家祥（ — ）……………478
王监二（ — ）……………478
王　珏（ — ）……………478
王俊铭（ — ）……………478
王克勤（ — ）……………478
王立言（ — ）……………478
王庆章（1911— ）…………478
王荣均（ — ）……………478
王绍林（ — ）……………479
王寿康（ — ）……………479
王　希（ — ）……………479
王晓麟（ — ）……………479
王旭芹（1921—2005）………479
王雪勤（ — ）……………479
王裕禄（1918— ）…………479
王之模（ — ）……………479
王至道（ — ）……………479
王志导（ — ）……………480
韦安阜（ — ）……………480
魏汉馨（ — ）……………480
魏修徵（ — ）……………480
温光钧（1925— ）…………480
文汉生（ — ）……………480
文和阳（ — ）……………480
文勖铭（ — ）……………480
翁晶嘉（ — ）……………481
吴冰颜（ — ）……………481
吴德亨（ — ）……………481
吴各周（ — ）……………481
吴光大（ — ）……………481

吴国章（ — ）……481	徐启刚（ — ）……485
吴 久（ — ）……481	徐于美（ — ）……485
吴培豪（ — ）……481	徐祖甲（ — ）……485
吴晓光（ — ）……481	许彼得（ — ）……485
吴 新（ — ）……482	许海津（ — ）……485
吴增菲（1926— ）……482	许由恩（ — ）……485
吴增萍（ — ）……482	许振寰（ — ）……485
吴 徵（ — ）……482	许志家（1917— ）……485
吴志顺（ — ）……482	宣国猷（1919— ）……486
吴志云（1921— ）……482	薛光圻（ — ）……486
伍建峰（ — ）……482	薛兆旺（ — ）……486
伍鸿森（ — ）……482	

X

Y

	严连生（ — ）……487
席佐荣（ — ）……483	杨安南（ — ）……487
向恕人（ — ）……483	杨宝智（ — ）……487
向知人（ — ）……483	杨才森（ — ）……487
项斯鹃（ — ）……483	杨道南（ — ）……487
谢 赓（ — ）……483	杨德洪（ — ）……487
谢秋成（ — ）……483	杨光德（ — ）……487
谢心正（ — ）……483	杨建生（ — ）……488
萧前椿（ — ）……484	杨庆生（ — ）……488
萧孙祺（ — ）……484	杨绍兰（ — ）……488
忻鼎丰（ — ）……484	杨绳武（ — ）……488
邢傅芦（ — ）……484	杨以运（ — ）……488
徐承德（ — ）……484	杨 轸（ — ）……488
徐大壮（ — ）……484	姚 明（ — ）……488
徐飞锡（ — ）……484	姚秀华（ — ）……488
徐广华（ — ）……484	叶邦英（ — ）……488
徐 里（ — ）……485	叶德光（ — ）……488

叶洪泽（　—　）……………489	张　力（　—　）……………492
叶贻寿（　—　）……………489	张慕渠（　—　）……………492
叶　英（　—　）……………489	张其师（　—　）……………492
叶允恭（　—　）……………489	张汝楫（1922—　）…………492
尹孔殷（　—　）……………489	张绍钫（　—　）……………493
殷　放（　—　）……………489	张胜瑕（1921—　）…………493
殷砺成（　—　）……………489	张盛祥（1916—1981）………493
余炳芳（　—　）……………489	张湘英（　—　）……………493
余树湛（　—　）……………490	张宜谟（　—　）……………493
余懿德（　—　）……………490	张愚山（　—　）……………493
虞之佩（1906—　）…………490	张玉山（　—　）……………493
郁去非（1914—　）…………490	张治敏（　—　）……………494
袁　宏（1912—　）…………490	张宗明（　—　）……………494
袁绩藩（　—　）……………490	张遵颂（　—　）……………494
袁绩恂（　—　）……………490	赵保国（　—　）……………494
乐嘉裕（　—　）……………490	赵　达（　—　）……………494
	赵鸿举（　—　）……………494
Z	赵民调（　—　）……………494
	赵盛铭（　—　）……………494
曾美霞（　—　）……………491	赵熊尧（　—　）……………494
张炳熔（　—　）……………491	赵一民（　—　）……………495
张伯平（　—　）……………491	赵增辉（　—　）……………495
张承启（　—　）……………491	赵忠勤（　—　）……………495
张传忠（　—　）……………491	郑成光（　—　）……………495
张大同（　—　）……………491	郑诚明（　—　）……………495
张定令（　—　）……………491	郑逢濂（　—　）……………495
张　汉（　—　）……………492	郑国熙（　—　）……………495
张宏基（　—　）……………492	郑　钧（1915—　）…………495
张焕民（　—　）……………492	郑　琨（　—　）……………496
张家堃（　—　）……………492	郑　沫（　—　）……………496
张景拭（　—　）……………492	郑如冈（　—　）……………496

郑顺辨（ — ）……………496	周祖德（ — ）……………498
郑亚清（ — ）……………496	朱　昂（ — ）……………498
郑翼棠（1917— ）…………496	朱重民（ — ）……………498
郑永福（ — ）……………496	朱鼎励（ — ）……………499
郑元樵（ — ）……………496	朱光焕（ — ）……………499
郑真同（ — ）……………497	朱铭麓（ — ）……………499
钟秉智（ — ）……………497	朱汝荣（ — ）……………499
钟　鹏（ — ）……………497	朱耀忠（ — ）……………499
钟日新（ — ）……………497	朱绮霞（ — ）……………499
仲泽雄（ — ）……………497	朱永铭（ — ）……………499
周德章（ — ）……………497	朱　徵（ — ）……………499
周光耀（ — ）……………497	朱子浩（ — ）……………500
周　鹤（ — ）……………497	诸耀武（ — ）……………500
周礼庠（ — ）……………497	宗唯贤（ — ）……………500
周绍禹（ — ）……………498	邹秋华（ — ）……………500
周遂宁（ — ）……………498	邹思远（ — ）……………500
周维勋（ — ）……………498	邹荫芳（ — ）……………500
周懿芬（1929— ）…………498	邹　瑛（ — ）……………500

上辑

論文

A

艾国英（1923—2019）

女，湖北江陵人，心理学家。1947年中央大学心理系毕业，随即赴美，1949年获哥伦比亚大学心理学专业硕士学位。1950年9月，与丈夫陆子敬同乘威尔逊总统号回国。被分配到上海市教育局教研室工作，1957年4月调入上海师范专科学校（现上海师范大学），教授心理学。曾任上海市心理学会副理事长兼秘书长。著有《学习心理》《统计学在教育心理方面的应用》等。为致公党上海师大支部主委，上海市欧美同学会常务理事、欧美同学会哥伦比亚分会会长。

安希伋（1916—2009）

河南汤阴人，农业经济学家。1940年毕业于西北农林专科学校农业经济系，后入南开大学经济研究所（重庆）任助理研究员，后该所迁上海扩建为中国经济研究所，任副研究员，并兼任《世纪评论》周刊（南京）编辑。1948年赴美，在华盛顿大学经济系研习经济理论和美国经济。1950年归国，受聘为西北农学院教授，1953年调北京农业大学任教授。1957年被划为右派。1978年后任北京农业大学农业经济系副主任，校学术委员会委员。曾任中国农业经济学会副理事长、中国农业技术经济研究会理事长、北京市人民政府农村经济顾问团团长、民盟中央经济委员会副主任。

B

白家祉（1917—2014）

河北易县人，生于北京，石油工程力学专家。1939年毕业于西南联大机械系，留校任助教。1945年考取留美公费生，1946年获麻省理工学院硕士学位，1948年与侯祥麟共同筹建中国留美科协波士顿分会，1949年7月获哈佛大学博士学位。同年8月回国，在清华大学化工系任教授，1952年参加北京石油学院筹建工作，历任教研室主任，副教务长，1956年招收副博士研究生。为九三学社成员，石油学院支社主任。1958年被划为右派（1980年改正）。1962年2月调西安石油学院任教研室主任，"文化大革命"期间下放劳动至1976年。七十年代后期任北京石油勘探开发科学研究院高级工程师，主持完成的"定向井、丛式钻井技术研究"成果于1990年获国家科技进步奖特等奖。著有专著《井斜控制理论与实践》。

鲍城志（1924—2019）

广东中山人，模式识别与图像处理专家。1946年交通大学电机系毕业，入上海新安电机厂任工程师。后去英国BTH电气设备公司实习，再赴美国，先后在华盛顿大学和西北大学电机系学习，1955年获博士学位。1956年回国，任中国科学院上海技术物理所研究员。1981年受美国宾州大学电机系邀请讲学两年。1984年再次受宾州大学讲学邀请，后到北伊利诺伊大学任电机系主任、建立图像处理实验室，培养了十几位研究生，1990年晋升终身正教授。中国空间科学学会副理事长，美国电子电机工程师学会高级会员。著有《动力系统最佳运行及其控制》《模式识别与图像处理》等，论文有一百多篇，2015年出版自传《从贫瘠到富足：一个老科学家的个人史》。2012年后至去世一直居住上海。

鲍家善（1918—2003）

原籍江苏苏州，生于北京。微波物理学家。1940年毕业于燕京大学物理系。同年赴美，1943年获美国圣路易斯华盛顿大学物理系博士学位。后任麻省理工学院辐射实验室的研究员及纽约长岛斯佩里陀螺仪公司的规划工程师。1945年8月回国，任南开大学物理系系主任、教授。1948年12月陪父母赴台湾，1949年1月从台湾回来，在中央大学物理系任教授。1952年并校后，在南京大学物理系任教授、副系主任。1983年任上海科技大学物理系教授、校学术委员会主任。高等学校理科无线电教材编审委员会主任委员，著有《微波原理》，合编《超高频天线》。上海市人大代表。1985年加入中国共产党。

鲍文奎（1916—1995）

浙江宁波人，作物遗传育种学家，中国科学院院士（1980年）。1939年毕业于重庆中央大学农学院农艺系，经金善宝教授推荐，到成都静居寺四川省农业改进所工作。1947年夏得到"美租借法案"的资助，赴加州理工学院生物系留学，1950年6月获博士学位，未参加毕业典礼，而到芝加哥参加中国留美科协分会的年会，同年9月回国。历任四川农科所食粮组副主任，中国农业科学院作物育种栽培研究所研究员、副所长，北京农业大学教授。主持的八倍体小黑麦研究，在国际上处于领先地位。1978年获全国科学大会奖。专著有《禾谷类作物的同源多倍体和双二倍体》，主要论文有《中国的八倍体小黑麦》《小麦矮生性的遗传》等。

毕季龙（1914—2007）

原名毕庆芳，江苏仪征人，出生于上海。1936年南京中央大学财政系毕业。后从事经济工作，曾任国民党政府资源委员会专员，重庆炼钢厂会计科科长、电化冶炼厂会计处处长。后赴美国留学，入乔治·华盛顿大学企业管理学院，1948年获工商管理硕士学位，曾任国民政府行政院驻美物资供应处稽核主任、中国轮船公司驻纽约会计主任等要职。1950年回国，任外交部政策委员会秘书。1951年7月赴朝鲜参加板门店停战谈判，先后任中国人民志愿军代表团参谋处和秘书处处长。回国后，先后任外交部研究室研究员，外交部新闻司副司长。1961年以中国代表团新闻官员身份参加第二次日内瓦会议，后任外交部国际条约法律司副司长。1976年6月起任联合国副秘书长，1985年卸任回国。

卞荫贵（1917—2005）

　　江苏兴化人，流体力学家。1942年毕业于上海交通大学机械工程系，后任重庆汽车配件制造厂实习工程师。1946年赴美在齿轮制造厂实习，1947年入哈佛大学学习，1949年获航空工程硕士学位，1952年获约翰斯·霍普金斯大学航空系博士学位，同年被聘为弗吉尼亚理工学院副教授。1957年归国，在中国科学院力学研究所任职；1970年转到航天部二〇七所、七〇一所任研究员，1978年回到中国科学院力学研究所，曾任研究室主任。其领导的研究组参加的"高硅氧烧蚀材料""再入通讯可行途径"等课题获1978年全国科学大会奖，1980年国防科工委二等奖，1986年中国科学院科技进步奖二等奖，1987年国家科技进步奖三等奖。合著有《高温边界层传热》。主要论文有《跨声速射流的Tricomi方程解》《旋涡内流计算》等。

C

蔡博渊（1916—1980）

江苏无锡人，儿科专家。1941年上海圣约翰大学医学院毕业，在上海同仁医院任医师。1947年赴美，先获费城大学医学院医学科学硕士学位，在纽约海景医院及纽约华克儿童医院工作。1950年回国，任上海市纺织工业局第一医院儿科主任。与他人协作研究预防麻疹减毒活疫苗获得成功，1953年后多年被评为上海市先进工作者。曾任中华医学会儿科分会秘书长。

蔡灿星（1914—2000）

广东怀集人，林学家。1939年广西大学农学院林学系毕业，留校任教，1944年升任讲师。1947年赴美，1949年冬获明尼苏达大学林业硕士学位，是年12月回国。1950年继续在广西大学任教，历任教授、林学系主任、林学分院教务处处长等。曾任中国林学会理事、广西林学会副理事长。专著《湿地松引种栽培》获广西林业厅奖励。1985年获中国林学会"从事林业工作五十周年荣誉证书"。桂林市人大代表、柳州市政协委员，广西壮族自治区政协委员、人大代表。农工民主党广西主委。

蔡焌年（1924—1996）

女，浙江德清人，英语学家。1947年毕业于上海圣约翰大学英文系。在国立清华大学外国语文学系工作。1949年赴美国斯坦福大学心理学系攻读硕士学位。1951年在劳伦斯（Douglas H. Lawrence）的指导下取得心理学硕士学位。1953年1月回国，进入江苏师范学院（现苏州大学）心理学教研组任教。1957年被划为右派，调校图书馆工作，"文化大革命"中丈夫罹难，"文化大革命"后平反。1987年退休。中译有《儿童的智力》，英译潘菽主编的《人类的智能》（1984，未出版）、英译高觉敷主编《中国心理学史》"绪论"

（1986，未出版）。

蔡镏生（1902—1983）

  福建泉州人，物理化学家，中国科学院院士（1957）。1924年毕业于燕京大学化学系，留校任助教。1929年赴美国芝加哥大学化学系攻读光化学和化学动力学，1932年获博士学位。回国后继续在燕京大学任教。1948年再度赴美，1949年回国，任燕京大学化学系主任，1952年到东北人民大学（现吉林大学）创建化学系，任系教授和系主任多年。为中国化学会理事，长春市化学化工学会理事长，长春市科学技术协会副主席，《化学通报》编委。与人合著《腈类和氰化物之间的交换》，论著有《利用阶梯管法测定重水含量》《光化法合成甲苯基二氯硅烷单体的研究》等。第三和第五届全国人大代表，长春市政协副主席。1982年5月加入中国共产党。中国民主促进会中央委员，长春市民委副主委。

蔡启瑞（1913—2016）

  福建同安人，物理化学家，中国科学院院士（1980）。1934年考入厦门大学化学系，获得嘉庚奖学金，1937年毕业留校任教。1947年被派赴美留学，1950年获俄亥俄州立大学化学系博士学位，留校从事结构化学研究。为留美科协会员，1956年3月下旬乘戈登号回国，任教厦门大学，创建催化教研室。历任副校长、固体表面物理化学国家重点实验室学术委员会主任、国家科学技术委员会化学组成员。论著有《固氮酶的活性中心模型和催化作用机理》等二百多篇。曾获国家自然科学奖三等奖三项和教育部科技进步奖一等奖一项，二等奖两项。1978年加入中国共产党，第三至五届全国人大代表。

蔡强康（1921—2011）

  江苏泰州人，机械学家。1941年毕业于重庆的南京中央大学机械工程系，获学士学位。后任重庆二十四兵工厂技术员。1943—1947年任中央大学机械系助教。1946年考取教育部公费留美资格，1947年秋到明尼苏达州立大学学习，曾任《中国留美科协通讯》编委。1948年获硕士学位，1952年获博士学位，后任明尼苏达州通用面粉公司家庭电器用品研究部计划工程师、明尼苏达州立大学机械工程系研究员、威斯康星州迈城起重机厂设计室工程师。为留美科协会员，1955年回国。到北京石油学院机械系任力学教研室主任、副教授。1962年至1984年，任国家教委工科力学教材评审委员。1976年至1983年，任华东石油学院学术委员会副主任和学位委员会副主任，石油部第一届学位评议组成员，山东省第一届高校教师职务高级评审委员会物理力学组副主任。山东省第五届政协副主席，第七、八届全国政协委员。

蔡淑莲（1913—1969）

女，福建仙游人，分析化学家，丈夫于同隐。1945年获成都金陵大学硕士学位。1951年获美国密歇根大学博士学位，是年6月回国，在浙江大学任教。1952年院系调整，调至复旦大学，任分析化学教研室副主任、教授。论文有《钼（Ⅵ）和钨（Ⅵ）的阴离子交换性能研究》。

蔡益铣（1924— ）

建筑工程专家。1945年复旦大学毕业，1949年获美国普渡大学建筑结构硕士学位。回国后，1952年聘为岭南大学建筑副教授，后聘为华南工学院建筑工程系结构力学教授。1956—1957年提出了一种薄壳结构的新设计，为华南农业大学"红满堂"主要设计者。论著有《壳体理论及其工程实践》。

蔡咏春（1904—1983）

福建晋江人，教育家。毕业于福建晋江培元中学，在燕京大学学习社会学和宗教学，深得院长赵紫宸欣赏，毕业后留校任教。1936年起先后游历福建、香港、广东、云南等地。1946年赴美，1949年获哥伦比亚大学纽约协和神学院宗教博士学位。1950年回国，在燕京大学任教。1956年，调吉林大学教英文并从事资料翻译工作。早年积累的丰富文献和自己的生平史料捐赠给了耶鲁大学神学院。

蔡用舒（1916—2000）

湖南益阳人，眼科专家。1941年毕业于中央大学医学院，留校任讲师、住院医师、主治医师及代主任等。1949年12月赴美，先后任哥伦比亚大学医学院眼科研究所研究员，新泽西州萨默塞特（Somesset）医院住院医师，西弗吉尼亚州立医院眼科主治医师。1956年6月与邓培植、张焕民夫妇回国到广州。历任第四军医大学第一附属医院眼科学教研室主任、主任医师、教授。曾任《中华眼科杂志》《眼外伤与职业眼病杂志》编委，陕西省眼科学会副主委。著有《眼科手术图解》等。

蔡聿彪（1922—2000）

苏州人，制药专家。1945年毕业于圣约翰大学，1948年赴美留学，1951年获马里兰州立大学生物化学硕士学位，留校任教，同年回国，先后任原上海第三制药厂车间副主任、副总工程师、总工程师及副厂长等职。发表了大量抗生素生产工艺与生物化学方面的论文论著。1954—1956年连续三年被评为上海市劳动模范，先后任中国药典委员会委员，上海市药学会常务理事。上海市第二至五届人大代表，长宁区第七届人大常委，长宁区政协第六届常委，获国务院特殊津贴。

蔡祖宏（1918—　）

上海人，机械学家。1942年毕业于上海交通大学机械系，曾在上海中华铁工厂任技术员。1947赴美留学，1949年获密歇根大学机械工程硕士学位后回国。1949—1961年在上海瑞典SKF轴承公司，船舶局船舶设计院任工程师。1961年调入中船重工集团704所任室主任、总工程师。1958年与朱谦才等设计了当时中国最大的单流式蒸汽机2500马力，用于沿海货船主机。曾被评为1977年度上海市先进工作者。1981年和1984年曾代表中国参加国际标准化组织造船技术委员会甲板机械分委会会议。论著有《船舶两重装置的瞻望》《线性自动调节原理》《国外甲板机械液压系统介绍》等。上海市第七、八届人大代表，九三学社社员和致公党党员。

曹德谦（1922—　）

生于上海，1941年入圣约翰大学新闻系，1943年转入燕京大学新闻系，1946年入国民党中央通讯社，1947年就读于美国密苏里大学新闻学院，1949年回国。先后在外交部和新华社工作，曾被划为右派。1983年起任中国社会科学院美国所研究员。1985—1986年，在弗吉尼亚大学研究美国历史。主要著作有《美国（通史）演义》《美利坚风云人物》，合作主要译作有《美国共产党史》《林肯传》等。

曹　孚（1911—1968）

江苏宝山人，教育理论学家。1937年复旦大学教育学系毕业，留校，历任讲师和副教授。1947年3月由复旦大学推荐到美国科罗拉多大学教育研究院深造，1949年获教育博士学位，后在哥伦比亚大学讲授美国教育史。1949年9月回国，任复旦大学教育学系教授，1951年任学校副教务长。1951年调整到华东师大，任教育系首任系主任。1954年秋调北京，任人民教育出版社编审和中央教育科学研究所研究员。1956年参加制定国家《关于1956—1967年发展教育科学规划（草案）》。"文化大革命"中被划为"反动学术权威"后病逝。1980年平反。主要著作有《杜威批判引论》《教育学通俗讲座》《外国古代教育史》(合编)等。全国人大代表，全国政协委员。中国民主同盟北京市委文教委员会副主任。

曹　骥（1916—　）

北京人，农业昆虫学家。1935年考入清华大学，1939年西南联大生物系毕业，入中央大学农科所学习昆虫生态学和农业昆虫学，1941年夏获理科硕士学位。曾任协和医学院公共卫生系研究助理、北京大学农学院昆虫系助教、西北农学院动物学讲师、中央农业实验所北平农事试验场病虫害系技士。1944年考取出国留学资格，1947年9月赴美明尼苏达大学昆虫系留学，期间参加留美科协。1949年获博士学位，同年年底回国。1950年1月到华北农业科学研究所病虫害系任副研究员，1957年调农业部植物检疫实验室，1961年调中国农科院植物保护研究所，1979年调品种资源研究所。著作有《作物抗虫原理及应用》《植物检疫手册》《害虫防治策略与方法》等。

曹建猷（1917—1997）

长沙人，铁道电气化工程专家，中国科学院院士（1980）。夫人姚晳明。1940年6月毕业于上海交通大学电机工程系，后在昆明西南联合大学工学院任教。1945年与夫人均考取公费赴美留学，8月至11月经印度乘船赴美。在麻省理工学院研究电力系统及自动化，1950年9月获博士学位，在纽约市立大学任客座讲师。1951年8月回国后，在唐山工程学院（后为唐山铁道学院、西南交通大学）任教，历任电机系主任、副校长等。论著有《电气化铁道供电系统》等。获 1963 国家新产品奖二等奖，1978 年铁道部高校科研奖一等奖及四川省重大科技成果奖，1987 年四川省科技进步奖一等奖、国家科技进步奖三等奖等。1987 年加入中国共产党，全国人大代表。

曹锡华（1920—2005）

浙江上虞人，生于上海，数学家。1940 年考入重庆大学数理系，后转入浙江大学数学系，1945 年毕业，在中央研究院数学研究所工作。1948 年经陈省身和段学复推荐赴美留学，1950 年获密歇根大学博士学位，为留美科协数理学术小组联络人，同年回国。历任浙江大学副教授，华东师范大学教授、数学系主任，为上海数学会理事长。长期从事数学教学和群论的研究工作，合著有《线性代数群表示理论》。译著有《连续群》《代数群》等。

曹贞敏（1924—2018）

四川自贡人，英语教育家。1941 年考入重庆中央大学外语系。1943 年 1 月，应征入远征军，在昆明和桂林步兵训练所任翻译。1945 年 4 月赴美，在"FAB-100"计划为在美受训的中国飞行员当翻译。1946 年 10 月入读明尼苏达大学教育系，1949 年 6 月毕业，在旧金山《世界日报》任职。1953 年入圣何塞大学电机系，1956 年毕业，在旧金山工程设计公司工作。1958 年 12 月回国，在北京首都师范大学外语系任教，八十年代曾任系主任。

曹忠民（1912—   ）

化学家，1936 年齐鲁大学毕业，到西北农林专科学院（现西北农学院）任助教，后到兰州中央造币厂、中英庚款董事会科学教育馆等地工作。1941 年在兰州技艺专科学校、四川金堂铭贤学院、西康技艺专科学院任有机化学教师，1945 年回齐鲁大学任教。1949 年被总部设于纽约的"中国基督教大学联合董事会"（UBCCC）选拔去美国进修，获得克萨斯农工大学化学硕士。1951 年回国，任大连工学院化学系有机化学教研室主任，并开创质谱学研究。1957 年后被迫离开学校下乡劳动，1980 年回到讲台，任化工系教师英语班的教学工作。著有《有机化学》教材，1986 年退休，继续研究有机化学命名原则，论文有《关于中文有机化学命名与国际接轨的刍议》，2008 年写出《国际有机化学物命名法研究》。九三学社成员。

曹宗巽（1920—2011）

女，济南人，植物生殖生理学家。丈夫向仁生。1940年毕业于西南联大生物系，留校任教兼读研究生。1945年赴美留学，1948年获威斯康星大学博士学位，后在得克萨斯大学做博士后研究。1951年春与丈夫向仁生一同回国，先后在清华大学、北京大学任教。曾任《植物杂志》和《植物学通报》主编，国家教委学位委员会第一、二届委员，中国植物生理学会第一至三届常务理事，北京植物生理学会副理事长，国家高等学校教材编审委员会植物生理组组长。

常沙娜（1931— ）

女，满族，浙江杭州人，生于法国，敦煌艺术专家，常书鸿之女。1945年至1948年，在敦煌随父亲临摹敦煌历代壁画，并与父亲合办"父女画展"。1948年赴美国波士顿美术博物院美术学院攻读绘画。1950年12月回国，先后在清华大学营建系、中央工艺美术学院实用美术系和染织美术设计系任教，曾任染织美术系副主任、院长。第九届全国人大会常委会委员，曾任欧美同学会副会长。

陈百屏（1913—1993）

安徽庐江人，固体力学家。1935年毕业于上海交通大学电机系，获工学士学位，入南京中央大学机械特别研究班学习，1937年毕业后留校任教。1947—1950年先后就读于美国斯坦福大学、布朗大学，获布朗大学应用数学系硕士和博士学位。1950年回国。历任大连工学院教授、应用数学系主任，哈尔滨军事工程学院数学、理论力学、飞机结构强度教研室主任，西北工业大学飞机系副主任。著有《空间固架的复向量分析》《钉节构架的矩阵分析》等。

陈北亨（1921—2009）

山东青岛人，兽医学家。1946年毕业于西北农学院畜牧兽医系。1948年公费赴美留学，在密歇根州立学院研究院肄业。1950年10月乘克利夫兰号回国，历任西北畜牧兽医学院教授，甘肃农业大学兽医系主任、校长。主编《中国农业百科全书·兽医卷》产科学分支、《家畜外科手术学》和农业部统编教材《兽医产科学》等。获农业部两次科技进步奖一等奖及三次省级奖。是国务院学位委员会第二届兽医学科评议组成员、中国畜牧兽医学会产科研究会名誉理事长。先后多次获农业部和甘肃省的科技进步奖一等奖、二等奖和三等奖，并荣获甘肃省劳动模范（1994）、中华农业科技奖（1997）、香港柏宁顿（中国）教育基金会第三届金球奖（1997）。中国民盟成员。

陈秉聪（1921—2008）

山东黄县人，农业工程学家，中国工程院院士（1995）。1943年西北工学院机械系毕业。1945年赴美留学，1947年毕业于空军机械学院，获飞行航空工程师称号，1948年获伊利诺伊州立大学航空系硕士学位。1949年回国，历任山东工学院自动车系副主任，长春汽车拖拉机学院拖拉机系主任，吉林工业大学副校长。曾任国务院学位委员会学科评议组成员，中国农业机械学会副理事长、中国地面——机器系统研究会主任委员。发明了"SY—1"式静载式锻压仪、半步行式水田轮。著有《拖拉机理论》等。吉林省政协常委，长春市政协副主席。全国人大代表。九三学社吉林省第一、二届副主委，第三届主委。

陈炳兆（1911—1988）

广东珠海人，生于唐山，精密合金专家。1937年毕业于北洋工学院矿冶系。后任中华民国资源委员会锡矿勘探队工程处、锡业管理处工程师，任教贵州大学。1947年赴美留学。1948年获科罗拉多矿学院冶金系硕士学位。1950年获密苏里大学冶金系博士学位。1955年10月回国，次年任职中国科学院上海冶金陶瓷所研究员。领导研制出中国航天工程上急需的软磁、硬磁、弹性及应变材料。

陈彩章（1903—1988）

原名陈彩宝，江苏江阴人，社会学家。1930年之江大学社会学专业毕业，入金陵大学农业经济系任助教，其间参与和主笔撰写了英文版研究报告《近代中国人口统计的一项实验1931年至1935年》。1936年夏成为首批农经系硕士，研究生毕业论文《中国历代人口变迁之研究》，1938年毕业，去重庆中央银行统计局和经济研究处工作。1941年至1947年间，发表了多篇论文，其中多收录在《民国丛书》中。1947年考取官价外汇自费生赴美，在康奈尔大学研修国际金融博士学位。1950年，受冀朝鼎邀请，放弃了还有三个月毕业的博士学位，随同好友华罗庚回国，初在北京中国人民银行经济研究所工作，1952年调天津南开大学经济系任教授。1956年调沈阳东北财经学院（后并入辽宁大学），1976年退休定居北京。

陈昌蕃（1913—2005）

江苏江都县人，粮农经济专家。1943年毕业于西南联合大学经济系，1948年赴美留学，1950年2月获密歇根大学经济学硕士学位。1950年10月回国，先后在中国人民银行总行、总行干校、郑州粮食学院、北京财贸学院经济研究所从事教学研究工作。曾讲授四门课程，编写教材四本，曾撰写许多论文、翻译大量文章和资料。

陈椿庭（1915—2016）

江苏武进人，水利学家。1937年毕业于中央大学土木系。1949年获美国明尼苏达大学土木工程硕士学位。1950年1月回国。历任南京水利科学研究所水工室主任，水利电力部水利水电科学研究院水工所所长、水工冷却水所所长、水利水电科学研究院副院长。1987年11月退休。主编有《水工模型试验》，译有《河渠水力学》，撰有《高坝挑流消能和局部冲刷深度的估算》《梯形渠道水面线的通用无尺度计算方法》等。

陈迭云（1917—1996）

广东台山人。留美，纽约大学毕业。1951年回国，历任华南农业大学农场场长、农学系党支部书记、农业经济系系主任。广东省农业经济学会顾问。编写和讲授《农业经济专业英语》《农业资源经济问题》《农业国际贸易》等。论文有《从经济学角度试论农业生态系统》《香港蔬菜市场分析和我们的竞争对策》《农业土地利用的生态经济问题》等二十余篇。著有《农业资源经济的理论与实践》（1990年）。

陈尔真（1926— ）

广东汕头人。1943年上海沪江中学毕业，赴美电影学院留学，曾在加利福尼亚大学、芝加哥大学专攻电化教育专业，1949年毕业。1951年回国，在八一电影制片厂从事动画美术设计，任美工技师9级，设计厂徽，研制21级光楔试片法及分色合成电影摄制法，获国家奖。1957年被划为右派，下放到北大荒853农场。1962年调虎林县中学教书。1979年落实政策时，被广东中山大学聘任为教授，在电教中心工作，讲授信息传播技术等课程。

陈芳禄（1919—1976）

湖北武汉人，畜牧专家。1944年中央大学畜牧兽医系毕业，任国民政府农林部中央畜牧实验所技佐，行政院善后救济总署农业委员会技术专员。1947年考取教育部自费留学生，1948年2月赴美，在艾奥瓦州立农业机械学院学习，参加留美科协，1949年12月毕业，获硕士学位。1950年2月回国，同年3月到华北人民革命大学学习，同年在华中农学院任教，后调入山东农学院畜牧系任教。专长家畜繁殖及人工授精技术。"文化大革命"期间被批斗后，精神出现异常。1976年7月因车祸遇难。

陈更华（1924—2012）

浙江宁波人。1948年毕业于南京中央卫生实验学院，考取公费留美生，1952年毕业于芝加哥大学，获电子工程系硕士学位，同年回国，从事医用X光机维护维修。1957年任江苏常州第二电子仪器厂总工程师。"文化大革命"期间被怀疑为美国特务，1967年在金坛干校政训班接受隔离审查，1969年解除审查返回上海，1971年在上海医疗器械所标准化情报研究室任职。为第一台国产颅脑CT扫描仪的主要研发人。

陈官玺（1912—1995）

四川隆昌人，放射医学家。1939年毕业于华西协合大学医科，获医学博士学位，留校在三大学联合医院（现华西医院）任X光科医师。历任华西协合大学放射学讲师及副教授，兼任四川省立医院放射科主任。1948年夏赴美，在哥伦比亚内外科医师学院研习X线诊断和放射治疗学，1949年夏在哈佛大学彼得·本特（Peter Bent）医院和加拿大蒙特利尔大学医院研修。1950年9月回国，1951—1984年任四川医学院医疗系放射学教研室主任和附属医院放射科主任；历任副教授、教授。为中华放射学会第一、二届委常委、四川省放射学会第一届副主委、卫生部医学科学临床放射学专题组委员、中华放射学杂志第一至三届编委。四川省人大代表、四川省政协委员。

陈冠荣（1915—2010）

上海人，化学工程学家，中国科学院院士（1980）。1936年毕业于清华大学化学系，在河北医学院任讲师，后加入国民政府军，从事防毒技术工作。后前往台湾，任职于中国石油公司新竹研究所。1947年赴美留学，次年6月获卡内基理工学院硕士学位。1949年回国，任东北工业部化工局基建处技术室主任、设计处副处长。1953年起历任重工业部化工局设计公司副经理，化工部有机化工设计院副院长兼总工程师、第一设计院院长等职。1973年后任石化部第一设计院总工程师，化工部科技局副局长，化工部副总工程师、部技术委员会副主任。先后领导设计了几十套化工装置。中国化工学会副理事长兼副秘书长。1965年加入中国共产党。

陈光辉（1923—   ）

福建莆田人。1944年毕业于重庆国立中央大学政治系，赴美留学，1949年获威斯康星大学政治系硕士学位，后在哥伦比亚大学政治学系研究生部攻读行政学及国际关系学，获博士学位。1954年回国，历任河南开封师范学院图书馆副主任、外语系英语教研室主任。曾任上海机械学院科技外语系副主任、副教授。著有《英国中央集权趋势》《美国外交人员管理》。为全国政协委员。

陈光谦（1920—   ）

四川綦江人，农业经济专家。1944年毕业于金陵大学农业经济系，获学士学位，到南京中央农业实验所任技士。1947年经留学考试，赴美国弗吉尼亚理工学院攻读农业经济学和农业工程学，1949年12月获硕士学位。为留美科协会员。1950年初，与华罗庚及四十多名同学乘克利夫兰号经香港回到北京。到华北人民革命大学政治研究院学习八个月，毕业后到政务院财经委员会计划局统计处工作。1952年后在农业部、林业部云南垦殖局等单位工作。1954年后调四川省农业厅、省农科所工作。1958年调到中国科学院成都生物所工作。1975年起先后担任图书情报室副主任兼生物能源室副组长，农村能源研究组组长、副研究员。1983 年获中国科学院重大科技成果奖二等奖，1985 年加入中国共产党，是年退休。

陈国凤（1932—   ）

女，福建厦门人，生于香港，儿科心脏病专家，中国近代著名医学教育家颜福庆的外孙女。1948 年 12 月赴美，1949 年考入纽约市立大学亨特学院医预系，积极参与北美基督教中国学生会（CSCA）活动。1951 年 7 月回国，入燕京大学医预系，1952 年转入北京协和医学院，1957 年获医学博士学位。后参加"西学中"学习班，在中国医科院儿科所开展中西医结合临床儿科工作，曾负责九省市小儿心肌病调研，获卫生部二级奖状。前夫林祝恒在反右中自杀，其本人被疑为美国间谍，"文化大革命"中下放到青海等地。1980 年 8 月，经卫生部选拔和世界卫生组织分派，赴美国纽约医院深造，后取得纽约州中医针灸执照，开设诊所推行中西医结合。曾任纽约市执照针灸医师公会第一、二届会长、全美中医针灸公会华人顾问委员会第一、二届主任，被聘为世界中医药学会北美洲顾问。

陈涵奎（1918—2017）

江苏武进人，电子学家。1939 年毕业于中央大学电机工程系。1943 年任国民政府资源委员会技术员。1944 年考取公费留美，1946 年赴美国学习，1947 年获密歇根大学硕士学位，1950 年获伊利诺伊大学博士学位。1951 年 8 月回国，历任沪江大学、交通大学、哈尔滨军事工程学院等校教授。1954 年起任华东师范大学电子学教研室主任、校务委员。1972—1978 年任上海科技大学教授。1979 年起任华东师大学术委员会副主任、物理系主任、微波研究所所长，应用电子学所名誉所长。主编《无线电电子学》（上、中、下三册）及《无线电基础》等。是国务院学位委员会第一、二届委员，上海电子学会理事长，上海微波技术应用协会名誉理事长。第四至八届全国政协委员。九三学社成员。

陈翰笙（1897—2004）

原名陈枢，江苏无锡人，农村经济学家、历史学家。中国科学院院士（1955，哲学社会科学部），夫人顾淑型。早年赴美欧，1921 年获芝加哥大学硕士学位，1924年获柏林大学博士学位。1924年回国，任北京大学教授。1926年加入共产国际。1934年后，先后在日本、苏联、美国从事研究和著书工作，并在纽约任《太平洋季刊》副主编。1935年转为中共党员。1939年在香港主编《远东通讯》，1942年后，在美国霍普斯金大学国际问题研究所任研究员。1950年1月回国，后历任外交部顾问，外交学会副会长，中印友好协会副会长，国际关系研究所副所长，中国社会科学院世界历史研究所名誉所长。是第一至三届全国人大代表，第五届全国政协委员。著有《美国垄断资本》《印度莫卧儿王朝》《解放前西双版纳土地制度》《中国农民》等。

陈 辉（1928—2007）

曾用名陈利生，浙江诸暨人，生于上海。夫人陈秀霞。中学及大学学业均在美国完成。1949年获宾州斯沃斯摩尔学院文学士学位。在大学期间参加北美基督教中国学生联谊会的进步活动，担任联谊会东部地区和全美委员会主席。1949年9月回国，在外交部新闻司就职，历任处长等职。多次为国家领导人担任口译工作。1983年到中国日报社工作，曾任常务副总编等。

陈家镛（1922—2019）

四川成都人，化学工程学家，中国科学院院士（1980），夫人刘蓉。1943年毕业于中央大学化工系，留校任教。1947年留学美国，1951年获伊利诺伊大学化工系博士学位，后至麻省理工学院化工系做博士后研究，1952年回伊利诺伊大学化工系任研究员。1954年任杜邦公司研究工程师。1956年回国，在中国科学院化工冶金研究所（现过程工程所）历任研究员、湿法冶金研究室主任、副所长等职。获有全国科学大会奖（1978）；国家自然科学奖三等奖（1980），国家科技进步奖二等奖（1988）等。论著有《气提式反应器的流动形态、压降及停留时间分布》《铅的湿法冶金》《伯胺与中性萃取剂协同萃取镍的机理》等。

陈嘉鎏（1919—1966）

浙江杭州人，1942年沪江大学毕业，并考取公费赴美留学，获得克萨斯州贝勒大学国际贸易专业的硕士学位。1950年抗美援朝战争爆发后搭乘挪威轮船，途经韩国、香港回国。曾任沪江大学会计系主任。1952年院系调整至吉林财贸学院任教。农工党成员。因被公安部门立案秘密调查回国过程，心理不堪承受，多次自杀未成，被送入精神病院，后回到上海医治。"文化大革命"初期，被打入劳改反省队，被揪斗，在受人格侮辱和精神折磨后自杀。妻子所住的上海外婆家也被掘地三尺，其妻终不堪凌辱自杀。

陈鉴远（1916—1995）

江苏宝应人，化工学家，中国科学院院士（1993）。1940年毕业于中央大学化工系，获工学士学位。在中央大学、昆明化工材料厂、重庆中央工业实验所等任职。1946年底获美国艾奥瓦州立大学奖学金，1947年1月赴美，1948年3月获艾奥瓦大学化工系硕士，1950年4月获雪城大学博士学位。1950年11月2日，乘威尔逊号抵广州，任上海华东工业部化工处设计室室主任，化工部基本化学设计院总工程师，1956年任北京化工设计院总工程师，1965年任化工部第六设计院院长，1978年出任化工部二局副局长。1982年担任北京化工学院院长。1985年起任化工部技术委员会副主任。为中国化学会高分子委员会副主任，国务院学位委员会第一届学科评议组成员。撰有《碘酸纤维素的组态和结构》等。

陈 荩（1921—2005）

云南凤庆人，矿物加工专家。1943年云南公费留美，获犹他大学矿冶工程系毕业，并深造于研究生院，为留美科协会员。1950年回国，任北洋大学副教授，1952年调北京工业学院任副教授，1952年11月调中南矿冶学院（后中南工业大学矿物工程系、中南大学资源加工与生物工程学院）任教授。著作和译著有《铜的选矿》《硫化矿物浮选电化学》《选矿浆体流变学》。为中国选矿情报网细粒分选委员会主任、中国高校选矿工程学会理事、《国内外选矿快报》编委。曾获冶金部重大科技成果奖、化工部科技进步奖二等奖奖、国家教委科技进步奖二等奖、三等奖。

陈 立（1922—2017）

江苏无锡人，农机专家。1943年毕业于浙江大学机械系，后赴美留学，在得克萨斯农机大学攻读农机制造专业，获硕士学位。1948年夏与吴大昌在艾奥瓦滑铁卢（Waterloo）的约翰·迪尔（John Deer）拖拉机工厂实习，后在费城埃伦农机公司任工程师。1949年9月回国,先后在农业部、华北农机总厂任工程师,在中国农业机械化学院、北京农业大学、北京农业工程大学任教授,后到社科院数量经济所任职。为农业机械部学术委员会委员。主要论著有《从对农业机械化问题的系统分析探讨对国民经济的决策问题》《试论我国社会经济发展战略模型》《经济体制改革与现代系统论》等。1982年前后,移居美国治病。

陈励常（1919—2002）

女,英语文学家,建筑学家成竟志的夫人。1956年偕丈夫成竟志、儿子成之德、成明德回国,任南京大学英语系讲师。"文化大革命"中成竟志受迫害,1976年落实政策后随丈夫赴美治病,在美国去世。

陈明斋（1911—1997）

江苏苏州人,普外科专家。1939年毕业于协和医学院,获医学博士学位。1949年留学美国芝加哥大学医学院。1950年回国。历任苏州市第一人民医院外科主任、副院长,苏州医学院教授和附属第一外科主行、副院长,附属第二医院院长。译著有《外科学》《肠梗阻》《外科学简史》等六部医学专著。为省人大代表、九三学社苏州市委副主委。去世后遗体捐献给学校,全部财产共计一百四十余万元捐给苏州大学附属第一医院,设立陈明斋奖助学金。

陈铭谟（ — ）

毕业于中央大学,后赴美,入读路易斯安那州立大学,与朱康福、吴崇筠、洪用林为同学好友。1950年回国,在兵工总局工作,后调兵工中专(1958年为太原机械学院)任教,创办了热处理专业,建起了热处理实验室和热处理车间。著有《贝氏体的转变机制和高强度贝氏体钢设计》。

陈迺隆（1921—2015）

福建福州人,机械学家。1942年毕业于西南联合大学航空工程系。1950年获美国里海大学机械工程硕士学位,同年10月与王守武吴大昌等乘克利夫兰号回国。历任云南大学副教授,第一机械工业部第一、五设计分院主任工程师，第四设计院总工程师、副院长，农业机械部科学技术局局长，中国农业机械学会常务理事。1990年退休，同年移居美国。

陈能宽（1923—2016）

湖南慈利人，核武器科学家，中国科学院院士（1980），"两弹一星"功勋奖章获得者。夫人裴明丽。1946年毕业于唐山工程学院矿冶工程系。1947年与夫人一起考取自费留学资格，赴美国耶鲁大学物理冶金系，1949年获硕士学位，1950年获博士学位。先后受聘于约翰斯·霍普金斯大学、西屋电器公司做研究员。1949年被选为留美科协第一届干事、留美科协学术小组联络人和耶鲁区会的负责人。1955年12月偕夫人和子女回国。曾任中国科学院应用物理所及金属所研究员，二机部第九院副院长、核工业部科技委副主任。1982年获国家自然科学奖一等奖。1984年获国家发明奖二等奖，1985年至1987年获三项国家科技进步奖特等奖。自1964年起，先后任两届全国人大代表，四届全国政协委员。

陈其恭（1920—1979）

女，气象学家。丈夫魏荣爵。1942年中央大学第一届气象专业毕业，后赴美留学，获芝加哥大学气象学硕士。1947年与魏荣爵结婚。1951年6月偕丈夫魏荣爵和襁褓中的女儿回国。任南京大学大气科学系教授。论文有《天气型法的长期天气预报》。

陈钦材（1912—1993）

四川郫县人，病理学家。夫人江晴芬。1938年毕业于华西协合大学医学院，获医学博士学位，曾任该校讲师、副教授，其间曾兼任病理系代系主任。1947年接受美国、加拿大资助，在耶鲁大学医学院、哈佛大学医学院、纽约尤文氏癌瘤纪念医院和加拿大多伦多大学班丁研究院和蒙特利尔麦格尔大学病理研究院等地进修病理学教学和临床病理。1950年10月偕夫人乘克利夫兰号回国。历任华西协合大学医学院病理学教研室主任、病理系主任和附属医院病理科主任、一级教授。合编有《肿瘤病理诊断手册》，主编有《病理学新进展》。全国政协委员。中国民主同盟成员。

陈庆诚（1921— ）

广东普宁人，生态学家，广东潮汕教育家陈泽霖次子。夫人罗惠恬。1947年福建协和大学农学院毕业，1949年赴美，1951年获西弗吉尼亚州立大学生物系硕士学位。1951年春偕夫人回国，在兰州大学执教，历任副教授、教授。与父亲合译《植物生态学》。

陈仁烈（1911—1974）

湖北荆州人，物理学家。1928年考入沪江大学物理系，后转学燕京大学物理系，1935年获该校硕士学位。先后在长沙雅礼中学和长沙湘雅医学院等任教。1947年赴美，在南加州大学物理系攻读实验核物理，并在纽约癌症纪念医院实习研究人工放射性治疗。1951年获博士学位回国，任天津北洋大学物理系教授。后调到南开大学任物理系副主任，兼基础物理、理论物理教研室主任。编著出版有《统计物理引论》。

陈日曜（1920— ）

广东兴宁人，机械专家。1941年武汉大学毕业后，赴美国留学，1949年毕业于密歇根大学，获硕士学位。1949年春回国后，任广西大学机械工程系教授、代理系主任，1953年任华中工学院筹备委员会桂林分部副主任，华中理工大学机械系主任。论著有《金属切削原理》《精密切削刀具的几何参数选择问题》。主编《金属切削原理》。为全国机械加工学会第一至四届常委理事，高等学校机械制造（冷加工）专业教材编审委员会副主任委员。中国民主同盟成员，1986年加入中国共产党。

陈荣悌（1919—2001）

四川垫江人，物理化学家、无机化学家，中国科学院院士（1980）。1937年考入湖南大学化学系，后转学，1941年毕业于四川大学化学系，考取武汉大学研究生，1944年毕业，后任中央大学化学系助教。1947年公费赴美留学，在西格拉姆工厂学习酒精酿造，1952年获印第安纳大学博士学位，后在西北大学做博士后和芝加哥大学任研究员。1954年8月回国，历任南开大学化学系副主任等。科研成果"NS—O2乙炔二聚新型催化剂"获

1985年国家发明奖三等奖。论著《络合物化学中的线性热力学函数关系》和《溶液配位反应的热力学及动力学研究》分别获国家教委科技成果奖二等奖（1986，1991）。编有教材《化学热力学》《配位物理化学》等。译有《分子筛上的有机化学反应》《无机反应机理》等。

陈荣耀（1922—1997）

广东台山人，化学家。夫人沙逸仙。1947年毕业于中央大学化学系。1948年底赴美留学。1953年获印第安纳州诺特丹大学博士学位。1955年6月16日偕夫人与徐璋本等19人乘威尔逊号第五十四次航行抵港回国，任中国科学院化学所研究员。论著有《甲醇羰基化为乙酸的新型高聚物铑催化剂的合成、结构与性能》。

陈茹玉（1919—2012）

女，福建闽侯人，化学家，中国科学院院士（1980）。丈夫何炳林院士。1942年毕业于西南联合大学化学系，曾在重庆中央工业试验所工作，在云南大学矿冶系和南开大学化学系任教。1948年春和丈夫考取美国南加州大学研究生，同年转入印第安纳大学化学系，1950年获硕士学位，1952年获博士学位，在西北大学化学系任研究员。1955年11月偕丈夫与两子女离美回国，历任南开大学化学系有机化学教研室副主任、元素有机化学所所长，兼全国农药学会副理事长。其"除草剂一号"获国家教委科技进步奖一等奖。论著有《关于有机磷化合物化学结构与除草活性定量关系》。为国务院学位评议委员会成员、国家科委发明评选委员，第三、四届天津市侨联副主席，第六至八届天津市政协副主席，第四、五届全国政协委员。

陈绍澧（1925—1968）

广东东莞人，润滑化学家。夫人俞惟乐。1948年毕业于燕京大学化学系，当年赴美留学。1950年获艾奥瓦州立大学化工系硕士学位。同年回国。任中国科学院石油研究所、兰州化学物理所研究室主任。"文化大革命"中不堪忍受批斗自杀。其固体润滑研究成果在他离世十六年后的1982年，获国家自然科学奖三等奖。

陈善明（1918— ）

女，上海人，儿童教育家。1941 年毕业于燕京大学生物系，同年毕业于北京协和医院护士系，到上海中华医学会工作，第二年到上海女青年会托儿所任主任。1947 年 7 月由中国女青年会推荐到美国哥伦比亚大学留学，获儿童发展系教育学硕士学位。1949 年回国，应宋庆龄邀请，1950 年 9 月至 1966 年出任中国福利会幼儿园园长。"文化大革命"中曾遭受迫害。1975 年退休。主编有《我们是怎样培育祖国花朵的》。上海市政协第一届至第五届委员。中国民主同盟成员。

陈世忠（1920—2009）

云南华宁人。1943 年 8 月云南大学经济系本科毕业，留校任助教。1947 年 9 月赴美，1949 年 2 月获密歇根大学硕士学位；入艾奥瓦大学攻读博士，1950 年 9 月放弃博士学位论文答辩回国。1950 年 12 月起在华北革命大学政治研究院学习一年，1951 年 12 月到北京石油管理局计划处工作；1952 年 12 月后历任北京石油学院、华东石油学院、中国石油大学工商管理学院讲师、副教授、教授。1986 年退休。

陈　恕（1924— ）

女，浙江诸暨人。图书馆学专业。陈辉胞姐，丈夫林达光，国民政府中央银行总经理陈健安之女，姚依林表妹。1939 年赴美留学，获密歇根大学社会学学士学位及加拿大麦基尔大学图书馆学硕士学位，曾任麦基尔大学图书馆馆员。1950 年偕丈夫和两个孩子回国，在北京生活工作，全力辅助丈夫从事促进中西方交流的志业。1964 年随丈夫去加拿大。1981 年协助丈夫创办加拿大宋庆龄儿童基金会，2013 年整理出版了林达光回忆录。

陈舜祖（1921—1986）

浙江余姚人，食品保藏和食品微生物专家。岭南大学本科毕业，1949 年 7 月留美，获俄勒冈大学食品工业硕士学位，1950 年 9 月乘威尔逊号回国。先后在南京农学院、无锡轻工学院任教，后并入江南大学食品科学与工程系任教。其对罐头食品工艺的有关研究曾获轻工业部科技成果奖二等奖。主编有《罐头食品手册》，合著《食品工艺食品化学：食品化学学》等。

陈天池（1918—1968）

浙江诸暨人，有机化学家。1936年就读于燕京大学化学系，1938就读于西南联合大学化学系。1941年毕业后，留校任助教。1946年赴美，1949年获路易斯安那大学理学博士学位，后在科罗拉多大学任研究员，为留美科协科罗拉多区会联络人。1950年10月回国，任南开大学化学系副主任，研制有机磷杀虫剂、杀菌剂和除草剂等农药，组建了南开大学物理二系与元素有机化学研究所，任所总支书记兼副所长。1964年获国家新产品发明奖二等奖。"文化大革命"中受迫害，1968年12月20日自缢身亡。

陈铁云（1918—2005）

浙江鄞县人，船舶结构力学专家。1941年毕业于上海交通大学物理系，任成都航空研究院飞机结构室副研究员。1947年留学美国，1949年夏获密歇根大学飞机结构力学硕士学位，1951年10月中断博士学习回国。次年任大连工学院机械系教授和流体力学教研室主任。1955年调入上海交通大学，历任船舶结构力学教研室主任、海洋与船舶工程研究所副所长。长期从事船舶结构力学的教学和研究，专于潜艇耐压壳强度研究。为国际船舶结构委员会应用设计技术委员会委员。编著教材与专著《弹性薄壳力学》等十本，其中《船舶结构力学》《结构的屈曲》先后获全国优秀教材与华东区优秀图书奖。1985年获国家科技进步奖一等奖，1987年获国家科技进步奖三等奖。九三学社成员。

陈维华（1920—   ）

1948年赴美留学，获丹佛大学硕士学位。1950年回国，任职于军委民用航空局。1956年全国先进工作者。曾任华东民航局计划科副科长。1963年调入上海教育学院，任英语副教授。编有《中学教师职业合格证书英语教材实用语法》。

陈贤镕（1917—1987）

福建长乐人，物理学家。1943年福建协和大学物理系毕业，留美。1950

年获俄勒冈大学物理学硕士学位。1950年8月30日乘克利夫兰号回国，受聘厦门大学物理系副教授，1981年晋升为教授。编有教材《微波基础》《常用电子测量仪器》《电子自旋共振实验技术》，论文有《隧道二极管振荡波形的研究》《电子自旋共振高温腔的研究》《电子自旋共振波谱仪的发展概况》，获奖项目有"电子自旋共振波谱仪的改进"等。曾任厦门市物理学会理事长、福建省电子学会副理事长、全国波谱学会常务理事、教育部高等学校理科物理教材编审委员和无线电教材编审委员。

陈肖南（1921—1985）

原名陈传裕，山东滕州人，生于济南，机械工程专家。1943年毕业于中央大学机械系，后在中央工业实验所任职，1947年考取公费赴美留学，1949年获普渡大学硕士学位，后在美国水压机制造公司和麻瑞昂挖土机公司任工程师，为留美科协会员。1951年7月回国，任华北大学工学院机械系副教授，1952年调入北京工学院三系，历任教授、教研室主任、院学术委员会委员。从事金属加工、液压传动、机械振动的教研工作。出版专著讲义有《炮弹与引信机械加工工艺学》《武器液压自动装置》《坦克液压元件》等。农工民主党成员。

陈心陶（1904—1977）

福建古田人，血吸虫病防治专家。1925年福建协和大学生物系毕业。1928年赴美留学，在明尼苏达大学专攻寄生虫学一年，获硕士学位，后转哈佛大学医学院，学习比较病理学，获博士学位。1931年回国，任岭南大学生物系主任、医学院代院长等。1948—1949年在美国哈佛大学医学院、芝加哥大学考察。1949年11月回国，回到岭南大学医学院任教。1953年后，一直在中山医学院任教授，并兼任广东省血吸虫病防治所所长、热带病所所长等。曾任《中国动物志》编委会副主任、《中国吸虫志》主编。专著有《怡乐村并殖吸虫》，另有《医学寄生虫学》《中国动物图谱》（扇形动物）。

陈秀霞（1923—　）

女，浙江上虞人。中国著名儿童教育家陈鹤琴长女，丈夫陈辉。1946年赴美留学。获密歇根州立大学文学学士学位和哥伦比亚大学师范学院教育硕士学位。1950年回国，历任外交部新闻司处长、司长助理，全国新闻工作者协会国际联络部副主任，中国联合国教科文组织全委会交流分委会副主任，欧美同学会副会长。

陈秀煐（1926—2022）

女，浙江上虞人。陈鹤琴次女，丈夫浦山。1945年毕业于上海圣约翰大学教育系，1947年赴美留学，1948年在密歇根大学获社会学硕士学位，同年赴哈佛大学读教育心理学博士学位。1950年回国。先后任职外交部国际司、外交学会和中国国际问题研究所。1957年被划为右派，后改正。1986年离休。

陈亚英（1924— ）

上海人。1947年毕业于圣约翰大学化学系，获理学学士。1948年赴英国伦敦大学进修和实习，后转赴美国留学，获纽约大学工商管理学硕士学位，为北美基督教中国留学生联合会纽约地区成员。1950年回国，在华东师大外语系任教授。丈夫夏禹思曾在团中央工作，"文化大革命"中被迫害致死。1980年带儿子移居美国马里兰州，后获弗吉尼亚大学英文硕士学位。晚年定居旧金山。

陈一鸣（1920—2014）

浙江上虞人。陈鹤琴的长子。1946年受党组织安排，赴美留学，获密歇根州立大学文学学士学位和哥伦比亚大学师范学院教育学硕士学位。曾任北美基督教中国学生会东部地区主席、哥伦比亚大学中国同学会副主席等职务。1951年回国，历任华东文教委员会宗教事务处副处长，上海市宗教事务局（民族和宗教事务委员会）副局长等职。

陈荫枋（1919—2005）

河北廊坊人，经济学家。1944年毕业于西南联大经济系，获学士学位，曾在中央银行任职。1947年考取自费留学资格，1949年赴美，在特拉华大学学习经济与统计。1951年获硕士学位后回国，先后在南开大学会计统计系、经济系任教。1958年调校经济研究所任研究室主任、教授。1987年调校国际经济研究所。曾任中国国际经济关系学会副会长。论文有《跨国公司与世界经济发展》《再论世界发展中的跨国公司》《跨国公司特征问题》等，译著有《工业试验统计》。合编《跨国公司概论》。曾获天津市四届哲学社会科学优秀成果奖。

陈永定（1921— ）

化工专家，中山大学毕业。1945年6月，由金龙章护送，与四十名留学生一起假道印度经加尔各答转孟买乘船，赴美国伊利诺伊大学、华盛顿大学留学化工专业。1949年6月回国，在鞍钢化工总厂、中央实验室、科研处工作，后在冶金部钢铁研究院物理化学室副主任、主任工程师，为国务院学位委员会第二届学科评议组成员。

陈幼军（ — ）

四川富顺人。1943年中央大学机械系毕业。1949年获美国密歇根大学研究生院机械工程硕士学位。1950年回国。历任一机部一局技术处长处长、总工艺师、副总工程师，石化通用局副总工程师、高级工程师。中国机械工程学会理事、流体工程专业学会理事长，中国制冷学会副理事长。

陈余年（1913—2004）

江苏泰州人，统计学家，夫人万叔寅。1937年武汉大学经济学毕业，在重庆交通银行任职。1945年公费留美，1947年获哈佛大学经济学硕士学位，1953年获哥伦比亚大学数学硕士学位。1955年9月，完成了博士论文写作，放弃答辩，偕夫人及五岁的女儿亚宁取道欧洲回国，1956年任中国人民大学统计系副教授，1974年参加创办经济信息管理系，任教授。合著有《信息系统工程中的面向对象方法》《数理统计概论》《COBOL语言》等。八十年代移居美国。

陈玉清（1920— ）

女，福州人，寄生虫学家，丈夫徐日光。1941年毕业于南京金陵女子文理学院生物系。留校任助教、讲师直至1947年，1943年至1946年在成都齐鲁大学医学院寄生虫组读研究生。1947年3月公费赴美，在西雅图大学生物系读研究生，1947年8月转新奥尔良市杜兰大学大学医学院读完博士课程，1949年2月在北卡罗来纳大学教堂山分校生物系任讲师，1955年9月在底特律市韦恩州立大学生物系任讲师。1956年2月偕丈夫和三个孩子、陆启荣、徐飞锡等十七位留学生同船回国。在中国医科院寄生虫病所任职。论文有《筛选驱除钩虫药物实验方法的研究》《百合鳞片快繁试验研究》。"文化大革命"中自杀。

陈　誉（1920—2003）

江苏江都人，出生于安徽芜湖，图书馆学家。中国基督教三自爱国运动委员会副主席陈见真之子。夫人向恕人。1943年毕业于西南联大，获法学士学位。1948年赴美，1950年毕业于哥伦比亚大学社会工作研究生院，获硕士学位，同年9月偕夫人乘威尔逊号回国。先后任沪江大学社会学系教员，华东师大政治教育系资料室主任、校图书馆馆长，1979年主持创建图书馆学系并任系主任。曾任中国图书馆学会常务理事，《上海高校图书情报学刊》主编，《图书馆杂志》副主编。专著有《社会科学情报工作导论》。论著有《社会科学情报源的结构系统》《试论我国社科情报教育的基本模式》等。主持编译《美国及世界其他地区图书馆事业》。

陈泽霖（1891—1968）

广东人普宁人，教育家。1919年上海圣约翰大学毕业，获文学学士学位。后回汕头任华英中学学监六年。1925年转到私立大中中学任教。1929年被中华基督教岭东大会汕头区会聘为聿怀中学校长。1945年10月到英国考察教育，尔后又到美国考察，并进入沙特士大学攻读教育专业。1949年秋回国继续任聿怀中学校长，至1959年退休。"文化大革命"中被批斗，1968年6月6日去世。1978年3月15日，汕头市教育系统为其举行追悼会。

陈展猷（1914—1968）

广西岑溪人，冶金专家。1934年广西大学冶金专修科毕业，先后在云南广西采金局勘探队、桂林科学实验馆、平桂矿务局、广西大学冶金系任职。1948年选派赴美，在犹他州大学研究院学习，翌年获该校冶金学硕士学位。1950年回国，任湖南大学矿冶系副教授，1954年任中南矿冶学院冶金系教授、轻冶教研室主任，兼冶金陶瓷研究所研究员。"文化大革命"中遭受批斗，1968年11月24日去世。湖南省政协委员。著作有《轻金属普通教程》《电解铝的物理化学过程》，合译有《铝镍冶金学》等。

陈兆兴（1921— ）

广州人，经济学家，上海交通大学毕业。留美，获爱荷华大学经济学博士学位。1953年8月回国，9月入职对外贸易部行情研究所。著有《美国、西欧和日本经济实力对比的变化》《各人民民主国家经济的发展》《实行外向型发展战略的经济比较》等。

陈祯琳（1910—1991）

广西柳州人，医学家。1941年考入广西医学院毕业。1946年公费留学美国，获宾夕法尼亚大学医学博士学位。后任该校研究员。回国后，1949年9月仿制当时最新的人工气胸器成功，历任桂林医院主治医师，广西医学院讲师兼附属医院主任，南通医学院、苏北医学院教授，上海市长宁区中心医院主任，上海第一医学院教授，广西医学院特聘教授。论著有《人体消化系疾病X线诊断学图谱》《腹膜后淋巴管瘤》《胸部X线诊断学》《肝胆胰X线诊断学》等。著有《陈祯琳诗词选编》。广西政协第五届委员。

陈志德（1917—2002）

江苏常州人，土木工程专家。1940年毕业于上海同济大学土木工程系，后在中央水利实验处任工程师和在中央工业专科学校任教。1947年加入中国共产党，1948年10月赴美，1949年11月获伊利诺伊州立大学土木工程硕士学位。在美国期间，参与组织留美科协工作。1950年1月回国。历任北京市建设局工程师兼计划室主任、工程地质勘探所主任，北京市勘察院、北京市规划局总工程师等。其负责主持的场地断裂工程抗震评价项目，曾获首都规划建设科技进步奖一等奖。为中国建筑学会地基基础学会副主委、北京市土木工程学会土工委员会主委等。1990年离休。

陈志平（1912—1998）

台湾苗栗人，兽医微生物学家。1935年毕业于上海兽医专科学校，在四川省家畜保养所任职。1939年到华西协合大学农学院任讲师、副教授、系主任。1947年赴美留学，1949年获密歇根大学研究院微生物系硕士学位。回国后任华西协合大学生物系教授。1952年任农业部成都兽医生物药品厂监察室主任，1964年后任四川省畜牧兽医研究所所长、研究员、名誉所长。专著译著有《人畜共患传染病》《蚯蚓养殖技术》等。曾任中国畜牧兽医学会理事。第五至七届全国政协委员、成都市第五至八届政协副主席，中华全国台湾同胞联谊会四川省副会长、成都市会长。

陈致忠（1918— ）

1940年西南联大土木系毕业，参加滇缅铁路局铺轨队、回母校任教、参加小型水电厂建设、在美军后勤部工程评价、在河南大学任教等。1947年留美，获普渡大学土木工程硕士。1950年7月搭乘一货轮回国。在北京大学工学院任教，1952年院系调整到清华大学土木系工程地质及基础工程教研组任教，1954年调哈尔滨军事学院任教，1959年调回清华大学任教。

陈中天（1919— ）

上海人，法学家。1947年赴美留学，毕业于纽约大学政治法律专业，1952年3月回国，在中国社科院法学所工作。合著有《英美刑法刑事诉讼法概论》《金砖国家开发银行对中国金融创新的助益分析》。

陈仲颐（1923—2019）

台湾台北人，生于福州，土建专家。1945年毕业于上海圣约翰大学土木工程系。后赴美留学，1950年获佐治亚理工学院硕士学位，为留美科协会员。1951年回国后，历任燕京大学讲师，清华大学教授。长期从事土建专业的教学和研究。著有《土力学与基础工程》《区域性土力工程问题》等。北京市第七届政协副主席、全国政协第六届委员、第七、八届常委。台盟中央副主席、台盟北京市委名誉主委。

陈祚修（1918— ）

1946年由国民政府派遣美国学习痕迹学。由于选派其赴美国学习的单位是原军统局，在美学习期间曾在FBI实习，1949年底或1950年回国后，受内部控制多年，"文化大革命"期间受迫害。1963年在锦州医学院教外语。

1987年退休。89岁高龄时将学生赠予的10万元人民币捐出建立陈祚修教授基金以资助贫困学生。著有《医学英译汉技巧》。

成竟志（1920—2010）

湖南湘乡人，建筑学家，国民政府参军处中将成济安之子，成众志胞兄，夫人陈励常。1941年毕业于中央大学建筑系，1945年考取公费赴美留学，就读哥伦比亚大学建筑系，获硕士学位。1953年获美国建筑论坛杂志住宅设计奖。先后在迈阿密（Miami）城罗伯特·利特（Robert Litter）事务所和威德·罗素和约翰逊（Weed Russell & Johnson）建筑事务所任领班。1956年偕夫人及儿子成之德、成明德和母亲任瘦青及胞弟成众志绕道欧洲回国，在南京工学院任教授，曾主持北京火车站、北京体育馆、北京图书馆的工程设计。"文化大革命"中受迫害，1976年落实政策后赴美治病。2002年夫人在美国去世后，回国定居终老。

成俊卿（1915—1991）

四川江津人，林学家。1942年毕业于四川大学林学系，在四川乐山中央工业试验所木材试验室任技助，助理研究员。1945年任四川省立遂宁高级农业学校森林科主任。1948年赴美，在西雅图华盛顿大学林学院攻读林产工业专业，1951年获硕士学位，同年回国。任安徽农学院副教授，1956年任中国林科院木材工业所研究员、材性室主任。论著有《中国热带及亚热带木材》《中国裸子植物材的解剖性质和用途》《中国壳斗科商品材识别的研究》等，主编有《木材学》。为中国林学会理事，《林业科学》和《木材工业》杂志副主编。第六、七届全国政协委员。

成众志（1921—2017）

湖南湘乡人，半导体专家，国民政府参军处中将成济安之子。1943年毕业于重庆中央大学电机系，1945年赴美留学，1947年获哈佛大学电信工程系硕士学位。后在美国无线电公司（RCA）工作，其间与罗无念等合著《晶体管电子学》（*Transistor Electronics*），成为国际上半导体电子学界的经典著作。1955年与母亲任瘦青和兄长成竟志一家绕道欧洲回国，在中国科学院应用物理所任副研究员，后到半导体所任电子学实验室主任。曾参加国务院

1956 年至 1967 年 "十二年科学技术发展远景规划" 的电子学、半导体两个规划小组，并亲自执笔编写晶体管电子学的规划内容。1978 年获得中国科学院院领导的特别批准到香港养病，1981 年正式退休。后应王安计算机公司聘请任高级网络顾问，在美国定居。

诚静容（1913—2012）

女，锡伯族，生于辽宁，药用植物学家。1939 年毕业于四川大学生物系，留校任教，后转任农林部四川推广繁殖站督导员，1944 年考取保送赴美培训人员，1947 年赴美入读田纳西大学，1948 年获植物学硕士学位，同年获哈佛大学博士生奖学金，1951 年抗美援朝战争爆发后辍学，与张绍英、顾学稼等同船回国。1952 年哈佛大学授予其生物学硕士学位。1952 年春受聘于北京大学医学院药学系，历任植物学教研室主任。1954 年起兼任中国医科院药物所植物室、中国中医研究院中药所生药室顾问。从事植物分类学研究工作，论著有《常用中药原植物的学名考证》《中国植物志》《中国高等植物图鉴》等。任数届国家卫生部药典编纂委员会委员，北京市第八届人大代表。

程尔康（1916—2014）

四川万县人，轻武器专家。1944 年重庆原兵工学校大学部毕业，1948 年 2 月赴美，1949 年初获伊利诺伊州立大学机械工程硕士学位，转密歇根大学金工系专修金属工艺。1949 年 8 月回国，任重庆大学机械系讲师。1953 年调哈尔滨军工学院，1956 年授予少校军衔，评为副教授。历任步兵武器教研室主任，院务委员会委员。1960 年调武昌炮兵工学院，同年调重庆后勤工程学院，任轻武器系副主任。"文化大革命"中下放贺兰山劳动改造。1971 年到重庆某兵工厂接受"再教育"。1977 年调北京总后勤部某研究所任研究员、所学术委员会主任委员，总后勤部军械部科技委员，轻武器定型委员会委员。1981 年兼任军械工程学院顾问和学位委员会副主委。1988 年退休回成都。

程光玲（1924—1983）

女，天津人，化学专业，丈夫吴大昌。1946 年辅仁大学化学系毕业。1948 年赴美，1950 年获堪萨斯大学化学系硕士学位，为留美科协会员。

1950年10月与吴大昌同乘克利夫兰号回国，在华北大学工学院（后为北京理工大学）化学系任教。

程懋坪（1922—2001）

南昌人，传染病学专家。1940年入上海医学院。曾任南昌国立中正医学院讲师。1948年赴美，在约翰斯·霍普金斯大学公共卫生院传染病中心进修，1949年获传染病学硕士学位，同年10月回国。历任重庆第六军医大学副教授，第七军医大学（两校后并入第三军医大学）教授、传染病学教研室主任。论著有《病毒性肝炎患者血液流变学的观察》《具有肝毒性的中草药》，主编有《药物与肝脏》。

程美德（？—1963）

音乐家，丈夫宋丽川。1945年前后留英学音乐，后赴美。1957年偕丈夫和三个孩子回国，在中央音乐学院教授钢琴，英年病逝。

程民德（1917—1998）

苏州人，数学家，中国科学院院士（1980）。1942年浙江大学数学系研究生毕业，先后在浙江大学和北京大学数学系任讲师。1947年赴美留学，1949年获普林斯顿大学博士学位。1950年回国，在清华大学任教。1952年任北京大学数学力学系的数学分析与函数论教研室主任，后任数学系副主任。1978年历任北京大学数学所所长，国家重点实验室"视觉与听觉信息处理实验室"学术委员会主任，国家自然科学基金委数学天元基金学术领导小组组长，中国科学院系统科学研究所"数学机械化中心"学术委员会主任。曾任中国数学会副理事长，国务院学位委员会数学评审组成员。合著有《图像事变导论》等，《现代数学基础丛书》主编，《数学年刊》与《应用数学学报》副主编。

程明鉴（1918— ）

安徽黟县人，经济学家。1942年复旦大学经济系毕业。1947年获美国宾夕法尼亚大学沃顿管理学院硕士学位。1949年回国，任重庆大学商学院教授。1953年后任四川财经学院、西南财经大学工业经济系教授。合著有《工业企业规模》；合译有《关于进一步巩固与发展班组经济核算几个问题的探讨》《工业组织与管理》《管理信息系统入门》等。

程迺欣（1929—   ）

女，江西南城人。出国前，就读于南京金陵女子文理学院。1948年7月随父母赴美，其间曾在一所专科学校学英语，经常参加CSCA活动。1950年2月回国，先后在华北人民革命大学与中国人民大学学习，在马列学院（今中央党校前身）翻译室任翻译，在山西太谷师范和北京女二中任教，1979年调入全国妇联下属的英文《中国妇女》杂志社任采编，直至离休。著有《采访女人》一书，与人合译有《最称心的爱》《磨砺》《大捐赠者传奇》等。

程瑞琮（1919—   ）

江苏泰县人，水利学家。1940年毕业于交通大学唐山工程学院土木系。1947年至1949年赴美俄克拉荷马州立大学研究生院攻读，1949年获工程力学硕士学位。同年回国，后历任水利部设计院第一室副主任、主任工程师。广西壮族自治区水电局总工程师。第三届全国人大代表，第五、六届全国政协委员。

程世祜（1918—1968）

满族，辽宁抚顺人，结构力学家。1941年毕业于西北联合大学机械系。1945年赴英留学，1949年转到美国留学，1950年获美国犹他大学硕士学位，1955年获伊利诺伊理工学院博士学位。1955年回国，历任中国科学院数学所、力学所和国防科委五一一所副研究员等。"文化大革命"中含冤自尽身亡。

程守洙（1908—1988）

南京人，物理学家。1930年南京金陵大学物理系毕业，留校历任助教至副教授。1947年赴美国田纳西州立大学从事核物理研究。1948年8月获硕士学位，1951年获博士学位，同年8月，与杨树勋、施子愉、吴徵、郭可詹、孟繁俊等人乘威尔逊号回国。历任华东纺织工学院物理教研室主任、代理副教务长等，1959年后任上海交通大学应用物理系主任。合作主编高等工业学校《普通物理》教材。著有《棉花纤维的计数》《锂原子核的四极矩及其磁矩》《基本粒子的最新发展和宇称守恒问题》等。中国民主同盟成员。

程澹如（？—1986）

女，英语教育家，丈夫温锡增。1946年获美国某大学硕士学位，论文为《论美利坚合众国与中华民国的关系》。1956年偕丈夫温锡增与何宪章、颜坚莹夫妇以及余炳芳、靳乃瑞六人抵穗，受到广东省教育厅留学生接待委员会热烈的欢迎。1962年9月到北京大学西语系公共英语教研室教书。1966年"文化大革命"初期还在公共英语教研室工作。译著有《八十天环球旅行记》。

程文锷（1915— ）

江苏无锡人，化工专家，夫人金蕴华。1938年毕业于交通大学化学系。曾任资源委员会昆明化工材料厂化验室主任、上海化工厂副厂长。1949年获美国普渡大学研究生院化学工程系硕士学位。1950年10月偕夫人乘克利夫兰号回国。历任华东工业部化工局工程师、湖北省化工厅副总工程师，化工部第一设计院总工程师，化学工业部副总工程师、高级工程师，中国化工学会第二十九至三十二届理事。

程先安（1916—2006）

女，浙江宁海人，物理学家。1938年毕业于武汉大学，1951年获美国堪萨斯大学研究院硕士学位。回国后在北京工业学院任教，后调入北京航空学院任教，历任物理教研室主任、理论物理教研室主任。

程晓伍（1926—2015）

江苏丹阳人，核物理学家。1948年浙江大学物理系毕业，在国防部某研究所任职，1949年去台湾，后留学美国，入明尼苏达大学研究院。1958年获美国明尼苏达大学原子核物理博士学位，同年任华盛顿大学物理系研究助理，对 α 粒子 Fe、Ni、En、Sr 激发的四极和八极表面振荡等进行了研究。1961年回国，任中国科学院上海原子核所（现为应用物理所）研究员、所长。主要从事原子核反应机制、核加速器质谱学方面的研究工作。在国内外刊物上发表论文主要有《d+d 四体破裂反应的单态氘中间过程》《31MeV α 粒子引起的（α，β）反应》。为中国物理学会核物理学会副理事长。第六届全国人大代表。

程之光（1922—1994）

山东泰安人，化工专家。1945 年毕业于南京金陵大学化工系，1948 年赴美留学，1952 年获密苏里大学博士学位。为留美科协会员，1955 年回国，任中石化国际事业公司总工程师。撰有《胜利油田脱沥青、加氢脱金属动力学探讨》《大庆常压渣油深度加工》《由甲乙基吡啶研制尼古丁酸》《大庆渣油溶剂脱沥青催化裂化》等论文。

池际尚（1917—1994）

女，湖北安陆人，地质学家，中国科学院院士（1980）。丈夫李璞（留英博士）。1936 年考入清华大学物理系，1937 年在长沙临大参加战地服务团，到国民党第一军胡宗南部队工作。1938 年经郭建介绍加入中共地下党。同年 10 月在西南联大地质地理系复学。1941 年毕业，留校任教。1946 年获宾州布伦茂大学奖学金赴美留学，1949 年获博士学位。后在加州大学伯克利分校地质系做博士后。1950 年 9 月乘威尔逊号回国，历任清华大学地学系副教授，北京地质学院地质系副主任。1975 年后任武汉地质学院地质系主任、副院长。著有《燕山西段北京南口花岗岩》等。主编教科书《岩浆岩石学》等。国务院学位委员会学科评议组成员。全国政协常委。

褚长福（1919—2004）

笔名亮侪，上海人，翻译家。1942 年上海沪江大学政治系毕业，从事新闻工作。1948 年赴美国，在华盛顿州立大学政治研究院学习。新中国成立之初回国，进国际新闻局新闻处工作。1952 年随同新闻处并入新华社，任编辑和发稿人。曾参加抗美援朝、日内瓦会议等重大新闻报道工作。后任新华社国际部译审。合作译作有《为美国的自由而斗争》和《伊斯兰教各民族与国家史》。2002 年，被中国翻译协会表彰为资深翻译家。

褚应璜（1908—1985）

浙江嘉兴人，电机制造专家，中国科学院院士（1955）。1931年，上海交通大学毕业。曾任中央电工器材公司工程师。1942年赴美，在西屋电器公司和爱利士夏默尔电机公司的两所工程师学校学习。1948年8月回国在香港工作，1949年初经中共地方组织帮助回大陆。历任上海军管会重工业处生产组副组长；东北工业部电器工业管理局副局长、总工程师；一机部电器工业管理局总工程师、电器科学研究院院长、科学技术司副司长、顾问等。为中国电机工程学会和中国电工技术学会第一届副理事长。学术著作有《电器工业十年回顾与展望》《电工技术》《国际电工委员会的概况及其标准在我国推行中存在的问题》等。第一至三届全国人大代表，第五、六届全国政协委员。

崔　澂（1911—1996）

山东淄博人，植物生理学家。1939年中央大学生物系毕业，后赴美留学，1947年获密歇根大学研究院硕士学位，后又获伊利诺伊大学香槟分校博士学位，在威斯康星大学植物系做博士后副研究员。1950年10月乘克利夫兰号回国，先后任南开大学生物系副主任，中国科学院北京植物所生理室主任，兼南开大学生物系主任和分子生物学研究所所长等职，曾任中国植物生理学会秘书长和植物学报主编。论文有《化学物质对于植物器官形成的影响》《植物激素与细胞分化及形态发生的关系》，合编有《经济植物的组织培养与快速繁殖》。

D

戴广茂（1920—1989）

安徽合肥人，有机化学家，1942年西南联大化学系毕业。1944年金陵大学研究生毕业，获硕士学位，曾任北京大学农学院助教。1948年赴美留学，1953年获印第安纳大学化学博士学位后，在艾奥瓦州立大学任研究员，为留美科协会员。1958年2月回国，历任北京化工研究院、北京合成纤维研究所、北京石油化工总厂、中国科学院生态环境研究中心研究员、博士生导师等。其三项关于农药残留分布和污染的研究成果在八十年代分别获中国科学院科技成果奖三等奖和一等奖，另有"京津渤区域环境综合研究"获1986年国家科技进步奖二等奖。著作有《合成纤维工业》等。

戴汉笠（1924—   ）

江苏江阴人，翻译家。1946年毕业于重庆中央大学经济系。1947年留学美国，在华盛顿州立大学、哥伦比亚大学等攻读经济学。1950年获纽约市立大学工商管理硕士学位。1950年9月乘威尔逊号回国。入华北人民革命大学政治研究院学习，参加抗美援朝战争，任志愿军六十八军英语翻译。转业后历任建筑工程部上海干部学校政治经济学教员、同济大学英语教师、张家口市中国人民解放军外国语学院英语教师。后转业到北京中共中央党校任英语教授。2009年，中国民族语文翻译局表彰为资深翻译家。译著有《通产省与日本奇迹》，合著有《白宫情影》《二十世纪世界艺术巨匠》《二十世纪的瑞典政治》。

戴礼智（1907—2007）

湖北黄陂人，生于四川万县，冶金学家。1932年毕业于南京中央大学物理系，曾在南京中央大学物理系任助教。1934年公费留英，1937年获伦敦大学物理系博士学位，后在德国亚琛工科大学冶金系学习与研究。1939年回国，在重庆兵工署材料试验处、国民政府资源委员会的一个电化冶炼厂工作，1948年去美国在卡内基理工学院任研究员。1951年10月回国，后历任上海华东工业部矿冶局筹建矿冶试验室任主任、重工业部钢铁工业试验研究所与钢铁工业综合研究所副所长、冶金部钢铁研究院精密合金研究室主任、冶金部钢铁研究院教授级高工，为1981年中国第一批金属材料科学及工程博士生导师。

戴乾定（1925—2015）

北京人，金融学家。1947年获国立中央大学经济学学士学位。1948年初自费赴美，入读密歇根大学，1949年获经济学硕士学位。1950年8月回国，在中国人民银行总行任研究员。"文化大革命"时期下放至河南淮滨"五七"干校劳动两年。1971年后专题研究联合国两大专门金融机构国际货币基金组织和世界银行，全程参与重入该组织的谈判、入会等重大外事活动，著有《国际货币基金组织和世界银行》《关于货币自由兑换问题》等。1980年至1982年和1986年至1991年出任中国驻国际货币基金组织副执行董事和执行董事。八十年代中期任中国银行国际金融研究所所长、伦敦分行总经理。曾任中国银行董事、中国国际金融学会常务理事、中国联合国协会理事等。

戴强生（1926—2013）

曾用名戴乾平，重庆人，生于武汉，经济学家。民国金城银行西南辖区总经理戴自牧长子，戴乾定堂弟。1944年入读复旦大学经济系，1947年自费赴美，获佛罗里达州罗林斯学院经济系学士学位，之后在加州克莱蒙特研究院读研究生。1950年8月回国，到外贸部中国出口公司（后为中国机械进出口公司）商情处工作，直至1987年退休。"文化大革命"时期在吉林与河南的"五七"干校劳动四年。五十年代主持编印苏联及东欧机电仪表商品样本和中国出口机械产品样本，参与制定出口价格管理办法。六十年代创办《中国出口机械》特刊，七十年代负责《商情简讯》。1985年外派纽约任总公司驻美商务代表处代表。论文有《中国机械工业发展及扩大出口潜力》等。

戴士铭（　—　）

江苏青浦（今上海）人，外科专家。1939年毕业于上海圣约翰大学医学院，获医学博士学位。1948年入美国底特律葛雷斯医院学习。1950年回国。历任北京同仁医院外科主任、副院长、院长、主任医师、北京第二医学院教授。专长普通外科，对胃、肠、肝、胆、胰等大型疑难手术技术尤精。著有《冠状突的外生骨疣》《胃与十二指肠溃疡出血的外科治疗》。

戴月棣（1923—　）

女，安徽休宁人，丈夫胡聿贤。1948年毕业于武汉大学中文系，后去台湾高雄女中任教。1950年从台湾赴美留学，先后在宾州西顿学院学英国文学，在伊利诺伊大学和纽约市立大学昆斯学院学习图书管理。1955年10月偕丈夫和孩子与钱学森等人一同回国，1956年初到哈尔滨中国科学院土木建筑所（后为国家地震局工程力学所）图书馆，任副研究馆员、馆长。1987年调入北京，在国家地震局地球物理所工程地震研究中心任研究馆员。

邓光禄（　—　）

图书馆学家。1921年赴美国南加州大学留学。1947年10月，获美国哈佛大学燕京学社提供1948年至1949年全额奖学金，在南加州大学研究院研究图书学。1949年回国，先后任华西大学、西南师范大学、重庆大学等校图书馆馆长。1957年调入成都电讯工程学院任图书馆馆长，致力于图书馆学和世界史的研究。

邓汉馨（1924—2011）

江苏南京人，无线电专家。1945年在上海交通大学毕业，同年赴美留学，1948年获密歇根大学研究院硕士学位，后任美国西屋电气公司工程师。1950年回国，先后在山东大学、上海大同大学、同济大学等任教。1984年任浙江工学院院长。第六至八届全国政协委员，1984年至1997年任九三学社浙江省委副主委。

邓稼先（1924—1986）

安徽怀宁人，核物理学家，中国科学院院士（1980），"两弹一星"功勋奖章获得者。1945年毕业于西南联大物理系，1946年，在北京大学物理系任教。1948年赴美国普渡大学留学，1950年获物理学博士学位，为留美科协会员。1950年回国，任中国科学院近代物理所、原子能所研究员。1958年调入核工业部第九研究院（核武器研究院），1972年起历任副院长、院长，国防科工委科技委副主任等职。九三学社成员，中共第十二届中央委员。1982年获国家自然科学奖一等奖，1985年获两项国家科技进步奖特等奖。

邓述高（1917—1955）

口腔医学家。1943年毕业于华西协合大学牙医学院（十七期），派往美国学习口腔解剖生理学和口腔正畸学，获正牙学硕士学位。1951年9月乘克利夫兰号回国，与罗宗赉（1942年毕业，华西十六期）、詹淑仪教授一起，建立了一套"正牙学"专业的教学和临床体系，编写了第一部中文口腔正牙学教材，进口和自制加工生产了全套器材，在国内正式开展了固定矫治技术。

邓婉嫮（1922—1990）

女，亦作邓婉嫆，成都人，北洋政府国务院参议邓镕（邓守瑕）之女，丈夫戏曲理论家俞琳。1946年毕业于北京大学文学院西语系。1947年赴美，1949年获密歇根州立大学英国文学与教育学副博士学位，并攻博，1950年6月，中断学业回国。先后在文化部对外文化联络委员会工作，曾翻译英国儿童文学《红睡莲》，后去唐山中学、北京女十一中（崇慈女中，现一六五中学）教中文，任语文教研室主任，特级教师，1986年因病退休。1978年参与翻译《不列颠百科全书》，翻译先秦诸子百家等相关条目。

邓衍林（1908—1980）

江西吉安人，图书馆学家，目录学家，夫人钟韶琴。1927年服务于江西省立图书馆，1930年考取武昌文华图书馆学校讲习班。1931年毕业后在国立北平图书馆任参考组组员。1939年入读西南联大师范学院第二部教育学系，1941 年毕业，出任天祥中学第一任校长四年。1945 年 10 月赴美，1946 年获哥伦比亚大学教育学硕士学位，在裘开明所主持的哈佛大学燕京图书馆短暂任职，1946 年至 1956 年任联合国秘书处会议事务部制版组中文校对和出版司专员。1956 年 11 月偕夫人和两个孩子邓少筠、邓少林回国。任北京大学图书馆学系副教授，兼任北京图书馆特约研究馆员。全国第一中心图书馆委员会委员、全国图书馆联合目录编辑组组长。编著有《中文参考书举要》《中国边疆图籍录》等。

刁开智（1925—　）

四川人。夫人徐仁吉。哥伦比亚大学（一说伊利诺伊大学）经济系毕业，获硕士学位。1950 年 11 月 2 日与夫人等四十八人同乘威尔逊号抵广州，在财政部门工作，1957 年被划为右派，遣送北大荒八五〇农场五分场劳改。1960 年回北京，后去香港，又去美国。

丁光生（1921—2022）

安徽阜阳人，药理学家，分析化学家、化学教育家丁绪贤之子，胞兄丁普生为美籍华裔化学家。1944 年毕业于中央大学医学院，次年考取该院生化研究生，获硕士学位。1947 年赴美国留学，在芝加哥大学外科担任临床麻醉医师，1950 年获药理学博士学位。1951 年 7 月回国，在中国科学院上海药物研究所创办药理研究室。

丁光训（1915—2012）

上海人，夫人郭秀梅。1937 年毕业于上海圣约翰大学文学系。1942 年又毕业于该校神学院。1942 年任上海基督教青年会学生部干事。1946 年赴加拿大任基督教学生运动干事。1947 年赴美留学，1948 年获哥伦比亚大学师范学院和纽约协和神学院教育硕士学位，同年去瑞士任世界基督教学生同盟干事。1951 年底与夫人、儿子一起回国，历任南京金陵协和神学院院长，南京大学副校长兼宗教研究所所长，爱德基金会董事长，中国基督教三自爱国运动委员会主席和名誉主席，中国基督教协会会长和名誉会长。第七届至十届全国政协副主席。

丁汉波（1912—2003）

福建古田人，动物学及发育生物学家。1936年毕业于燕京大学生物系，留校任教，1939年获该校硕士学位，到邵武福建协和大学任生物系代理主任，兼任福建研究院动植物研究所研究员。1947年赴美留学，1949年获俄亥俄州立大学博士学位，1950年回国。先后任教于福州大学、福建师院，历任福建师大生物系教授兼系副主任、主任、副校长。曾为福建动物学会第一至三届理事长，福建省野生动物保护协会副会长，中国两栖爬行动物学会第一届副理事长、第二届理事长，高等学校理科生物教材编审委员会副主委。

丁 儆（1924—2013）

江苏无锡人，爆炸力学家，民国海军参谋长丁祖庚之子。1945年毕业于浙江大学化学系，到甘肃玉门油矿炼油厂工作。1947年又回到母校化学系任助教。1948年赴美留学，先后在得克萨斯州农机学院和纽约布鲁克林理工学院学习。1949年1月参与发起成立中国留美科学工作者协会，曾任常务理事。1950年9月中断学业回国，在华北大学工学院任教，后任北京工业学院（北京理工大学）教授、教研室主任、系副主任、副校长。为国务院学位委员会评议组成员，国家科委理论与应用力学学科组副组长，中国劳动保护科学技术学会副理事长。编有《弹药装药工艺学》《爆炸作用原理》等教材。

丁克明（1917— ）

江苏无锡人。高分子科学家和化学教育家。1938年浙江大学化学系毕业，在重庆兵工署材料研究所工作。1943年至1946年任浙江大学助教和讲师。1947年赴美，入读密歇根大学化学系，留美科协会员，1950年获博士学位，1951年回国，任浙江大学教授。1952年后任复旦大学教授、化学系有机化学教研室主任、化学系高分子研究所副所长、高分子教研室主任、材料科学研究所所长等。中国化学会第二十、二十一届理事会理事、《化学世界》杂志副主编。著有《高分子粘弹性》，论文六十余篇，专利有"硅酸钾溶液的制备方法"。

丁宽智（1920— ）

浙江绍兴人，化学家，中国科学院院士（1980）。1944年交通大学化学系毕业，留校任教。1947年赴美留学，就读圣路易城华盛顿大学化工系，为留美科协会员。1948年夏转哥伦比亚大学，1951年获物理化学博士学位，同年4月与高小霞等人同船回国。在北京大学历任原子能系（技术物理系）副系主任、稀土化学研究中心主任。1969年底到江西农场劳动。1971年底返回北京。1977年起，任化学系无机化学教研室主任。曾获何梁何利基金科学与技术进步奖（1995）、成就奖（2006），国家科学技术进步奖（2008）。1991年被选为亚洲化学联合会主席。曾任国家自然科学基金委员会化学科学部主任，中国化学学会理事长，中国稀土学会副理事长。全国人大代表，全国政协委员。中国民盟成员。

丁舜年（1910—2004）

浙江长兴人，生于江苏泰兴，电机工程专家，中国科学院院士（1980）。1932年毕业于交通大学，留校任教。1935年在上海华生电器厂负责设计工作，1945年为资源委员会中央电工器材厂工程师。1947年赴美国西屋电气公司实习，同时在匹兹堡大学研究生院进修。1949年回国，任上海电机厂副厂长兼总工程师。1951年任电器工业管理局第二设计分局副局长。1956年任第一机械工业部工艺与生产组织科学研究院副院长兼总工程师。1958年任第一机械工业部电器科学研究院院长。1964年任电器工业管理局总工程师。1979年任机械工业部教育局副局长。1984年退休。

丁延祾（1914—1993）

河北丰润人，生物化学家。1937年清华大学生物系毕业，在协和医学院进修生理学及生物化学，在冯德培教授指导下进行研究。1942年后在北京师范大学、中国大学及北京大学医学院等任教。1947年赴美国康奈尔大学进修酶学，获硕士学位。新中国成立后回国，在北京医学院任生物化学副教授，教授。曾任基础医学部副主任，生物化学教研室副主任，为北京生理科学会常务理事。编译《生物化学词汇汇编》。合著《生物化学大纲》《生物化学》。九三学社成员。

丁耀瓒（　—　）

翻译家。夫人刘懿芳，父亲丁贵堂曾任民国政府海关副税务司，新中国海关总署署长。1955年偕夫人回国，在对外文化委员会工作。1957年被划为右派，发送到北大荒八五〇农场劳动改造，改正后回京工作。论文有《西方世界的"先锋派"文艺》。八十年代移居美国洛杉矶，后大使馆通知平反。

丁　渝（1920—1974）

江西临川人，物理学家，丁骰英与饶毓芬（1912年考取官费留学）之子，舅父饶毓泰。1942年上海交通大学电机系毕业，先后任江西泰和发电厂任助理工程师，桂林无线电厂甲等实习员，1943年12月到西南联大、北京大学物理系任助教。1947年获美国俄亥俄州立大学奖学金赴美，攻读原子物理，后改读（微波）光谱学，1951年获博士学位，留校任研究员。1954年秋任加拿大国家研究院物理研究员。1956年绕道欧洲回国，任中国科学院原子能所（后并为高能物理所）研究员。"文化大革命"中被下放。1972年回中国科学院原子能所负责组建低温超导研究室，任室主任。著有《波谱学的新近发展》《相平面分析》等。1974年患肺癌住院期间，还赶写《中国波谱学第三个十年发展规划（草稿）》。

丁则民（1919—2001）

福建闽侯人，生于北平，历史学家。1937年，考入燕京大学法学院。1938年，赴昆明就读于西南联大历史系，于1942年毕业。1947年加入国民党。赴美华盛顿大学攻读美国史。1949年，获硕士学位，同年放弃攻读博士学位，11月与去台湾的夫人许令德取得联系，一同回国。在北京师范大学任教。1952年全国院系调整后到东北师范大学历史系任教，历任系副主任、美国史所所长。1979年，发起成立中国美国史研究会，并担任副理事长。主编有《美国内战与镀金时代》《美国排华史》《世界现代史教学大纲》，合译《美国资本主义：1607—1800年》和《欧洲简史：拿破仑以后》等多部著作。吉林省长春市第六届政协委员。民盟长春市委常委。

董国瑛（1921—2014）

女，曾用名夏国瑛，四川人，电影导演。民国四川都督夏之时和董竹君的三女，夏国琼胞妹。1940年，考入沪江大学，1941年，参加新四军。抗战胜利后，在复旦大学英文系学习。1946年赴美留学，学习电影技术。1949年毕业于纽约大学电影技术学院，在联合国电影部工作了半年。1949年回国，在文化部科学普及局电化教育处任技术科科长，后创办八一制片厂，后调到北京电影制片厂、中国电影制作公司任导演。离休后，于1983年定居美国。

董晋炎（1913—　）

浙江吴兴人，公路工程专家。1936年，毕业于交通大学土木工程系。1950年，获美国艾奥瓦州立大学工程硕士学位。为留美科协会员，1950年9月，乘坐威尔逊总统号回国。历任建筑工程部施工管理局技术司高级工程师、中国科学院研究生院教授、中国科学院空间科学技术中心高级工程师。

董时光（1918—1961）

四川垫江人，教育家，董时进四弟。1944年4月，自费赴美，获教育学博士学位。五十年代留美期间，因大量发表反对美国出兵朝鲜、支持共产党和毛泽东的言论，被美国联邦调查局作为亲共危险人物；1955年，被驱逐出美国。回国后，在三哥董时恒介绍下，执教于西南师范学院。1957年，被划为右派，四川人民出版社曾经出版《驳斥董时光等右派分子谬论》。1958年，被编入省四一五劳改筑路队，参与修筑内昆铁路。1960年3月，被送到雷波、马边、屏山三县交界的雷马屏劳改农场养马。1961年，因捡拾马粪中胡豆充饥，被当场打断三根肋骨后死亡。1984年5月13日平反。

董铁宝（1917—1968）

江苏武进人，力学家、计算数学家，夫人梅镇安。1939年，毕业于上海交通大学土木工程系。在昆明一家工厂任工程师，参加修建滇缅公路桥梁。1945年，赴美留学；1949年，获伊利诺伊州立大学博士学位。1956年，偕夫人与三个孩子绕道欧洲历时三个月回国，在北京大学数学系任教授，致力于结构力学、断裂力学、材料力学性能、计算数学的研究和教学，先后在力学所、计算所、工程力学所（前身是土建所）等单位兼职，多次参与有关的全国性规划、国民经济和国防建设中的专业活动，参与第一代计算机的设计研制，颇有成绩。1968年10月，在"清理阶级队伍运动"中，因不知道和无法交代父亲的历史问题，被隔离审查，不堪外调人员的打骂侮辱，上吊自杀。改革开放后，北京大学为其平反。

董彦曾（1921—2016）

生于天津，夫人宋娟娟。1942年，燕京大学（时迁成都）物理系毕业。曾在国民政府资源委员会下属的成都工合（工业合作协会）工作。1949年，赴美入读纽约大学，获工商管理硕士学位。1951年9月20日，偕夫人与胡世平等二十一人同乘克利夫兰号离美，10月回国。在纺织工业部工作，曾任部外事局副局长。八十年代退休后，移居加拿大多伦多。

都焕文（1924— ）

浙江杭州人，建筑学家。上海交通大学毕业，留美获密歇根州立大学工程硕士学位，为留美科协成员。1955年6月与徐璋本等十九人乘威尔逊号回国，曾任北京市第一工业建筑设计院工程师。著有《关于〈1.5m×6.0m预应力钢筋混凝土屋面板〉全国通用图集的几点说明》（1987）等。

杜秉洲（1919— ）

四川人，英语学家。毕业于中央大学英文系。1959年，获美国伊利诺伊大学英文系博士学位，同年回国，任北京外国语学院英语系教授。合编有《历代英国文学名著选》《汉英辞典》等。

杜　度（1915—2000）

江苏东台人，经济学家。1934年毕业于如皋师范，1943年重庆中央大学政治系毕业，1945年获经济系硕士学位。1948年赴美，获伊利诺伊州立大学博士学位。1950年9月乘威尔逊号回国，先在铁道研究所工作，后任北方交通大学副教授、北京大学经济学院教授。从事经济均衡理论和宏观计量经济模型等西方经济学的教学研究。著作有《宏观计量经济模型的比较研究》《社会主义基本经济规律与扩大再生产运动》《线性规划与经济分析》等。

杜连耀（1910—2004）

河北遵化人，声学家。1934年毕业于燕京大学物理系获学士学位，1937年获硕士学位，留校任教。1948年赴美留学，1952年获宾夕法尼亚州立大学的物理系博士学位，任该校研究员，在从事微波超声的产生及应用研究，为留美科协宾夕法尼亚区会联络人。1955年6月回国，在北京大学物理系、无线电系任教，继续从事超声学教研。曾任《中国声学学报》副主编，北京声学会理事长。著有《微波超声在科学研究中的应用》《晶体管噪声振幅的密度分布》《超声工程》等。

杜庆华（1919—2006）

浙江杭州人，固体力学家，中国工程院院士（1997）。1940年毕业于上海交通大学机械系航空组，在成都航空研究院与成都航空机械学院从事发动机动力学研究工作。1947年公费赴美留学，1948年毕业于斯坦福大学获机械工程硕士学位，1949年毕业于哈佛大学获航空工程硕士学位，1951年毕业于斯坦福大学获工程力学博士学位，为留美科协斯坦福区会联络人。同年6月回国，任北京大学教授、力学教研组主任，1952年院系调整去清华大学任工程力学系及工程力学研究班副主任、校务委员等。1991年，获国家教委科技进步奖一等奖；1993年，获国家优秀教学成果奖特等奖；2004年，获何梁何利基金科学与技术进步奖。合著有《材料力学》《弹性力学》《边界元法》等，主编有《工程力学手册》。

杜天崇（1914—　）

河南叶县人，英国文学研究专家。留美，1950年杜克大学英国文学系毕业，1953年回国。1956年后，在北京外交学院英语教研室任教授，为院学术委员会委员。合译有《尼克松回忆录》《唐诗三百首（英译）》《唐诗宋词（英译）》。

杜遵礼（1925—2010）

江苏常州人，空气动力学家，中国科学院院士（1980）。1946年交通大学航空系毕业。1947年赴美，在加州理工学院攻读航空工程学。1950年6月获博士学位回国，先后在上海交大、中国科学院数学所、哈尔滨军工学院等任职。1956年后，历任北京空气动力所副所长、所长，中国火箭技术院副院长，中国空气动力研发中心副主任，航天工业部总工程师和科技委副主任。曾为中国空气动力研究会理事长、中国航空学会副理事长、中国力学学会理事长、中国宇航学会理事、国家科委理论和应用力学学科组副组长、《中国宇航学报》主编、中国科协副主席。全国人大代表、全国政协常委。

段连城（1926—1998）

云南昆明人，夫人王作民。1945年重庆新闻学院毕业。1946年赴美，1948年毕业于密苏里大学新闻学院，1949年8月回国，在国际新闻局从事对外宣传工作，1951年曾赴朝鲜、1954年曾赴日内瓦中国谈判代表团新闻处工作，1960年随中国政府代表团出访印度、尼泊尔及阿富汗，负责文件译文定稿工作。历任《人民中国》杂志英、俄、日文编辑组长，《北京周报》编辑部、英文部主任。1980年以后历任外文局副局长、局长，文化部党组成员，著有《对外传播学初探》。1985年离休。

F

范恩锟（1919—1971）

天津人，土木工程专家。1941年毕业于天津工商学院土木工程系。1950年获美国印第安纳州诺特丹大学土木工程硕士学位。1950年回国后，历任津沽大学、北洋大学教授，天津大学教授、土木系副主任。

范怀忠（1917—2003）

广东惠阳人，植物病理病毒学家。1942年毕业于岭南大学时，获得该校"斐陶斐"金钥匙奖并留校任教。1947年考取赴美奖学金，1950年毕业于威斯康星大学植物病理学专业，获博士学位，同年10月乘克利夫兰号回国。1951年任岭南大学副教授，1952年后任华南农学院植物病理教研室主任、植保系主任等。著有《植物病理学》（主编）、《经济作物病虫害防治》等。研究成果多次获广东省科技进步奖一等奖、二等奖，广东省自然科学奖二等奖、中国普通高等学校国家优秀成果奖，1987年获广东省劳模称号，是国务院学位委员会第一届学科评议组成员，中国植物病理学会第三届副理事长，中南植物病理学会理事长，《植物病理学报》副主编。

范　濂（1919—　）

云南蒙化（今巍山）人，生于广东，农学家。1944年，毕业于浙江大学农学院研究生院。1949年，获美国艾奥瓦州立大学农学院农业经济学硕士学位，同年年底回国。历任大连工学院副教授，河南农学院教授、副院长。长期从事小麦育种和生物统计的研究，主持育成小麦优良品种豫麦一号、三号、九号，在黄河以南繁殖推广。为河南省农学会第二届会长。著有《培育作物新品种的田间试验方法》《农业试验统计方法》。曾任河南省第五至七届人大常委会副主任，民盟河南省委第六届副主委，河南省科协副主席。2009

年 6 月，在河南农学院设立"范濂奖学金"。

范少泉（1911—2011）

云南蒙化人，医学家。1938 年，云南大学医科毕业，在省卫生厅和军医学校等单位任职。1947 年 10 月，赴美入密歇根大学研究生院，专攻内科；1948 年 8 月，转入哥伦比亚大学专攻心脏、消化和血液，曾参与朱光亚等五十二人发表《给留美同学的一封公开信》。1950 年 3 月 3 日离美，3 月 28 日抵港。回国后，在北京第二医院、市防痨所、第四医院等工作。1957 年在复兴医院工作，任主任医师。农工民主党成员。

范 棠（1914— ）

江苏无锡人，非金属材料专家。1936 年，上海交通大学化学系毕业，获理学学士学位。曾任上海中央研究院工程研究所技术员、重庆资源委员会动力油料厂副研究员、任上海资源委员会中央化工厂工程师。1947 年赴美，1949 年获北卡罗来纳州立大学化学系硕士学位，同年 9 月回国。任上海军管中央化工厂工程师、上海化工原料公司副科长、重工业部航空工业局工程师，中国航空研究院航空材料所研究室主任。1961 年，航材所归属国防部第六研究院，任非金属材料研究室主任，1962 年授中校军衔，1964 年任副总工。"文化大革命"中受迫害，1978 年 11 月航空部党组落实政策，任命其为研究所副所长兼副总工。论著有《国产航空橡胶的耐老化性能》，与颜鸣皋合著有《航空材料学》《中国航空材料手册》。

范维垣（1919— ）

土木专家。美国普渡大学毕业，二十世纪五十年代回国，任太原工学院土木系副教授，太原理工大学建筑与土木工程学院教授。在本校创开超静定结构学、土力学等重要课程。1957 年任教务长。论文有《不均衡力矩分配法在连续梁自然振动频率计算上的应用》《强夯法加固地基的原理和应用》，其主持的"通过搞科研生产提高教学质量"1989 年获国家教学成果奖二等奖。

范新弼（1921—2010）

湖南长沙人，电子学家。1944 年毕业于重庆中央大学电机系。1947 年赴美留学，1951年获斯坦福大学电子学博士学位。在美国工作期间在电子学领域中电子器件颇有造诣，获得气体计数管专利三个、磁控旋闸管专利两个、磁控旋闸管的应用专利三个。1954年10月回国。先在中国科学院近代物理所（现高能物理所）工作。1956年6月参与"十二年科学技术发展远景规划"中计算技术部分的制定工作。1956年9月调入中国科学院计算技术所，任筹备委员会委员，负责计算机主存储器的研究和组织领导工作。

方　纲（1913—1981）

福建闽侯人，生于北京，抗生素专家。1937年毕业于清华大学生物系，随后在协和医院进修两年。先后在昆明、贵阳、重庆等地任助教、技佐。1942年赴印度哈天金研究所进行鼠疫研究，1948年赴美国哈佛大学医学院深造。1950年从台湾回到大陆，历任中央卫生研究院细菌室主任，中国医科院抗菌素研究所抗生菌室主任、副所长、研究员。1952年赴援朝参加反细菌战，获第二届全国爱国卫生运动模范奖章。九三学社中国医科院支部主委。曾任《微生物学报》常务编委、《抗生素杂志》副主编。还曾任国家科委抗菌素专业组成员，中国微生物学会秘书长。论著有《抗菌素演讲集》《抗菌素——生物理化特性》。

方　琳（1930—　）

女，营养学家，丈夫王凤翔。1947年毕业于天主教启明女子中学，后获得天主教会于斌主教奖学金赴美，在艾奥瓦州玛丽格斯大学（Marycnest College）主修营养学，毕业后转艾奥瓦州立大学，获营养学及社会学硕士。1951年9月20日偕丈夫与胡世平、董彦曾等二十一人乘克利夫兰号离美，10月回国。在中国军事医学院营养研究所、上海铁道医学院和上海第一医学院营养学系任职。著有《实用儿童营养学》《现代实用营养学》和《温度对于牛肉蛋白质有营养效能及生理价值的影响》等。1980年举家赴美，后在加州大学旧金山分校公共卫生系和斯坦福大学公共卫生系从事癌症研究，曾任安老自助处社会福利部主管及旧金山州立大学营养学系副教授。

方文均（1911—2002）

浙江金华人，船舶工程专家。1934年毕业于上海交通大学电机工程系。

先后在上海铁路局、江西公路局、西康省交通局任职。1947赴美就读密歇根大学造船系，1949年获硕士学位。随往美国东海岸游历参观考察了七个大型船厂，后相继在美国罗兰船厂和英高尔船厂工作。1950年8月回国，历任船舶工业局船舶试验所筹备处副主任、船舶科学研究所副所长、三机部九局船舶科学研究所副所长、七院七〇二研究所副所长等。

方正知（1918—2017）

安徽桐城人，材料金相学家。1943年毕业于西北联大矿冶系，入重庆兵工署材料试验处任技术员。1948年初官价自费留美，1949年6月获密苏里大学罗拉分校冶金系和化学系硕士学位，放弃读博机会，同年圣诞节离美，1950年1月到天津，历任北洋大学、天津大学、清华大学、北京钢铁学院副教授、教授、理化系副主任。1957年至1959年，在莫斯科钢铁学院从事合金亚结构X射线研究。1963年，出任二机部九院实验部副主任、一所所长兼总工程师。负责核武器爆轰物理实验，指导核爆炸等离子体X射线能谱测试。1981年后，任中国科学院空间物理所所长、博士生导师。曾任中国空间科学会常务理事等职。1982年，获国家自然科学奖一等奖；1985年，获国家科技进步奖特等奖。发表论文三十余篇。

方宗熙（1912—1985）

又名方少青，福建云霄人，植物遗传学家，夫人江乃萼。1936年，厦门大学生物系毕业，留校任助教。1938年初，赴印尼苏门答腊巨港中学任教务主任。1947年秋赴英，1949年底获伦敦大学人类遗传学博士学位。1950年6月，赴加拿大多伦多大学进修。1951年11月回国，在北京先后在出版总署和人民教育出版社任职。1953年后，历任山东大学生物系教授、山东海洋学院生物系主任、副院长和院学术委员会副主任、《遗传》杂志主编。专著有《生物学引论》《普通遗传学》等，科普读物有《生命进行曲》等，合译有《物种起源》等。任中国遗传学会副理事长、中国海洋学会副理事长兼秘书长、全国科普作家协会副理事长。全国人大代表、山东省政协副主席、民盟省委常委、省侨联副主席。

费存仁（1924— ）

北京人，经济学家，现代职业教育家费起鹤三子，1947年燕京大学经济系毕业。1948年赴美，在俄亥俄州博林格林州立大学深造。1950年获硕士学位，同年10月乘克利夫兰总统号回国。曾在人民银行总行国外业务处国际情报科和中国银行总行营业部工作。1959年调广西医学院外语教研室任教。1981年调暨南大学经济学院金融系任教。1999年退休。曾任中国国际金融学会理事、南方（六省）国际金融学会常务理事、南开大学国际研究中心特约研究员。论著有《关于三资企业外汇平衡问题》《浅论人民币汇价的改革》《当前国际经济形势的特点及对美元汇率走势的预测》《对美元汇率及人民币汇率发展趋势的预测》《国际石油价格暴涨和暴跌的教训及对今后油价的预测》等。

费近仁（1922—2013）

北京人，金融学家。现代职业教育家费起鹤次子，夫人赵英琪。1946年燕京大学（成都）经济系毕业，1947年考入美国俄亥俄州欧伯林学院，1949年毕业获经济学硕士学位，同时又考入博林格林州立大学研究生院，1950年毕业又获国际金融和企业管理学硕士学位，同年9月与夫人乘威尔逊号回国。在中国人民银行工商信贷局工作。"四清"及"文化大革命"中，被抄家和下放劳动。后调回人民银行总行国际金融研究所工作。八十年代在中国银行总行国际金融研究所任研究员、中国人民银行研究生部教授。发表过大量有关国际金融、石油美元和国际储备的文章。编著系列国际金融统计资料和论著。2013年6月，获中国金融博物馆与中国金融教育发展基金会联合颁发的中国金融教育终身贡献奖。

费致德（1914— ）

满族，北京人，英语翻译家。1943年辅仁大学西语系毕业，曾任辅仁大学讲师兼副教务主任，长春大学、北平华北文法学院副教授。留美，1949年获诺特丹大学研究院文学硕士学位，同年回国。历任张家口、南京解放军外语学院教研室主任，洛阳解放军外语学院教授，河南省外国语言学会会长。编有《现代英语惯用法词典》等。

丰华瞻（1920— ）

浙江崇德人，中英比较文学家，丰子恺长子。1945年，中央大学外文系毕业后，任北京图书馆编辑。1947年，进北京大学文科研究所深造，1948年赴美，入加州大学伯克利分校研究院专攻美国文学。1951年毕业回国，执教于广东中山大学外文系。1953年，调入上海复旦大学外文系任教授。在翻译、比较文学领域颇有建树，为《汉英大辞典》主编，译有《格林童话》《世界神话传说选》《挪威民间故事》等。著有《中西诗歌比较》《意象派与中国诗》等。任上海外文学会副秘书长、常务理事。中国作协会员，发表过许多文学方面的论著。另有《我的父亲丰子恺》《丰子恺散文选集》《丰子恺论艺术》《丰子恺漫画选》等。民盟成员。

冯大麟（1923— ）

四川安岳人。1947年毕业于政治大学研究部。赴美留学，1949年获犹他大学经济学硕士学位。回国后，历任西北大学副教授、财政金融系副主任，西北财经学院副教授，陕西财经学院副教授、教授、副院长、院长，中国金融学会第二、三届常务理事，中国金融战略研究会主任，陕西经济学会副会长。论著有《推进国民经济技术改造》《中国经济发展与金融改革战略》，合著有《中国工农平衡发展问题》《企业经济活动分析》等。九三学社成员，1981年加入中国共产党。

冯　斐（1914— ）

湖南湘潭人，英语教育家，丈夫钱志道。1937年浙江大学英语专业毕业，成为佘坤珊、梅光迪二位先生的得意门生。1948年9月赴美，在春田学院、圣路易斯华盛顿大学进修。1950年8月30日回国，到军委技术部干部学校（后为解放军外语学院）担任英语副教授。2007年和2013年向中国科学院大学分别捐赠了10万元，设立"钱志道化学奖学金"和"冯斐外语奖学金"。

冯国栋（1917— ）

广东鹤山人，土木工程专家。1941年毕业于中山大学土木工程系。后在战时的武汉大学水利系攻读研究生。1945年由川返鄂，在汉口江汉工程局任职，监督日军俘虏修造长江、汉水的江堤。1948 年赴美留学，1950 年获匹兹堡大学土木工程硕士学位。为留美科协会员，1951 年中断博士学习，提前回国，历任武汉大学副教授，武汉水利电力学院教授，湖北省暨武汉市土建学会第三、四届副理事长。中国民主同盟成员。

冯　慧（1917—2017）

女，江苏苏州人，生于江苏六合，昆虫生理学家，冯康和冯端两院士的胞姐，丈夫叶笃正。1940 年毕业于浙江大学农业化学系，1943 年与叶笃正结婚，1947 年赴美，1948 年获芝加哥大学硕士学位。1950 年 9 月放弃攻读博士学位，偕叶笃正一起乘威尔逊号回国，先在河北师专化学系任副教授，1961 年调入中国科学院昆虫所，1962 年并入中国科学院动物所，后任研究员。发表了很多有关昆虫代谢生理、生殖生理和激素生理的研究论文，1984 年出版了《昆虫生理学研究进展（第三集）》，1989 年出版了《昆虫生物化学分析法》。

冯俊凯（1921—2011）

天津人，热能工程专家。1945 年重庆中央大学机械系毕业。1947 年赴美留学，1949 年获堪萨斯大学硕士学位。当年回国，任教于北京大学工学院。1952 年到清华大学热能工程系，负责锅炉教研组工作，后为热能工程教研组。1960 年组织编写《锅炉设备》上、下册，成为高等学校交流讲义。1976 年组织编写《锅炉原理及计算》，1996 年获"第三届高等学校机电类优秀教材一等奖"，1997 年获"国家级优秀教学成果二等奖"。参编专著《锅炉水动力计算方法》《锅炉水自然循环原理、计算及实验方法》，获 1997 年"国家教委科技进步二等奖"。

冯启德（1925—1996）

广东广州人，水利学家，1947 年毕业于上海交通大学土木系，曾在广州岭南大学任教，1949 年赴美，1952 年获明尼苏达大学土木系硕士学位，后在美国建筑设计公司人房屋结构设计员。1955 年 10 月回国，历任中国科学院水工研究所副研究员、水电部第四工程局、电力部西北勘探设计研究院、水利水电科学研究院高级工程师、泥沙所所长。

冯世瑄（1920—2010）

北京人，物理学家。1944年毕业于燕京大学（成都）物理系，任四川金堂县铭贤中学教员，1945年任重庆兵工学校助教，1946年南京中央大学助教，1948赴美留学，1951年3月获明尼苏达大学硕士学位，同年回国。6月起任山东工学院副教授，1953年9月起任北京石油学院（华东石油学院、中国石油大学）副教授、教授，曾为教研室主任。发表论文有《关于高速运动物体的视觉形象》《长度收缩佯谬与横向加速中的弯曲变形》《近轴超声透镜问题的矩形解法》等。

冯世章（1923—2012）

浙江绍兴人，生于上海，电子工程技术专家，夫人乔石琼。1946年毕业于交通大学（重庆）电机工程系。1947年秋去美国，先在俄亥俄州立大学电机系攻读硕士学位并兼任助教。1949年秋转学至加州大学伯克利分校电机系攻读博士学位，兼任助教。为留美科协的中国学生回国服务会总干事。1950年10月偕夫人与孩子回国。先后在上海电信研究所、总参通信部电信技术研究所、国防部第五研究院电子研究室、总参通信部电信技术研究所、国防科委第十研究院工作。曾任电子工业部雷达工业管理局总工程师。

冯树模（1912—2008）

儿科专家。上海圣约翰大学毕业，1947年赴美，在宾夕法尼亚大学医学院进修，获美国儿科专业医师证书，曾先后在纽约和檀香山等几家医院行医。1951年回国，在上海同仁医院任儿科主任，兼广慈医院儿科副主任。在上海交通大学医学院附属新华医院（上海儿童医学中心），创建新生儿科。参与编写《实用新生儿学》。

冯锡良（1920—2006）

江苏无锡人，夫人郑沫。1943年上海圣约翰大学新闻系毕业，任上海圣约翰青年中学、圣玛利亚女校教员。1946年赴美国留学，入密苏里大学攻读新闻学，1948年获硕士学位，随后在哥伦比亚大学新闻研究所工作，兼在《丹莫恩纪事报》任职。1950年与夫人一起回国，在新闻总署国际新闻局编辑英文《参考消息》，1952年后历任《人民中国》杂志英文版主编、《北京周报》英文版总编。1979年后任《中国日报》常务总编辑。1984年获美国密苏里大学授予的密苏里新闻事业卓越贡献奖。1985年获中国新闻摄影学会授予的慧眼奖。曾为中共十二大代表、第六至八届全国政协委员。

冯锡璋（1918—1994）

江苏昆山人，核化学家。1939年上海交通大学化学系毕业，曾在鉴臣洋行（香料厂）任职。1948年赴美，1952年获加利福尼亚大学博士学位，后在芝加哥大学原子核研究所工作。1956年任中国科学院物理所研究员，同位素和核技术应用研究室（即八室）任副主任。后调入高能物理所长期从事核化学和放射化学的基础研究，进行了核反应与核反冲、放射性绝对测量、放射性同位素稀释法及半衰期等研究工作。主要论著有《裂变碎片在水中的射程》，译著有《核化学与放射化学》，合著有《放射性同位素应用知识》等。

冯伊湄（1908—1976）

女，广东惠州人，丈夫司徒乔。童年时随父住香港，后到南京美术专科学校学国画，再入上海大学文学系，毕业后赴法国留学。1930年回国，任教于广州中山大学及北平的几家私立大学，并从事文学创作。1946年护送司徒乔至美国治病，以讲课、卖画、画工艺品谋生。1950年，与司徒乔一起回国，在人民出版社任编辑，后在中央美术研究所编写《中国美术史》。

冯　寅（1914—1998）

浙江嵊县人，水利专家。1936年毕业于唐山交通大学土木系。曾任钱塘江大桥工程处工务员，湘桂铁路、公路副工程师，复旦大学副教授。1948年获美国艾奥瓦州立大学研究院理科硕士学位。后在美国联邦垦务局实习。1950年回国，历任水利部工程总局工程师，水利电力部北京勘测设计院副总工程师、水电部规划设计院副总工程师，水利部副部长、总工程师。1956年获全国农业先进生产者称号。第三届全国人大代表，第五、六届全国政协委员。

冯应琨（1908—1992）

广东广州人，精神神经病学专家。1932年燕京大学毕业。1936年北平协和医学院毕业，获美国纽约州立大学医学博士学位，后留校任主治医师。1948年，赴美国田纳西州孟菲斯市盖勒医院进修精神神经病学。1949年回国，历任北京友谊医院、北京协和医院神经精神科主任。1955年，在我国建立第一个临床脑电图实验室。中华医学会神经精神病学会主任委员、《中国神经精神病杂志》主编、《脑电图和神经科疾病杂志》和《中风和神经精神疾病杂志》名誉总编辑。编著有《临床脑电图学》《脑电图图谱》。

冯之榴（1921— ）

女，浙江海盐人，高分子化学家，丈夫黄葆同。1944年毕业于南通学院纺织学院，获学士学位。1946年赴美留学，1948年获麻省罗威尔纺织学院硕士学位。后为美国国家标准局研究室访问学者、普林斯顿纺织研究所研究工程师。1955年5月，和丈夫以及王仁、吕家鸿、郭明达、蔡君陆、骆振黄、沈心立、谢心正、张家骅一起乘船回国。在中国科学院长春应用化学所任副研究员、研究员、研究室主任、所学术委员会委员。在国内外发表论文六十余篇，主持编译有《高聚物的力学性能》。国家自然科学基金委员会非金属材料学科评审组成员、《高分子材料科学与工程》和《材料科学进展》编委。曾获1978年全国科学大会奖及国防科学奖；1985年获国家科学技术进步奖特等奖；1999年中国科学院自然科学奖二等奖。三次被选为全国三八红旗手。吉林省侨联主席。

冯致英（1914—2003）

河北丰润人，劳动卫生学及毒理学专家。早年获北京协和医学院医学博士，后留美，获约翰斯·霍普金斯大学公共卫生学硕士。新中国初期回国，长期在南京医科大学公共卫生学院任教。其"枸橼酸钠治疗硅肺研究"于1958年获卫生部技术革新大会奖，"农药二氯苯醚菊酯毒理研究"获江苏省科技大会奖。有劳动卫生及毒理学专著三部，主译及合译有关"农药毒理"书籍四部。1990年，获国家教委颁发的"从教四十年成绩显著"证书，享受国家特殊津贴。曾任世界卫生组织职业卫生顾问、卫生部卫生专题委员会委员。

傅举孚（1920—2016）

湖南湘乡人，化工专家。1945年，浙江大学化工系毕业后赴美留学。1948年，获丹佛大学化工硕士学位，入密歇根大学研究生院攻读博士学位。1949年8月，中断学业回国。历任北京大学化学系讲师、副教授兼系主任，天津大学、河南化工学院副教授，北京化工学院教授、校学术委员会主任。国务院学位委员会学科评议组成员、中国化学学会化学工程学会副理事长、国家教委科技委化工组成员。论著有《分批精馏塔之计算》《多元溶液间歇式蒸馏的计算》《并流喷雾干燥数学模型》等。编译有《炼焦学》《化学工程》《燃料化学工艺学》等高校通用教材。

傅君诏（1921—2023）

云南昆明人，金属物理学家。1939年，在昆明高级工业职业学校加入中共。1943年，考入西南联大。1945年，考取了云南省政府公派留学，并在中共党组织的授意下，赴美留学。1948年，毕业于卡内基理工学院；1950年，获宾夕法尼亚大学硕士学位。曾任《留美科协通讯》编委。1950年9月，乘威尔逊号回国，任教于华北大学工学院、哈尔滨工大、北京钢铁学院，历任教务长、科研部主任。1979年，任中国金属学会副秘书长，1992年离休。

傅书遏（1924—　）

江西南昌人，生于天津，电机专家。1942年考入西南联大电机系，1943年11月从军参加译员培训，1944年5月赴印度为盟军做译员，1945年9月退役复学，1948年清华大学毕业，同年年底赴美，在 Allis & Chalmers 公司进修。1950年申请到密歇根大学，因朝鲜战争爆发，1950年12月与30位同学乘克利夫兰号轮船，于1951年1月回国。在电力总局中心实验室任职，1953年到华北电力设计院工作，1972年下放到河北省电力局设计院，1978年回北京，在水电部电力科学院电网所任副总工程师。1994年退休，后返聘至2012年完全退休。

傅统先（1910—1985）

回族，云南澄江人，生于湖南常德，教育家。1932年毕业于圣约翰大学，主修哲学，辅修教育。先后在暨南大学附设实验学校、正风文学院任教，后被聘为圣约翰大学教育系主任兼哲学教授。1948年赴美国哥伦比亚大学学习教育哲学。1950年夏获博士学位，同年秋回国，入华东人民革命大学学习马列主义。1952年到山东师范学院，任教授、教育系主任、山东省教育协会名誉主席等。一生著述颇丰，著作有《认识论纲要》《哲学与人生》《哲学概论问答》等二十多部，译作有《经验与自然》《自由与文化》等，并写有论文多篇。为多届山东省政协常委。

傅望衡（1923— ）

湖南醴陵人，农学家。1946年西北农学院园艺系毕业，1947年在湖南农业改进所任股长，1948年赴美，1950年获加州大学洛杉矶分校研究生院亚热带园艺系硕士学位。1951年2月回国，同年3月至1952年任湖南农学院园艺系副教授，1953年调沈阳农业大学园艺系，1980年晋升为教授。在《葡萄属》(*Vitis*)、《园艺学报》等中外学术期刊上发表论文二十余篇，参加全国高等院校统编教材《果树栽培学》编审，并编写《葡萄》一章。主编参编《葡萄栽培》等科技著作四部。八十年代主持的"葡萄成龄树大面积丰产栽培技术研究"成果获辽宁省农牧业厅科技进步奖二等奖。九三学社成员，曾任沈阳市政协委员、辽宁省科学技术委员会经济作物组成员、辽宁省果树学会副理事长、沈阳市果树学会理事长等。

傅信祥（1913—1993）

浙江镇海人，心血管专家。1939年山东齐鲁大学医学院毕业。1948年赴美国留学，获北卡罗兰纳大学公共卫生专业硕士，1949年10月回国。曾任上海市第六人民医院检验科主任、内科副主任。1956年任上海市第四人民医院内科主任、主任医师。论文有《极早型心肌梗塞的心电图诊断》《低镁症的早期心电图表现》《高密度脂蛋白——胆固醇与冠心病》等。合编有《临床心血管外科学》。为《国外医学心血管疾病分册》编委。曾任上海市高级科学技术职称评定委员会内科专业评审组成员。虹口区政协常委、虹口区人大常委会副主任。九三学社虹口区支社副主任。

傅　鹰（1902—1979）

　　福建闽侯人，生于北京，物理化学家，中国科学院院士（1955）。夫人张锦。1919年考入燕京大学化学系。1922年赴美留学，1928年获密歇根大学博士学位。1929年应沈阳东北大学之邀回国，相继在北京协和医学院、重庆大学任教。1935年与张锦结婚，1939年起，与夫人先后到福建长汀的厦门大学任教，曾任该校教务长兼理学院院长。1944年底，与夫人二次赴美，到密歇根大学继续与原来的导师、著名胶体科学家巴特尔教授合作进行表面化学研究，接连发表了许多有创建性的论文，引起了国际化学界同行的注意。1950年10月初回国，先后到北京大学、清华大学、北京石油学院任教。1954年，再度调回北京大学，曾任北京大学副校长。

G

甘怀义（1912—1995）

壮族，广西宁明人，水电专家。1936年中山大学土木工程系毕业。历任广东省东区公路处技佐，广西建设厅技士，广西公路管理局技正。1943年考取广西省公费留美，1949年，华盛顿州立大学毕业，获硕士学位。同年回国，历任广西大学理工学院土木系教授、广西水利局代总工程师，广西水利电力厅副总工程师。1958年后任广西大学教授、土木系副主任、科研处副处长。著译有《拱坝设计概要》《中国五大河流洪水频率曲线的研究》《土坝稳定的研究》《剪力法》《系层薄壳拱坝》等。广西水利学会副理事长、水利部珠江水利委员会顾问、广西科协副主席。全国人大代表，广西人大常委会副主任。民革中央常委、广西区委主委，广西政协副主席。1988年加入中国共产党。

甘培根（1925—2006）

四川成都人，金融学家。1946年成都燕京大学毕业，1948年考取公费留美，在加州太平洋大学做研究生。1949年10月中断学业回国。1950年到中国人民银行国外业务处工作。1957年被划为"甘培根归淇章右派小集团"，送往北大荒八五三农场劳动，左腿患化脓性关节炎致残。1963被安排到人民银行参事室搞史料。1979年右派问题获改正，任人民银行金融所副所长，1981年创建中国人民银行研究生部（后并为清华大学五道口金融学院）。主编《国外银行制度与业务》，合著《中华民国货币史资料》（第一、二辑）、《国际金融与外汇管理》等，合译有《美国花旗银行在华史料》《汇丰银行百年简史》。全国政协委员，北京市政协第七届常委，民革中央常委，民革北京市委第九、十届副主委。

甘祯祥（1920—2000）

女，河南信阳人，药学家，丈夫许保玖。1941 年药学专业毕业。1947 年赴美留学，1949 年获威斯康星大学硕士学位。同年发生车祸，身体受伤。1954 年 12 月底与丈夫回国，1955 年任中国医科院药物所助理研究员。因身体健康状况一直不良，工作了一段时间，随后提出退职休养。

高墀恩（1911—1977）

物理学家。1946 年获福建协和大学硕士学位，同年赴美留学；1949 年获华盛顿州立大学物理学博士学位；1950 年回国，任燕京大学教授；1952 年任东北人民大学（吉林大学）物理系教授。1958 年，和吴式枢院士一起创办了吉林大学理论物理专业。论著有《以转动液体测重力加速度》《核子核子碰撞产生 π 介子的色散关系》。

高鼎三（1914—2002）

江苏宜兴人，半导体器件与光电子学专家，中国工程院院士（1995）。1941 年西南联大物理系毕业，1947 年公费赴美，1951 年获加州大学伯克利分校物理系硕士学位，被聘为助教，其间任学校中国留学生会副主席，后在洛杉矶国际整流器公司任研究员。1955 年 6 月乘威尔逊号回国，任东北人民大学物理系副主任兼半导体研究室主任。1959 年创建吉林大学半导体系，任系主任、教授。1990 年联合吉大、清华、中国科学院创建集成光电子学国家重点实验室，任学术委员会主任。相关半导体光电子项目获 1978 年全国科技大奖、1985 年电子部科技成果奖一等奖、1988 年和 1992 年国家发明奖三等奖等。主编有《晶体管原理讲义》等。中国电工技术学会电力电子学会理事、长春市物理学会副理事长、吉林省电子学会副理事长等。

高鸿业（1921—2007）

江苏徐州人，经济学家。1944 年毕业于国立交通大学机械系，1956 年获美国科罗拉多州立大学经济学博士学位，后任密苏里大学管理学院副教授。1957 年回国，任中国人民大学经济系副教授、教授。1984 年被聘为美国科罗拉多大学经济系客座教授。1987 年被聘为美国国际管理研究院客座教授。为中国外国经济学说研究会理事兼北京分会副会长。合著有《凯恩斯主义》《垄断经济学》，译著《萨缪尔森经济学》，论文有《西方宏观经济管理方法与中国经济体制改革》。

高联佩（1919—2011）

湖北江陵人，固体物理学家，夫人许健生。1943年中央大学毕业后考取本校研究生。1948年考取自费留美资格，1955年获密歇根大学固体物理博士学位。1957年元旦偕夫人回国，在清华大学工程物理系和无线电系任副教授。1968年因"美国特嫌"，先被关在清华大学，后转入北京半步桥监狱。1972年恢复自由返回清华，在微电子学研究所工作。八十年代初曾与夫人合作撰写生物医学核磁共振的论文，1989年正式退休后，赴美陪伴夫人，支持其在哈佛大学医学院从事的有关针灸的核磁共振脑成像研究，并安度晚年。2011年底病逝于波士顿，终年92岁。按照其遗愿，清华大学教育基金与其遗属用其生前积蓄建立了"清华校友高联佩关爱生命基金"和"清华校友高联佩励学基金"。

高麟英（1918—1987）

女，江苏人，英语教育学家。约于1940年燕京大学毕业，入研究院两年，主修农村教育。后在天津圣功女中教书三年，在其他单位工作两年。1946年通过第二届自费留学考试，1947年8月赴美。1948年获波士顿大学硕士学位，1951年获哥伦比亚大学博士学位，主修学生指导与行政。1952年3月回国，在山西大学中国社会史研究中心工作。1960年前后，调入天津师范大学任英语副教授，未婚无子女，去世前立遗嘱，委托工商行天津信托投资公司将其遗产两万八千多元分别捐给天津聋哑学校、天津维斯礼堂堂委会和天津女青年会等。

高汝淼（1925—　）

江苏青浦（今属上海）人，电化教育专家。获美国丹佛大学电化教育专业硕士学位，是我国第一批在国外学习视听教育专业的少数留学人员之一。1950年回国。1951年在西北大学文学院教育学系电教室任室主任、副教授，开设电教课。陕西师范大学基建委员会副主任，负责规划设计等工作。1957

年被划为右派。1982 年调入华南师范大学电化教育系，任系副主任、教授。

高时浏（1915—2012）

福建福州人，大地测绘学家。1936 年考入同济大学测量系。抗战期间，辗转于浙江、广西、云南三省完成学业。1948 年底进入加拿大多伦多大学首届大地测量专业研究生班深造，1950 年 6 月获应用科学硕士学位，到加拿大联邦大地测量局供职，多次进入北极圈勘测。1951 年底回国，1952 年 6 月在同济大学从事测绘教研工作。1956 年调入武汉测量制图学院任教。1957 年被划为右派，下放到农村劳动改造，1962 年被"摘帽"，1966 年又遭批斗，1979 年重新回到教学岗位。以后十几年里，翻译，编著科技书籍四十余种。1988 年退休。九三学社成员。

高小霞（1919—1998）

女，浙江萧山人，化学家，中国科学院院士（1980），丈夫徐光宪。1944 年上海交通大学化学系毕业，任中央研究院化学研究所助理员。1948 年底留学美国，1951 年初获纽约大学分析化学硕士学位。同年 5 月偕丈夫回国，历任北京大学讲师至教授。为国务院学位委员会化学学科评议组成员，著有《铂系元意的极谱催化波》《电化学分析在环保监测中的应用》《电分析化学导论》《极谱催化波》等。第三届全国人大代表，第五至七届全国政协委员，中国民盟成员。

高婴齐（1907—1996）

天津静海人，物理学家。长子高建为翻译家，次子高俊为中国科学院院士。1936 年毕业于北京辅仁大学物理系，并留校任教。后赴美，获华盛顿特区美国公教大学博士学位。1951 年回国。1953 年起在河北大学物理系任教，任光学教研室主任。

高永寿（1919—　）

1941 年重庆中央大学航空工程系毕业，分配到成都航空研究院飞机设计室工作。1944 年 12 月和虞光裕等五十人经印度和澳洲赴美，在圣路易麦克唐纳飞机公司设计室工作，后入华盛顿大学读书。1946 年与虞光裕转移到英国，在 Gloster 飞机公司工作。1949 年 7 月 4 日与虞光裕乘船抵达香港，7 月底转到天津。在解放军上海航空工程研究室工作。1951 年到南昌洪都飞机厂。1952 年至 1954 年任总工艺师主持我国第一架教练机仿制。论文有《铆接加劲钣复合型断裂应力分析的解析方法》《裂纹塑性疲劳扩展分析》等，合译《飞机构造学》。

高有焕（1911—1972）

湖北鄂州人。1931 年考入沈阳南满医科大学，九一八事变后转入上海同济大学医学院，1939 年 7 月毕业。先后任云南昆明红十字会医院医师、军医第二分校助教、宾川县医院院长等职。1946 年任汉口市立医院内科主治医师、主任。1949 年 11 月赴美国，先后在纽约迈蒙尼提斯医学中心（Maimonides Medical Center）等多家医院进修胸内科。1955 年 12 月回国，任教于湖北医学院，先后任教研室主任、内科主任、教授。担任中华医学会湖北分会理事、呼吸学会和防痨学会主委，为湖北省第二届人大代表。

高芝兰（1922—2013）

女，浙江杭州人，音乐艺术家。1942 年毕业于上海音乐专科学校，任苏石林音乐学院教员。1945 年参加上海俄国歌剧团，主演《茶花女》。1947 年赴美国，先后在纽约朱利亚音乐学院、大卫·曼尼斯音乐学院进修，学习声乐。1949 年回国，任上海音乐学院声乐系副主任、教授。曾获金钟奖终身成就奖、上海文艺家终身荣誉奖、1989 年全国首届金唱片奖。1983 年获全国三八红旗手称号，九十年代初移居美国，在旧金山逝世。

葛春霖（1907—1994）

江苏溧阳人，化工专家。1929 年毕业于清华大学化学系，留校工作。1930 年加入中国共产党。1931 年 9 月任中共安徽太和县委委员，参与革命活动，后转山东、陕西等地教书。1934 年与党组织失联，1937 年恢复组织关系。抗日战争时期，出版专著《科学的哲学》《唯物辩证法》《化学战争与中国国防》。1948 年赴美国明尼苏达大学化学系留学。在校期间为留美科协会员。1949 年获硕士学位，7 月与钱保功和张大奇同船抵达天津回国。后历任轻工业部副司长，轻工业科学研究院副院长等职。中国轻工协会、中国化工学会第三十一届副理事长。著作还有《轻工业的环境保护》。

葛 力（1915—1998）

河北顺义（今属北京市）人，哲学家。1935年考入燕京大学，1941年获哲学硕士学位。毕业后，先后在燕京大学任语言研究助教，在成都华西协合大学和成都燕京大学任讲师，在南京国立编译馆任编审，在南京金陵女子大学任兼职副教授，讲授逻辑学、伦理学和哲学概论。1948年赴美留学，1953年获南加州大学博士学位，同年回国。1954年起在中共中央党校马列学院任教员。中华全国外国哲学史学会顾问。著有《十八世纪法国唯物主义》《西方哲学认识论》；主编《现代外国哲学》，译有《西方哲学史》和《现代西方哲学辞典》，译著有《西方哲学史》和《雅典政制》等。

葛明裕（1913—2013）

江苏南京人，木材学家。1935年毕业于河南大学森林系，留校任教。1947年9月赴美留学，1948年获华盛顿州立大学林学院硕士学位。加入留美科协，1951年7月中断博士学习回国，任浙江大学林学院教授。1952年后任东北林学院林产工业系主任。主编有《木材加工化学》《木材改性工艺学》《高等木材解剖学》等。国务院学位委员会学科评议组成员。第三届全国人大代表。黑龙江省第五、六届人大常委。

葛庭燧（1913—2000）

山东蓬莱人，金属物理学家，中国科学院院士（1955），夫人何怡贞。1937年毕业于清华大学，1940年获燕京大学硕士学位。1941年赴美留学，1943年获加州大学伯克利分校物理学博士学位，后在麻省理工学院光谱实验室和辐射实验室以及在芝加哥大学金属研究所工作，曾任教授级研究员。1949年11月偕夫人与两个孩子回国，历任清华大学教授、中国科学院应用物理所所长、金属所副所长。1981年后任中国科学院合肥分院副院长、固体物理研究所所长。著有《声发射》《全息照相与无损检验》和《磁粉探伤基础》等。曾为第三、五、六届全国人大代表。

葛绍岩（1925—2010）

山东泰安人，工程热物理专家。1947年毕业于武汉大学机械系。1949年赴美国留学，1951年获俄克拉荷马州立大学硕士学位。1955年获伊利诺伊理工学院博士学位，后任霍尼韦尔公司高级科学家。1957年在英国帝国理工学院从事访问研究。1958年回国，在中国科学院工程热物理所任研究员，传热传质研究室主任，所学术委员会和所学位委员会副主任。八十年代任美国费城德克赛尔大学客座教授。著有《气膜冷却》《工程传热与传质学》《工程传热学》《热辐射性质及其测量》等。曾任国务院学位委员会专业组评议委员，中国工程热物理学会传热传质专业委员会副主任，中国民主同盟成员。

葛修怀（1918— ）

女，上海人，电工学家，丈夫王守武。1942年毕业于重庆大学电机系。1944年考取自费留学资格，1945年赴美国普渡大学电机系通讯专业学习，1947年获硕士学位，为留美科协会员。1950年10月偕丈夫与孩子乘克利夫兰号回国。先后任北京工业学院和中国科技大学无线电系副教授。

龚兰真（1904—1987）

女，上海人，营养学家，丈夫许鹏程。1926年入北京燕京大学化学系学习，次年赴美，在俄勒冈州立大学完成学业，于1930年获学士学位。1932年在哥伦比亚大学获化学博士学位后回国，1933年在燕京大学化学系与家政系任教，1934年任家政系主任。1939年再度赴美，在密歇根儿童营养研究所任研究员，次年回国，先在燕京大学，后在上海圣约翰大学任教授。1947年第三次赴美，在农业部任营养学研究员。1951年偕丈夫一起回国，在广州岭南大学农学院任生化教授。院系调整时，1953年与丈夫一起到华南医学院（中山医科大学）主持生化教研室的工作，1976年退休。

龚树模（1915—2001）

江苏太仓人，天文学家。1936年毕业于上海大同大学物理系，后在中央研究院天文所从事研究。1948赴美留学，先后获得加州大学天文学硕士学位和密歇根大学天文学博士学位，为留美科协会员。1953年回国。历任中国科学院紫金山天文台研究员、恒星研究室主任、副台长，为中国天文学会名誉理事长。科研成果"哈雷彗星的观测研究"获中国科学院自然科学奖一等奖。

龚维瑶（1923—2011）

女，安徽合肥人，心理学家，丈夫钱宁。十六岁时参加抗敌演剧队，从事抗战宣传工作。1948年毕业于南京中央大学师范学院教育系，1949年夏赴美，在加州大学伯克利分校教育系进修，1953年在米尔斯学院（Mills College）奥克兰分校教育系获得硕士学位。1955年夏偕丈夫钱宁回国。1956年1月到中国科学院心理所，从事青少年教育方面的研究工作。1979年其承担的科研项目"智力落后的实验研究及普查结果的分析"获得中国科学院心理研究所科研进步奖三等奖。1987年3月退休。

龚正洪（1931—　）

上海人，建筑学家，夫人金诗箴。1945年考入沪江大学化工系，1947年2月赴美，在纽约普瑞特艺术学院建筑系肄业。1950年10月偕金诗箴乘克利夫兰号提前回国，插班进入清华大学建筑系继续学习。1952年毕业后，在建工部北京工业建筑设计院工作，1969年战备时下放到河南，1971年回北京。1976年移居加拿大，在多伦多必加艾奇（B+H）建筑设计所工作，1991年至1999年由公司派驻上海开拓业务。

顾德仁（1924—　）

江苏苏州人，电工专家。1946年毕业于交通大学电机系。1948年赴美，加入留美科协。1950年获康奈尔大学工学硕士学位，10月回国，11月初抵达香港。历任华南工学院副教授，成都电讯工程学院教授、电子工程系主任、院长，国务院学位委员会第一、二科评议组成员，中国电子学会广播电视学会第二、三届副主任。主编有《脉冲与数字电路》等。

顾家杰（1913—1979）

江苏苏州人，图书馆学家。1936年武昌文华图书馆专科学校毕业。曾任武汉大学图书馆编目员，同济大学图书馆采编股长，西南联大图书馆采访股长，昆明师范学院图书馆主任，南京中央图书馆编辑。1947年9月留学美国，1948年获丹佛大学图书馆学硕士学位。1950年回国。历任中国科学院图书馆管理处副处长、办公室副主任、编目部主任、副馆长等。主持《中国科学院图书馆图书分类法》的出版工作。第四、五届全国政协委员。

顾钧禧（1915—2003）

浙江绍兴人，气象学家。1940年毕业于清华大学物理系，1946年在美国芝加哥大学海陆空气象专业研究生部学习。新中国之初响应赵九章和涂长望召唤回国，历任军委气象局技正，中央气象局编译室主任，天气处工程师，气象科研所天气室研究员，南京气象学院教授、基础课部主任，《南京气象学院学报》编委会副主任兼总编辑、图书馆主任，气象出版社编审。

顾懋祥（1923—1996）

江苏太仓人，生于长春，船舶流体力学家，中国工程院院士（1995）。1939年考入香港大学机械系，1945年毕业于上海雷士德工程学院机械系，1947年赴美留学。1949年获密歇根大学造船与轮机工程硕士学位。1950年11月乘威尔逊号回国，历任上海交通大学造船系讲师，哈尔滨军工学院海军系副主任，六机部第七研究院七〇二所所长。曾研制水翼艇和四吨载人气垫船。著有《船舶摇摆》（上册）、《船舶的五个自由度运动计算》等。为《水动力学研究与进展》杂志主编，美国《海洋工程》（*Ocean Engineering*）杂志的国际编委等职。曾任中国造船工程学会理事，中国造船工程学会船舶力学专业委员会副主委等。

顾淑型（1897—1968）

江苏无锡人，摄影家，丈夫陈翰笙。1912年北京女子师范学校毕业。1917年首次赴美，1921年加州大学教育系毕业，次年随丈夫去德国。1924年夏回国，参与创办艺文中学（北京二十八中），任教务主任，1935年加入中国共产党。1936年再次赴美学习摄影，1939年按中共指示到香港，协助宋庆龄搞工业合作化运动，1942年到桂林组织化工合作社支援抗战，后任桂林师范学院副教授。1943年3月因丈夫躲避当局逮捕，随丈夫流亡印度，任新德里广播电台翻译。1946年第三次赴美，在纽约从事摄影工作。1951年1月偕丈夫回国，参加八一电影制片厂筹建，先后担任政务院新闻摄影局研究员、中苏友好协会总会副秘书长。1959年退休，1960年被全国妇联授予全国三八红旗手。中国摄影学会常务理事。

顾夏声（1918—2012）

江苏无锡人，环境工程专家，中国工程院院士（1995）。1941年毕业于上海交通大学土木系。抗战胜利后赴美留学，1948年获得克萨斯州农工大学卫生工程硕士学位，后在芝加哥水泵公司污水处理设备研制部工作，1949年回国，历任唐山工程学院、北京大学副教授，清华大学环境工程教研室主任。曾任国家教委环境工程教材委员会、城乡建设环境保护部给水排水与环境工程教材编审委员会主任委员，中国环境科学学会理事会顾问。论著有《水处理微生物学》，主编了《城镇基础设施及环境保护卷》《环境工程手册》，合编教材多部。曾获国家教委和建设部优秀教材奖。九三学社成员。

顾学稼（1926—　）

历史学家。留美入读加州大学柏克利分校历史系。1950年3月，与朱光亚等五十二人发表《给留美同学的一封公开信》。1951年与张绍英、诚静容等同船回国，任四川大学历史系教授，中国美国史研究会副理事长。著有《杜波依斯与泛非主义运动》，合著有《美国史纲要》，译著有《总统身后：从杜鲁门到里根》《1926年英国总罢工》等。主持编著的《美国史纲要》是八十年代后期到九十年代初期的美国通史教材之一。晚年移居美国。

顾亚声（1921—2016）

江苏无锡人，1942年上海同济大学管理系毕业，1947年9月赴美，1949年8月获犹他大学管理专业硕士学位，同年年底回国。1950年任上海同济大学工商管理系副教授，1952年任上海财经学院工业管理系副教授，1954年任南京华东航空学院副教授，1957年任西北工业大学原航空发动机系及原航空宇航制造工程系副教授，1982年晋升教授，1985年在管理系任教，曾任名誉系主任。1989年退休。著有《管理系统工程概论》《企业管理理论与实践》。

顾以健（1922—2017）

江苏淮安人。化学家。1940年加入中国共产党。1947年毕业于浙江大学化学系。1948年赴美留学，1950年获诺特丹大学硕士学位，为留美科协会员。1951年回国，任教于哈尔滨工业大学。1956年至1957年在中国科学院石油所苏联专家依·瓦·卡列契茨指导下获技术科学副博士学位。1985年获美国诺特丹大学荣誉科学博士学位。1977年后历任中国科学院大连化学物理所所长、中国科学院沈阳分院副院长、中国科学院秘书长、中国科学院干部管理学院院长，中国国际人才交流协会副会长和驻美国总代表。1978年获全国科学大会奖和国防科工委科技成果奖。1980年和1984年先后获中国科学院科技成果奖和科技进步奖。论著有《金属含氮化合物的配合物的新型反应》《含氮金属有机配合物的新发展》《金属有机化学进展》等。

关桂梧（1920—2017）

女，广西梧州人，营养学家、航空医学家。1936年考入苏州东吴大学医预系，1937年转入北平燕京大学家政系营养专业。1940年毕业，获理学士学位，在北京协和医院进修临床营养并留院工作。1948年赴美，在哥伦比亚大学进修，1950年回国。1951年受聘于空军后勤部卫生部，参与航空医生培训及部队营养工作。1954年任空军航空医学研究所营养专业组负责人。先后主编和翻译《航空营养》《食品成分表汇集》《空勤常用食品成分查对表》等。

关淑庄（1919—2012）

女，满族，辽宁辽阳人，丈夫丁声树。1940年毕业于燕京大学，获学士学位。1941年赴美，1945年获哈佛大学女校硕士学位，1948年获经济学博士学位，在纽约联合国秘书处任高级研究员。1956年回国，先在国家统计局工作，1958年在中国科学院哲学社会科学部经济研究所工作，1976年后任社科院经济所经济思想史研究室研究员。主要著作:《$ax^m+bx^n+c=0$的一个数字解答法》《一种求得经济动态体系近似值的简便计算器的设计》。改革开放后移居美国波士顿。

关懿娴（1918—2020）

女，生于广东南海，客家人，图书馆学家。1943年毕业于西南联大外文系，在中学任教。1948年赴美留学，密歇根大学研究生院肄业，在联合国总部语言事务处任抄写员，1952年赴英留学，就读伦敦西北理工学院图书馆学系，1954年获全英图书馆学会副会士资格，后在香港大学图书馆等机构工作。1955年10月回北京，在中央卫生研究院（现中国医科院）图书馆工作。1956年调北京大学图书馆学系，历任讲师、副教授、教授和图书馆系副主任，1987年退休。曾任中国图书馆学会常务理事，学术委员会副主任、教育部文科教材编审组（图书馆学）组长，国际图联图书馆学院组常务委员会通信委员。2013年5月捐献卖房款一百万元，设立"北京大学信息管理系关懿娴奖学金"。九三学社成员。

关颖谦（1924—2014）

女，植物生理学家。丈夫焦瑞身。1947年毕业于金陵女子大学，同年9月赴美，后在圣路易斯大学获得生化和医社工双硕士学位，曾在该校医学院实验室工作。1951年底与焦瑞身结婚。1955年夏离美回国，在中国科学院上海植物生理所工作。论文有《脱落酸对离体水稻叶片衰老的效应》《核黄素生物合成的研究 I. 核黄素高产因素的研究》《几种酸性染料共振瑞利散射法测定穿琥宁》等数十篇。

关粤华（1923— ）

女，广西人，英语教育家。北京辅仁大学毕业。留美，获宾州布伦茂大学经济系硕士。1951年回国，在南京解放军（军事）外语学院四系任教，曾是全院先进工作者。

关哲昭（1911— ）

广东东莞人，医学家。1935年毕业于上海同德医学院，在南京中央医院任练习医员。1937—1944年任外科住院医师、主治医师。1949年赴美，在丹佛国立犹太医院及密歇根大学医院进修胸腔外科一年。1950年2月与程逎欣等同船回国，在南京医学院第一附属医院任职，1957年任农工民主党南京医学院党小组组长，1983年任党支部主任委员。江苏省政协常委。

管锦康（1918—2013）

浙江海宁人。会计审计学家。1943年毕业于重庆东吴大学法学院。1946年12月赴美，1947年12月伊利诺伊大学研究院硕士毕业。1949年夏回国，到天津工商学院（后改国立津沽大学）任教授，并任执行会计师。1953年院系调整后，任南开大学教授，担任会计原理教研室主任。1958年秋，因经济类应用学科各专业取消，调入河北财经学院（后为天津财经学院），任教授和会计教研室主任。中国会计学会荣誉理事、中国成本研究会常务理事、中国审计学会副会长、中国内部审计学会副会长等。著作有《成本基础之会计理论》《关于我国成本管理体系改革的探讨》《审计学》，合著有《企业经济活动分析》等。中国民盟中央经济委员会委员、天津市顾问。

管士滨（1920—1993）

北京人，哲学家。1938年入读辅仁大学哲学心理系攻读哲学，1943年毕业后留校任助教。1949年3月公费赴加拿大魁北克市拉瓦尔大学哲学院深造，1954年夏获副博士学位，同年底乘威尔逊总统号回国。1955年底到中国科学院哲学所西方哲学史组，历任任助理研究员、副研究员、研究员，1987年12月退休。主要译著有《自然的体系》（上下卷）《马克思恩格斯传》（第三卷）《霍尔巴赫》等。论文有《霍尔巴赫的（自然的体系）》《读霍尔巴赫的"袖珍神学"和"健全的思想"》《读狄德罗的"拉摩的侄儿"》等。九三学社成员。

管相桓（1909—1966）

原名传学，四川南充人，水稻专家，袁隆平之师。毕业于国立中央大学，在日本东京帝国大学学成归国后，任四川省农业改进所技正（相当于高级农艺师）。1939年任华西大学农学系教授、农业研究所农艺组主任。1945年留美，在加州大学访问，读博士，并在菲律宾、印度等地研究考察。1949年10月以后回国。1951年受命创办西南农学院，任教务长及农学系主任，遗传学教研组主任。1955年被审查，1957年春被划为右派，1961年摘掉右派帽子。"文化大革命"中又受迫害，1966年10月16日自杀。主编有《四川省水稻地方品种检定汇编》（上、中、下三册），著有《稻作学》，论文约四十篇。

桂灿昆（1919—1996）

云南昆明人，语言学家。1943年浙江大学外语系毕业，在云南大学外语系任助教。1946年考取美国留学，1947年入密歇根大学英国语言文学系，1949年获硕士学位。1950年回国，历任武昌华中大学和广州中山大学外语系副教授，1970年调广州外国语学院英语系，1978年任教授，曾任语言学与应用语言学研究所所长。著有《美国英语应用语音学》《英语语调常识》《汉英两个语音系统的主要特点比较》等。为广东省社联外语学会会长、广东省社会科学院学术委员。第六届广州市人大代表，第四届广东省政协委员。

桂慧君（1919—　）

女，社会学家，丈夫郭慕孙。1939年考入上海沪江大学，因战乱转往四川，1943年毕业于成都金陵女子大学获社会学学士学位，战后在沪江大学工作。1947年获奖学金赴美留学，1949年获波士顿大学社会工作硕士学位，在美国比克曼（BEEKMEN）医院的社会服务处工作。1950年12月与郭慕孙结婚，1956年8月随同丈夫携两子女回国，在中国科学院化工冶金所（过程工程所）图书馆工作，曾兼职中国科大的英文教学工作，历任图书馆馆长、所工会负责人及侨联副主任等职务。1986年退休。1982年起做义工，在北京市社会学学会福利组工作，为弱智和自闭症儿童教育与康复研究工作三十年，并担任该研究会理事及研究分会组长。

桂世祚（1917—2008）

浙江吴兴人，人口学家。1940年清华大学经济系毕业，获法学士学位。1950年获美国华盛顿大学硕士学位，同年回国。曾任立信会计专科学校教授、副教务长，上海财经学院教授、副系主任，上海社会科学院经济研究所研究员。1972年调复旦大学，历任世界经济研究所教授、英国经济研究室主任，1983年起任复旦大学经济系人口研究室主任，1984年至1987年任人口研究所所长。《人口》杂志主编。上海市统计学会会长，上海市人口学会会长、上海市人口福利基金会副理事长、中国统计学会常务理事等。论著有《关于开展世界经济预测的几点意见》《评邹依仁、金国宝两位先生的工业统计学》等关于统计、经济与人口方面论文数十篇，著译多种。

桂湘云（1926— ）

女，湖北武汉人，运筹学家，丈夫屠善澄。1946年武汉大学数学系肄业，1947年1月赴美，1948年在麻省曼荷莲（女子）学院数学系毕业，1953年在康奈尔大学数学系获硕士学位。在同校电机系任助研。1956年7月偕丈夫与两子女乘克利夫兰号回国。1957年，中国科学院力学所成立了由许国志领导的国内第一个运筹学研究组（后成室）。曾任中国数学会运筹学会副理事长。

郭春华（1923— ）

农业经济学家。1946年金陵大学农经系毕业。1947年赴美留学，获威斯康星大学硕士，后入路易斯安那大学攻读博士学位。1950年回国，先后在农业部双桥机耕学校（1952年并入北京农业机械化学院）任教，在农业部和农垦部队从事国营农场经营管理和农垦经济研究工作。历任农业部国营农场管理局、农垦部计划局、国家农垦总局科教局农业技师。八十年代，任农垦部政策研究室副主任兼国营农业经济研究所所长、农垦部情报中心主任、高级农经师。

郭大栋（ — ）

纺织学专家。留美，在麻省罗威尔纺织学院学习。1950年8月乘克利夫兰号回国，在上海市纺织工业局工作，任总工程师。上海佛教协会副会长。论文有《粘胶人造棉纺织工艺》《棉纺手册》。

郭浩清（1911—1960）

江苏江阴人，化工专家。1935年毕业于浙江大学化学工程系。1948年赴美国威斯康星大学化学工程研究院进修，获硕士学位。1950年回国，任永利宁厂化工研究所所长，中央实验室主任。1956年8月任上海化学工业研究所副所长。1958年6月任化工部上海化工研究院副院长。上海市第二届政协委员。

郭季芳（1920—2008）

女，广东顺德人，植物和藻类学家，丈夫张致一。1942年同济大学毕业，在山东大学植物系任助教。1948年赴美，在艾奥瓦大学研究生院学习。1952年获硕士学位，任该大学医学院前期研究助教。1957年9月偕丈夫及两子回国，在中国科学院青岛海洋所任职。1959年调北京中国科学院植物所生理室任研究员，博士生导师。在国内首先分离培养了扁藻，为水产养殖事业做出了贡献。参加的"植物体内有机物质的主动运输"获1982年国家科技成果奖二等奖。曾任中国细胞学会理事、中国植物生理学会北京分会理事。论文有《植物维管束内酶的分布与物质运输的关系》《赤霉素和硼对造纸原料芦苇纤维品质改良的研究》等。北京市政协委员。

郭俊彦（1926—2018）

上海人，植物生理学家。1947年毕业于上海圣约翰大学植物生理系。1949年赴美国留学，1950年6月和1953年12月在美国密歇根州立大学先后获得农学硕士学位和博士学位，后在芝加哥大学工作。1955年8月回国。在中国科学院华南植物所工作，负责建立了生理生化研究室，建立植物园。1956年得知黄邦彦（植物生理学家）美国留学归来抵达广州时，立即登门拜访，说服其到所里工作。曾任研究员、所长（1983—1987）。主持并参与的三叶橡胶抗寒生理的研究获得1982年国家科技发明奖一等奖。为中国植物生理学会常务理事，广东省植物生理学会副理事长、理事长。编著有《三叶橡胶抗寒生理研究资料汇编》。广东政协常委、第六届全国人大代表。

郭开兰（ — ）

女，英语文学家，丈夫黄星圻。南洋著名华侨郭静川之女。1950年6月与丈夫黄星圻同船回国，途经马尼拉，一行十人在俞惟乐父亲家共餐。回国后在人民文学出版社工作。著有《介绍〈布莱希特选集〉》，译著有《海鹰》《西古德逊短篇小说集》。大约"文化大革命"前与丈夫移居香港。

郭可詹（1917—2008）

福建闽侯人，生于安徽安庆，数学家。1940年毕业于交通大学唐山工程学院土木系，先后在叙昆铁路、中印公路等工作。1945年考上公费留美，1946年赴美，1947年和1950年分别获伊利诺伊大学数学系硕士、博士学位。1951年8月与程守洙、杨树勋、施子愉、吴徵、孟繁俊乘威尔逊号回国，任唐山工程学院数学教授、唐山铁道学院数学研究室主任、西南交通大学基础课部主任，著有《线性代数》。曾荣获全国优秀教育工作者、全国五一劳动奖章。1989年4月退休。

郭明达（1913—2014）

四川江津人，舞蹈艺术教育家。1945年毕业于中央大学教育系，后任教体育踏舞课。1947年考取公费赴美留学，在艾奥瓦大学攻读舞蹈教育，1949年获硕士学位。1951年获美国政府助学金，入纽约大学研究院进修教育舞蹈，1951年获全额奖学金，在尼可莱舞蹈学校学习现代舞四年。1955年5月回国。历任北京舞蹈学校教师，贵州大学讲师。1962年调中国舞协作编译工作。1977年调任中国艺术研究院舞蹈所研究员，兼任中国儿童歌舞研究会会长。翻译出版的舞蹈著作有《世界舞蹈史》《舞蹈概论》《现代教育舞蹈》等。主要著作有《拉丁美洲舞蹈》《儿童舞蹈教学设计》《人体动律学及其应用》等。创作的舞蹈有独舞《怀念家国》，双人舞《孤岛末日记》，剑舞《沁园春》等。

郭慕孙（1920—2012）

广东潮阳人，生于湖北汉阳，化工学家，中国科学院院士（1980），夫人桂慧君。1943年毕业于上海沪江大学化学系，1945年3月赴美留学，1946年10月获普林斯顿大学化工系硕士学位，在碳氢研究公司和可口可乐公司任工程师。1956年8月偕夫人和子女回国，参与筹建中国科学院化工冶金所（过程工程所），历任流态化室主任、所长。曾获四项国家科委自然科学奖和发明奖，国际流态化成就奖，何梁何利基金科技进步奖。主要论著有《化工冶金中的散式流态化》，专著有《流态化浸取和洗涤》等。2008年入选美国化学工程师学会"化学工程百年开创时代五十位杰出化工科学家"。曾任中国化工学会副理事长、中国颗粒学会理事长。全国政协第四至第七届委员。

郭圣铭（1915—2006）

原名郭节述，江苏镇江人，金融学史学家。夫人王洪毅。1938年中央大学历史系毕业，先任教于南开中学，后经高等文官考试进入外交部条约司任职。1945年春考取公费留英，后为偕妻同行，放弃留英，转赴美国，任中国驻新奥尔良副领事，同时在杜兰大学历史系攻读博士学位，1950年10月偕夫人和子女乘克利夫兰号回国。先进入华北革命大学学习，1951年受聘于广西大学历史系。1954年调整到湖南师范学院历史系任教，1957年调至华东师范大学历史系。《世界历史词典》编辑委员会主编。著作有《西方史学史概要》《文艺复兴》《世界文明史纲要》（古代部分）等，译著有《俄国历史地图解说》《震撼世界的十天》等。1989年退休后定居美国。

郭世康（1917—2019）

福建福清人，机械专家。1935年考入清华大学机械系，辗转长沙临时大学，1940年在西南联大机械系毕业，留校任教。1948年秋自费留美，在密歇根大学研究院机械系，1950年春毕业，后在底特律某机械厂工作。1951年2月回国，在清华大学任副教授，1959年任教授。

郭舜平（1909— ）

福建闽侯人，历史学家。1933年清华大学政治系毕业，在《科学的中国》半月刊任助理编辑。1943年12月自费（官价外汇）赴美，在哥伦比亚大学公务政府系学习，1947年和1953年分别获得硕士和博士学位。曾任《中美周报》国际栏编辑，哥伦比亚大学图书馆馆员。1954年2月回国。任福建师范大学社会历史学院教授，从事世界史与华侨史研究与教学。译著有《清末教案（第五册）》《基督教简史》，著有《清初闭关政策及其对华侨的影响》。

郭挺章（1917—1957）

福建莆田人，放射化学与理论化学家，夫人吴琼璁。1943年毕业于成都金陵大学化学系，毕业后做研究生兼任助教，1946年获硕士学位，留校任讲师。1947年赴美留学，先后在俄亥俄州州立大学及犹他大学学习原子能化学，1949年获博士学位。1950年8月30日，携夫人与许少鸿、邹德华等同船回国抵港，在中国科学院近代物理所（原子能所）从事放射化学研究，历任副研究员、研究员、第五研究室副室主任。1956 调北京大学技术物理系任化学组主任，从事核工业及原子能研究。1957 年 3 月因患肾病尿毒症逝世。

郭秀梅（1916—1995）

女，广东潮州人，英语文学家，丈夫丁光训。1942 年毕业于上海圣约翰大学教育系，是年与丁光训结婚。1947 年赴美，获哥伦比亚大学师范学院硕士学位。继林达光后任美国北美基督教学生会秘书长。1951 年底与丈夫和儿子一起回国。1952 年后，任上海圣玛利亚女校校长和上海第二女中校长。1954 年 9 月调南京大学外国语学院任教授。曾任江苏省妇联副主席、江苏省儿童少年福利基金会副会长。主编《汉英成语手册》等著作。

郭永怀（1909—1968）

山东荣成人，空气动力学家，中国科学院院士（1957），"两弹一星"功勋奖章获得者（追授），夫人李佩。1931 年考入南开大学物理系，1933 年转入北京大学物理系，1935 年毕业。1940 年考取了中英庚款赴加拿大留学，1941 年获多伦多大学应用数学系硕士学位后，到美国加州理工学院，师从力学大师冯·卡门，1945 年获博士学位，后留校任研究员。1946 年起在康奈尔大学任副教授、教授。1956 年 9 月偕夫人李佩回国，历任中国科学院力学所常务副所长，二机部第九研究院副院长，国防科委空气动力学研究院筹备组副组长等。1968 年 12 月 5 日，从青海试验基地赴北京汇报工作，飞机降落时发生坠机事故，不幸遇难。12 月 25 日，被中华人民共和国内务部授予烈士称号。

郭兆仪（1921—2015）

女，浙江宁波人，生于广东中山。1946 年东吴大学社会学系毕业，获文学学士学位。1948 年美国哥伦比亚大学社会工作学院毕业，获硕士学位。1950 年 9 月乘威尔逊号回国，1952 年到南京师范学院教育系任教。1961 年调外语系任教。1980 年移居香港，1996 年 8 月补办退休手续。

郭忠兰（1925—2014）

安徽人，丈夫武宝琛。1947年上海圣约翰大学毕业，后留美，获纽约大学工商管理专业硕士学位（MBA）。1950年10月偕丈夫及三个月大的女儿回国。先在石油管理局，后在石油部工作。五十年代末调入国家科委科学技术情报研究所（现中国科技信息所），负责医学文摘（英文）杂志编辑工作。1983年去美国，在哈佛大学继续工作近二十年，于2000年退休，回国安享晚年，2014年在上海逝世。

过邦辅（1919—2012）

骨科专家。1945年上海圣约翰大学医学院毕业，1948年赴美，在哈佛大学医学院麻省总院骨科进修，1949年赴英国伦敦大学骨科学院皇家国家骨科医院进修，1950年回国，在上海宏仁医院骨科任职，并在上海圣约翰大学医学院任教。后任上海第二医学院医学系一部副主任，附属瑞金医院骨科第二主任。1959年"中西医结合治疗骨折"的研究成果获中央卫生部奖。主编、主译和参加编写了《坎贝尔骨科手术学大全》《骨与关节肿瘤》《矫形外科学》《中国医学百科全书骨科分册》等。为中华医学会骨科学分会副主委，中华骨科杂志总编，国务院学位委员会医学学科评议组成员。

H

韩德馨（1917—2009）

江苏如皋人，地质学家，中国工程院院士（1995）。1942年西南联大地学系毕业，就读北京大学理科所地学部研究生。1948年8月赴美国密歇根大学地质系攻读研究生，为留美科协会员。1950年5月离美回国，参与创建中国矿业学院（现中国矿业大学），历任副教授、教授、教研室主任和系副主任。组织和参加了全国第一、第二次煤田勘测，查明七十六处煤区和四万余亿吨储量。曾任国务院学位委员会学科评议组成员、国家科委发明评审委员、中国泥炭专业委员会主委。获五次部级以上奖励，1997年获"李四光地质科学荣誉奖"。主要著作有《中国煤田地质学》（获全国优秀图书奖、国家教委特等奖和煤炭部一等奖）和《中国煤岩学》（获煤炭工业科技进步奖一等奖）等。

韩叔信（1903—1965）

山东潍县人，教育家。1931年燕京大学历史系毕业，去天津南开中学任教，1934年任教导主任。1938年受张伯苓派遣往自贡创办蜀光中学（后为重庆南开中学），任校务主任兼训导主任，后任校长。1947年由校董派其赴美进修，获哥伦比亚大学教育系硕士学位，1949年1月回国，任重庆南开中学教务主任。1949年底，调任西安市陕西省立师范专科学校（现陕西师范大学）任教。1965年7月病逝。

杭晨濛（ — ）

英语学家，中央大学外语系毕业。1948年春赴美，先就读于华盛顿大学英国文学系，1949年转往哈佛大学读比较文学。1950年回国，在北京外国语学院任教至退休。后应邀赴深圳大学任校长顾问。1990年赴美，2000年冬返回深圳。

郝德元（1915—2012）

北京人，著名京剧表演艺术家、教育家郝寿臣之子，心理学和心理测量专家。1938年毕业于北平辅仁大学教育系，任天津培才小学教务主任，1944年任重庆南开中学英文教师，1946年任国立北平高级工业职业学校训导主任。1948年获纽约大学助学金赴美留学，1950年获该校教育学院文学硕士学位，1955年获教育学博士学位。1956年7月乘克利夫兰号与桂湘云等同船回国，任北京师范学院副教授、首都师范大学教育科学研究所教授。1987年任全国高等教育自学考试指导委员会考试研究委员会委员。主要著作有《教育与心理统计》《特殊教育》，合编有《教育统计学》，主编有《教育科学研究法》《心理实验设计统计原理》，合译有《西方的没落》。曾获人事部授予的"早期归国有突出贡献专家"称号。1990年退休。

郝日英（ — ）

女，山西平遥人，生于成都，化学家，郝朴勤之女，丈夫席克正。成都私立树德中学毕业，1946年毕业于时迁乐山的武汉大学，1947年赴美，先入读麻省理工学院，后入读密歇根大学化学系。1955年偕丈夫回国，先后在华东化工学院（即华东理工大学）任教授，中国科学院上海有机化学所任研究员。论文有《抗生育甾体化合物——7α-甲基-17β-羟基-雌甾-5-烯-3-酮的合成》《口服长效孕素避孕药：甲孕环酯的合成》等。

何炳林（1918—2007）

广东番禺人，高分子化学家，中国科学院院士（1980）。夫人陈茹玉院士。1938年考入西南联合大学化学系，1942年毕业，后在杨石先教授的指导下当研究生。1948年赴美留学，1952年获印第安纳大学博士学位，留美科协印第安纳分会联络人。后在纳尔哥化学公司作高级研究员。1955年11月偕夫人与两子女离美回国，任南开大学化学系系主任、分子生物学研究所副所长，创建高分子化学研究所，任所长至1994年。其间创建南开大学化学系高分子教研室和化工厂。1987年获国家自然科学奖二等奖，1999年获教育部科技进步奖一等奖，1999年获何梁何利基金科技进步奖，2000年获科技部杜邦科技创新奖。论著有《吸附与吸附树脂》等。第三、五届全国人大代表，天津市第十届人大常委会委员。

何诚志（1925— ）

浙江杭州人，建筑学家，夫人张慎志。1947年毕业于上海交通大学土木工程系。1949年赴美留学，曾任《留美科协通讯》编委，1951年获美国明尼苏达州立大学土木工程结构硕士学位，同年偕携夫人回国。历任第五机械工业部第五设计院土建结构副总工程师、副院长。长期从事兵器工业工厂设计及管理工作。八十年代退休，后移居美国。

何福煦（1919—1990）

广西灌阳人，冶金专家。1942年交通大学唐山工程学院毕业，获学士学位。1944年春与其胞兄何福照同时考取广西省公费留美。1946年冬赴美留学，先入加利福尼利大学，后到科罗拉多矿业学院。1948年7月获冶金工程硕士学位。1949年8月与何福照一同回国，任广西大学教授、矿冶系主任。1952年调任中南矿冶学院任冶金系主任、稀贵金属教研室主任。1956年兼任中国科学院冶金陶瓷所长沙分所研究员、冶金室主任。先后担任《有色金属提取冶金手册》副主编及其第一卷《有色金属及其资源》主编，并参与编纂《冶金工业辞典》《英汉大辞典》等大型工具书。

何福照（1917—2002）

广西灌阳人，路桥专家。1942年浙江大学土木系毕业。1944年春与其胞弟何福煦同时考取广西省公费留美。1946年冬赴美，先入田纳西大学，继入斯坦福大学，后入华盛顿大学，1948获华盛顿州立大学土木工程硕士学位，后任华盛顿州工业试验所助理研究员，研究吊桥振动问题，是年加入留美科协西雅图分会。1949年8月与何福煦一同回国，在华北人民大学政治研究院学习。1950年后，历任交通部公路总局高级工程师，交通部公路设计院桥梁设计总工程师，西安公路学院、长沙交通学院院长，中国路桥公司驻伊拉克总工程师，中国公路学会桥梁工程学会第一届副理事长。中国民主同盟盟员，第六届全国人大代表。著有《弹性工程力学》，主编《国家公路桥涵标准图》共十七册。

何光篯（1913—1999）

四川新都人，解剖学专家。1939年华西协合大学毕业，获美国纽约州立大学医学博士学位。1947年赴加拿大多伦多大学医学院进修解剖学，1949年回国，历任华西协合大学医学院副教授、重庆第三军医大学一级教授、解剖学教研室主任、训练部副部长。为四川省解剖学会副理事长。六十年代阐明了中国人肺段支气管、血管分支及其局部解剖的关系，论证了中国人手的形态特点。七十年代以来，从事皮瓣血管的起源和分布规律的研究。为第三军医大学专家组成员。论著有《我国大体解剖学的回顾与展》等，合著有《正常人体解剖学讲义》。

何广乾（1920—2010）

江苏丹徒人，建筑结构工程专家。1942年毕业于交通大学土木系。1947年留学法国巴黎大学理学院结构力学专业，1949年获博士学位后，同年8月赴美国，任佐治亚理工学院讲师，佐治亚州亚特兰大市哥罗尼建筑事务所工程师，为留美科协会员。1951年底回国后，任华东工业建筑设计院主任工程师，西北工业建筑设计院总工程师，建工部建筑科学研究院建筑结构研究所所长，中国建筑科学研究院副院长、总工程师。曾负责设计九个军事机场、军用码头及军用基地。第六、七届全国政协委员，中共第十、十一次全国代表大会代表。

何国栋（1918—1992）

浙江余姚人，化学工业专家，何国柱胞兄。1940年毕业于中国大学化学系，1947年赴美留学，获普渡大学硕士和博士学位。1950年6月回国，历任河北工学院教授、天津工业橡胶研究所所长、总工等。1990年，获化学工业部"为化工事业做出贡献的老专家"称号。

何国柱（1922—2017）

浙江余姚人，物理学家，夫人刘豫麒。1945年毕业于辅仁大学物理系。1946年赴美留学，1951年获印第安纳州诺特丹大学物理学博士学位。曾任美国芝加哥大学费米研究所副研究员、佛罗里达州立大学副教授。1955年

10 月偕夫人与两子女回国，曾任南开大学物理系教授、系主任。论文有《重离子散射和反应的核分子轨道的理论》等。曾任天津市物理学会副理事长，中国核学会天津分会理事长。中国民主促进会成员。晚年移居美国。

何　基（1916—1966）

历史学家。留美期间，组建中国留美学生建国同盟，任副总书记。参加《留美学生通讯》的工作。1949 年底或 1950 年回国，后任长春东北师大历史系教授，肃反时被划为反革命、后被划为右派。

何佩芬（　—　）

女，幼儿教育专家，丈夫马育华。1950 年 9 月与丈夫乘威尔逊号回国，在南京师范学院幼教系任教。论著有《怎样判断幼儿体育锻炼的适宜量》《幼儿体育顾问》等。

何伟发（1908—1996）

浙江杭州人，有机化学家。1930 年东吴大学化学系毕业，1932 年获燕京大学化学系硕士学位。1942 年在华西协合大学化学系任教授。1949 年赴美国得克萨斯州立大学研究院化学系进修。1950 年 10 月乘克利夫兰号回国。历任四川医学院教授、副教务长。1956 年调到中国科学院四川分院，历任西南有机化学研究所研究员、所长。1978 年以后任中国科学院成都分院分析测试中心主任、分院学术顾问、中国化学会理事、省化工学会秘书长、荣誉理事等职。曾任四川省政协委员、省第四至七届人大代表，第六届为主席团成员。并先后担任中国化学会理事、省化工学会秘书长、理事、荣誉理事，分析专业委员会顾问、分析测试学会顾问等职。编译出版油料丛书十余种，著有《油料通论》，合编有《药用有机化学》。

何文昆（1921—1992）

四川崇庆人。1945 年毕业于武汉大学外文系。后赴美，在华盛顿大学留学，1951 年回国。在四川大学外文系和四川农学院任副教授。后院系调整，被借调到雅安。1985 年调回四川大学，负责"语言培训中心"工作。民盟四川省委主委。

何宪章（1915—2003）

广东南海人，农机专家，夫人颜坚莹。1938 年毕业于广州岭南大学农学院植产系。1940 年获中山大学研究生院植物分类系硕士学位。1944 年受农林部选派和美国万国农具公司资助赴美，1951 年毕业于艾奥瓦大学研究院，获机械工程硕士学位。后任威斯康星州 Rcw Chain Belt 公司研究工程师和 Fairbanks Morse 公司发展工程师。1956 年偕夫人回国。任广东省农业机械研究所副总工程师。八十年代移居加拿大。

何怡贞（1910—2008）

女，江苏苏州人，生于山西灵石，固体物理学家，丈夫葛庭燧。1930 年毕业于金陵女子文理学院，1933 年获美国马萨诸塞州蒙特霍利约克学院（曼荷莲女子学院）物理化学硕士学位，1937 年获密歇根大学物理系博士学位。同年回国，任教于燕京大学和东吴大学。1941 年与葛庭燧婚后共同赴美，先后在霭满斯脱学院、剑桥学院和芝加哥大学金属研究所工作。1949 年 11 月偕丈夫与两个孩子回国，任燕京大学物理系教授。1952 年到中国科学院金属研究所工作，为 1981 年中国第一批金属材料科学及工程博士生导师。1982 年到中国科学院固体物理研究所工作。曾任全国人大代表，辽宁省人大常委会委员，安徽省政协常委会委员。九三学社中央顾问委员、参议委员会委员。

何永佶（1902—1979）

广东番禺人，1924 年清华留美预备学校毕业，赴美国威斯康星州比洛特学院学历史，后在哈佛大学学政治学，获博士学位。回国后曾任北京大学教授，北平政治学会秘书长。1937 年任中山大学教授，后任云南大学教授，并担任美国盟军翻译官培训教师。1940 年初与林同济、雷海宗等创办刊物《战国策》，用丁泽、吉人、永吉等笔名发表过三十余篇文章。1945 年任中央政治学校教授。1947 年去新加坡，任《华侨日报》主编。1953 年起任国际笔会新加坡分会会长。1957 年回国，先在外贸部经济所工作，后在对外经贸大学和北京外国语大学任教，改教英文。著作有《为中国谋政治改进》《为中国谋国际和平》《宪法评议》等，文章散见于《清华周刊》《观察》《战国策》

等民国时期十几种刊物上。

何永照（1913—1984）

浙江余姚人，医学家。1940年毕业于上海圣约翰大学医学部，获医学博士学位，留校任助教和附属同仁医院医师。1946年赴美国宾夕法尼亚大学医学研究院研修耳鼻咽喉科，获硕士学位，后在纽约伦姆波特耳科研究所专攻内耳开窗术。1950年8月底回国，任上海同仁医院耳鼻咽喉科主任，上海圣约翰大学医学院副教授，同德医学院教授。1952年，任上海第二医学院医疗系二部耳鼻咽喉科教研室主任、教授，耳科研究室主任，附属仁济医院耳鼻咽喉科主任。曾任中华医学会耳鼻咽喉科学会常务委员、上海分会耳鼻咽喉科学会副主任委员。上海市政协委员。

何　宇（1924—2022）

福建福州人，化工专家。1940年入西南联大化工系，1944应征从军，为国民党军委外事局三级译员（同上尉军衔），1945年春返校，当年夏天毕业，在某酒精厂工作。1948年赴美，1950年毕业于密歇根大学化工系，获硕士学位，同年9月乘威尔逊号回国，先在化工部从事炼油厂设计，后在国家经委从事能源管理、节能工作，后为石油规划设计总院副总工程师。退休后任西南联大1944级会刊编辑，业余从事二战印缅战史的研究。整理《西南联合大学八百学子从军记——1944届从军学生的译员生涯》，主编《西南联合大学叙永分校建校五十周年纪念集》。

何毓津（1924—　）

江苏无锡人，翻译家。1945年在浙江大学外文系读书时，参加美军顾问团第三期译员训练班，后在联合国救济署当翻译。1948年与王祖耆同船赴美，在威斯康星美人艾丽丝（Alis Charmers）机械大工厂考察进修。1950年3月，与朱光亚等五十二人发表《给留美同学的一封公开信》，同年6月回国，在国务院情报署任职，后并入中央调查部，国家安全部。合作论文有《何谓"信息经济"》，合译《美国历任总统》。

何肇发（1921—2001）

广东广州人。社会学家、历史学家。1944年齐鲁大学历史社会学系毕业，后在川西凉山地区工作。1946年考入金陵大学社会学研究部读城市社会学研究生。1948年又赴美，获南加州大学社会学系硕士学位，1949年放弃博士论文写作回国。先后任岭南大学社会学系教师，中山大学历史系教授、东南亚历史研究所副所长、人口研究所所长、社会学系主任。主要著作有《亚洲各国现代史》《老子社会思想》《中国社会工作教育》等，译著有《菲律宾工人运动》《十九世纪俄国工人运动》等，另有学术论文多篇。

何正礼（1908—2003）

江苏赣榆人，兽医细菌学家。1934年毕业于国立中央大学农学院畜牧兽医学系，历任上海市兽医防治所技术员，中央农业实验所畜牧兽医系助理，中央大学农学院畜牧兽医系副教授等。1947年赴美，在加州州立大学伯克利研究院任研究助理，获硕士学位，1949年10月回国，任农业部华东农业科学研究所畜牧兽医系研究员兼副系主任。1959年后任中国农科院江苏分院畜牧兽医系研究员，1971年任江苏省农科院畜牧兽医所研究员。曾为江苏省农科院学术委员会副主任，江苏省畜牧兽医学会副理事长。江苏省第五届政协委员，曾获江苏省和全国劳动模范称号。主要论文有《猪瘟结晶紫疫苗的研究》《猪肺疫菌苗的研究》等，参编《中国家畜传染病》等。

何兹全（1911—2011）

原名何思九，山东菏泽人，历史学家，何思源胞弟。1935年北平大学史学系毕业后，去日本留学，翌年因病回国。1939年在中央大学历史系任教。1941年任国民党中央训练委员会编审。1944年秋任中央研究院历史语言所助理研究员。1947年赴美国，在纽约入读哥伦比亚大学，协助翻译范文澜的《中国通史简编》成英文。1950年回国，在北京师范大学任教授、魏晋南北朝研究室主任，是秦汉史学会、魏晋南北朝史学会、唐史学会和北京史学会副会长，东西方文化研究中心主任，《东西方文化研究》主编。著作有《中古时代之中国佛教寺院》《魏晋时期庄园经济的雏形》《魏晋南北朝的兵制》《中国古代社会》等。民革中央监察委员会委员。

贺祥麟（1921—2012）

河南博爱人，作家、翻译家。1945年毕业于西南联合大学外文系。1949年毕业于美国艾默里大学研究生院英语专业，获文学硕士学位，1950年初回国。历任广西大学外语系副教授，广西师范学院教授、文选与写作教研组副组长、外国文学教研室主任、中文系副主任、外语系主任，广西师范大学外国文学语言研究所所长，广西师范大学出版社总编辑。主编有《莎士比亚研究文集》《自学的辅导》等。曾任中国翻译协会副会长、中国作协广西分会第一、二届副主席，广西外国文学学会第一至四届会长。广西政协副主席。民进中央常委、广西主委。1998年退休。

贺钟麟（1919—1999）

河南博爱人，昆虫学家。1945年7月毕业于中央大学农学院。1946年在河南许昌师范任教，兼任教务主任。1947年2月到南京中央棉产改进处任技佐。1947年12月赴美，1950年7月获田纳西州立大学硕士学位。1950年11月回国，分配到广西大学农学院病虫害系任副教授。1952年10月调入河南农学院工作，1980年晋升为教授。长期主持全国性的烟草昆虫协作攻关，组织编写了《烟草昆虫学》《中国烟草昆虫研究》等。中国昆虫学会第二、三届理事，河南省昆虫学会第一至四届理事长，河南省植物保护学会第二届副理事长。河南省第五、六届政协委员，九三学社河南省委常委。

赫崇本（1908—1985）

又名赫培之，满族，辽宁凤城人，海洋学家。1932年毕业于清华大学物理系。曾在清华大学、西南联合大学任教。1944入美国加州理工学院攻读气象学，1947年获博士学位。1949年回国，任山东大学海洋学与气象学教授，山东海洋学院教务长、副院长，中国科学院水生生物所青岛海洋生物研究室研究员。主持编写《海洋学》《潮汐学》《动力气象》等多种教材，发表论文《黄海冷水团的形成及其性质的初步探讨》《关于浅海海洋调查与分析的几点意见》《关于海洋水文气象调查精度问题》等。中国海洋湖沼学会第一至四届副理事长，《中国大百科全书：海洋科学卷》副主编。国务院学位委员会第一届学科评议组成员，中共十二大代表、第三届中国人大代表。为九三学社成员，1956年加入中国共产党。

洪朝生（1920—2018）

　　福建闽侯人，生于北京，低温物理学家，中国科学院院士（1980），夫人李滢。洪晶胞弟1940年毕业于西南联大（清华籍）电机工程系。1944年赴美留学，1948年获麻省理工学院博士学位，在普渡大学研究半导体低温导电，为留美科协理事。1952年回国，历任清华大学、北京大学、中国科技大学教授，1953年任中国科学院物理所研究员、低温研究中心主任。1956年领导建造氢、氦液化系统，1964年领导创建成新型结构的氦膨胀机与液化器，使超导实验应用和超导物理的研究工作得以开展。著有《半导体锗的低量电导与霍尔效应研究》《氧化物阴极的热电子发射》《超流He的流动阻力》等。曾获省部级科技进步奖和发明技术奖二等奖，1999年度国家发明奖三等奖。中国物理学会副理事长，九三学社成员。

洪　晶（1917—2003）

　　女，原名洪晶晶，福建闽侯人，生于北京，光学家。丈夫刘恢先。洪朝生大姐1937年毕业于燕京大学物理系，1940年昆明西南联大研究生院毕业。1945年赴美留学，1946年获罗彻斯特大学应用光学硕士学位后回国，1948年再度赴美攻读博士学位，朝鲜战争爆发后，1951年3月提前回国，历任北京辅仁大学物理系副教授，北京师范大学物理系代主任，哈尔滨工业大学副校长。主要从事光学的教学和科研工作，著有《固体的力学和热学性质》《集中力作用下硅中位错结构》《硅中位错运动速度》等。黑龙江省科协副主席，第三届全国人大代表，第五、六届全国政协委员，第七届全国政协常委。黑龙江省第五届政协副主席。

洪镜纯（1924—2004）

　　女，辽宁辽阳人，临床医学专家。丈夫萧纪美。1947年协和医学院毕业，后去香港和美国，在医院就职。1957年7月底同萧纪美和两个孩子回国，任北京钢铁学院医院医师。

洪用林（1916—1972）

浙江临海人，生物学家，薯类专家。中央大学农学院毕业，夫人张发慧。留美，康奈尔大学毕业，1949 年曾在路易斯安那州立大学实习农场任职。1955 年 10 月偕夫人、孩子，与钱学森等二十四人同船回国。1956 年在北京农业大学农学系任副教授，1958 年 8 月调沈阳农学院农学系。

侯博渊（1923— ）

上海人，电力网络专家。1946 年毕业于交通大学电机工程系。1950 年获美国威斯康星大学科学硕士学位。回国后在山东大学工学院电力系任教，长期从事网络理论电力系统性能分析、运行与控制方面的教学和研究。撰有论文《电力系统复故障的张量分析》《电力系统中静电电容器的最优配置》等。第五、六届全国政协委员，中国民主同盟成员。

侯浚吉（1919—2007）

上海人，外文翻译家。1937 年考入内迁广西宜山的浙江大学，后转入贵州的唐山工程学院铁道管理专业，1943 年毕业。1945 年回上海，1947 年入美国西北大学攻读航空管理专业，获硕士学位。1950 年秋回国，先在华北人民革命大学学习，后在上海编译所、上海译文出版社任译审，在上海市文史研究馆任馆员，译作有《钢与渣》《诱拐》《傻瓜威尔逊》《库密阿克一家》《格里沙中士案件》《少年维特之烦恼》《绿地狱》《歌德传》等。

侯祥麟（1912—2008）

曾用名侯波，广东揭阳人，石油化工科学家，中国科学院院士（1955），中国工程院院士（1994）。1935 年毕业于燕京大学化学系，后任上海中央研究院化学所研究实习员、重庆西南运输处炼油厂副工程师等。1945 年赴美留学，留美科协负责人。1948 年获卡内基理工学院博士学位。1949 年任麻省理工学院燃料研究室副研究员。1950 年 5 月回国。历任清华大学化工系教授兼燃料研究室研究员，中国科学院大连工业化学所代室主任，石油管理总局炼油处主任工程师，石油部生产技术司副司长，石油化工科学院院长，石油部副部长。兼任中国化工学会副理事长，中国石油学会理事长。1986 年获马太依国际科学技术奖；1996年获何梁何利科学与技术成就奖。第五至七届全国政协常委。

侯学煜（1912—1991）

安徽和县人，生态学家，中国科学院院士（1980）。1937年毕业于南京中央大学农业化学系。1945年留学美国，1947年和1949年分获宾夕法尼亚州立大学硕士和博士学位，任该校研究院副研究员。1950年回国，历任中央地质调查所土壤室研究员，中国科学院植物所植物生态学与地植物学室主任。在植被地理学、植物制图以及农林有关问题等方面有颇深的研究，著有《中国酸性土、钙质土、盐碱土的指示植物》《中国的植被》《中国植被地理及优势植物的化学成分》《生态学与大农业发展》。

侯虞钧（1922—2001）

福建福州人，化工热力学家，中国科学院院士（1997）。1945年毕业于浙江大学化工系。1945年赴美留学，1947年获威斯康星大学硕士学位，1955年获密歇根大学博士学位，任该校助理教授。1956年1月底回国，历任化工部上海化工研究院副总工程师、浙江大学化工系科学技术研究所副所长。第三和第五届全国人大代表，第七届全国政协委员。

侯元庆（1917—1985）

江苏无锡人，电子专家。1941年7月毕业于大同大学电机系，1948年美国华盛顿大学圣路易斯工学院研究生，1952年至1957年，美国圣路易斯时代电器公司研究工程师、美国无线电公司（RCA）甲级工程师兼计划工程师。1958年回国，在复旦大学物理系任教。1960年调至上海科技大学，历任无线电系副主任、学位评定委员会委员。译著有《导波场论》。1979年被选为中国通讯学会理事、中国电子学会委员。

胡昌寿（1918— ）

生于北京，飞行器结构设计专家。1942年毕业于重庆中央大学航空工程系，1943年在四川南川第二飞机制造厂任设计员。1944年11月被航空委员会派遣到美国麦克唐纳飞机公司实习，后在华盛顿大学进修。1946年8月转到英国格罗司特飞机公司参加飞机设计。1949年8月经香港回国，被安排在华东军区航空处航空工程研究室。1951年后历任哈尔滨一二二厂设计科工程师、哈尔滨航空工业学校教员及飞机专业学科委员会主席。1957年调国防部五院，先后任第一设计部研究室主任、部副主任。1983年起为中国宇航学会质量与可靠性专业委员会副主委。1986年为全国军事技术装备可靠性标准化技术委员会副主委。主编有《可靠性工程——设计、试验、分析、管理》及《航天可靠性设计手册》。

胡 定（1922—2018）

云南昆明人，土木工程力学专家。抗战中先后在广西大学、唐山交大和上海交大学习，1945年上海交通大学土木工程系毕业，后在川滇铁路工务处工作。1948年初公费赴美留学，1949年7月获密歇根大学土木工程硕士学位，8月应聘美国新泽西州公路局。1950年10月，乘克利夫兰号轮回国。先后在云南大学、成都工学院和四川大学任副教授、教授、博士生导师，首批获得国务院特殊津贴。1985年，在西南地区率先建成小型土工离心机实验室。先后参加水电部"六五""七五""八五"等多个科研攻关项目，两次获部级科技进步奖，先后九次出国参加国际学术会议。九三学社成员。

胡敦元（1902—1975）

安徽绩溪人，经济学家，胡适族侄，夫人虞之佩。1916年入读于清华大学，1923年获绩溪会馆的学费资助，1924年毕业。1925年赴美留学，获哥伦比亚大学经济学博士学位。1927年加入美国共产党。1941年在美国用英文编辑出版《战事压迫下日本之经济》。长期在美国做经济研究。1951年偕夫人回国。曾在外贸部任职，后任北京外贸学院教授。

胡汉泉（1918—2005）

江苏无锡人，真空电子器件专家。1940年上海交通大学电机系电讯专业毕业。1941年赴美留学，获密歇根大学电机系硕士学位。曾任美国斯巴登无线电厂米波车载无线发射机、接收机、定向机测试工程师，美国无线电公司（RCA）电子管厂磁控管研究工程师。1946任伊利诺伊大学电机系电子管试验室研究讲师，进修博士，1949年博士学位。1949年11月由美国抵达天津回国。历任铁道部铁道研究所电工组研究员、电子工业部北京真空电子技术所总工程师、所长等职。撰有多篇有关电真空的学术论文。曾参加1956年至1967年"十二年科学技术发展远景规划"电真空技术发展规划工作。合编有《真空技术与物理在电子器件中的应用》。2005年7月，病逝于美国得州达拉斯。

胡鹤年（1922—2017）

经济学家，1948年获宾夕法尼亚大学沃顿商学院工商管理专业硕士（MBA）学位，1957年回国，在中央对外贸易部行情研究所任七级研究员，1960年在河南省人大常委会人事处招待所下放，1961年任三门峡市饮食服务公司副经理，同年改任三门峡市糖烟酒公司副经理，1964年调北京对外贸易学院一系和四系任教，历任四系副主任、海关英语教研室主任、五系（国际企业管理系，现国际商学院）副主任，1987年被评为教授。主编有《王牌推销大全》。曾任三门峡市政协委员，三门峡市人大代表，河南省侨联委员，北京市朝阳区人大代表。1990年退休，后移居美国新泽西州。

胡镜容（1918—2004）

女，四川成都人，数学教育家，丈夫李荫远。1941年四川大学数学系毕业，曾任中学教师，1948年赴美留学，获伊利诺伊州立大学数学硕士学位。1955年12月偕丈夫与孩子回国，被分配到北京钢铁学院数学教研组，讲授大学工科基础数学课程，直至退休。

胡伦积（1918—2004）

江西高安人，地质学家。1942年西南联大地学系毕业，后在云南省企业局技术室地质组工作。1947年赴美留学，获明尼苏达大学地质系经济地质硕士学位，为留美科协会员。1950年回国，先后在山东大学、长春地质学院任副教授、教授、研究生导师，历任教研室主任和副系主任。1957年被划为右派，"文化大革命"中再受到冲击，"文化大革命"后得以彻底平反。多年专注于重金属矿床研究，其中在金矿成因方面，提出了类缘岩带理论，完成相关论文四十余篇。1979年参加"援非"工作，曾任专家组长，赴索马里讲学，并指导该国地质矿产勘探与开发工作。1985年调东北大学秦皇岛分校任教。

曾任民盟长春市委副主委。

胡明正（1918—1998）

河南叶县人，国际法、经济贸易法和知识产权法律专家，夫人彭湉源。1943年毕业于武汉大学政治学系。毕业后在重庆设计局和外交部工作。1948年赴美国留学，在波士顿大学和哈佛大学攻读法学和政治学，获硕士学位，曾任国民党政府驻波士顿领事馆副领事。1950年10月偕夫人回国。在华北革大学习。毕业后参加湖南土改工作组。1952年到沈阳东北外事局。1955年到国务院法制局任研究员。1959年到中国国际贸易促进委员会，先后担任法律部副部长、专利代理部高级顾问等。中国国际贸易学会常务理事、中国工业产权研究会常务理事、中国许可证贸易工作者协会秘书长、中国对外经济贸易仲裁委员会副主任等。1990年退休。九三学社社员。

胡　宁（1916—1997）

江苏宿迁人，物理学家，中国科学院院士（1955）。1938年清华大学物理学系毕业后留校任助教。1941年赴美入加州理工学院，1943年获博士学位后，先后在美国、爱尔兰、丹麦和加拿大国家研究院等处从事理论物理学的多方面研究。1950年12月回国，曾任北京大学和中国科学院原子能所合聘教授，从事高能碰撞多重产生粒子理论研究。1956—1959年在苏联杜布纳联合核子研究所理论物理实验室任小组负责人。后任北京大学理论物理所所长，中国科学院理论物理所研究员。长期从事粒子物理、高能物理、广义相对论和引力理论等方面的教学和研究。著有《电动力学》《场的量子理论》，主要论文有《基本粒子的对称性、内部结构和相互作用》《引力的相对论修正和引力波的辐射阻尼》等。

胡日恒（1920—1996）

浙江宁海人，物理学家。1943年毕业于西南联大物理系，留校任教，后去南开大学任教。1948年赴美留学，先就读于俄亥俄州立大学物理系研究生院，后转化学系研究生院学习。1951年获博士学位，并留该校化学系庄斯顿实验室从事热化学研究。1956年初回国，在中国科学院化学研究所从事化学热力学研究，筹建热化学实验室，历任副研究员、研究员、第一研究室主任。中国化学会物理化学专业委员会副主委、《物理化学学报》副主编、《国际热化学学报》编委。论著有《氟的热容、潜热和熵—相变热》《融化热和汽化热以及液体的蒸气压》《液态氪的比重和表面张力》《精密转动氧弹量热计和有机氯化物的热化学研究》等。

胡士襄（1920—2006）

湖南长沙人，心理学家。1944年重庆中央大学师范学院教育系毕业。1948年赴美留学，就读于密苏里州立学院。1949年获教育科学硕士学位后，进加州大学研究生院，研究教育心理学两年。1951年回国，任中国科学院心理所助理研究员。1954年调天津师范学院（后为天津师大、河北大学），历任心理学副教授和外语系英语教授、心理教研室主任、联合国文件翻译组组长。译著甚多，主要有《感觉器官的生理心理学概论》《巴甫洛夫学说与儿童心理学》《儿童心理发展概论》《发生认识论原理》等。天津市第一至四届政协委员。

胡世平（1921—2017）

北京人，土木建筑专家。1945年上海交大（时迁重庆九龙坡）土木系毕业，1947年赴美留学，1949年获普渡大学建筑结构硕士学位，后在纽约工作，1949年7月加入留美科协。1951年10月回国，长期任建设部建筑设计院（现为中国建筑设计研究院）建筑结构总工程师。曾任欧美同学会第一届理事。

胡树声（1926— ）

浙江宁波人，化工学家。1949年沪江大学肄业，赴美留学，1950年获旧金山大学化学系学士学位，1951年又获加州大学伯克利分校化学系学士学位，1953年获卡内基理工学院化学系硕士学位，后在伊利诺伊州橡胶公司工作。1955年赴德国汉堡大学做访问学者，1956年回国，在北京理工大学历任化工系主任、校学术委员会主任。1964年后开始从事外语教学，培训出国人员，任学校国际交流委员会主任，主要代表作有为国务院专家局编写教材《商用外语测试》等。

胡为柏（1922—2001）

江西玉山人，矿冶学家，辛亥元老胡麟阁之子。1945年毕业于交通大学唐山工程学院矿冶系，先后在重庆、台湾等地从事选矿教学和研究工作。1948年考取公费赴美国犹他大学留学，为留美科协会员。硕士毕业后到加州大学伯克利分校任教。1950年7月回国，历任北洋大学副教授、北京工业学院教授。1952年到长沙参与创办中南矿冶学院（后为中南工业大学），后任教授、选矿系主任。1956年参加国务院"十二年科学技术发展远景规划"制订，任国家科委矿业工程组委员。1957年被划为右派，1962年摘帽，"文化大革命"后改正。主编有《浮选》，合著有《矿物工程数学模型》。曾任国务院学位委员会第一、二届学科评议组成员。中国民盟成员。晚年定居美国。

胡西樵（1920—2002）

四川人，机械工程专家。1942年毕业于武汉大学机械工程系，获学士学位，留校任机械系助教。1944年9月担任重庆市工业试验所机械设计室助教工程师，后升副工程师。1946年调到南京市任工业试验所机械设计室副工程师。1946年10月赴美国，1950年10月获硕士学位后回国，任大连工学院副教授，从事机械零件理论和实践研究，1986年9月升为教授。曾编写《弹性流体动力润滑》《机械原理及机械零件》等教材。曾为辽宁省摩擦磨损润滑学学会副理事长。

胡熙庚（1912—2001）

江苏武进人，矿学家。北洋工学院工学学士，曾任西康地质调查所副技师、西康技专讲师、中央设计局设计专员、资源委员会副工程师，留美，获犹他大学硕士。曾任美国冶炼公司可罗选矿厂副厂长。1949年新中国成立后回国，历任清华大学、中南矿冶学院（中南工业大学）教授、选矿系副系主任，湖南省金属学会常务理事兼选矿组组长，中国黄金学会名誉理事，湖南省金属学会名誉理事。主编《有色金属硫化矿选矿》，合著《浮选理论与工艺》《锑矿、汞矿选矿》等。湖南省第五、六届政协委员。九三学社中南矿冶学院直属小组组长、省委顾问。

胡先晋（1910—1984）

女，湖北仙桃人，人类学家，丈夫王毓铨。1936年北京大学历史系毕业。留美，获哥伦比亚大学人类学博士学位，1948年在《美国人类学家》发表人类学论文《中国人的脸面观》。在美国工会办的一所大学教书。1950年2月偕丈夫与五岁孩子回国，任中央民族学院研究部文物研究室教授。论著有《蒙古象棋——沙帖尔》《土地改革和抗美援朝》。九三学社成员。

胡先文（1909—1981）

湖北武汉人，心血管内科专家。1935年毕业于湘雅医学院。1942年入印度加尔各答热带病学院进修，1943年回国。曾任重庆中央医院主任医师、院长。1948年赴美国，在纽约任哥伦比亚大学研究员。1950年回国。历任第七军医大学内科学教研室副主任、教授，广州第一军医大学内科学教研室主任、教授。五十年代初期致力于心电向量图的研究。建立了心电向量三轴体系。1972年在国内首先提出心电向量图对隐性冠心病早期诊断标准。著有《心电向量图学》。

胡聿贤（1922—   ）

湖北武昌人，生于北京。土木学家，中国科学院院士（1991），夫人戴月棣。1941年考入中央大学土木工程系，1944年转到交通大学（时迁重庆九龙坡）学习。1946年毕业获学士学位，到武汉大学土木工程系任助教。1948年赴美，1949年获密歇根大学土木工程系硕士学位，1952年获博士学位，后受聘纽约一家桥梁设计公司高级工程师。1955年10月偕夫人、孩子同钱学森等人回国。1956年初到哈尔滨中国科学院土木建筑所（后为国家地震局工程力学所）任研究员、所长，1960年转攻地震工程，1987年调入北京，任国家地震局地球物理所工程地震研究中心主任。研究成果获国家科技进步二等奖两项，省、部级科技进步奖多项。1996年获何梁何利基金科学与技术进步奖，汇集于专著《地震工程学》中。

胡 征（1917—2006）

湖南邵阳人，电讯专家。1942年昆明西南联大电机系毕业，先后在贵阳师范学院、贵州大学、贵阳电信局等单位任教、任职。1949年赴美国丹佛大学和密歇根大学留学，1951年获硕士学位，同年6月回国，历任大连工学院电信系副教授、西安电子科技大学教授、副校长。长期从事通信工程与信息论的教学和科研。著有《沃尔什函数及其在通讯中的应用》《信息论基础》等。

华罗庚（1910—1985）

江苏金坛人，数学家，中国科学院院士（1955）。1936年经清华大学推荐，派往英国剑桥大学留学，1938年回国受聘为西南联合大学教授。1946年9月被国民政府选派赴美考察，先在普林斯顿高等研究所担任访问教授，后又被伊利诺伊大学聘为终身教授。为留美科协会员，1950年2月一家五人回国，在香港发表了一封致留美学生的公开信，鼓励海外学子回来为新中国服务。历任清华大学数学系系主任，中国科学院数学所、应用数学所所长。第一至六届全国人大常委会委员；1979年当选为民盟中央副主席。1985年6月12日在日本东京大学作讲演，讲演结束在接受献花时，因急性心肌梗死逝世。

华宁熙（1927—   ）

留美，获雪城大学研究院化学硕士。1951年回国，在中国制浆造纸工业研究所工作，后为轻工业部造纸研究所总工程师。曾任《中国造纸》《国外造纸》《中国造纸学报》编委会副主委。论文有《麦草浆氧碱漂白》。

环惜吾（1907—1984）

原名环家珍，江苏如皋人，教育学家。1933年毕业于南京中央大学教育学院教育系，历任福州师范、河南信阳师范、河南信阳女子师范、河南淮阳师范学校教员。1941年任职于国民政府教育部中等教育司师范科，1944年任中央大学教育学院教育系讲师，广西大学教育系副教授。1948年9月赴美，1950年获哥伦比亚大学师范学院教育学硕士学位。同年春回国，入北京华北人民革命大学政治研究所培训。1951年起，历任西北大学师范学院、西安师范学院、陕西师范大学教育系教授。著有《夸美纽斯教学原则的初步探讨》，合译有《教育社会学》，论文有《英国教育社会学的发展和近况简介》。民革成员。

黄邦彦（1930—　）

福建沙县人，植物学家。1954年毕业于台湾大学园艺系，赴美，康奈尔大学果树系研究生毕业，1956年回国。在中国科学院华南植物所工作，先后任研究助理员、副研究员、研究员。1987年获中国科学院广州分院"优秀研究生导师奖"。1991年作为访问学者在美国加州大学戴维斯分校蔬菜系工作。1994年退休后定居美国加州萨克拉门托。

黄葆同（1921—2005）

上海人，高分子化学家，中国科学院院士（1991），夫人冯之榴。1940年入上海沪江大学化学系，1942年转入重庆中央大学化学系，1944年毕业，1947年赴美留学，1948年获得克萨斯大学化学硕士学位，1952年获纽约布鲁克林理工学院博士学位。同年秋天到普林斯顿大学塑料研究室工作。在美国期间，担任北美基督教中国留学生协会和中国留美科学工作者协会的纽约区会主席。1955年5月和夫人一起回国，在中国科学院长春应用化学所历任室主任、副所长。负责新催化剂/活化剂的研究获1981年中国科学院一等发明奖。主编《络合催化聚合合成橡胶》。主要论文有《聚乙烯—聚异戊二烯两嵌段共聚物的合成和表征》等。为中国化学会高分子专业委员会副主任，吉林省化学会副理事长，长春市科协副主席。

黄　敞（1927—2018）

江苏无锡人，生于沈阳，微电子专家，夫人杨樱华。1947年毕业于清华大学电机系，留校任助教。1948年6月自费赴美实习和留学，1950年获哈佛大学工程科学及应用物理系硕士学位，1953年获博士学位。后任美国雪尔凡尼亚半导体厂高级工程师，其间获十项专利。1958年11月与夫人杨樱华放弃绿卡，绕道欧洲回国抵港，1959年3月到北京。历任北京大学副教授，中国科学院计算技术所室主任，航天工业部骊山微电子公司总工程师、微电子技术研究所副所长、航天部科技委常委。1985年获国家科技进步奖特等奖。著有《超大规模集成电路技术》《大规模集成电路与微计算机》等。第五、六届全国政协委员。

黄翠芬（1921—2011）

广东台山人，微生物、免疫及遗传工程专家，中国工程院院士（1996），丈夫周廷冲。1944年毕业于广州岭南大学化学系。1948年赴美留学；1949年毕业于康奈尔大学，获理学硕士学位。1950年9月和丈夫一起回国，历任山东医学院副教授，军事医科院基础医学所遗传工程研究室主任、副所长，全军分子遗传重点实验室主任。为国务院学位委员会第二届学科评议组成员，解放军总后勤部卫生部医学科学技术委员会委员。曾获国家科技进步奖一等奖两项，军队科技进步奖五项，荣立一等功。编著有《细菌分子生物学进展》《遗传工程理论和方法》等。1983年获全国三八红旗手称号，1984年被中央军委授予"模范科技工作者"荣誉称号。中共第十三次全国代表大会代表。

黄大斌（1915—2001）

壮族，广西百色人，口腔医学家。1935年至1943年在华西协合大学牙医学院学习，获美国纽约州立大学牙医外科博士学位（DDS），后任中央陆军军医学校牙医学院上尉助教及少校佐讲师，南京中央医院任牙科总住院医师。1947年经世界卫生组织选拔，公费赴美，在波士顿佛尔萨斯牙科医院研修，1949年回国。历任华东军区医院牙科副主任医师兼第五军医大学副教授，南京军区总医院口腔科主任军医，解放军第三五九医院主任军医。从事口腔临床医学的口内、口外、口矫、唇腭裂修补等多种颌面外科手术，荣立军队三等功三次；发明多种小型口腔医疗器械，获南京军区科技发明奖多次。为南京口腔医学会主任委员。著作有《英汉、汉英口腔医学词典》《医学英语词汇快速记忆手册》等。

黄大器（　—　）

留美，在密歇根大学读兽医学。1950年10月乘克利夫兰号回国。在中国农科院畜牧所任职。曾于1951年3月15日到朝鲜前线参加"美国帝国主义细菌战罪行调查团"工作。论文有《繁殖母猪和仔猪过冬的一些问题以及猪舍防寒保温效能的初步分析》。

黄德禄（1913—1986）

四川成都人，法学家。1935年起先后入读北京大学法学院政治系，1939年毕业于西南联大政治系。后任国际联盟中日同志会干事、《世界政治》半月刊编辑。1946年赴美国约翰斯·霍普金斯大学、纽约大学学习国际关系和美国政治制度。1948年任联合国中国同志会总干事，并兼任教育部秘书和专门委员，主编《世界政治》杂志。新中国成立后回国，任重庆正阳法学院教授，重庆大学法学院政治系主任。院系调整后，1953年起先后任河北天津师范学院、河北师范学院历史系教授，兼任世界史研究室主任、院学术委员会委员等职。著有《威尔逊与国际联盟》《美国外交简史》等。"文化大革命"期间受迫害，在北京的私宅被没收，1979年获平反，兼任北京师范大学教授。

黄定坤（1925— ）

女，心外医学专家。四十年代末赴香港，后留美，在芝加哥威斯理纪念医院进修，任住院医师。1952年获医学硕士学位，1953年回国。任上海第二医学院外科医生。1956年4月与梁其琛教授等人，在上海广慈医院（瑞金医院）成功施行了我国第一例低温心内直视手术——先天性单纯肺动脉狭窄症经由右心室进行瓣膜切开和扩张术，同年7月10日，《人民日报》为此发表专题报道。1958年赴港省亲，后任香港那打素医院内科主任。六十年代初赴美定居，到洛杉矶凯撒医院担任内科医生。

黄飞立（1917—2017）

广东番禺人，音乐家。1941年毕业于沪江大学生物系。1948年赴美留学理论作曲，1951年毕业于美国耶鲁大学音乐学院。同年回国。历任中央音乐学院管弦系主任、指挥系主任、教授，有口述著作《上帝送我一把小提琴》。

黄宏嘉（1924—2021）

湖南临澧人，微波和电子学家，中国科学院院士（1980）。1944年毕业于西南联合大学电机系，在远征军任少校译员。抗日战争胜利后，在重庆国际广播电台工作，后到北京大学物理系、上海交通大学电机系任助教。1948年赴美国密歇根大学留学，次年获硕士学位后回国。历任北方交通大学教授、中国科学院电子所微波传输室主任，中国科学院上海光学精密机械所理论研究室主任，所学术委员会副主任，国家科委三〇一工程北京中心研究室主任等，1979年后任上海科技大学副校长、名誉校长、校学术委员会主任。《应用科学学报》主编。曾获1978年全国科学大会重大贡献奖，1987年国家自然科学奖二等奖，1988年国家科技进步奖二等奖，1998年何梁何利基金科技进步奖。获美国发明专利三项。著有《耦合模理论》《非常不规则纤维光学的微波方法》等。

黄宏煦（1920—　）

湖南临澧人，生于北京。英语学家，黄宏嘉胞兄。1937年考入上海交通大学，1941年以后辗转就读于西南联合大学、南京大学，其间曾参加中国远征军赴缅甸印度任翻译。1945年南京大学外文系毕业，1947年赴美，入读密苏里大学研究生部攻读英美文学、新闻学。1949年回国。曾在湖南大学、北京外国语学院、国际关系学院任教。1975年任河北师范大学教授、外语系系主任、副校长。译著有《培根作品精粹》《希腊罗马名人传》《英国浪漫主义抒情诗选》等。河北省高校外语教学研究会会长、中国修辞学会副会长、中国译协理事及河北省译协会长等职。河北省人大第六届常委。1990年退休。

黄鸿宁（1915—2015）

广东南海人，化工专家。1936年毕业于中山大学土木工程系。1938赴美密歇根大学留学，1940年和1941年分别获得土木系和化工系硕士学位，1945年在威斯康星大学化学工程系学习，1947年获博士学位。1941年至1951年任永利化学工业公司驻美办事处工程师。1951年回国。任永利化学工业公司总管理处副处长、重工业部化工局设计公司氮肥科主任工程师、化工部化工设计院副总工程师，任燃化部、石化部规划设计院总工程师、化工部副总工程师。第五届全国人大代表、第六届全国政协委员。

黄景泉（1921—1978）

儿科专家，丈夫王世真院士，留美，在一所儿童医院做研究助理，其间曾被美国当局以"非法就业"罪名逮捕。1951年偕丈夫与两个孩子回国。1952年和1956年为北京医学会儿科学分会学术委员。

黄巨兴（1917—2008）

湖北武汉人，历史学家。华中大学毕业，1945年曾在西南联大任教。后留美。1949年毕业于北科罗拉多州大学，获硕士学位。1950年回国，1954年2月调中国科学院历史所（后为中国社科院历史所），任副译审。合编有《美国历史协会主席演说集》，二十世纪八十年代初，参与费正清所著"晚清史"的翻译工作，该书获社科院最佳图书奖。译著有《近代现代美国史学概论》《关于希腊人的人种起源问题》等，校译有《美国历史协会主席演说集（1949—1960）》。致公党成员。

黄克累（1919— ）

上海人，力学家。1942年毕业于西南联大航空工程系。1944年赴美。1946年获麻省理工学院理学硕士学位，后在该院从事气动弹性研究工作。1949年回国。曾任北洋大学、北京工业学院副教授。1952年后，历任北京航空学院副教授、教授。中国力学学会一般力学专业委员会主任委员，北京市力学学会副理事长。长期从事一般力学的教学与研究，指导了多体系统动力学及非线性振动理论方面的研究工作。论著有《一种用于非线性振动系统的模态分析方法》等。

黄克维（1907—1996）

江西清江人，神经病理学家。1928年毕业于燕京大学，获理学士学位。1933年毕业于协和医学院，获医学博士学位。1935年入英国伦敦大学医学院病理研究院学习，1939年回国。曾任成都中央大学医学院教授、四川省立医院院长、重庆大学医学院教授。1949年入美国哈佛大学医学院进修，1950年11月回国。历任四川医学院教授兼副教务长，解放军总医院、军医进修学院内科主任，副院长。为总后勤部卫生部医学科技委员会委员、中华医学会理事、神经精神科分学会副主委。合著有《神经病理学》《颞叶癫痫》《流行性乙型脑炎的病理改变》等。中国民盟成员，第三届全国人大代表。

黄兰洁（1934— ）

女，江苏扬州人，生于浙江杭州，计算数学家。黄鸣龙之次女，丈夫吴承康。1945年赴美，1954年纽约巴纳德（女子）学院（哥伦比亚大学女校）数学系毕业，1955年获哥伦比亚大学硕士学位，曾在波士顿东北大学任教和哈佛大学设计研究院学习。1957年9月和吴承康一同回国，在中国科学院计算技术研究所、计算中心、计算数学研究所历任助理研究员至研究员和博士生导师。从事计算数学，专于计算流体力学的基础和应用研究，其"叶轮机器S2流面上的气动计算"曾获中国科学院成果奖。1999年退休。

黄兰林（1926—2015）

女，江苏扬州人，生于浙江杭州，黄鸣龙之长女。1944年入西南联大外语系。1945年经印度赴美，进入圣约瑟夫学院学习，获学士学位。后又进入欧伯林学院和哥伦比亚大学，1951年获英国文学硕士学位。1952年与黄鸣龙一同回国，任国际关系学院英文戏剧文学教授，从事英语教学，外国戏剧文学的翻译、普及工作，译著有剧本《克莱默夫妇》《生的权利》等。合译有《哈克贝里·芬历险记》等。1986年退休。

黄兰友（1929—2013）

江苏扬州人，生于杭州，电子光学家，黄鸣龙之子。1945年经印度赴美，1951年毕业于富兰滋大学物理系，同年入约翰斯·霍普金斯大学研究生院学习，后又赴联邦德国，1957年获杜宾根大学应用物理系博士学位。1958年回国，到中国科学院电子所任副研究员，后转入中国科学院科学仪器厂，任研究员、副厂长等。1958年在长春光机所研制出中国第一台中型电子显微镜，后又研制中国第一台大型电子显微镜。1965年设计了我国第一台微米电子束曝光机，1974年研制成功我国第一台离子探针谱分析仪。

黄　量（1920—2013）

女，生于上海，有机化学和药物化学家，中国科学院院士（1980），丈夫刘金旭。1942年毕业于圣约翰大学化学系。先后在上海医学院、重庆大学和中央工业试验所任化学助教，并从事研究工作。1946年赴美留学，1949

年获康奈尔大学化学系博士学位。之后在美国布林茅尔（女子）学院、康奈尔大学、韦恩州立大学、艾奥瓦州立大学等从事研究工作。1956年偕丈夫及四岁女儿，与张文裕及郭永怀、李佩夫妇同乘克利夫兰号回国。1957年到中央卫生研究院药物学系（后为中国医科院药物所），历任研究员、药物合成室主任。多项成果获国家发明奖和科技进步奖。国家科学技术进步奖药学行业评审委员，全国三八红旗手和北京市先进工作者，全国政协第五至七届委员。

黄茂光（1916—2007）

四川新都人，生于北京，固体力学家。1934年考入清华大学机械系，1939年西南联合大学毕业后，先后在本校、成都航委会航空研究院工作。1945年赴美留学，1947年获麻省理工学院机械工程系硕士学位，1949年入康奈尔大学力学系，1951年获博士学位。在伦斯勒理工学院任教。为留美科协会员。1956年1月底回国，任职于中国科学院力学所，1964年调入中国科学技术大学，任近代力学系教授。

黄明慎（1923—2016）

广东台山人，机械专家。其父黄肇翔曾留美获土木工程硕士学位，夫人李宝贞（留学德国）。1941年入广东岭南大学，抗日战乱，曾辗转于广西桂林大学，1944年秋到西南联大机械系借读，于1945年通过转学考试，1946年毕业，后赴美留学，获伊利诺伊州立大学硕士学位。1950年9月乘威尔逊号回国，在燕京大学和清华大学任教，1952年调整到哈尔滨军工学院海军系。1979年调入上海交大船舶机械工程系。译著有《液压气动伺服机构》。1994年移居美国，逝世于洛杉矶。

黄鸣龙（1898—1979）

江苏扬州人，有机化学家，中国科学院院士（1955）。1918年浙江医药专科学校毕业，赴瑞士苏黎世大学学习，1922年到德国柏林大学学习，1924年获博士学位，同年回国。历任浙江省卫生试验所化验室主任、卫生署技正与化学科主任、浙江省立医药专科学校教授等。1935年到德国维次堡大学化学研究所、先灵药厂研究院和英国密得塞斯医学院生物化学研究所做访问教授。1940年回国，任中央研究院化学所研究员兼西南联合大学教授。1945年去美国哈佛大学化学系做访问教授，在默克药厂任研究员。1952年回国，任军事医学科学院化学系主任。1956年后任中国科学院上海有机化学所研究员。曾任中国药学会副理事长。1982年获国家自然科学奖二等奖。发表论文百余篇。曾为全国人大代表，全国政协委员。

黄启宇（1916—1981）

四川永川人，生于天津，体育教育家。1937考入重庆中央大学体育系，1941年毕业，同年6月考取国民政府航空委员会，任航校教官和"飞虎队"（中华民国空军美籍志愿大队）译员。1942年4月到上海同济大学任教。1948年8月赴美留学，1950年初获密歇根大学体育系教育学硕士学位，同年3月回国，先在华北革命大学政治研究院学习，1951年分到广州华南师范大学任教，兼任游泳、网球等多个项目的国家级裁判和广州游泳队教练。1957年被划为"增补右派"，下放到高明区劳动改造。六十年代改教英语。1979年右派获改正。1981年初罹患肝癌病逝。

黄荣翰（1917—　）

生于西安，农田水利学家。1939年西北农学院农业水利系毕业，获农学学士学位。后在四川洪雅花溪渠工程处、经济部第十二水利设计测量队、扬子江水利委员会第四测量队、岷江水道工程处任工务员、助理工程师和副工程师等。1947赴美，1948年获艾奥瓦大学硕士学位。1949年转犹他州立农学院专攻灌溉、排水，兼学土壤物理、灌溉土壤等较新学科。1950年回国，在水利部规划司、灌溉总局、工程管理局及灌溉管理局任副科长、科长及湖北工程队队长等职。1956年任水利水电科学研究院工程师、高级工程师、咨询委员。论著有《干旱半干旱地区灌溉农业发展的一些问题和发展方向》，主编出版《灌区水盐监测预报理论与实践》。

黄士松（1920—2017）

又名黄仕松，浙江金华人，气象学家。1942年毕业于中央大学地理系。1943年到中央研究院大气物理所工作。1945年赴美，1947年获加州大学洛杉矶分校（UCLA）硕士学位。为留美科协会员。1951年受赵九章和涂长望召唤，舍弃完成博士学位的机会，于 1951 年 3 月回国，在南京大学气象系任教，历任副教授、教授、博导。1961 年任副系主任，1977 年任系主任。其《副热带高压结构及其同大气环流有关若干问题的研究》获 1978 年全国科学大会奖。1982 年获国家自然科学奖。曾任《气象科学》编委会主任、中国气象学会第十九至二十一届理事会副理事长及第二十二届名誉理事长、国务院学位委员会理学学科第一、二届评审组成员。国家自然科学基金委员会大气科学评审组成员。江苏省第三届和五至七届人大代表。

黄叔善（1916—2016）

四川泸州人。1946 毕业于重庆中央大学社会学系，同年考取自费留美生，1948 年 8 月赴美。1950 年 2 月获伊利诺伊州立大学社会学硕士学位，5 月初回国。先在华北革命大学政治研究院学习一年。1951 年分到中国红十字会国际联络部，任翻译。1957 年被划为右派，由 17 级降为 21 级，留职察看，夫人被划为内控右派，一起被发到青海海北门源县浩门劳改农场，任带工员、统计员、保管员、中小学教员等。1978 年调入中国科学院青海盐湖研究所，1979 年右派问题获改正，1980 年重回中国红十字会工作，在国际联络部任顾问，负责对外函电英译稿校审，国际救济工作，其间曾获国家"突出贡献奖"。1988 年退休。

黄　宛（1918—2010）

浙江嘉兴人，心脏内科专家。1943 年毕业于协和医学院，获医学博士学位。1947 年赴美，先后在纽约州罗彻斯特大学心肺功能研究室、芝加哥迈可瑞斯研究所心脏系做研究工作。1950 年回国。历任协和医学院心肾病学教研室主任、副教授，中国医学科学院阜外医院、心脏病学研究所心内科主任、研究员，解放军总医院、军医进修学院心脏内科主任、教授，总后勤部卫生部医学科技委员会委员。1952 年在国内最先推广应用十二导联心电图及心导管检查。1962 年提出"多发性大动脉炎"概念。1966 年创用加压给氧法抢救急性左心衰竭。著有《黄宛临床心电图学》等。

黄维廉（1897—1993）

上海人，图书馆学家。1919 年毕业于上海圣约翰大学，即任该校附中和民立中学英文教员英文教员。同年任圣约翰大学罗氏图书馆助理、副馆长、代理馆长。1924年6月任华东大学联合暑期学校图书馆科教员，1926年任圣约翰大学图书馆馆长，1927任南京中央大学图书馆西文编目主任，次年复任圣约翰大学图书馆馆长。1934年9月，获罗氏基金资助，赴美入哥伦比亚大学学习。1936年获硕士学位。1947年10月，获美国哈佛大学燕京学社提供1948年至1949年全额奖学金，赴美考察进修。1950年经香港、天津回到上海圣约翰大学，1953年任华东化工学院任图书馆馆长。编制《上海市各医学图书馆所藏期刊联合目录》《四十七所高等学校图书馆馆藏外文期刊联合目录》。

黄维垣（1921—2015）

福建莆田人，有机化学家，中国科学院院士（1980），夫人陈玉凤。1943年毕业于福建协和大学化学系，曾留校和在福建泉州海疆学校、广州岭南大学化学系任教。1947年入广州岭南大学化学系读研究生，1949年获硕士学位，1950年赴美留学，1952年获哈佛大学化学系博士学位，留校做博士后研究。1955年6月回国，在中国科学院上海有机化学所，历任研究员、所长，中国科学院上海分院副院长。曾为《化学学报》主编、中国化学会理事长、国际纯粹与应用化学联合会（IUPAC）理事、国务院学位委员会成员。其多项研究成果获中国科学院科技进步奖一等奖（一项）、二等奖（两项）和三等奖（两项）。国防科委科技成果三等奖（两项），1994年获"何梁何利基金奖"，1997年陈嘉庚化学科学奖。

黄武汉（1919—1968）

广东佛山人，出生于香港。微波、激光和量子电子学家。1940年港英工学院电机系毕业，任香港电信技术员等。1944年考取公费留学，次年赴大英无线研究所学习，1948年赴美电信服务与信息技术公司（IT&T）进修，是年回香港大东电信任高工。1953年春偕夫人凌君达及二子回国，任中国科学院近代物理所研究员。1956年参加十二年国家长期科技规划制定，筹建电子所，任微波和量子电子学室主任；兼中科大同名教研室主任。领导10厘米和3厘米等波段量子放大器及微波多路通讯。1963年创建上海光机所，任副所长；主持光通信、碘化物激光等科研。任国家科委电子组委员，国防部五院科技委特邀委员；中国电子学会学术副主委及量子电子学分会主委。1968年7月死于隔离审查室，1978年2月24日《人民日报》刊登为其平反的报道。

黄蕴元（1916—1994）

江苏苏州人，建材专家。1939年复旦大学土木工程系毕业，获学士学位。1949年获美国密歇根州立大学土木工程硕士学位，同年11月回国。1952年9月起历任同济大学结构系副主任、主任，建材系主任，材料科学与工程系名誉主任。1956年至1958年赴苏联建筑科学院所属混凝土与钢筋混凝土研究院进修与科研。编著有《预加应力混凝土原理》《混凝土制品工艺学》《表面物理化学》等。曾任中国硅酸盐学会常务理事、中国建筑学会建筑材料学术委员会副主委，国家教委非金属材料学科评议组成员，国务院学位委员会非金属材料学科评议组成员。

黄 西（1901—1974）

江西九江人，沪江大学毕业，在九江同文中学执教。全面抗战时期到四川璧山丁家坳筹备迁校，1945年回九江筹划母校返乡开学。1947年赴美，获丹佛大学教育学博士。1950年回国，放弃在中国人民大学任教的机会回九江同文中学执教。同年被捕入狱，1954年无罪释放。在九江同文中学执教终生。

黄希坝（1921— ）

广西北流人，林产化学家。1944年毕业于广西大学化学系。1949年获美国华盛顿大学理学硕士学位。1951年回国。历任武汉大学、华中农学院副教授，南京林学院（林业大学）教授、林产化工系主任。主编有《植物水解工艺学》。其关于"油茶壳水解制糠醛"和"马来酸松香研制"等多项成果获得江苏省、林业部和国家科委的多个科技奖励，主持"压力法年产五十吨除草剂镇草宁中试"获林业部科技成果奖一等奖。曾任中国林学会理事，中国林学会林产化化工学会副理事长，国务院学位委员会学科评议组成员。民盟成员。

黄小玲（　—　）

女，农学家，丈夫徐冠仁。赴美，获明尼苏达大学园艺系硕士学位。1956年偕丈夫徐冠仁和幼子转道日本回国，在北京农业大学园艺系任教。

黄孝迈（　—　）

四川永川人，胸外科专家。1940年毕业于同济大学医学院。曾任四川省立医院外科副主任。1948年入美国哈佛大学医学院进修，1950年回国。历任第七军医大学教授，解放军总医院、军医进修学院胸外科主任、教授，总后勤部卫生部医学科技委员会委员，中华医学会北京分会理事长，中德医协会理事。合著有《胸部疾病》《胸心外科手术学》《肺癌》。

黄星圻（　—　）

翻译家，夫人郭开兰。留美期间为留美学生通讯社成员，1950年6月与夫人同船回国，途径马尼拉，一行十人在俞惟乐父亲家共餐。回国后任职于社会科学院文学研究所。译有《拖死狗》，合译有《皮克斯基尔事件（一个亲身的经历）》《志愿军——在西班牙与法西斯作战的亲身经历》等。与郭开兰合译有《老管家耶尔奈》。大约"文化大革命"前移居到香港。

黄永轼（1908—　）

湖北大冶人，农业经济学家。1934年武汉大学经济系毕业，1950年获美国明尼苏达大学经济学硕士，同年回国，在武汉大学美国加拿大经济研究所任教授。论著有《扫除农业大跃进中的思想障碍》《论农业的共产主义大协作》《美国农业的发展旅程和问题》《农业生态经济与合理利用土地资源》等。

黄雨青（1918—1994）

女，福州人，留美获教育学硕士。1952年偕丈夫舒自清（中共驻美国地下外贸专家）由香港回国到北京，被分配到外经贸部从事行情研究工作。"文化大革命"时期因留学经历和从事过党的地下工作，被扣上间谍、特务的帽子关进了监狱长达五年之久。

黄志千（1914—1965）

原名黄永埈，江苏淮阴人。1937年毕业于交通大学机械系。1943年赴美，在加州康梭立德飞机制造厂、格洛斯特飞机制造公司进修。1949年回国，在华东军区航空工程研究室、沈阳飞机制造厂、二机部航空工业局、航空研究院沈阳飞机设计所任职。1965年5月20日赴西欧考察，途经开罗上空因飞机失事罹难，被中央军委追认为烈士。第三届全国人民代表大会代表。

黄中立（1918—1983）

安徽休宁人，森林经理专家。1941年中央大学森林系毕业，在岷县甘肃水利林牧公司技术员，兼岷县高级农业职校教员，1943年任中央农林部林业司科员。1947年赴加拿大，1950年获多伦多大学林学院硕士学位，是年回国，在中央林垦部、林业部森林经理司、调查设计局等任职。1956年任中国林科院林科所森林经营、森林经理室副主任、主任、研究员，1972年下放到河北省兴隆县林业局任技术员。1977年回到中国林科院恢复原职，1983年兼任中国林学会理事、森林经理学会副理事长。著有《原木材积表制法及原理》《林业专业档案》等。

黄仲熊（1917—1968）

1936年考入武汉大学化学系，转到经济系，1940年毕业，在杨端六指导下做研究，后去农民银行工作。赴美后，在威斯康星大学读硕士。新中国成立后回国，在武汉大学经济系当副教授，经济学说史教研室主任。论文有《试从"社会必要劳动"的质和量的规定性探讨价值决定和份值实现》《试论社会主义的社会必要劳动》《重农学派"经济表"的历史作用和它对社会再生产理论提出的方法论的意义》等。"文化大革命"中被批斗，1968年3月在东湖南望山服敌敌畏自杀身亡。

黄子卿（1900—1982）

广东梅县人，物理化学家，中国科学院院士（1955）。1921年6月结业于清华留美预备班第七期，1922年9月入威斯康星大学化学系，1924年毕业后随即转康奈尔大学，1925年毕业获硕士学位，同年9月入麻省理工学院化学系。1927年12月因公费到期结业回国，先后在北京协和医学院生物化学系和清华大学化学系任教，1934年6月再度赴美，到麻省理工学院做热力学温标的实验研究，1935年获博士学位，同年回清华大学任教，从事溶液理论研究。1937年后曾辗转西南联合大学任教。1948年第三次赴美，应聘加州理工学院，作结晶学研究。1949年7月回国，继续在清华大学任教。1952年调至北京大学化学系任教授、物理化学教研室主任。全国政协第二至五届委员。曾为九三学社中央常委。

J

计苏华（1917—1976）

江苏苏州人，医学家。1935年入读上海医学院，1938年9月加入国共产党，1941年毕业，任上海医学院附属医院外科住院医师。1946年任上海中山医院外科总住院医师。1947年赴美国芝加哥大学进修，其间参加留美科协筹建活动。1948年9月获国际外科学会授予外科博士学位。1949年3月回国，参加中华自然科学工作者协会筹备工作，任山东省立医院医务室主任、山东医学院教务长。1949年9月到山东济南省立医院任医务主任和山东医学院外科教授、教务长。1952年11月调卫生部北京医院任副院长，1961年任卫生部保健局副局长兼北京医院副院长。"文化大革命"初期受到酷刑，脊柱和神智落下重疾，被下放到江西永兴五七干校。经夫人史济招反映给周恩来，1970年被准许回北京治病。

纪河清（1916—　）

河南淇县人，经济学家。1936年入河南大学英文系和经济学系。1944年至1947年先后在国民党中央组织部战地党务处资料室、教育部高等教育司四科和国际文化教育事业处任干事和科员。1947年1月赴美，在科罗拉多州大学学习，1951年3月获纽约大学经济学硕士学位。为《留美学生通讯》社成员。1951年4月回国，在东北财经学院任教。1958年被划为右派，1978年改正，后重回大学教研究生基础英语、专业英语、国际贸易等课。后任辽宁大学经济管理学院金融保险系教研室主任、教授等职。编有《国际贸易》《国际贸易理论与业务》等教材。中国民主同盟会员。

纪仲愚（1914—1992）

安徽寿县人，流行病学专家。1939年毕业于齐鲁大学医学院，1949年赴美留学。回国后历任南京公安医院院长，南京大学医学院公共卫生科副教授，第四军医大学流行病学教研室主任、三级教授。1963年主编出版《军队流行病学》。全军医学科学委员会委员。1981年离休。

冀朝铸（1929—2020）

山西汾阳人，外交家，法学教育家冀贡泉之子。1939年1月随父母赴美。1948年考入哈佛大学化学系，为留美科协会员。朝鲜战争爆发后放弃学业，1950年10月25日回国，就读于清华大学化学系。1952年4月赴朝鲜参加中国和谈代表团工作，1954年4月从朝鲜回来在外交部工作，参加过万隆、日内瓦等国际会议。1973年赴中国驻美国联络处任参赞，1975年后任外交部国际条法司副局长、美大司副司长；1982年后任中国驻美国公使衔参赞、驻英国大使；1991年接替谢启美，成为第四位担任联合国副秘书长职务的中国人。

冀一伦（1919—2014）

又名冀彝伦，山西平遥人，畜牧学家。1944年毕业于四川金堂县铭贤农工专科学校畜牧兽医系。1947年赴美，1949年获艾奥瓦大学畜牧系学士学位，1950年获犹他大学动物营养专业硕士学位，同年9月乘威尔逊号回国，在山西太谷县铭贤学院（后为山西农学院）畜牧兽医系任副教授兼任该院畜牧场场长。1982后任山西农业大学畜牧系教授，该校动物生产研究所名誉所长。为《良种黄牛》杂志副主编，编著有教材《养牛学》，编译《家畜改良遗传学》《农副产品的营养价值与加工饲用》等。科研成果"中国黑白花奶牛培育"获国家科技进步奖一等奖。1990年后任山西畜牧兽医学会名誉理事长，山西奶牛协会名誉理事长，中国养牛研究会会长。山西省政协委员。

贾 健（1914— ）

江苏涟水人。农业经济学家。1941年中央大学农业经济系毕业，留校任助教，1943年研究生毕业，获农学硕士学位。同年应聘国立贵州大学农经系讲师，一年后转入湄潭的浙江大学农学院农经系任教。1945年到重庆大学商学院任讲师、副教授，1948年初赴美国明尼苏达大学农学院学习农场管理学。1949年7月获农业经济学硕士学位。1949年8月回国到苏州专员公署任农林合作督导员。1952年至1953年任武汉大学副教授。1953年至1987年任华中农学院、华中农业大学副教授、教授，兼农经系系主任。1987年退休。著有《对发展社队企业的几点看法》《从荆州地区农村商品生产看专业户的地位和作用》等，主编有《外国农业经济》。

贾日升（1920—1968）

航空工程专家。1943年上海交大航空工程系毕业，曾在重庆交大任助教。1947赴美，1950年获艾奥瓦州立大学航空工程系硕士学位。其患有肺结核，被送医院治疗。后因坚持要回国，被送入精神病医院治疗。1955年8月回国。先后在哈尔滨飞机制造厂和沈阳飞机制造厂任工程师，后来任湖南株洲航校力学教研室主任。为"安二"农用飞机发动机的设计者之一。"文化大革命"中被污蔑陷害为特务，被打死。1979年株洲市委在万人大会上为其平反。

贾文林（1918—2007）

山西原平人，农业经济学家。1943年中央大学农经系毕业，1947年9月赴美，获威斯康星大学硕士学位，为留美科协农经学术小组联络人。1950年10月乘克利夫兰号回国，在西北农学院历任农经系教授和经营管理教研室主任。"文化大革命"中被关入"牛棚"，在学校林场烧锅炉，"文化大革命"后期在外语教研室和古农学教研室工作。八十年代初多次出访美国、苏联、日本以及德国等国家。1984年调入北京农学院经贸系。曾任全国农村合作经济经营管理研究会理事。论著有《漫谈美国的农产品价格支持与供给控制政策》（英文）、《农业生产合作社的劳动定额》、《社会主义农业企业经营管理学》等。编撰的《农政全书校注》和《国外农业现代化经验研究》曾获农业部科技进步奖二等奖。民盟成员。1980年加入中国共产党。

贾有权（1916—2010）

又名贾坡，辽宁昌图人，力学家。1937年考入西北联大物理系，肄业，1943年毕业于西北工学院机械系，后任兰州西北公路局汽车修配厂技术员、沈阳中长铁路局工程师、天津北洋工学院机械系助教。1948年赴美，加入留美科协，1950年获犹他州立大学机械系硕士，同年2月回国，历任北洋大学副教授、材料力学实验室主任，天津大学材料力学教研室主任，第三机械系、数理系、基础科学系副主任，实验力学研究室主任。校学术委员会、学位委员会、学衔委员会委员等职。著有《材料力学》《材料力学实验》等。主编全国通用实验教材《实验力学》。曾任天津市力学学会第一届副理事长，第二、三届理事长。1985年获天津市劳动模范的称号。中国民盟盟员。

简浩然（1912—2007）

广东南海人，生于香港，微生物学家。1934年毕业于中山大学农化系。1937年获中山大学研究院土壤微生物硕士学位。1946年赴美留学，1947年获威斯康星大学博士学位。1949年回国，历任中国科学院武汉微生物所研究员，武汉病毒所副所长，1986年调入广东省微生物所副所长。五十年代发现了分解酚能力很强的菌种，用生化法解决了含酚废水的净化问题。1974年研制成改性煤焦油沥青，可用于地下管道的防腐。其主持的"工厂印染废水的处理"获1991年中国科学院科技进步奖二等奖。曾任广州基因工程学会理事长，美国纽约科学院院士。民革第六届中央委员、广州市第二届人大代表。1988年12月退休。

江乃萼（　—　）

女，生物学家，丈夫方宗熙。1944年夏在时迁贵州的浙江大学毕业。后赴美，在俄勒冈大学读地理研究生。1951年2月回国。在山东大学和山东海洋学院生物系任教。与丈夫合编有《生命进行曲》《遗传与育种》，论文有《硼对海带雌配子体生长的影响》《突变的必然性与偶然性——二评莫诺的"偶然性与必然性"》等。

江启元（　—　）

组织胚胎学专家。毕业于齐鲁大学，留学加拿大，获多伦多大学医学博士。1950年回国，在山东医学院任教。1959年至1966年任组织胚胎学教研室主任。编绘出版《功能组织学与胚胎学图谱》。

江晴芬（1914—1966）

女，湖北武昌人，病理学家。丈夫陈钦材。1938年毕业于齐鲁大学医学院，获医学博士学位，曾任华西协合大学医学院讲师、副教授。1946年接受美国和加拿大资助,在耶鲁大学医学院、哈佛大学医学院和哥伦比亚大学医学院工作。1950年10月偕丈夫乘克利夫兰号回国。任华西协合大学医学院病理系一级教授、四川省肿瘤研究所所长,为四川省科协医学专业组组长。合编有《肿瘤病理诊断手册》,主编有《病理学新进展》。全国政协委员、第三届全国人大代表。1966年"文化大革命"中受到迫害病逝。

江士昂(1921—2021)

四川德阳人,石油化工专家。1944年武汉大学机械系毕业,在中央工业实验所等单位工作四年。1948年赴美留学,1949年获伊利诺伊州立大学机械系硕士学位。1951年获该校化工学硕士学位,同年2月回国。1951年至1969年,在燃料工业部石油管理总局设计处、石油工业部基本建设司设计处主任工程师、副处长。1962年主持抚顺石油二厂工程设计,1966年兼任石油工业部北京设计院副总工程师。1969年5月至1972年11月,在石油部潜江"五七"干校劳动三年半。1978年至1991年在石油部石油勘探设计院、中国石油天然气股份有限公司规划总院任副总工程师。专著有《论工程建设标准化》,主编《石油规划设计》《油气集输储运设计手册》等,石油工业标准化技术委员会副主委。

江泽佳(1920—2013)

安徽旌德人,电子学电机工程专家。1943年毕业于重庆大学电机系,留校任教。后赴加拿大麦吉尔大学留学,1949年获该校电机工程硕士学位。同年回国,历任重庆大学物理系教授,系主任,校长等职。是国务院学位委员会学科评议组成员,中国电子学会理事,中国电机工程学会理事。主要从事电子学研究,著有《线性电路理论》《电路原理》等。

江之鉴(—)

柑橘专家,早年西南农学院毕业,留校工作一年后考取了菲律宾大学研究生,后又赴美,获佛罗里达大学博士学位,留校任教多年。1951年10月回国,返母校任教。1957年被划为右派,1975年1月16日由国务院办公室信访室编印的"人民来信摘报"登载了《西南农学院江之鉴要求摘掉右派帽子退休回乡》的来信,经中央领导批示后摘掉右派帽子,按退休办法处理,分配以适当工作发给薪金。此后先后被四川省革命委员会、省政府聘为农业顾问。1980年出版专著《脐橙》。

姜圣阶（1915—1992）

山东海阳人，生于黑龙江林甸，化工与核能专家，中国科学院院士（1991）。1936年毕业于河北省立工业学院机电系，后任南京永利宁厂技术员、四川永利川厂主任工程师、制碱部副部长、南京永利宁厂高压合成车间主任工程师。1947年赴美，1950年获哥伦比亚大学硕士学位，同年10月回国。历任南京化学工业公司副经理兼总工程师、华东化工研究设计院院长兼总工程师、国营四〇四厂副厂长兼总工程师，二机部副部长、国家核安全局局长。著作有《合成氨工学》四卷，主编《决策科学基础》两卷及《核燃料后处理工艺学》。获全国科技进步奖特等奖、国家发明二等奖。曾任中国核学会理事长，第六、七届全国人大代表。

姜泗长（1913—2001）

天津市人，耳鼻咽喉科专家，中国工程院院士（1994）。1938年毕业于北平大学医学院，曾任中央大学医学院耳咽喉科主任、副教授。1947年入美国芝加哥大学医学院学习。1949年回国。历任南京大学医学院副教授，第四军医大学耳鼻咽喉科学教研室主任、附属医院副院长，解放军总医院耳鼻咽喉所所长、副院长，中华医学会耳鼻咽喉科学会主任委员。著有《耳科学》，主编有《临床耳鼻咽喉科学》等。获军队科技进步奖一等奖三项，国家科技进步奖二等奖三项。第四至六届全国人大代表。

姜文钊（1928—2002）

1947年中学毕业后赴美留学，在艾奥瓦州达文波特市圣安布罗斯大学读政治经济学，1950年暑期在哈佛大学暑期学校就读，肄业。1950年11月回国，在华北人民革命大学学习，后分配在河北省张家口商业学校教书（行政21级）。1979年赴美接受遗产回来后，调入市商贸部门，后多次随团出访。1989年退休后常住北京，2002年病逝。

蒋次升（1914—2004）

湖南湘乡人，兽医学家。1938年毕业于中央大学畜牧兽医系，1944年获齐鲁大学理学硕士学位，1948年获美国艾奥瓦州立大学兽医学博士学位。1949年4月回国，历任南京大学副教授，西北畜牧兽医学院系主任，中国科学院西北分院研究员，中国农科院中兽医所副所长。1980年调任浙江农业大学教授。其科研成果曾获甘肃省科学大学奖和农业部科技进步奖二等奖、浙江省优秀成果奖三等奖、农牧渔业部1986年科技进步奖二等奖。主编《兽医临床诊断学》，编著《奶牛乳房炎》等。第二至五届全国人大代表，甘肃省政协第一届委员、第二至四届常委，浙江省政协第五、六届常委、副主席，九三学社第六至八届中央委员，浙江省委副主委，兰州分社主委。

蒋恩钿（1908—1975）

江苏苏州人，丈夫陈谦受。1933年清华大学英文系毕业，到中学教英语，两年后回清华大学任助教。全面抗日战争时期，和丈夫带着两子女到重庆。在重庆的上海护士学校教书。1948年与丈夫带着两子女到美国考察，1950年偕丈夫及两子女回国。在园艺家熏陶教授下，成为月季花行家。1958年受吴晗邀请为人民大会堂周围建月季花园。此后全心投入月季花种植，培育了七十多个月季品种，将所搜集的五百多种月季品种进行分类、名字鉴定和中文命名，编写出月季品种名录，帮助京津地区建了四座月季园，完成"如何生产大量的自根苗"和"月季花怎样过冬"的课题研究，赢得"月季夫人"的美誉。翻译出版英文小说《自由列车》和《富兰克林书信札》。

蒋丽金（1919—2008）

女，浙江杭州人，生于北京。化学家，中国科学院院士（1980），丈夫许国志院士。1941年考入北平协和医学院。1942年插班入辅仁大学化学系。1946年获辅仁大学硕士学位。1948年入美国明尼苏达大学药学院，1951年获博士学位，任美国堪萨斯大学药化系博士后研究员。留美科协会员。1955年10月与丈夫一起回国，任中国科学院化学所研究员。有关光化学成果，获中国国防专项中国国家级科技进步奖特等奖（1986），三次获中国科学院自然科学奖二等奖（1990、1993、1996）。主要论著有《生物光化学》等。

曾获中国三八红旗手、中华全国妇联三八红旗手等称号。第四、五届全国政协委员，第六至八届全国政协常委。

蒋士骦（1924—2011）

上海人，计算机专家。1946年毕业于交通大学机械系，后赴美留学，1952年获加州大学流体力学博士学位，后在美国无线电公司（RCA）计算机部任A级工程师。留美科协会员。1954年12月回国，历任北京航空学院副教授、中国科学院计算技术所研究员、中国科学院沈阳计算技术所所长。五十年代后期研究发展了适用于当时国产高频晶体管的电流开关线路，在六十年代前期采用这种线路研制了国内第一台晶体管电流开关高速计算机，七十年代又负责研制了计算机自动检测及生产系统。

蒋士驹（1917— ）

上海人，经济学家。1940年上海交通大学管理学院毕业，留校任教。1945年赴美，在哈佛大学文理研究院经济系进修，获经济学硕士学位。1951年回国，先后在上海震旦大学、上海财经学院任教。1978年任上海社科院世界经济所任研究员、院学术委员会委员。为上海世界经济学会理事、上海统计学会副会长。著有《统计学原理》《当代美国经济》《国民经济统计学》等。

蒋书楠（1914—2013）

江苏苏州人，昆虫学家。1936年毕业于浙江大学农学院农业动物系昆虫组，历任中央农业实验所病虫害系杀虫药剂师助理，广西省政府农业管理处技士，广西大学农学院昆虫学助教至副教授，贵州大学农学院昆虫学副教授。1948年赴美留学，1949年11月获艾奥瓦州立大学硕士学位后回国，任贵州大学农学院病虫害系主任。1952年10月调到西南农学院，历任昆虫分类及生理学研究室主任、教务长、副院长。主要专著有《中国天牛幼虫》《城市昆虫学》等。曾获国家教委和农业部科技进步奖一、二等奖各一次，国家教委、农业部和四川省科技进步奖三等奖四次。曾任国务院学位委员会第一届学科评议组成员。中国民主同盟第四至六届中央委员。

蒋锡夔（1926—2017）

回族，江苏江宁人，生于上海，化学家，中国科学院院士（1991）。1947年毕业于上海圣约翰大学化学系，后留学美国。1952年获华盛顿大学有机化学博士学位，任凯劳格公司研究所研究员。留美科协会员。1955年12月回国，先后在北京化学所和上海有机所任研究员，曾任上海大学化学化工学院院长，联合利华研究所主任，1988年被聘为国际《物理有机化学学报》编委。研究成果分别获国家自然科学奖一等奖（2002）、三等奖（1982），中国科学院自然科学奖一等奖（1999和2001）、中国科学院科技进步奖二等奖（1992），1989年获国务院授予的全国优秀归侨、侨眷知识分子称号，2005年上海科技大会上获授"科技功臣"。上海市第六至八届政协委员。

蒋湘泽（1916—2006）

又名蒋相泽，贵州安龙人，历史学家。早年就读于成都金陵大学，1939年入昆明西南联大（清华学籍）文科研究所攻读历史学硕士学位。1944年被学校派送赴美，获华盛顿大学历史博士学位。1951年回国，历任岭南大学文学院、中山大学历史系副教授、教授。主编《世界通史资料选辑·近代部分》《简明中美关系史》《国际关系及西方史学论集》，著有《基佐的历史观批判》等。为中国国际关系史研究会常务理事，中国人民外交学会广东分会理事，广东历史学会理事。

蒋荫恩（1910—1968）

浙江慈溪人，新闻教育家。1935年毕业于燕京大学新闻系。1936年任上海《大公报》记者。1937年任上海《大美早报》新闻翻译兼文艺副刊编辑。1941年任桂林《大公报》编辑主任。1942年起先后在成都、北平任燕京大学新闻系系主任、教授。1948年去美国密苏里大学新闻学院从事研究工作，1949年10月回国，继续任燕京大学新闻系系主任。1952年院系调整后在北京大学任中文系新闻专业教授。1958年转入中国人民大学新闻系任副主任。编译《国际问题词汇》，编著《报纸编辑讲义》。"文化大革命"中被指控为"特务"和"反革命"，受到批斗、侮辱和殴打。1968年4月，在校内禁闭小屋上吊自杀。为民主同盟中央宣传委员、文教科技委员会委员、民盟北京市委宣传部部长、《中国民盟》编委等职。

蒋 英（1919—2012）

女，浙江海宁人，丈夫钱学森，蒋百里第三女。声乐教授、歌唱家。1936年随父旅行意奥诸国，1937年赴德国柏林音乐大学研习，1941年毕业，后赴瑞士继续研究，1944年毕业于路山音乐学院，1946年回国。1947年与钱学森结婚，赴美国，1955年10月与钱学森及一双儿女回国，在中央音乐学院历任声乐系教研室主任、歌剧系副主任。著有《西欧声乐艺术发展史》，合译有《肖邦传》《舒曼传》等。

蒋咏秋（1920—2021）

江苏常州人，力学家。1942年毕业于武汉大学土木工程系。1947年赴美国明尼苏达大学土木工程系留学，1950年获博士学位。1951年回国，长期在西安交通大学任教，历任数理力学系副主任、工程力学系主任。1997年起任美国明尼苏达大学客座教授。有《弹性力学基础》等多部著作。曾任陕西省科协副主席、西安市政协副主席、九三学社西安市委主任委员。

蒋豫图（1913—1993）

河南开封人，流行病学和军事医学专家。1934年毕业于燕京大学，1939年毕业于北平协和医学院，获医学博士学位，后留校任教。1948年赴美留学，获约翰斯·霍普金斯大学公共卫生学院硕士学位。1949年回国，1950年加入中国共产党，1956年到军事医科院研究微生物流行病，历任副研究员、研究员，研究室主任、副所长。为军事医学科学院专家组成员，总后勤部卫生部医学科技委员会常委，中华预防医学会流行病学会副主委。是1986年获国家授予"战时特种武器损伤的医学防护"科技进步特等奖的七名代表之一；曾获军队科技进步奖二等奖一项、三等奖两项。

焦联星（1920—2011）

陕西武功人，生于广州。机械专家，辛亥革命元老焦易堂之子。1942年7月国立中央大学机械系毕业。1944年12月赴美国留学，先后在罗威尔大学和密歇根大学研究院学习，1946年12月获密歇根大学机械硕士学位。在美机械工厂任工程师三年。1949年9月回国，初期在沪参加了纺织机械行业技术改造，1954年支援"一百五十六项重点工程"，调到洛阳第一拖拉机厂，任副总工程师、高级工程师。曾任全国机加工学会常务理事、河南省机械工程学会常务理事、全国内燃机学会理事。洛阳市第四、五届人大代表及市第六届、七届政协委员。

焦瑞身（1918—2009）

河北平山人，微生物学家，夫人关颖谦。1941年毕业于西南联大化学系，后任西南联大和北京大学助教。1947年赴美留学，1949年获华盛顿州立大学化学硕士学位，1953年获威斯康星大学生物化学博士学位。后在谷物公司任高级研究员。1955年6月偕夫人关颖谦及孩子回国，任中国科学院上海植物生理所微生物室主任。历任中国科学院上海植物生理所微生物室主任、国家科委生物工程开发中心顾问、中国微生物学会理事长、中国生物工程学报主编。1983年获国家发明奖三等奖。在国内外发表论文、专著一百二十余篇。

金大勋（1915—2010）

生于天津，食品营养专家。1939年毕业于清华大学生物学系，1941年在重庆中央卫生实验院营养组工作。1947赴美留学，1948年获康奈尔大学硕士学位后回国，1949年去台湾，1950年回大陆，任中国预防医科院营养与食品卫生研究所食物化学研究室主任、研究员，卫生部与联合国儿童基金会合作的"学龄前儿童营养监测与干预"项目主任。曾参加抗美援朝公共卫生工作队，研制硅镁吸附剂，参与《食品成分表》的研究和编制。

金诗箴（1921—2015）

女，生于北京，教育学家，丈夫龚正洪。1938年赴美，先后获弗吉尼亚州兰道尔夫·麦肯学院学士学位和哥伦比亚大学教育系硕士学位，毕业后在世界卫生组织和联合国秘书处任文秘，曾为北美基督教中国学生会美东分会副会长。1950年10月偕丈夫龚正洪乘克利夫兰号回国，先在教育部盲聋哑教育司工作，后在人民教育出版社编辑中学英语教材。1969年下放到安徽凤阳五七干校，1972年回北京。1976年移居加拿大。

金荫昌（1915—2007）

安徽安庆人，药理学家，夫人唐冀雪。1937年获燕京大学生物系学士学位，1940年获硕士学位，入北京协和医学院药理学系进修。1946年获美国加州大学旧金山医学院和百合（Lily）药厂资助，在该校进修药理学和毒理学，1949年获博士学位。同年经蔡福就介绍，加入中国共产党，为留美科协旧金山区会联络人。1950年9月偕夫人与儿子乘威尔逊号回国，历任协和医学院教授、中国医科院药物所及基础医学所药理研究室主任、首都医科大学药理学室主任等。但在政治上，其党籍未能获得正式承认，在五十年代至七十年代的政治运动中屡受打击和排挤。直至1996年，其党籍得到正式承认，补交党费，并改退休待遇为离休待遇。著有《分子药理学》。

金永祚（1918—2008）

浙江金华人。当代语言和文史学家金兆梓之子，夫人张治敏。1942年西南联大经济学系毕业后，考取了外交官资格。1948年派驻加拿大温尼伯领事馆任副领事，1949年调任驻纽约领事馆任副领事，后辞职受聘于纽约一家陶瓷厂任厂长。1956年10月6日，在父亲指引下，偕夫人张治敏，儿女金世芸、金济民等乘克利夫兰号回国到达广州。在轻工业部科学研究院任高级工程师，后在情报所从事陶瓷工业科技资料的翻译与研究工作。合译有《太平洋宪章》。1989年退休，赴美与子女团聚，后在纽约去世。

金云铭（1904—1987）

福建福州人，图书馆学家、文献学家与历史学家，1924高中毕业后，考入福建协和大学社会系，并在学校图书馆协助管理图书借阅，编成《中国图书分类法》一书。1928年6月毕业后被聘为该校图书馆管理员。1934年，任图书馆主任。1938年赴美，在哥伦比亚大学图书馆学院学习，获硕士学位后回国。1947年10月又获哈佛大学燕京学社提供的1948年至1949年全额奖学金赴美留学。1949年9月，放弃博士学位和工作聘约，辗转回国到福州。1953年，任福建师范学院图书馆副馆长，讲授图书目录学和版本学等。在此期间，为学校搜集不少元明善本书及罕见的抄本和稿本。1982年任福建师大图书馆馆长。1986年退休。著有《庐山吟草》《芝城杂咏》等十多本诗集。

金蕴华（1925— ）

女，浙江绍兴人，生于北京，药物化学家，金善宝之女，丈夫程文锷。1946年毕业于上海医学院药学系，赴美留学。1950年获普渡大学药物化学博士学位。同年10月偕丈夫乘克利夫兰号回国，到北京医学院药学系任教，1959年后到化工部的武汉医药工业研究所和北京医药工业研究院任研究员。"文化大革命"时期被下放到河南。1978年调国家医药管理总局（SPAC）任总工程师，技术委员会常务副主任，是年被评为全国三八红旗手。1983年被联合国工业发展组织（UNIDO）和开发计划署（UNDP）聘为顾问和专家。1995年被人事部授予"国家杰出高级专家"；1998年被聘为国家药品监督管理局局长顾问。著有《药学文献简介》，译有《美国制药工业的竞争地位和决策》。九三学社成员。

荆广生（1917—2004）

机械力学家，西北工学院毕业，1944年赴英国、美国的飞机厂实习进修，任设计分析员，参加当时国际上先进的战斗机设计工作。1949年回国。先在成都航空研究院任职，后在天津北洋大学航空系任系主任，1951年在清华大学和北京航空学院任教授。1955年在吉林长春汽车拖拉机学院、吉林工业大学任教授。1963年后一直在镇江农机学院（现江苏理工大学）执教，历任教研室主任、系主任。著有《矩阵结构力学》，论文有《电测应力集中的外推方法》《论弹性理论的平面应力状态》。

K

阚冠卿（1916—1997）

生于北京，公共卫生学家，夫人李荣真。1938 年毕业于燕京大学。1943 年毕业于北京协和医学院，获医学博士学位，曾任北平结核病防治院住院总医师，1948 年赴美国研究结核病防治，为留美科协会员。1950 年 10 月偕夫人及儿子乘克利夫兰号回国。1952 年 10 月由北京市彭真市长任命为北京市公共卫生局疗养院院长，1956 年任命为北京市结核病防治所第一任所长。曾任中国防痨协会理事长、名誉理事长，中华医学会结核病科学会主任委员，国际防痨与肺部疾病联合执行委员会委员。北京市第六、七届政协副主席。九三学社成员。

康振黄（1920—2018）

山西五台人，生物力学和生物医学工程学专家。1942 年中央大学航空系毕业。先后任中央大学助教、重庆大学讲师。1947 年自费留美，1949 年获纽约大学航空系硕士学位，同年回国。历任重庆大学副教授，西南工业专科学校教授，四川大学工学院院长，成都工学院副教务长。1969 年下放到成都科学仪器厂，"文化大革命"后回到成都工学院，先后转向生物力学和生物医学工程，任生物工程研究所所长。曾任中国生物力学专业委员会主任，中国生物医学工程学会副理事长，四川省力学学会理事长，国务院学位委员会委员。论著有《人工心瓣动力学研究》《实用生物医学工程学》等。任四川省副省长，省人大常委会副主任、省科协主席。中国民盟中央副主席、省委主委。1985 年加入中国共产党。

孔庆义（1918—1985）

水利专家，吉林伊通人。1942 年毕业于天津工商学院土木系。1946 年任东北敌伪产业接收委员会处理处专员。1947年受聘北洋大学土木系助教，1948年赴美国，先后在艾奥瓦大学水利系和犹他大学灌溉排水系学习，获硕士学位。1950年回国，历任水利部工程总局副科长、北京设计院技术室副主任、设计副总工程师。河北省水利勘探设计院总工程师。第六届全国政协委员。

寇淑勤（1915—2009）

女，北京人，满族，英语教育家，丈夫谢毓章。清华十级（1938）经济系毕业生，1945年赴美留学，获美国密歇根大学硕士学位。1952年与谢毓章结婚。1957年3月偕丈夫与孩子回国，在清华大学外语教研组任英文教师，1974年退休。后移居美国。

匡达人（1921—2004）

女，湖南邵东人，生物化学家。1942年毕业于厦门大学生物系。1942年至1948年历任湘雅医学院、中央大学医学院和台湾大学助教、讲师。1948年赴美，在纽约大学学习，1955年获哥伦比亚大学生物学硕士学位。是年7月偕六岁儿子匡正乘克利夫兰号抵港回国。历任中国科学院上海实验生物所、上海细胞生物学所副研究员、研究员。参加研究的"酵母丙氨酸转移核糖核酸的人工合成"获1987年国家发明奖一等奖。论文有《酿酒酵母A364a第V号染色体基因库的构建及ARS的克隆》《α-因子指导下β-hCG在酵母中的合成和分泌》。

L

蓝 天（1927— ）

福建莆田人，土木结构专家。1948年毕业于上海圣约翰大学土木工程系，同年赴美留学。1950年获明尼苏达大学研究生院航空系硕士学位，曾任《留美科协通讯》编委，第十至十三期主编，为留美科协明尼苏达区会联络人。1951年5月回国，历任三机部设计院高级工程师，中国建筑科学研究院研究员。全国政协第七、八届委员。

郎 所（1918—1991）

江苏镇江人，动物家和寄生虫学家。1940年毕业于沪江大学生物系。1949年获美国得克萨斯州贝勒大学生物学硕士学位，后在明尼苏达州立大学昆虫及经济动物系继续攻读学位，并兼职任助理研究员，加入留美科协，"名社"骨干。1950年10月回国，先后在任沪江大学生物系副主任，华东师范大学生物系主任。因在解放军从事丝虫病防治工作，立二等功。主编《中国动物志（单殖吸虫分册）》，合著《寄生虫的体外培养》。国务院学位委员会第二届理学评议组成员，中国动物学会第十、十一届理事。

劳远琇（1919—2013）

女，湖南长沙人，眼科专家。1944年毕业于湘雅医学院，获医学博士学位。1949年获美国大学妇女协会奖学金及中美文化基金会奖学金赴美留学，毕业于宾夕法尼亚大学研究生院。1950年9月乘威尔逊号回国，在北京协和医院眼科任职，为中国医学科学院学术委员会临床学术委员、国家科委发明评定委员会委员、卫生部医学科学委员会眼科专题委员会委员、北京眼科学会主委、《中华眼科杂志》及《眼科研究》杂志编委。编著修订再版的《临床视野学》在1978年全国卫生医药科学大会上获奖，1981年获中国医学科学院科研成果奖两项，1987 年获卫生部科研成果进步奖。1991 年参加的"激素分泌性垂体瘤的临床与基础研究"获卫生部科技进步奖一等奖，1992 年获国家科技进步奖一等奖。

雷海鹏（1918—2007）

河北永清人，药理学家。夫人卢乐山。1936 年入燕京大学生物系，毕业后转北京协和医学院和成都华西协合大学医学院。1944 年毕业获纽约州立大学医学博士学位，留校在生理药理系任教。1948 年留学加拿大多伦多大学，在美国《内分泌学杂志》发表《生长激素致糖尿病作用》等四篇论文。1950 年获硕士学位，同年 7 月 17 日与夫人卢乐山乘克利夫兰号抵港回国，在北京协和医院药理学系任教。1958 年后任中国医科院药物所研究员、药理室主任等。曾任中国生理学会药理委员会常委，卫生部医学科学委员会委员、《中国医学杂志》副主编，《中国药理学和毒理学学报》等杂志编委。发表论文数十篇，编有《药理学》。1978 年获科学大会奖和卫生部甲级奖，1988 年获卫生部科学技术进步奖二等奖。

雷宏俶（1924—1969）

女，植物生理专家。留学美国费城，1949 年回国。在中国科学院上海植物生理所任副研究员。1969 年被诬为特务，隔离审查时自杀。论著有《植物的磷素营养》《稻田整齐度的研究》《作物在田间的排列与分布问题》和《从一些数量关系分析合宜密度问题》等。

黎禄生（1916—   ）

江西人，1938 年清华大学经济系毕业，在中国海关任职，1943 年在中国航空公司任职。1943 年与杨振宁同榜考取公费庚款留学，1945 年夏转加尔各答出国，1947 年毕业于英国剑桥大学经济系，1949 年毕业于美国芝加哥大学经济系。1949 年 11 月底乘克利夫兰号抵港回国。因找不到专业对口的工作，曾经在华北大学工学院学俄文，毕业后在人民大学教俄文，后改教英文。

黎希干（1907—1989）

广东海丰人，微生物学家。1933 年广东中山大学医学院毕业，留校任医师。1935年在北京协和医学院细菌免疫学系师资进修班进修。1938年后，在南宁的华南防疫团、越南河内巴斯德研究院工作，在中山大学医学院任教授兼细菌研究所主任。1947年赴美，在哈佛大学医学院进修，1950年回国，入北京大学医学院，任微生物学教授，1958年到洛阳医学院任教，1962年到河南医学院任教。"文化大革命"时期下河南临汝县落户。1978年恢复河南医学院教职，任河南医学院学术及学位委员会委员。《中国微生物学会通讯》主编。为中国微生物学会副秘书长，北京市及河南省微生物学会理事长，卫生部生物制品专业委员会委员。河南省政协委员、九三学社河南医科大学支社主委。

李葆坤（1923— ）

江苏镇江人。1946年毕业于上海交通大学（时迁重庆九龙坡）管理学院。后赴美，1949年获宾夕法尼亚大学沃顿商学院工商管理硕士学位。1951年底回国，1952年在上海财经学院任教。曾任中国企业管理研究会常务理事、上海综合开发研究院副理事长、上海经济管理函授大学副校长、上海工商学院副院长等职。九三学社成员。

李本汉（1911—1977）

山东长清人，畜牧兽医学家。1940年西北农学院毕业，曾任国民政府卫生署兰州西北防疫处洮南牧场技师、场长，西宁青海兽医防治处技师。1948年2月自费赴美留学，其间参加留美科协任理事，1950年毕业于明尼苏达大学医学院细菌系，同年2月回国。3月到山东农学院任教；1956年到内蒙古农牧学院任教；1962年调回山东农学院，任畜牧兽医系主任。著有《实用兽医细菌学》《怎样预防猪传染病》等。民盟盟员，1964年当选山东省人大代表。1977年因病去世。

李 苾（1915—1989）

湖南邵阳人，电机学家。北平师范大学校长李熏胞弟。1938年毕业于湖南大学工学院电机系。先后在国民政府资源委员会所属中央电工器材厂、陆军通信兵学校修理工厂、资源委员会技术室工作。1945年赴美，在美国国会标准局电气部及无线电部任客籍研究员。1947年在密歇根大学研究院学习，

1948年和1950年分别获得硕士和博士学位。1951年回国，历任湖南大学、哈尔滨军工学院、中国科技大学教授。编有《微波工程》《电工教学》《电磁场理论》等教材。

李伯悌（1918—1996）

女，原名陈庆纹，安徽安庆人，作家方令孺之女。1938年8月在武汉大学加入中共地下党，任该校地下党女生支部书记。1945年先后担任美国《时代》杂志社驻重庆、上海分社记者。后留美，麻省蒙特霍利约克学院毕业。1949年9月28日乘戈登号回国到天津，在新华通讯社天津分社工作。1951年参加筹备宋庆龄主办的《中国建设》（现《今日中国》）杂志社工作，任编译组长、编辑室主任、副总编。1960年在莫斯科举行的各国共产党和工人党会议上任中共代表团翻译组长。1980年参与英文《中国日报》的创建工作，任副总编辑。全国政协委员。

李朝增（1922—　　）

广东人，英语文学家。1944年昆明西南联大外文系毕业，在桂林美军总部、缅甸美军后勤部任翻译。抗日战争胜利后，至香港九龙拔萃英文书院教英语。1947年去美国，获加利福尼亚大学研究院国际关系学硕士学位。1950年回国。1952年到新华社国际部工作，不久转参编部任审校。1957年调国际关系研究所从事美国内政问题研究。1978年起在中国对外翻译出版公司从事审校工作。译有《世界工会运动史纲》（合译）；《基辛格回忆：白宫岁月》第十七、十八章等。

李储文（1918—2018）

浙江宁波人，外交家、社会活动家。1939年加入中国共产党。1940年上海沪江大学化学系毕业，后从事基督教青年会的学生工作。1941年在西南联合大学主持学生服务处工作。1946年至1947年旅居日内瓦。1949年去美国耶鲁大学进修神学。1950年回国后，从事社会与外事活动。历任中国人民保卫世界和平委员会副主席、上海市政府外事办主任、上海国际问题研究所所长，上海市政府侨办主任、新华社香港分社副社长、上海社科联主席。1993年起任中国福利会副主席、上海杉达学院董事长。获"上海民办教育终身荣誉"称号。第三届全国人大代表、第七届全国政协委员。上海市政协常委。

李春辉（1917—1994）

别名若明，湖南邵阳人，拉丁美洲史研究专家。1943年西南联合大学毕业。1947年留学美国科罗拉多大学和科罗拉多师范学院，次年在旧金山从事华侨社会工作。1950年回国，任教育部留学生管理处副处长。1956年起任中国人民大学历史系清史研究所教授。中国拉丁美洲史研究会第一至三届理事长、名誉理事长，兼任中国太平洋历史学会副会长，中国社科院拉丁美洲研究所学术委员会副主任。著有七十万字的《拉丁美洲史稿》，获中国人民大学第一届优秀科研成果奖。主编有《美洲华侨华人史》。

李道揆（1919—2007）

河南信阳人，美国政治学专家，夫人陶佩霞。1947赴美，1949年6月获明尼苏达大学政治学系硕士学位，1950年7月偕夫人回国，先在总工会国际部工作，七十年代末调任社科院美国研究所研究员、《美国研究》编委及学术顾问。著有《美国政府机构与人事制度》等，其代表作《美国政府与美国政治》1993年获中国社会科学院优秀科研成果奖。2006年获中国社会科学院荣誉学部委员称号。

李法西（1916—1985）

福建泉州人，生于菲律宾，物理化学家与海洋化学家。1936年回国求学，先后就读于厦门中学、集美中学。1937年考取中央大学，1943年毕业，留校任助教，并攻读研究生，1944在厦门大学化学系（长汀）任助教，1946回中央大学任助教。1948年赴美留学，1949年获俄勒冈大学化学硕士学位，转加州理工学院攻读博士学位。1950年放弃学业回国，历任福州大学化工系主任、厦门大学海洋系副主任，中国海洋化学学会第一届理事长。

李赋宁（1917—2004）

陕西蒲城人，英语文学家，近代水利专家李仪祉之子。1934年考入南开大学经济系，次年考入清华大学土木工程系，后转入该校外文系，1939年毕业，1941年获硕士学位，留校任教。1946年公费赴美留学，1948年获耶鲁大学英美文学硕士学位。1950年中断博士学业回国，初任清华大学外语系副教授。1952年起，历任北京大学西语系系主任、学校副教务长。学术成果颇丰，有《英国文学论述文集》等多部专著，《英国文学名篇选注》等多部译著。《英语史》荣获教育部优秀教材奖一等奖，任总编的《欧洲文学史》曾获全国外国文学图书奖一等奖。曾为中国英语教学研究会副会长。九三学社第七届中央委员兼文教委员会副主任。

李赣驹（1919—2014）

江西武宁人，辛亥元老李烈钧将军次子。1939年入黄埔军校第十七期步兵科学习。1941年至1945年任国军三十九集团军新编第八军作战参谋。1946年任冯玉祥赴美考察团随员、翻译。1947年入读纽约大学，获法律硕士，1949年入英国牛津大学，1950年入法国巴黎大学，获国际法硕士学位。1951年回国，任中央土改工作团第四团团员，1952年入北京政法干部学校第一期学习。1953年后，历任上海市东昌区法院、川沙县法院审判员，川沙县副县长。1984年任黄埔军校同学会（总会）秘书长，1997年任上海市黄埔军校同学会会长。上海市政协常委、副秘书长。曾任民革中央监察委员会常委、民革上海市委专职副主委，名誉副主委。

李耕田（1909—1997）

河北秦皇岛人，儿科专家，其子为李天初院士（2011）。曾入读山东齐鲁大学医学院，后转入贵阳医学院，1940年毕业。1941年至1948年留校贵阳医学院任教，在附属医院内科和儿科任职。1949年赴美，在新奥尔良市纪念医院儿科进修。1950年10月乘克利夫兰号回国，在北京协和医院任副教授，儿科副主任，1955年调入解放军总医院，任教授，儿科主任，1989年退休。

李功受（1925—2004）

福建福州人，水利工程专家，李滢胞弟。1947年毕业于上海交通大学土木系。1948年至1949年在美国艾奥瓦大学水力学系学习，1949年获硕士学位。为留美科协成员，曾给外交部撰写有关留美学生的报告。1949年至1954年在美国丹佛垦务局实习，1954年回国，历任北京勘测设计院水工组副组长、工程师、西北勘测设计院总工程师甘肃水利厅副总工程师，高级工程师。

李观华（1925—2015）

化学家，在麻省理工学院化学系学习。1950年9月乘威尔逊号回国，任教于南开大学化学系，1954年晋升为副教授。1958年支援边疆，调到内蒙古师范学院化学系工作。论文有《过渡金属络合物的磁矩的总结：（二）第二、第四付族》《化学致癌物》等。1979年出席美国能源部和橡树岭国家实验室在田纳西州召开的"能源应用的分离科学和技术"谈论会，提交了相关"同位素分离"的论文。1981年移居美国。

李观仪（1924— ）

女，江苏常州人，英语学家。1946年上海圣约翰大学英文系毕业，1951年美国斯坦福大学英文系毕业，获英国文学硕士学位，1953年密歇根大学研究院图书馆学系肄业，同年回国，在华东化工学院图书馆工作，1956年调入上海外国语学院英语系工作，1994年退休。编写《新编英语教程》一至八册。上海市第八、九届人民代表大会代表。

李国润（1921— ）

四川成都人，水利学家，巴金侄子。1945年毕业于武汉大学土木系，1948赴美，1949年获伊利诺伊大学硕士学位，后在艾奥瓦州立大学任教，1950年回国。历任四川大学、成都工学院、成都科技大学水利系主任、教授。曾历任四川省政协第五、六届常委。

李国桢（1917—2000）

河南郏县人，陶瓷专家。1944年西北联合大学化学系毕业，在重庆中央工业实验所工作。赴美留学，五十年代初回国，任轻工部陶瓷处工程师，1954年任中国科学院上海冶金陶瓷所（现硅酸盐所）工程师，1959年任景德镇陶瓷学院研究所总工程师，1972年任陕西省轻工业研究所总工程师，1982年任轻工业部科技局工程师。率先运用现代科技手段，恢复了"五大名窑"，再现了"六大瓷系"，取得了我国"南青"与"北青"两大著名青瓷恢复的成就，参与编著了《中国陶瓷史》，出版《中国名瓷工艺基础》等著作，发表重要论文六十余篇。

李果珍（1915— ）

女，生于北京，放射医学家。1935年入南京金陵女子学院医学预科学习，1938年入北京协和医学院学习，1943年获医学博士学位，留协和医院师从谢志光，1948年到美国芝加哥大学附属医院（Billing's Hospital）放射科进修，1949年新中国成立后回国后。1965年由北医三院调北京医院放射科，任放射科主任。1979年创建的"百分计数法骨龄标准"。所著《临床CT诊断学》，获得卫生部科技进步奖二等奖。还主编有《骨关节创伤X线诊断学》《骨关节影像学》《骨骼肌肉疾患影像诊断图谱》等。曾任《中华放射学杂志》主编。曾为卫生部医学影像装备专家顾问组组长，《国际神经放射学杂志》（IJNR）顾问。1998年获北美放射学会（RSNA）荣誉会员；2001年获欧洲放射学会（ECR）荣誉会员。第四至七届全国政协委员。

李鹤鼎（1913—1991）

河南扶沟人，体育教育家，夫人王义润。1938年毕业于西北联大，后历任西北师院和重庆大学体育系讲师及副教授。1946年赴美留学，1951年获科罗拉多州大学教育学硕士学位，同年回国。1952年起任北京体育学院球类教研室主任、研究生部主任，并任院学术委员会委员及学位委员会副主席。兼任中国足协副主席、科研委员会主委，中国体育科学学会主委等。1988年获国家体育运动荣誉奖章。曾编写体育院校用《球类运动理论教材》《足球函授教材》等。译有《足球技术》。中国民主同盟成员。

李恒德（1921—2019）

河南洛阳人，核材料科学家，中国工程院院士（1994）。1942年毕业于西北工学院冶金系。1946年赴美留学，1947年获卡内基理工学院硕士学位，1953年获得宾夕法尼亚大学博士学位，留美科协发起人之一，并担任《留美科协通讯》主编。1954年12月回国。曾任清华大学工程物理系主任和材料研究所所长。曾获国家级和省部委级奖励四项。曾为《材料科学进展》《中国材料研究学报》主编，国家自然科学基金委员会材料与工程科学部主任，国务院学位委员会学科评审组委员，国家科委发明评奖委员会冶金组副组长，国家自然科学奖励委员会委员，中国金属学会材料科学学会理事长，国际材料研究学会（IUMRS）联合副主席（1999、2000）。

李 珩（1898—1989）

四川成都人，天文学家。1922年毕业于华西大学数学系，1925年留学法国巴黎大学，1927年获理科硕士学位，1933年获法国国家博士学位，同年回国后任山东大学物理系教授兼青岛观象台研究员。1937年起先后任华西大学教授、理学院院长和教务长，四川大学物理系主任，中央研究院天文所研究员。1948年作为访问学者赴美国普林斯顿大学工作。1951年回国，出任中国科学院紫金山天文台研究员，1962年8月任中国科学院上海天文台第一任台长。主编有《宇宙》《天文学报》，著有《造文变星统计研究》《红巨星的模型》《宇宙体系论》等，译著有《普通天体物理学》《宇宙体系论》《天文学简史》等。为中国天文学会副理事长和上海分会理事长。

李华天（1922—2007）

江苏松江人，自动控制和计算机专家，夫人朱天孝。1943年毕业于西南联大电机系。1948年获美国哈佛大学硕士学位。1950年回国，任大连工学院副教授，1952年到沈阳任东北工学院任教授，自动控制系主任、副院长。1958年率团队成功研制出中国第一台模拟电子计算机。曾为国务院学位委员会学科评议组成员，中国自动化学会常务理事，国家自然科学基金会计算机评审组成员，国际自动控制联合会计算机委员会副主席。2004年捐赠自己多年积蓄用以设立"华天奖学金"，面向大连东软信息学院、南海东软信息学院、成都东软信息学院三地学院全日制大学生中优秀生。辽宁省政协委员。

李桓英（1921— ）

女，山西襄垣人，生于北京，麻风病专家。1945年上海同济大学医学院毕业，1946年入美国约翰斯·霍普金斯大学，获细菌学和公共卫生学硕士学位。来到日内瓦刚成立的世界卫生组织工作，成为世界卫生组织首批官员。1958年，谢绝了世卫组织续签五年的合同，瞒着已经移民到美国的父母和弟弟妹妹，孤身离开美国，几经周折，回到中国。由于海外留学工作的经历，被下放江苏泰州麻风村工作。1978年调到北京友谊医院热带医学研究所。曾获得国家科技进步奖一等奖、全国五一劳动奖章、全国医德楷模等荣誉。2016年9月，第十九届（北京）国际麻风大会上荣获首届中国麻风病防治终身成就奖，同年加入中国共产党。

李家治（1915—1998）

直隶（今河北）清苑人，工业心理学家。1935年就读于清华大学心理系，1940年毕业于昆明西南联合大学。1948年赴美，在洛杉矶加州大学做研究生。1950年回国。历任中国科学院心理所研究员、研究室主任。五十年代初最早将劳动心理学介绍到我国，七十年代起致力于人工智能的心理学研究，在计算机理解汉语方面获得了首创性成果。撰有《运动动力定型的顺序反应》等论文四十余篇。

李家忠（？—1988）

山东人，外科专家。西北大学毕业，赴美，在霍普金斯大学医学院进修。1950年回国。在北京大学第一医院任职。1955年与柏椿年成功地做了国内第一例二尖瓣分离术和先天性心脏病手术。北京医学会副主委员。与王历明、计苏华合译《外科生理学》。

李嘉禄（1919—1982）

福建同安人（今厦门市同安区），钢琴家、音乐教育家，夫人吴志顺。1938年考入福建协和大学外文系，两年后改学生物，同时学钢琴。1942年毕业后，留校任钢琴助教。翌年任福建国立音乐专科学校钢琴讲师，后升任副教授。1948年1月赴美国，1949年获内布拉斯加州多纳学院音乐学士学位，1950年夏获内布拉斯加州州立大学音乐研究院钢琴硕士学位。1950年10月与夫人乘克利夫兰号回国，任南京金陵女子大学音乐系钢琴教授兼系主任、南京中央大学音乐系教授，1952年调上海音乐学院，任教研室主任、系主任。培养了顾圣婴等一批钢琴演奏和教学人才。改编的钢琴奏鸣曲有《清江河》《游击队之歌》等，编著《钢琴基本技术练习》，著有《钢琴表演艺术》。中国民主同盟成员。

李景汉（1895—1986）

北京人。社会学家。夫人李欧丽阁（Olga Lee，1901—1990，瑞士人）为北京外院教授。1917年留美在哥伦比亚大学、加利福尼亚大学学习，1923年获硕士学位。1924年回国，先后任北平社会调查所干事、中华教育文化基金会社会调查部主任、清华大学社会学系教授。1944年被派往美国国情普查局考察，1947在联合国粮农组织统计专家室工作。1949年回国，任辅仁大学、中央财经学院、中国人民大学计划统计系教授。1956年任中国人民大学调查研究室主任。1979年被聘为中国社会学研究会顾问。1984年被聘为中国人民大学社会学研究所顾问。著作有《北京郊外之乡村家庭》《实地社会调查方法》《北京郊区乡村家庭生活调查札记》等。

李靖国（1916— ）

湖南华容人，金融学家。1943年广西大学经济系毕业，1949年赴美，获密歇根大学经济学硕士学位，旋即入该校工商管理学院继续研究财经及企业管理学科。1951年回国，先后任东北财经学院财信系副教授、辽宁大学经济系、金融保险系、国际经济系副教授、教授。为中国国际经济关系学会理事、辽宁省国际经济法研究会理事、沈阳农村金融学会副会长、沈阳国际经济学会理事及顾问等。曾主编《工业会计核算讲义》，合编《对外经济贸易理论与实务》，译述《国际金融管理纲要》《计划指导与市场调节》。

李匡武（1917—1985）

广东番禺人，哲学家。1940年毕业于武汉大学哲学系，获学士学位。后任陕西西北师院、四川江津侨专和武汉大学讲师。1948年考取华侨奖学金留学资格，1949年1月赴美国，1951年和1952年分别获得威斯康星州立大学硕士和博士学位。1952年回国到广州，任华南师院教授。曾任中国逻辑史研究会副理事长、会长。著有《西方逻辑史》（上）、《略论形式逻辑的发展》《王充的科学精神和验证方法》等，曾主编《中国逻辑史资料选》（古代、近代部分）等。

李　亮（1907—1971）

江苏扬州（镇江）人，生物化学家。1931年南京中央大学化学系毕业，获理学士学位，任上海第一医学院生物化学科助教至副教授。1947年获中华文化教育基金委员会资助留学美国，1949年获圣路易斯大学医学院生物化学系博士学位，1950年回国，任上海第一医学院教授、生化科主任，后兼任同德医学院教授、上海临时大学医学院生物化学系教授。还任通用药厂研究所所长、天和药厂厂长、上海市工业卫生研究所所长等职。曾任上海市生物化学与分子生物学学会副理事长。主编《生物化学》，著有《吗啡对血液酸碱平衡作用》等。

李禄先（　—　）

浙江东阳人，生物化学家。1944年浙江大学农化系毕业。曾任台湾糖业公司副技师。1955年至1958年为美国华盛顿大学化学系研究生兼助教。1959年回国。历任中国科学院微生物研究所副研究员、研究员。曾利用米曲霉等无害真菌防治台湾甘蔗、凤梨病害取得成果。以微生物蛋白酶炼制生丝、绢纺。创立了尿中微量草酸的比色法，创订了防疟中药常山碱的比色测定方法。

李美玉（1920—2013）

女，浙江金华人，英美文学家，丈夫赵家宝。1944年上海沪江大学毕业，留校任教。1946年考上自费留美，1949年与丈夫同去美国留学，在犹他大学主修英美文学，兼修钢琴，获文学硕士学位。1951年与丈夫偕两子女回国，与丈夫一同分配到青岛四中任教。1956年调到天津中央音乐学院（后改为天津音乐学院）。"文化大革命"后，音乐学院与京剧学校合并改成五七艺术学校，被下放天津大苏庄农场改造。1972年调天津外国语学校，从事外语教学，1979年调入天津外国语学院英语系，任教授，学校首批硕士生导师。1986年退休之后又带了十四年研究生。英译汉有《汤姆·琼斯》等，汉译英有《飘逝的花头巾》《路障》《琵琶情》，参译《简明不列颠百科全书》和《顾维钧回忆录》。致公党成员。

李敏华（1917—2013）

女，苏州人，固体力学专家，中国科学院院士（1980），丈夫吴仲华院士。1940年毕业于西南联大机械系，留校任航空系助教。1944年赴美麻省理工学院留学，1945年和1948年分获硕士和博士学位。后在美国航空咨询委员会（NACA）路易斯发动机研究中心从事研究，在纽约布鲁克林理工学院机械系任教授。1954年8月偕丈夫与两子女取道欧洲回国，先后在中国科学院数学所、力学所从事材料的塑性力学和疲劳断裂的理论和实验研究。1956年获中国科学院自然科学奖三等奖，1978年获全国科学大会奖。论著有《硬化材料的轴对称塑性平面问题的研究》《材料的应力应变曲线对塑性平面应力问题的影响》《塑性应力应变关系总结》等。第三届全国人大代表、全国政协委员。

李明俊（1900—　）

湖南长沙人。医学家。湘雅医学院第七班毕业。1926年在湘雅医学院读书期间加入中国共产党，后遇国民党清党，流亡上海、日本，脱党。1939年7月任湘雅医学院西迁贵阳后留在湖南境内的耒阳分院主任（院长），并主管内科。1942年受命往衡阳防治霍乱流行，协助湖南省的卫生防疫工作。后留美，1950年9月乘威尔逊号抵港回国。在湘雅任内科学教授，转湖北医学院。1956年后在河南医学院工作。1958年，被划为右派。"文化大革命"中被怀疑出卖了柳直荀，当清洁工。八十年代初病逝于天津。

李明哲（1921—2010）

江苏镇江人，畜牧经济学专家。1944年重庆中央大学毕业，1948年获南京中央大学农业经济学硕士学位，后留美，1950年获伊利诺伊州立大学经济学硕士学位。同年回国。1951年2月就职于南京大学农业经济系任副教授，1953年任沈阳农学院农业经济系副教授。曾被划为右派，"文化大革命"中又受冲击。1983年任沈阳农业大学农业经济系教授。全国畜牧业经济研究会副会长、辽宁省畜牧经济研究会副理事长、沈阳市农业经济学会理事长。著有《中国畜牧业经济学导论》，发表论文六十多篇。沈阳市政协委员。九三学社成员，1985年加入中国共产党。1992年2月退休。

李盘生（ — ）

化学家。1941年浙江大学化工系毕业，留校任教。1948年2月作为美国华盛顿州立大学与浙大交换生赴美，获该校化工博士。1955年回国，曾任华东化工学院（华东理工大学）教授，1963年任校化学工程所所长。论文有《木油的压热分解》《液膜乳状液连续电破乳研究》《电场力作用下支撑熔盐膜脱除CO_2^+》等。

李　佩（1918—2017）

女，江苏镇江人，英文学家，丈夫郭永怀。1937年考入北京大学经济学系，1938年转入西南联大，曾任西南联大学生会副主席，1941年毕业，在重庆中国劳动协会工作。1945年11月去法国巴黎参加第一届世界妇女大会。1946年10月赴美，1947年2月到康奈尔大学工业与劳工关系学院学习工商管理，5月与郭永怀结婚。1949年8月第一次回国，9月到华北革命大学政治研究院学习。1950年2月毕业，10月从香港乘船再次赴美。1951年受康奈尔大学语言学系邀请，给准备派作外交官的美国学生上中文课。1956年9月与丈夫郭永怀和女儿一起回国，曾任中国科学院行政管理局西郊办公室副主任，1961年后任中国科技大学和中国科学院研究生院外语教学部英文教授。

李庆昌（1910—1990）

山东恩县（今武城县）人。结核病专家。1933年从清华大学西语系转入上海圣约翰大学医学院，1936年转入济南齐鲁大学医学院。抗战时随学院迁至成都华西坝。1939年毕业获加拿大多伦多大学医学院博士学位。先后在重庆歌乐山医院、贵州省立医院工作。1942年调任成都中央大学医学院任讲师兼附属医院内科主治医师。1948年考取赴美国公费留学，先后在纽约州立结核病医院任研究员、纽约慢性病医院肺科医师。1950年3月与朱光亚等五十二人发表《给留美同学的一封公开信》。回国后任山东白求恩医学院教授，山东省立医院肺科主任。1952年调任浙江医学院教授兼附属医院肺科主任。1956年任杭州结核病防治所所长、杭州象山结核病医院院长。杭州市政协委员，中国民主促进会成员。

李荣真（1915—2007）

女，生于北京，丈夫阚冠卿。1938年毕业于燕京大学，由校长司徒雷登为其与阚冠卿证婚。1948年赴美国在芝加哥大学工作，1950年10月和丈夫阚冠卿及儿子乘克利夫兰号回国，在北京市卫生局和第二传染病医院工作。

李汝祺（1895—1991）

天津人，遗传学家。1918年清华留美预备学校毕业后，赴美国普渡大学农学系学习畜牧学，1923年毕业后入哥伦比亚大学动物学系研究院，1926年获博士学位，同年回国。历任复旦大学和燕京大学生物系教授。1935年到美国加州理工学院做细胞遗传学研究，1936年回国，在燕京大学、中国大学、北京医学院和北京大学任教。1948年赴英国伦敦大学生物系进修，1949年夏回国。1952年调北京大学生物系任教。五十年代任中国动物学会理事长，1978年至1983年为中国遗传学会理事长兼《遗传学报》主编，为《中国大百科全书·遗传学》主编等。主要著作有《发生遗传学》等。1983年以其多年的积蓄设立了"李汝祺动物遗传学优秀论文奖金"。1989年退休。北京市政协常委。民盟中央委员和顾问委员。

李瑞骅（1924—2009）

江苏苏州人，生于上海。建筑学家。1946年上海交通大学土木工程系毕业。1948年赴加拿大桥梁公司工作。1952年多伦多大学硕士毕业（2000年拿到硕士证书）。1952年春开始绕道瑞士英国，历时四个多月回国。先后任上海华东设计院、建工部金属结构设计研究所、国家建委建筑科学研究院、中国建筑技术发展研究中心的主任工程师、顾问总工程师。负责过数百项大型军用及民用钢结构工程，包括人民大会堂、首都体育馆、北京三百二十五米大气监测塔等重点钢结构工程及援外钢结构工程，先后负责编制两届国家钢结构十年科研规划和三本国家钢结构设计、制造、安装规范及规程。

李士谔（1919—2014）

四川成都人，生物化学和分子生物学家。1942年西南联大化学系毕业。1948年赴丹麦哥本哈根学习有机化学，后转赴美国。1954年获得克萨斯大学研究院化学系博士学位。1955年回国，在北京原中央卫生实验室工作。1957年后历任中国医科院实验医学所副教授、基础医学研究所副教授、研究员、生物化学研究室副主任。创立了一系列微量测定蛋白质和酶的方法，在肿瘤生化和酶学的理论和技术中，建立了激素和底物诱导的肝脏TP酶蛋白合成的高等动物诱导酶研究模型，其课题组开创了癌变的基因调控基础研究成果1988年获卫生部科技进步奖一等奖，发表论著近百篇。退休后在美国定居。

李寿康（1917—1980）

上海人，工程结构专家。1938年毕业于上海圣约翰大学土木工程学院，1941年在该校完成研究生学业，曾分别任上海东南建筑公司和华基工程公司工程师，圣约翰大学副教授。1947年赴美留学，1949年和1950年分获伊利诺伊大学硕士和博士学位，1951年回国，到上海圣约翰大学土木工程学系任教授，1952年后一直在同济大学任教，曾任教研室主任。曾为中国建筑学会建筑结构委员会副主任。1957年至1958年去苏联莫斯科建筑工程学院做访问学者。长期从事工程结构教研，主要研究成果"钢筋混凝土受弯构件抗剪强度研究"获1977年上海市重大科技成果奖。

李铁铮（1906—1990）

湖南长沙人，1928年中央大学政治学系毕业，任湖南省南县县长、武汉大学法学院教师。1931年历任外交部专员办公室科长、驻伊拉克公使，驻伊朗、泰国大使，驻联合国代表团顾问兼大使衔代表。1949年辞去官职，入读美国哥伦比亚大学研究院学习，1953年获政治学博士学位。后赴英国，1956年获伦敦大学国际关系学院博士学位。1957年以后在美国，任宾州里海大学、北卡罗来纳州立大学客座教授，康州哈德福特大学终身教授。1964年回国，任中国外交学院教授。1976年再去美国，任密歇根大学、斯坦福大学高级研究员两年。1978年回国，任中国人民对外友好协会和全国侨联顾问。第五至七届全国政协常委。

李维渤（1924—2007）

声乐理论家、歌唱家。1948年获燕京大学英语系文学士学位，赴美国俄亥俄卫斯理大学音乐系留学，1951年获音乐学士学位，1952年获伊斯曼音乐学院研究院音乐硕士学位。1953年归国后，在中央实验歌剧院担任声乐教员兼独唱演员，1976年到上海音乐学院任教，1978年调入中央音乐学院，历任副教授、教授、声乐歌剧系教研室主任，院学术委员会委员等。著有《歌唱——机理与技巧》《歌唱比较教学法概论》《美歌教学漫谈》《声乐训练中有关音乐修养的几个问题》等声乐理论著作。

李希宪（1922—1989）

云南凉河人，土建专家，李根源侄子。云南省留美预备班毕业。1943年西南联大土木系肄业，1949年毕业于美国康奈尔大学土木系，1949年秋获斯坦福大学硕士学位。1949年8月回国，历任云南石龙坝工程处股长、工程师、昆明勘测设计院技术室副主任，高级工程师。为六郎洞、绿水河、西洱河、黄泥河规划选点负责人之一。

李孝芳（1915—1999）

女，河北乐清人，土壤学家和土地资源科学家，丈夫谢义炳。1935年考入清华大学地学系，1940年毕业于西南联大，后留校任教。1947年赴美国俄亥俄州肯特州立大学留学，1949年获地学硕士学位，1949年在芝加哥大学攻读博士学位，加入留美科协，为"芝社"骨干。1950年秋，放弃学业，偕丈夫谢义炳回国，先后在清华大学、北京大学任教，为北京大学自然地理专业奠基人之一。后任中国科学院自然资源综合考察委员会（现为地理科学与资源研究所）室主任。第六、七届全国政协委员。九三学社中央常委。

李学禧（1918—　）

广东梅县人，生于印尼，英语语言学家、政治学家。1942年毕业于重庆中央大学法学院政治系，后留校当助教并在法科研究生院攻读行政学和政治制度学研究生。1947年考取留英名额，次年秋赴格拉斯哥大学留学，1949年获博士学位，被推荐赴美国威斯康星大学从事美国政治制度与行政的考查研究工作。1950年春回国，先在华北革命大学政治研究院学习一学期，后分配到兰州大学任历史系、经济系教授。1960年到西北师范学院英语系工作，历任教研室主任、系主任。编有《汉英成语和常用语》词典、《百首英诗鉴赏》《英语中的汉语贷词探源》等。1958年被划为右派，1979年获改正。1983年被选为省政协委员、省人大代表及全国人大代表，曾为省侨联主席，九三学社成员。

李雅书（1921—2007）

女，北京人，英语学家，丈夫邬沧萍。1944年成都燕京大学历史系毕业，1945年去香港的美国银行和轮船公司工作，1948年获美国新泽西一大学资助赴美留学，1949年转入哥伦比亚大学，1950年获历史系硕士学位后转读博士学位，1951年偕丈夫与孩子回国，任北京师范大学外国史教授。1974年至1978年任北师大的联合国文件翻译组组长。

李　漪（1897—1982）

原名李方钠，山西昔阳人，生于广州，纯系动物培养和肿瘤研究专家。1924年北平医学专科学校毕业，曾受聘于北平协和医学院、湘雅医学院、南京鼓楼医院、中山医学院等。1946年被派赴美，在加拿大和美国缅因州杰克森肿瘤研究所进修，在多家医院进行肿瘤研究。1955年回国，在中国医科院工作，翌年到天津医学院建立了肿瘤研究室，培养成功两个纯系小白鼠津白一号、二号，后成为国际通用的标准实验动物，获天津市科技成果奖一等奖及国家科技进步奖和发明奖，参与编译《癌的病理生理学》。论文有《片状异物诱发肉瘤机制的实验研究》《石棉纤维诱发间皮细胞机制之探讨》《体外正常细胞培养自发恶变》等。

李　懿（1924—2013）

女，江苏南通人，经济学家。丈夫梅镇岳。1946年上海圣约翰大学经济系毕业。1951年获印第安纳大学经济硕士，1953年偕丈夫回国。在中国科学院经济所任副研究员，研究世界经济。1960年后研究福利经济学、垄断竞争论、西方社会主义经济学。与厉以宁、吴易风合著《西方福利经济学评述》，论文有《资产阶级社会主义经济学的基本论点》《西方经济学者论社会主义经济计划与市场关系》《福利经济学的伦理评价》《正规市场的机制作用》等。

李荫远（1919—2016）

四川成都人，物理学家，中国科学院院士（1980），夫人胡镜容。1938年入四川大学，1941年转入西南联大物理系，1943年毕业，曾留校任助教。1947年初从清华大学赴美留学，1948年获华盛顿州立大学硕士学位，1951年获伊利诺伊州立大学博士学位，1952年在宾州卡内基理工学院做研究工作，1955年在威斯汀豪斯公司磁性材料实验室兼职。1956年1月偕夫人与孩子回国，在中国科学院物理所磁学组任研究员，1960年后曾历任固体物理、晶体学室主任、副所长，学术委员会主任。1980年因静电场作用下$LiIO_3$单晶的基础理论研究获中国科学院重大科技成果奖一等奖；1982年获国家自然科学奖三等奖。在磁学、固体物理和光学理论研究中颇有建树。编著有《铁氯体物理学》《非线性光学》等。九三学社成员。

李 滢（1924—2020）

女，福建福州人，建筑专家，胞弟李功受，丈夫洪朝生。1945年毕业于上海圣约翰大学建筑系，1946年赴美留学，1947年获麻省理工学院建筑系硕士学位，1949年再获哈佛大学土木系硕士学位。1949年12月至1951年1月去丹麦工作，1951年与张丽珠同船回国，在上海圣约翰大学工学院工作。1954年到北京，在北京市建筑设计研究院任建筑师，后因病提前退休。

李永禄（1911—1996）

北京人，畜牧学家。1937年岭南大学毕业，1938年起在岭南大学任助教至副教授，其间短暂任广东省经济局科长；1946年任中央畜牧研究所副研究员。1947年3月赴美留学，1949年底获明尼苏达州立大学博士学位，后回国继续在岭南大学任教，为二级教授；1952年院系调整后，任华南农学院（大学）牧医系副主任。主编全国统编教材《养牛学》、专著《奶牛手册》及《肉牛营养需要和饲养标准》。多项目成果分别获国家科技进步奖一、二、三等奖；曾任中国畜牧兽医学会养牛学分会名誉会长、广东省畜牧兽医学会理事长。获广东省先进工作者称号，被美国明尼苏达州立大学选为海外杰出成就校友。省政协常委。民进华南农业大学主委。1996年7月，在加拿大逝世。

李永熹（1915—2000）

江苏镇江人。1939年上海交大机械系毕业，同班同学有谈镐生、郑际睿。毕业后入成都航空机械学校第五期高级机械班学习，1941年春到国军空军第三飞行大队任机械师。曾赴缅甸接收战斗机及随"飞虎队"在仰光作战。1946年被派往美国参加培训，1949年12月抵港回国，先后在沈阳飞机场、三机部教育司和中航工业航空技术研究院工作，五级高级工程师。"文化大革命"中曾下放湖北干校三年。合译有《苏联机械工人短期训练教材：航空发动机装配钳工》，回忆录有《赴缅甸接机及随飞虎队在仰光对日作战的回忆》。

李玉瑞（1921—2007）

女，矽肺职业病专家，丈夫张宽厚。1944年毕业于北京大学化学系，1947年至1951年在美国密歇根州立大学学习营养学，1951年回国，先后在北京医学院和北京铁道医学院教授生物化学，1966年调至中国医科院劳动卫生职业病所（后为中国疾病预防控制中心职业卫生与中毒控制所），从事矽肺病的发病机理与防治研究，为博士生导师，主持多项科技部和卫生部的课题获部级奖励。1988年退休。

李远义（1912—   ）

湖北宜昌人，市政卫生工程专家。1937年清华大学土木工程系毕业，1950年获美国约翰斯·霍普金斯大学卫生工程硕士学位。1951年归国，在北京市卫生工程局工作。1955年调北京市政工程设计研究总院，历任设计室副主任、副总工程师、总工程师。设计项目有"北京市方庄小区、亚运村等污水处理厂的设计""设计废水处理工程"。曾获北京市优秀设计奖一等奖、建设部优秀设计奖二等奖。合译有《工业废水处理》《地下管设计》《莫亚斯科曝气站的污水沉渣处理》。

李肇基（1920—1955）

上海人，夫人麦少楣。1939年至1940年就读上海圣约翰大学，其间担任学校（中共）地下党支部书记，后就读燕京大学，1945年秋负责《燕京新闻》中、英文版，1946年毕业于燕京大学新闻系，在中共代表团办事处工作，并任《文汇报》记者。1947年和麦少楣结婚并共赴美国，在密苏里大学攻读研究生，为北美基督教中国学生会（CSCA）中西部组织的成员。1951年1月偕夫人回祖国，随即接受外交部新闻司邀请，任外交部情报司科员，1955年随中国代表团乘克什米尔公主号民航包机去印尼参加万隆亚非会议，在空难中牺牲。国家向家属颁发"革命牺牲工作人员家属光荣纪念证"。

李肇特（1913—2006）

内蒙古呼和浩特人，胚胎学专家。1936年毕业于燕京大学生物学系，获学士学位，留校任助教，1939年任北京协和医学院解剖科教员，并在燕京大学研究生院作研究生，1942年完成硕士论文（1946年获硕士学位），任北京医学院解剖学科讲师。1947年赴美，在密苏里州华盛顿大学（圣路易斯）医学院攻读细胞学，获博士学位。1949年9月回国，任北京大学医学院解剖学科副教授，1953年9月晋升为教授，并出任北京医学院组织学与胚胎学教研室副主任。

李振宇（1917— ）

河南人，1942年西南联大商学系毕业。1947年或1948年赴美，获纽约大学工商管理研究院硕士学位。1950年前后回国，上海财经大学会计系任教。1956年获全国先进工作者。"文化大革命"初期因心脏病逝世。

李　震（1919—1988）

曾用名李亚伯，笔名雨宁，江苏丰县人。入读昆明西南联大物理系，后转入外文系。1943年毕业后，在国民政府空军任译员。1944年开始在印度及美国工作，并在美国密苏里大学新闻学院函授部攻读新闻学。1950年始，从事文学及科技的翻译工作。1964年回国，到北京国际关系学院教授英语。1975年到河北师范大学外语系任教。为河北省翻译协会副会长。译有《欧文短篇小说选》《杰克·伦敦短篇小说选》《阿尔罕伯拉》等。

李正理（1918—2009）

浙江东阳人，植物学家。李正武胞弟，夫人沈淑瑾。1943年毕业于西南联大生物系，任云南大学生物系助教、中央研究院植物研究所助理研究员。1948年赴美留学，1951年和1953年分获伊利诺伊大学硕士和博士学位，留校任副研究员，后任耶鲁大学植物系副研究员。1956年11月偕夫人和幼子回国，任北京大学生物系教授、植物形态学教研室主任。为中国植物学会副理事长。长期从事植物学教学和科研，著有《植物制片学》《棉花形态学》《水稻叶白枯病叶的病理解剖》等著作。

李正名（1931—2021）

江苏苏州人，生于上海，有机化学与农药化学专家，中国工程院院士（1995）。1949赴美密歇根大学留学，1953年获南卡州厄斯金学院化学系学士学位，同年8月回国，入读南开大学化学系有机化学专业，1956年研究生毕业，历任南开大学化学系讲师、元素有机化学研究所室主任、所长、国家重点实验室主任、南开大学化学院副院长、农药国家工程研究中心（天津）主任。获一项国家"七五"科技攻关重大成果奖，两项教育部科技进步奖二等奖，一项天津市技术发明奖一等奖，一项国家自然科学奖二等奖，一项国家科技进步奖一等奖。任中国农药学会理事长、国务院学位委员会评审组成员，为天津市科协副主席。

李正武（1916—2013）

曾用名李整武，浙江东阳人，物理学家，中国科学院院士（1980），李正理胞兄，夫人孙湘。1938年毕业于清华大学物理系。先后在江苏医学院、复旦大学、交通大学任教。1946年赴美留学，1951年获加州理工学院博士学位，曾在该院的凯洛格实验室任研究员。1955年10月偕夫人和孩子回国，长期从事核物理、等离子体物理和受控核聚变等方面的研究，历任中国科学院原子能所核物理室副主任，二机部五八五所所长。核工业部西南物理研究院名誉院长。著有《爱因斯坦常数的精密测定》《带电粒子活化分析》《轻原子核质量》《中国受控核聚变研究》等。

李祉川（1907—1995）

广东中山人，化工机械专家。1929年毕业于上海交通大学机械系，在津浦铁路浦镇机厂任技师。1932年赴美国普渡大学研究生院学习，1934年获机械工程硕士学位。同年首次回国，任永利化工公司技师长、永利川厂设计部部长，1946年被派驻美国纽约办事处任工程师。1951年再次回国，历任永利化学工业公司设计部长、重工业部化工局设计公司、化工部设计院工程师，大连化工设计研究院总工程师，大连化工厂副总工程师。论著有《侯氏碱法的诞生和发展》《中国苏尔维法纯碱工业设计资料史话》，主编有《化工厂机械手册》《纯碱工业》。曾任大连市人大常委会副主任。

李志尚（1916—2017）

原名李崇德，河南洛阳人，病理学家，李恒德胞兄。1938年毕业于中央陆军军医学校。1947年8月赴美，在华盛顿大学医学院学习病理。1948年8月转堪萨斯大学医学院学习病理，1950年获硕士学位，同年回国。历任武汉医学院、广西医学院病理学教授。专著有《病理剖验技术》，论文有《胆碱与肝硬化》《新生儿脑膜炎》《人类圆线虫病重笃自体感染》《白细胞性膜主动脉类》《误论率与病种的变化》《内源脂性肺炎》《无反应性结核》等。

李志伟（1918—2008）

澳门出生，统计学家。1940年西南联大经济学系毕业，后赴美入读芝加哥大学经济系，1951年获博士学位，同年偕家人回国。在外贸部行情研究所工作，1964年2月调入北京对外经济贸易大学，因经济学不受重视，分别在一系、三系、五系及出版社等单位从事英语教学等工作。改革开放后开始讲授西方经济学，并创立和教授应用统计学。1988年调计算中心参与筹建经济信息管理专业。著作有《英语口语教材》《统计分析概论》。

李志远（1915—1999）

河南舞阳人。1941年南京金陵大学农学院农业经济系毕业。曾在中央银行和信托局任职。1948年赴美，1949年获田纳西大学农业硕士学位。同年11月回国，在光华大学任教。1951年9月调入上海财政经济学院任副教授、商品学教研室主任。1958年随学院并入上海社科院。1960年调回上海财经学院，任饮食服务系副主任、教授、基础部主任。曾任上海商品学会常务副会长。论文有《美国田纳西水利工程区域对农业的影响》《关于商品学研究对象问题的探讨》等；编著有《航运与国际贸易术语和缩略语词典》《食用油脂》等。

李中宪（1912—1982）

山东惠民人。生物学家。1935年毕业于北京大学。先后为北京大学、长沙临时大学、西南联大、西北大学教授。1948年赴美，入读加州理工学院，1950年回国任教。历任西北大学生物系主任、校学术委员会委员、中国植物学会理事、陕西省植物学会理事长、《西北植物研究》主编等职务。论文有《冬小麦密植实验的初步结果》。西安市政协委员。中国民盟中央委员。1981年加入中国共产党。

李著璟（1926— ）

湖南长沙人，结构力学家。1949年毕业于上海交通大学土木工程系，后留美，1950年获得克萨斯州大学土木工程硕士学位；1950年至1951年在休斯敦从事油井钻塔及天线塔设计工作；1951年至1956在纽约从事桥梁船坞设计工作。1956年回国，1957年起在清华大学土木工程系结构教研室任教；1991年退休。独著有《初等钢筋混凝土结构》，合著有《水工钢筋混凝土结构学》《结构优化设计方法》《特殊结构》等。

利翠英（1912—2004）

女，广东防城（今属广西）人，生于越南，昆虫生理学家，丈夫蒲蛰龙。1925年从越南回广西，1935年毕业于中山大学农学院，留校任教，曾任副教授。1947年留学美国，1949年获明尼苏达大学硕士学位。1949年10月获明尼苏达大学博士学位，同年10月与丈夫蒲蛰龙一起回国。历任中山大学农学院、华南农学院、中山大学教授。论文有《十三种鳞翅目幼虫前胸腺的比较研究》《赤眼蜂的个体发育及其对寄主蓖麻蚕胚胎发育的影响》《蓖麻蚕幼虫马氏管的超微结构》。主编《中国农业百科全书：昆虫卷·昆虫生理分支》。第三至六届全国政协委员。

梁曼娟（1929—1986）

女，江苏扬州人，外国语专家，丈夫余国琮。1947年留美，就读于宾夕法尼亚的斯腾山大学（格林堡）。1951年7月回国，是年8月与余国琮结婚。

先后在唐山工程学院和天津大学教授英语和俄语。1986年病故。

梁思礼（1924—2016）

广东新会人，生于北京，导弹控制专家，中国科学院院士（1993），梁启超之五子。1941年随三姐思懿赴美，1945年获普渡大学电机系学士学位，1949年获辛辛那提大学博士学位。曾为北美基督教中国学生会（CSCA）执行委员。1949年10月回国，在邮电部电信技术所和总参通信部电子所工作。1956年后任国防部五院导弹系统研究室主任、二分院第一设计部副主任；1965年后任七机部一院十二所副所长、副院长，中近程导弹控制系统主任设计师；1981年后任七机部总工程师、通用测试设备（CAMAC）总设计师、科学技术委员会副主任。其成果获1985年国家科技进步奖特等奖，1996年何梁何利基金科学与技术进步奖，1997年"中国老教授科教兴国奖"。代表作《向太空长征》《梁思礼文集》等。第八届全国政协委员。

梁思懿（1914—1988）

女，广东新会人，生于北京，社会活动家，梁启超之三女。1933年考入燕京大学医学预备班，后来转入燕京大学历史系，1936年加入中国共产党，是一二·九运动中的学生骨干，燕大学生领袖。1941年与张炜逊结婚，偕丈夫和梁思礼一起赴美，学习美国历史。后在芝加哥、纽约社会研究新学院任教。1949年10月回国，先后任齐鲁大学女部主任、山东白求恩医学院教师、山东省妇女联合会主席，1955年2月调往北京，任中国红十字会国际联络部副部长。第六届全国政协委员。

梁晓天（1923—2009）

河南舞阳人，药物化学家，中国科学院院士（1980）。1946年毕业于重庆中央大学化学工程系，1948年赴美国西雅图华盛顿大学化学系研究生院学习，1951年获博士学位，后去哈佛大学做博士后研究，为留美科协西雅图区会联络人。1954年10月回国，任中央卫生研究院药物学系（中国医科院药物所）副研究员、研究员。曾任中国质谱学会理事长、中国化学会理事长，1993年当选为美国纽约科学院院士。1994年获首届中国医学会科学奖，1995年获何梁何利基金科学与技术进步奖（化学）。编著有《核磁共振高分辨氢谱的解析和应用》。

梁　徐（1917— ）

壮族，广西武鸣人，儿科血液病学家，地中海贫血病专家。1935年进入广西医学院学习，1942年毕业。1947年考取公费留学，赴美国哈佛大学医学院进修，1949年回国。历任广西医学院助教至教授，广西医学院儿科教研组和血红蛋白病研究室主任、科研处长、教务长等职。主持血红蛋白病课题研究，获全国科学大会奖，国家科技进步奖集体三等奖。被评为全国少数民族地区先进科技工作者、全国高校先进科技工作者。

梁毅文（1903—1991）

广东番禺人，妇产科专家。1923年广州西关夏葛医校医学系毕业，在上海妇孺医院任住院医师。1925年在夏葛医学校附属柔济医院工作，1928年任医院妇产科主任。1929年到美国费城女子医学院进修妇产科，获医学博士学位。1931年到奥地利维也纳医学中心进修妇产科、解剖学及病理学，同年底回国回柔济医院任妇产科主任。1949年再赴美国，在纽约医学研究中心深入研究解剖学和病理学。1950年9月回国，仍任柔济医院（后为广州市第二人民医院）妇产科主任。1954年任副院长。1980年任院长。论文有《子宫外孕的论断和鉴别论断》《不孕症的分析和处理》等。第三届全国人大代表和第三、五、六届全国政协委员。

梁于华（1927— ）

江苏人，1948年大学毕业，1948年秋冬赴美留学国际关系国际法，获密歇根大学硕士学位。1951年春回国，在亚奥联络局工作，后在外交部领事司和美大司工作。合作译著有《大国的兴衰：1500年到2000年的经济变化和军事冲突》和《抓间谍的人》等。

梁植权（1914—2006）

广东中山人，生于山东烟台，生物化学家，中国科学院院士（1980）。1937年和1941年先后在北京燕京大学化学系毕业并获学士和硕士学位。先在中国大学任教，1945年在清华大学农学院生物化学系任教。1946年赴美，在纽约大学化学系任助教，半年后转入宾夕法尼亚州大学生物化学系任研究助教，1950年获博士学位，同年回国，历任北京协和医学院（现中国协和医大基础医学所）生物化学系系主任。中国医科院基础医学所蛋白质组及核酸组组长。国务院学位委员会委员，中国生物化学学会及中国生理学会副理事长。其"针麻手术前后血浆中肾上腺皮质类固醇以及血浆中羧肽形成酶元和羧肽形成酶含量的变化"研究成果，获1978年全国科学大会成果奖。

梁卓生（1923— ）

广东深圳人，拉美史学家。1945年毕业于西南联大政治系，1948年赴美国西雅图华盛顿大学学习国际政治专业。1949年回国，在南开大学拉美历史研究室工作，1979年参与创建中国拉丁美洲历史学会，为副会长。1982年调北京外交学院外交业务系任教。主编《世界现代史（1917—1945）》，论著有《拉丁美洲工业化问题》《美国霸权的衰落和美墨经济关系的变化》《德国法西斯为什么提前发动第二次世界大战》《里根外交和冷战的衰亡》等，译著有《社会进步和发展宣言》等联合国文件。1984年至1985年在美国弗莱彻法律外交学院访问研究。

廖可兑（1916—2001）

湖北武汉人，戏剧文学家。1944年毕业于武汉大学英文系。1947年赴美国艾奥瓦州立大学研究院学习欧美戏剧。1950年回国，历任西北师范大学、西北大学副教授，中央戏剧学院教授。中国剧协第三届理事。著有《西欧戏剧史》《美国戏剧论辑》等。九三学社成员。

廖山涛（1920—1997）

湖南衡山人，数学家，中国科学院院士（1991），第三世界科学院院士（1986）。1942年毕业于西南联合大学数学系。曾在北京大学、中央研究院数学所任教。1950年赴美留学，1952年获芝加哥大学博士学位。后在美国普林斯顿研究院等机构从事数学研究。1956年回国，任北京大学数学系教授，专长于代数拓扑和微分动力系统研究。1982年、1987年分别获国家自然科学奖二等奖和一等奖。1985年获第三世界科学院数学奖。1995年获何梁何利基金奖。著有《微分动力系统的定性理论》《典范方程》等，合作出版专著有《同伦论基础》。

廖延雄（1922—2007）

江西安义人，兽医微生物学家。1943年毕业于中央大学农学院畜牧兽医系，后任四川省自贡市旭川中学英语、生物教员。1944年任国立中央大学畜牧兽医系兽医微生物助教。1947年教育部公费选派赴美留学，1951年1月获堪萨斯州立大学博士学位。1951年2月回国，历任南昌大学农学院畜牧兽医系教授，兰州西北畜牧兽医学院教授、微生物教研室主任、兽医系主任，甘肃农业大学教授。1980年调江西省科学院，曾任院长。主编全国高校统编教材《兽医微生物学》，主译《国际病毒分类与命名》，著有《新城疫病毒的研究》《绵羊链球菌病》。曾为江西省科协主席，江西省政协副主席，全国政协常委，省人大常委。九三学社第八、九届中央常委，九三学社江西省委主委。

廖韫玉（1911—1997）

女，四川资中人，口腔医学家，丈夫夏良才。1930年考入华西协合大学牙医学院，1937年毕业，留校任教。1948年赴美，在纽约州罗彻斯特大学伊斯曼牙医学院进修，1950年9月偕丈夫乘威尔逊号回国，在华西协合大学任口腔矫形科副主任，1960年与丈夫夏良才去武汉创建湖北医学院口腔医学系。

林秉南（1921—2014）

福建莆田人，生于马来西亚，水力学专家，中国科学院院士（1991），夫人王宝琳。1942年毕业于西南交通大学土木系。1946年赴美艾奥瓦大学留学，1947年获硕士学位，1951年获获博士学位，曾任艾奥瓦水利研究所副研究员和科罗拉多州立大学助理教授。1956年偕夫人与两个孩子回国，曾任中国科学院水工室研究员、中国水利水电科学研究院水力学所所长、院长。主要从事不恒定流、泥沙和高速水流方面的研究，论著有《工程泥沙》《含沙量对泥沙沉速影响》《泥沙不恒定输移》《二维潮流》《坝下消能》《溃坝波分析》等。1986年获国家科技进步奖二等奖，1997年，获美国土木工程学会水利工程奖，1997年获美国土木工程学会干旱地区水利工程奖。第五至八届全国政协委员。

林昌善（1913— ）

福建福州人，昆虫生态学家。1938年获燕京大学生物系理学硕士学位。曾任燕京大学、中国大学、辅仁大学讲师，燕京大学副教授。1951年获美国明尼苏达大学农学院昆虫学系博士学位。同年回国，历任燕京大学教授、生物系主任，北京大学教授、生物系无椎昆虫学教研室主任，全国动物学会第一届常务理事，全国昆虫学会常务理事，全国生态学会第一至三届常务理事。专于昆虫迁飞行为及农业生态系统研究。1985年获国家教委科技进步奖二等奖。撰有论文《黏虫迁飞规律的研究》《对我国2000年人口的预测》，合著《环境生物学》，与李汝祺合译《动物生态学》。1992年5月与我国其他八位专家当选为世界生产力科学院院士。九三学社成员。

林春业（1919— ）

广东汕头人（有说黑龙江呼兰人），外科医学专家。1936年毕业于上海医学院，获医学博士学位，任该院助教、副教授。1949年赴美，在宾夕法尼亚大学医学院学习。1950年回国，历任上海第一医学院副教授、教授，重庆医学院教授、图书馆馆长、附属第一医院主任医师。著有《肝内胆管空肠吻合治疗肝内胆管结石》《主动脉跨栓》等论文。

林达光（1920—2004）

加拿大籍华人，生于温哥华。夫人陈恕。国际法和历史学家。1943年获美国密歇根大学文学学士学位。1945年获美国佛列澈法律学院硕士学位和哈佛大学国际法国际关系学硕士学位。曾任北美基督教中国学生会秘书长。1950年偕夫人和两个孩子回国，在北京工作生活。曾任新闻总署国际新闻局编辑、中央广播事业局英语广播艺术指导、福建华侨大学教授。1964年回加拿大后，先后在大不列颠哥伦比亚大学和麦吉尔大学任教，从事中加文化交流的社会活动。1981年创办加拿大宋庆龄儿童基金会，为中国边远贫困地区儿童提供各种帮助。1998年获加拿大总督颁发加拿大勋章。

林凤藻（1915—1997）

女，湖南石门人，心理学家。国民政府驻日本副大使林定平之女，辛亥革命同盟会元老林德轩之孙子。丈夫范存忠为1931年回国的后任南京大学副校长的哈佛大学博士。1941年南京中央大学英语系毕业，1943年获该校教育心理硕士，留任心理所工作。1948年赴美留学，1950年获哥伦比亚大学教育心理学和心理卫生学硕士学位，因朝鲜战争中断博士学业，1950年9月乘威尔逊号回国，在南京大学理学院心理系任教，1952年院系调整到南京师范学院（现南京师范大学）教育系教授心理学，1987年退休。论著有《神经系统的可塑性与习惯》《人脑的社会性》《学前儿童操作微电脑的思维过程特征》（在美国发表）等。1990年应邀到美国康涅狄格学院做心理学研究，1997年在美国逝世。九三学社成员。

林冠彬（1901—1987）

福建福清人，教育学家。1923年福建协和大学教育系毕业，1924年任福清明义中学校长，因育才卓著，被送到北京燕京大学教科文卫系深造，获得硕士学位后又回到福清明义中学继续任校长。1937年，被选送美国留学，1940年回国，到福州协和农业职业学校任校长。1948年7月再度赴美考察和深造，进修了世界先进的畜牧业，并为"协职"筹集办学经费。1950年9月乘威尔逊号回国，1952年4月，福建省政府决定，协职学校与省立高级农业职业学校合并，任命林冠彬为校长。不久，因政治运动冲击，被解除职务。鉴于其在国民政府时期对中共闽中地下党的贡献，嗣后被任命为福州市北郊农场场长。1964年辞去行政职务，调任福建英专和福建第二师范学院任英语教授。1969年因患脑出血症而下肢瘫痪。

林鸿荪（1925—1968）

天津人，力学家，林戊荪胞兄，夫人杨友鸾。1943年随父（印度中国银行行长）去印度考入加尔各答大学化学系，1945年赴美，1947年毕业于特拉华大学化工系，1949年获布朗大学数学硕士学位。1950年夏7月回国，分配在中国科学院数学所，协助钱伟长筹建力学研究室。1956年协助钱学森筹建中国科学院力学所，并创建力学研究所怀柔试验基地，曾任力学所第十三室副主任，力学所怀柔分部副主任。1968年转到国防科委第十七研究院。

林兰英（1918—2003）

女，福建莆田人，半导体物理学家，中国科学院院士（1980）。1940年毕业于福建协和大学物理系，留校任助教、讲师。1948年8月赴美留学，1949年获宾州迪金森学院数学学士学位。1950年和1955年分别获得宾夕法尼亚大学固体物理学硕士和博士学位，后任西尔韦尼亚（Sylvania）公司高级工程师。1957年1月底回到香港，任中国科学院物理所、半导体所室主任、副所长。先后负责研制成我国第一根硅单晶、第一根无错位硅单晶、第一台高压单晶炉、第一片单异质结SOI外延材料、第一根GAP半晶、第一片双异质结SOI外延材料等，先后四次获中国科学院科技进步奖一等奖，两次获国家科学技术进步奖二、三等奖，1996年获何梁何利基金科技进步奖，1998年获霍英东成就奖。中国科协第二至四届副主席，第三、七届全国人大常委会委员。

林乐义（1916—1988）

生于福建南平，建筑学家。1937年毕业于上海沪江大学。战后赴美，在佐治亚理工学院研究建筑学，被聘为该校建筑系特别讲师。1950年回国，历任北京中南建筑公司总建筑师、建筑工程部北京工业建筑设计院总建筑师、河南省建筑设计院总建筑师、中国建筑科学研究院总建筑师、建设部建筑设计院总建筑师，中国壁画学会筹委会副主任。设计了许多工程，主要代表作品有桂林艺术馆、南京储汇大楼、广西忠烈祠、北京首都剧场、北京电报大楼、中国驻波兰大使馆、郑州二七烈士纪念塔、北京国际饭店等。主持编写《建筑设计资料集》（第一版）。

林启荣（1921—　）

福建莆田人，电机专家。国立中央大学电机系毕业，官费留美，获伊利诺伊大学电子工程博士学位，1950年回国，先后任一机部上海分部总工程师、机电部北京自动化研究所研究员。1954年与二弟林启华合译出版《电工学》《电机设计》（中专教材）。国务院学位委员会学科评议组成员。

林启寿（1919—1978）

安徽无为人，药物化学家。1941年毕业于南京国立药学专科学校，历任成都齐鲁大学理学院药学系助教，重庆国立药学专科学校讲师、高职科主任。1948年5月经教育部派赴美国蒙大拿州立大学药学院深造，获硕士学位，后应聘马里兰大学医学院药理系任研究员。1950年3月回国，先后任北京大学医学院药学系教授、药化研究室主任等。1957年被划为右派，1962年被摘帽。"文化大革命"期间被当作反动学术权威，下放"五七"干校劳动。1978年获全国科学大会奖。为《药学通报》主编、中国药学会北京药学分会副理事长。著有《植物药品化学》《色层分离法及其在药学上的应用》《中草药成分化学》《纸上色谱及其在中草药成分分析中的应用》等。九三学社成员。

林少宫（1922—2009）

广东信宜人，生于北京，计量经济学家，夫人吴驯叔。1944年毕业于重庆中央大学经济学系，1947年赴美留学，先就读于路易斯安那州立大学，1949年转入美国伊利诺伊大学，1952年获得经济学博士学位。1953年在俄亥俄州地顿大学任讲师。1954年偕夫人与两个孩子回国。1955年后，在华中工学院（现华中科技大学）数学系、数量经济系、经济学院任教，曾任数量经济与金融研究中心名誉主任，经济管理学院院长。中国现代统计研究会第一、二届副理事长、中国概率统计学会、中国质量管理学会常务理事。发表论文近百篇，出版著作、译著十余部，代表作有《基础概率与数理统计》《农业试验正交设计》《简明经济统计与计量经济》《微观计量经济学要义》等。

林同骥（1918—1993）

福建福州人，生于北京，流体力学家，中国科学院院士（1980），夫人张斌，中国科学院外籍院士林同炎胞兄。1942年毕业于国立中央大学航空工程系，1945年留学英国，1948年获伦敦大学航空工程博士学位。同年赴美国西雅图华盛顿大学、加州大学和布朗大学从事稀薄气体、流体力学和弹性力学方面的研究。1955年秋偕夫人与孩子回国，参与创建中国科学院力学所。历任力学所研究员、副所长，七机部七〇一所副所长等职。"文化大革命"期间夫人入狱，被迫烧采暖锅炉。曾任《力学学报》主编，中国力学学会副理事长兼秘书长，亚洲流体力学学术会议副主席。1959年获全国先进生产者称号。第三届全国人大代表，第五、六届全国政协委员。1991年移居美国与夫人团聚，病逝于美国。

林为干（1919—2015）

广东台山人，微波理论学家，中国科学院院士（1980）。1934年十五岁时考入清华大学，1939年毕业于西南联大，考入电工学部电讯组研究生，后因经济拮据退学。1941年在西南联大任教，1944年仔细研究，为远征军装设先进的载波电话，获国民政府交通部奖金奖励。1945年9月赴美，1951年3月获加州大学博士学位，同年8月回国，在岭南大学、华南工学院任教。1957年调至成都电讯工程学院（电子科技大学），历任教授、副院长。著有《微波网络》《微波理论与技术》（1987年全国高校优秀教材奖）、《电磁场工程》（全国优秀科技图书）、《电磁场理论》等。1978年获全国科学大会奖，1988年获国家自然科学奖三等奖。曾为成都市科协主席。四川省人大常委会委员，全国劳动模范。

林戊荪（1928—2021）

天津人，林鸿荪胞弟，张庆年丈夫。1946年赴美，在新罕布什尔州达特茅斯学院留学学哲学。受新中国召唤，放弃即将到手的学士文凭，于1950年7月回国，任英文《人民中国》半月刊编辑。1951年和1953年两次赴朝鲜参加美军细菌战俘审讯和红十字小组对回国战俘的心理辅导和思想解释工作。1958年参与《北京周刊》（英文版）创刊，历任总编室副主任和副总编，1980年代任外文出版发行事业局局长兼中国对外出版集团主席。1994年离休。

林　一（1911—1990）

福建福州人，高分子化学家。1932年毕业于福建协和大学化学系，1935年获燕京大学生物化学硕士学位。曾任福建协和大学化学系讲师、福建省工业研究所所长兼任福建省炼油厂厂长。1947年8月赴美留学，1950年获宾夕法尼亚大学博士学位。在阿尔布莱特学院化学系任副教授，翌年转宾夕法尼亚大学生物化学系从事研究工作，后在费城国际电阻公司研究部任高分子组长。1955年12月李荫远等同船回国。任中国科学院化学所研究员，后兼任中国科学院研究生院化学部副主任。长期从事有机硅高分子化学及其反应机理和高分子灌浆材料的研究。曾先后获得全国科学大会奖、国家发明奖三等奖、科学院科技进步奖一等奖。主要论著有《二甲基羟基硅烷的缩合动力学》《硅橡胶的室温硫化和高温降解》等。

林正仙（1919—1986）

浙江鄞县人，石化专家。1944年毕业于浙江大学化工系，1947年赴美国，就读于华盛顿大学，获化学工程硕士和博士学位。后在麻省理工学院从事流体力学、质量传递等研究工作。1955年7月回国。历任燃化部石油设计局工程师，石油部石油科学研究院研究室主任、总工程师，燃化部石化科学研究院高级工程师，石油部和中国石油化工总公司石油化工科学研究院总工程师，第二届院学位委员会主席，学术委员会副主任，国务院学位委员会化学工程和工业化学评议分组第一、二届成员。其负责的铂催化重整和芳烃抽提工艺的开发等两项成果曾获国家科委和全国科学大会奖。先后六次被评为部、院先进工作者、全国石化系统劳动模范。

林祝恒（1931—1957）

福建人，医学专家，夫人陈国凤。1948年赴美，在宾夕法尼亚大学医预系留学，其间积极参加北美基督教中国学生会（CSCA）活动，1951年7月与女友陈国凤等人回国，到北京协和医学院，1956年获医学博士学位，分到中国医学科学院上海某单位，1957年反右运动中不堪凌辱，服毒自杀。

林宗彩（1917—2000）

福建福州人，冶金学家。1940年毕业于国立西北工学院矿冶系。1948年获美国匹兹堡大学工学硕士学位，1948年底或1949年初回国。受聘于北方交通大学唐山工程学院冶金系教授。1952年院系调整时，调到北京钢铁学院先后任教授、冶金系主任、副院长等职务。中国冶金学会炼钢学会首届副理事长。第五、六届全国政协委员。民盟第四届中央委员、第五届中央常委。

林作砥（1919—2006）

福建福州人，生于北京，环境保护专家，夫人徐水月。1943年上海圣约翰大学土木系毕业获学士学位，后留美，1948年获明尼苏达大学卫生工程硕士学位，1952年获博士学位。1956年6月偕夫人回国，在城建部搞环境科学。1958年去香港，1959年与夫人一起去美国，曾任美国明尼苏达矿业及机器制造（3M）公司副总裁。一生获奖很多，1974年被尼克松总统任命为空气品质顾问委员会委员，1976年当选为美国工程院院士。

凌佩弘（1918— ）

湖南长沙人，采矿专家。1944年毕业于湖南大学矿冶工程系。1948年毕业于美国俄亥俄州立大学研究院，获硕士学位。1949年入宾夕法尼亚州立大学研究院当博士研究生。1950年回国。历任开滦煤矿工程师，煤炭工业部唐山煤炭科学研究院研究室主任，中国西南能源开发总公司总工程师。撰有《采煤机械运动和时间的研究》等论文。第六届全国政协委员。

凌熙华（1921— ）

浙江绍兴人，英语学家。1944年毕业于江西中正大学政治系，1948年赴美留学，1950年获弗吉尼亚州林溪堡学院学士学位。1953年获纽约大学国际关系研究院硕士学位，且修完博士学分，到哥伦比亚大学图书馆进修。1954年或1955年回国，在山西大学教英语，后任江西财经学院教授。《经济译文》副总编辑、《英汉辞海》英美文学及文法部分的编审和审校、《现代科学技术词典》工程技术部分的编辑。合著有《诗·管理》，译作《太原史话》，编著《外贸业务口译》及《市场学词典》。

刘保华（1916— ）

湖北洪湖人，棉花育种专家。1940年毕业于中央大学农学院农艺系。1950年获美国伊利诺伊大学博士学位，同年回国。历任武汉大学、华中农学院副教授、河南省农业科学院棉花育种研究室主任、研究员，河南省棉花学会第一届副理事长，1966年起主持育成河南69、河南77和河南79等棉花品种，在我国主要棉花产区推广种植。

刘 豹（1923— ）

江苏常州人，自动控制和系统工程专家，刘海粟之子。1946年重庆大学机械系毕业，在天津北洋大学机械系任助教。1948年春，赴美留学，1949年获科罗拉多州立大学机械学硕士学位，同年受聘于美国费城鲍德温（Baldwin）公司任工程师。1950年2月回国，在大连海军学校任船舶辅助机械教研室主任。1954年到天津大学任教，历任化工仪表教研室、热工仪表教研室主任，电力及自动化工程系系主任，系统工程所所长，管理学院院长等职。著有《自动控制原理》《气动计算元件的研究》《热工参数的气测法》等。曾任国际自动控制联合会（IFAC）系统工程委员会副主席，天津市自动化学会理事长，天津市系统工程学会理事长，中国《系统工程学报》总编辑。曾为全国政协常委。

刘本立（1914—1998）

江苏南京人，妇产科专家。1938年毕业于上海医学院，留校任教，后任南京鼓楼医院妇产科主任。1949年赴美国约翰斯·霍普金斯大学医学院进修学院学习。1950年回国，重返南京鼓楼医院，历任妇产科主任、代理院长。曾获1984年卫生部的科技成果奖二等奖、1985年南京市科技成果奖二等奖。主要论著有《产科镇痛麻醉学》《实用产钳学》等，译著有《产科疑难问题处理法》，参加主编的有《临床围产期医学》。曾任江苏省医学会妇产科学会及南京市分会妇产科学会主任委员，曾为南京市基督教三自爱国会副主席、市青年会副董事长。江苏省政协常委，南京市人大常委会委员。

刘昌永（1924—1995）

四川资中人，精神病学专家。1938年毕业于华西协合大学医学院，获美国纽约州立大学医学博士学位，留校任助教、讲师，授神经病学及精神病学。1944年任精神病医院院长 1947年任副教授、精神病学系主任。1948年赴加拿大麦格尔大学精神病研究所进修，1949年回国。1952年任川西精神病医院院长，两年后归属于四川医学院，兼任院长、神经精神病学教研室主任、教授。曾任中华医学会神经精神科学会委员。1963年参与创建四川省心理学会，任理事长，中华精神科杂志编委。撰有《神经衰弱的病因分析》《神经衰弱的综合治疗》等论文。中国民盟盟员，1959年加入中国共产党。四川省政协第二、三届委员，成都市第七、八届委员。

刘尔雄（1924—2005）

广东台山人，幼年迁徙天津，机械学家。1946年毕业于天津工商学院土木系，1947年9月自费赴美留学，1950年获波士顿东北大学机械硕士学位，先后在某柴油机厂，纽约桥梁公司工作。1955年10月回国，由国务院分配在洛阳拖拉机厂，先后担任工艺处工程师，发动机分厂技术科长，装配分厂副总工程师、总工程师、副厂长、厂侨联主席。曾任洛阳市机械加工工程学会副理事长。河南省第五、六届人大常委会委员。1989年退休。

刘复光（1922—1992）

江苏南通人，油脂专家。1944年上海沪江大学化学系毕业，1946年考取北平燕京大学研究生，1947年9月赴美，入读艾奥瓦州立大学化工系，曾任学校中国留学生学生会主席，为留美科协油脂小组组长。1951年获博士学位，同年4月回国，在燕京大学化工系、天津大学化学系、南京工学院食品工程系任教，1958年任无锡轻工业学院粮油系教授、副系主任。曾任国务院学位委员会学科评议组成员，国家教委科技委员会轻纺组组长，江苏省教委高级职称评审委成员等。论文有《环型浸出器的设计及计算》《棉籽混合溶剂去毒新方法》《用超滤法提取大豆分离蛋白的研究》，译著有《炼焦学》。中国民主促进会中央委员、无锡市委名誉主席、全国政协委员、无锡市政协副主席。

刘国杰（1915—2006）

山东益都人，药剂学家。1935年毕业于齐鲁大学药科。历任齐鲁大学副教授。留美，获密歇根大学医学院药剂学硕士。1950年11月2日，乘威尔逊号抵广州，任南京药学院（中国药科大学）教授、药剂教研室主任。主编有《药剂学》等。为《中国临床药学杂志》顾问、中国药学会常务理事和药剂学分科学会第一、二届主委。江苏省药学会副理事长。1991年9月荣获美国医院药师学会荣誉会员称号。

刘恢先（1912—1992）

江西莲花人，结构工程和地震工程专家，中国科学院院士（1980），夫人洪晶。1933年毕业于交通大学唐山工程学院。1934年赴美留学，1935年获康奈尔大学硕士学位，1937年获博士学位。1938年回国后相继担任湘桂、叙昆、黔桂、平汉铁路工程师，以及浙江大学、西南联合大学教授。1947年再度赴美，任美国纽约工程设计公司副总工程师，伦赛纳依尔理工学院副教授。为留美科协会员，1951年回国，任清华大学教授、中国科学院哈尔滨土木建筑所、国家地震局工程力学所所长。著有《论地震力》《地震工程学的发展趋势》《挡水坝地震载荷》《地震烈度物理尺度的统一识别》等。曾任黑龙江省科学院副院长，省政协副主席，省人大常委会副主任，九三学社第七届中央常委。

刘惠芳（1910—1972）

湖北孝感人，特殊教育专家。武昌华中大学毕业，任教于美籍瑞典人传教士艾瑞英创办的武昌盲瞽女校，1942年任校长。1948年赴美，在麻省波士顿盲人学院研习盲童教育。1950年夏末完成学业提前回国，随身携带盲童教育先进资料和盲文打字机等回到武昌继续从事盲童教育工作。1953年起任武昌瞽目学校（1956年更名武汉市盲童学校）校长。1958年《人民日报》发表题为《一尘不染的武昌盲童学校》的报道。民革成员，1966年退休。

刘嘉树（1910—1975）

河北蠡县人，纯碱工业技术专家。河北工学院化学工程系毕业。1944年在永利公司被选派报考租借法案赴美实习，考取后赴美。进修期间，在永利公司纽约办事处参加十大化工厂的设备订货准备工作。1947年12月随侯德榜赴印度，任驻厂专家组组长，组织印度技职员工实施技术改造。1949年6月，途经泰国、香港地区，又绕道韩国回国，被任命为永利碱厂改良改造总顾问，负责主持技术改造，1951年调到大连碱厂。1956年秋调到北京，任基本化学工业设计院总工程师，设计完成了高效立式隔膜电解槽，1958年作为重大科技成果受到国务院表彰。1961年调回大连化学公司任副总工程师兼碱厂总工程师。1975年11月因心肌梗死病逝。

刘建康（1917—2017）

江苏吴江人，鱼类学和生态学家，中国科学院院士（1980）。1938年毕业于东吴大学生物系，1939年入重庆国立中央研究院动植物所做研究生，经李约瑟（英国生物化学家）介绍，1946年赴加拿大留学，1947年获麦吉尔大学博士学位。后应聘美国伍兹霍尔实验细胞学实验室副研究员。1948年应聘麻省史密斯学院任研究员。1949年2月回国，到上海任中央研究院动物所研究员。1950年调入中国科学院水生生物所，1954年先后任鱼类学组组长、湖泊水库研究室主任，1979年后任副所长、所长。论著有《鳝鱼的原始雌雄同体现象》《筒螉生殖巢形成与种质细胞的起源》等。曾任湖北省科协第二、三届主席，后又任两届名誉主席。九三学社中央参议委员会常委，湖北省委主任委员。

刘金旭（1917—1991）

天津人，动物营养学家，夫人黄量。1939年毕业于清华大学生物系。1946年公费赴澳大利亚留学，1947年转美国康奈尔大学，分别于1949年和1952年获营养学硕士和博士学位，后在艾奥瓦州立大学从事蛋白质营养和尿素作饲料的研究。1956年偕夫人及四岁女儿和张文裕、郭永怀夫妇同乘克利夫兰号回国，任中国农科院畜牧所所长、研究员，中国农科院学术委员会委员。长期从事动物营养研究，主要论著有《缺硒对幼年公猪生殖器官发育及精子发生影响的初步研究》《天然日粮中单因子缺硒对雏鸡的影响（英文）》《中国饲料的地区性缺硒（英文）》等。

刘景伊（1920—2008）

江苏宝应人，电子学家。1941年毕业于中央大学电机工程系。1947年留学美国。1949年获宾夕法尼亚大学摩尔电机工程学院硕士学位，为留美科协会员。1950年回国。历任沪江大学副教授，哈尔滨军事工程学院、长沙工学院教授，国防科技大学系主任。长期从事无线电工程和统计无线电理论的教研工作。编有《电路的计算机辅助分析初步》等。

刘静和（1911—2004）

女，福建闽侯人，心理学家。1936年南京金陵女子大学毕业。1939年赴美国明尼苏达大学医学院学习，1941年获硕士学位。1944年入耶鲁大学学习。1946年任明尼苏达大学医学院小儿科副教授。1947年任哥伦比亚大学人类学研究所副研究员。1950年获该校儿童发展系博士学位，同年回国，任中国科学院心理所研究室主任。在儿童数概念发展和儿童数学学习心理、外语学习心理方面做了大量的实验研究。主要论文有《小学儿童学习代数实验研究》《关于儿童认识过程的若干问题》《儿童在数及数学上对部分与整体关系认识的发展等》。第三届全国人大代表。

刘静宜（1925—2023）

女，江苏苏州人，无机和环境化学家。1946年毕业于上海圣约翰大学化学系，在上海进德女中教书。1947年赴美留学，1948年和1951年分获伊利诺伊大学化学系硕士和博士学位，为北美基督教中国学生会（CSCA）中西部分会负责人，同时为留美科协会员。1951年6月回国。历任大连工业化学所（现化学物理所）、沈阳金属所和中国科学院化学所室副主任。1975年后参与筹建中国科学院环境化学所，任室主任、所长。1986年任中国科学院生态环境研究中心学术委员会副主任、主任。兼任《环境化学》主编，《中国环境科学》副主编。Journal of Biomedical and Environmental Science 副主编；1992年离休。曾为第三届全国人大代表，国际科联环境问题科学委员会执行委员及中国委员会秘书长。

刘骊生（1924—1998）

福建闽侯人，幼年在上海，生化学家。1940年入上海同德学院，1942年入上海圣约翰大学，同年入成都华西协合大学，1943年在国民党军委会外事局，赴印度战场任美军译员；1946年在昆明中央航空公司后勤和上海航空公司工作。1947年赴美留学，1951年毕业于华盛顿州普桑大学生化系，后在华盛顿州立大学任助教，1955年在加州斯坦福大学工作；1955年10月回国；1956年3月，在南开大学生物系和分子生物所任教授，合译有《生物化学纲要》。1987年退休，后移居加拿大。

刘联宝（1918— ）

河北丰南人，电子材料专家。1942年毕业于中央大学化工系。1947年获美国纽约州立陶瓷学院玻璃工艺系硕士学位，为留美科协陶瓷学术小组联络人。1950年9月乘威尔逊号回国。历任电子工业部第十设计院总设计师，电子工业部北京真空电子技术研究所副总工程师、高级工程师。为中国电子学会第一、二届理事，中国硅酸盐学会第三届常务理事。在国内首先研制出电真空用氧化铝瓷和氧化铍瓷，解决了金属陶瓷管的气密封接技术问题，领导研制出电子管内用的高温高真空自润滑轴承。主编有《电真空器件的钎焊与陶瓷金属封接》《电子工业生产技术手册·电真空器件制造工艺卷》。

刘良模（1909—1988）

浙江宁波人，社会学家。1932年毕业于沪江大学社会学系，在中华基督教青年会全国协会任干事，1940年夏被迫与夫人陈维姜前往美国，宾夕法尼亚大学攻读社会学，同时继续从事抗日宣传活动，尤其是抗日歌咏活动。1949年9月回国，参加全国第一届政协会议，和几位委员向大会联合提出以《义勇军进行曲》为代国歌的建议，获得通过。曾任中国基督教三自爱国运动委员会副主席、全国青联副主席、全国政协常委、上海市政协副主席和市侨联副主席等职。民盟成员。

刘明球（1928— ）

女，浙江宁波人，生于上海，营养学家，丈夫张钦栻。中国近代实业家刘鸿生之女。毕业于美国波士顿加兰（Garland）学院。1951年回国后与张钦栻结婚。曾任海军总医院营养师。1976年移居美国。

刘年芬（1920—2002）

女，湖北宜昌人，牧师。1945年武汉大学经济系毕业，1947年赴美，先后在加州冬园大学、哥伦比亚大学和协和神学院入读，获宗教学硕士学位。曾任北美基督教中国学生会（CSCA）纽约分会主席，1950年春回国。在武汉创办基督教女青年会文化教育班、基督教女青年会全托幼儿园。1959年后历任武汉市基督教三自爱国运动委员会秘书长、副主席、主席。改革开放后任湖北省基督教三自爱国运动委员会主席、基督教协会会长。1985年创立了中南六省（区）基督教神学院，任院长。

刘培楠（1912—1991）

福建福州人，医学家。1935年毕业于浙江大学化学系，在南京中央卫生检验所从事药物分析研究，1937年获罗氏基金会资助至北京协和医学院生化系进修，后在中正医学院、贵阳医学院、南京中央卫生实验院任教。1948年受世界卫生组织资助，赴美国芝加哥大学生化系进修。1950年回国，在中央卫生研究院负责组建药物学系并担任系主任，1957年转入中国医科院生化系，1978年调任北京市肿瘤防治研究所生化研究室主任。与陈孟勤创办《生理科学》，1990年改名《基础医学与临床》。

刘佩瑛（1921—　）

女，四川双流人，蔬菜园艺学家，刘铸晋胞妹。1942年四川大学园艺系毕业，留校任教。1946年通过自费留学考试并获故乡政府资助，1947年赴美。1949年获密歇根州立大学农学院硕士学位，同年10月回国。历任四川大学副教授、西南农业大学园艺系副主任，校学术委员会主委。1957年夫妻双双被划为右派，"文化大革命"中又被定为现行反革命。八十年代有十四个项目获国家教委、国家科委、农业部、四川省和重庆市等科技进步奖二等奖和三等奖。著有《魔芋栽培及加工》，主编专著《中国芥菜》《魔芋学》及全国统编教材《蔬菜研究法》等。为国务院学位委员会学科评议组成员。获国家科委、国家教委和人事部的系列荣誉奖励。四川省政协委员。中国民盟中央常委，1986年加入中国共产党。

刘　蓉（1924—2017）

女，江苏常州人，丈夫陈家镛。1947年毕业于中央大学化学系，1948年留美，与陈家镛同在伊利诺伊大学香槟分校学习。1950年获生物及营养学硕士学位，留校任教。1951年在麻省理工学院食品加工系任营养学助理研究员。1956年8月，偕丈夫和两个女儿与郭慕孙等人同船回国，在中国科学院生物物理所任副研究员，后调中国科学院生物实验中心任副研究员。"文化大革命"中实验中心解散，"文化大革命"后回中国科学院生物物理所任译审。

刘善建（1919— ）

江苏如皋人，水利学家。1943年毕业于西北工学院水利系，1947年赴美，1949年获艾奥瓦大学水利工程及力学系硕士学位。为留美科协艾奥瓦区会和水利学术小组联络人。1950年回国，任黄河水利委员会主任工程师。1969年被下放到陕西省韩城县劳动。1979起先后担任水利部水利电规划设计总院总工程师、国家计划委员会国土局总工程师。在中国水利学会下属水资源专业委员会、水文专业委员会、水利规划专业委员会、泥沙专业委员会任副主任等参与七大江河流域规划和国土规划的研究、讨论与编制以及长江三峡水利枢纽、黄河小浪底工程以及南水北调等大型工程建设的考察与评估工作。八十年代获国家农业区划委员会一等奖，著有《治水治沙治黄河》《水的开发与利用》，主编《中国水利区划》。

刘寿荫（1924—2018）

陕西西安人，拖拉机研制专家。1948年毕业于南京国立中央大学机械系。同年年底赴美留学，就读斯坦福大学，一年后转到俄勒冈州立大学，1951年获该校工学硕士学位，后在万国拖拉机公司新产品部任设计工程师，为留美科协俄勒冈区会联络人。1955年4月去德国工作，1956年9月经莫斯科辗转回国，在中国科学院机电研究所任副研究员。1958年8月到洛阳第一拖拉机厂任副总工程师。先后主持设计制造了我国第一台手扶拖拉机、第一台轮式拖拉机、第一台压路机，参与设计制造了我国第一台履带拖拉机、第一台军用越野汽车、第一台180马力四轮驱动的轮式拖拉机。1994年退休后，返聘一拖继续搞研发，设计出了"摆轴式推力管支撑底架农用运输车"，获得两项国家专利。

刘叔仪（1918—2003）

贵州毕节人，物理化学和热力学家。1943年毕业于武汉大学矿冶系，考取自费留美资格，1944年赴匹兹堡大学冶金系留学，1946年获硕士学位，1949年获凯斯理工学院物理冶金博士学位，继而担任斯沃斯莫尔大学副研究员，曾任《留美科协通讯》编委。1950年回国，历任北洋大学、清华大学教授，中国科学院上海冶金陶瓷研究所研究员，中国科技大学教授。其论文颇丰，散见于《金属学报》《物理学报》《中国科学》等杂志。其中《金属位错不可逆过程热力学理论》和《断裂力学J积分理论》获1978年中国科学院重大科技成果奖。代表作有《热力学状态场论》，著有《热力学与化学热力学》《统计热力学教程》，主编有《物理化学原理》（四卷）。

刘树楷（1918—1994）

福建莆田人，制糖工程专家。1941年国立中央大学化工专业毕业，曾在重庆油料厂、国立中央大学化工系工作。赴美留学，获威斯康星大学硕士学位。为留美科协威斯康星区会联络人，1950年与朱光亚等五十二人发表《给留美同学的一封公开信》。同年10月乘克利夫兰号回国。任南京大学农学院食品工业系副教授，1952年院系调整到南京工学院，任食品生产与机械教研室主任，1962年任无锡轻工业学院化工系主任、院学术委员会副主任。1957年被划为右派和历史反革命，两年后身陷囹圄，1979年经省高院复查审核，获改正和平反。著有《食品生产过程与机械》《蒸发设计参考资料》《糖品分析》等。全国甘蔗制糖协会常务理事、江苏省化工学会副主委；无锡市政协常委，市民盟常委。

刘崧生（1920—1994）

江苏无锡人，农业经济学家。1943年毕业于中央大学农业经济系。1945年赴美留学，1946年获康奈尔大学硕士学位，后转到威斯康星大学从事农业经济研究工作。1946年12月考入明尼苏达大学研究院，1949年12月获博士学位。1950年回国，任南京大学农经系副系主任。1952年高校院系调整，转入南京农学院（现南京农业大学）农业经济系任系主任。著有《中国农业经济管理概论》《发展经济学》《中国农业百科全书·农业经济卷》《中国农业经济教育史》等。

刘天怡（1914—1992）

四川筠连人，经济学家。1941年毕业于国立中央大学经济系，留校任助教至1944年。曾受聘于国民政府中央银行金融研究院任研究员。1947年赴美留学，1948年获丹佛大学经济研究院硕士学位，同年入威斯康星大学攻读博士学位，1955年5月回国，同年夏在华北人民革命大学政治研究院学习，是年冬结业后分配到兰州大学任教。改革开放后重登讲坛，创建兰州大学人口研究所，任所长，创办《西北人口》杂志，任主编，任兰州大学学位评定委员会副主任。代表作有《凯恩斯经济思想评介与批判》《外国经济史的研究对象和体系结构》，专著《外国近代经济史》。曾任甘肃人口学会会长，中国外经史学会副主席，国务院学位委员会评审委员。九三学社甘肃省委秘书长。

刘维勤（1916—1993）

江苏苏州人，医药专家。1938年毕业于西南联大化学系，任昆明西南联大化学系助教，昆明云南大学理化系讲师等。考取自费留学生及获得美国院校奖学金，1948年8月赴美，1951年9月获马里兰大学药物化学博士学位。在佐治亚州亚特兰大南方药学院任副教授，1955年7月回国。历任中国医学科学院药物所研究员，北京医学院药学系教授、药物所副所长。九三学社成员。

刘锡田（1920—2001）

山西襄汾人，水利工程专家。1942年毕业于西北工学院土木系，1948年8月赴美，1949年5月获密歇根大学研究院的硕士学位。1949年夏天绕道香港踏上了回国的行程，10月1日参加了新中国开国大典。历任全国水利委员会示范工程处副总工程师、山西省水利厅总工程师、副厅长、山西省农业委员会副主任、省科协主席。曾主持修建汾水河水库、黄河天桥水电站、汾河灌溉等工程。主持编写有《汾河水库志》。

刘心显（1910—1985）

别名刘芝城，现代史专家。1950年哥伦比亚大学毕业，获博士学位。同年10月乘克利夫兰号抵港回国。在天津社会科学院历史研究所工作。曾任天津师范学院、河北大学历史系教授。著作有《中国外交制度之沿革》(英文)、《美国田纳西流域管理局的人事制度》。合译有《1901年美国对华外交档案》等。

刘学高（1929— ）

河南安阳人，早年在台湾，生殖免疫专家。1955年台湾师范大学理学院生物系毕业，在台湾大学医学院生理学系任教。1958年赴美国纽约大学生理科学研究所留学，并任该校助教，1961年获理学硕士学位。同年回中国大陆，在暨南大学、中山大学生物系任教，历任生理生化教研室主任、生理组胚胎研究室主任。1968年被中山大学聘为生物系副教授。1978年暨南大学复办后任生物系副主任、系主任、教授，生殖免疫研究中心主任。1979年，受国家委派任联合国卫生组织人类生殖特别规划委员会避孕疫苗研究任务组专业指导委员会委员。

刘 永（1912—1986）

江苏靖江人，病理生理学家。1939年北京协和医学院毕业，获医学博士学位，留校任教。1947年赴美留学，在哈佛大学从事辐射损伤效应及肿瘤学研究。1949年回国。历任协和医学院教授、病理系副主任，军事医学科学院一级研究员。任中华医学会病理学会主任委员、中国生理学会副理事长及病理生理学会主任委员等。因国内首次取得救治人的急性放射病的成功经验，荣立一等功。著有《放射损伤的防治手册》《放射医学》《病理学》等。

刘永铭（1918—1979）

湖北武汉人。1942年毕业于交通大学唐山工程学院，后在铁道部门工作。1947年考取公费赴美留学，在密苏里大学攻读桥梁建筑工程，1949年春获硕士学位。1956年2月，经中国外交部的努力，得以回国，在北京前门火车站受到国家高等教育部留学生管理司司长艾大炎和中国红十字会代表纪锋等的欢迎。后在铁道科学研究院桥梁室任四级工程师。

刘有成（1920—2016）

安徽舒城人，有机化学家，中国科学院院士（1980），夫人刘效乾。1942年中央大学毕业。1945年公费留学英国，1948年获利兹大学化学院博士学位，随后赴美国西北大学和芝加哥大学任教和研究。1954年12月底偕夫人和儿子回国，1955年到兰州大学化学系，任教授、系主任、校学术委会主任。1987年任该校应用有机化学国家重点实验室主任。1994年任中国科技大学化学与材料学院教授。1987年其"自由基化学"获国家自然科学奖三等奖，1995年其"单电子转移反应研究"获国家教委科技进步奖一等奖。曾被国家教委授予"全国教育系统劳动模范"称号和"人民教师奖章"。发表论文三百余篇，专著有《刘有成院士文集》。

刘豫麒（1927—2004）

女，河南开封人，丈夫何国柱。1945年在南京汇文女中毕业，1946年赴美留学，在俄亥俄州克利夫兰音乐学院声乐专业学习。1955年10月偕丈夫与两子女回国，先在中央音乐学院声乐系教书，中央音乐学院从天津迁北京后，被安排在南开大学图书馆外文资料部工作。

刘源张（1925—2014）

安徽六安人，生于青岛，质量管理学家，中国工程院院士（2001），国际质量科学院院士（1995）。1941年9月考入燕京大学，1942年赴日留学，1946年4月考入京都帝国大学（现京都大学）经济学部。1949年毕业，1950年赴美留学，在加州大学伯克利分校研究院攻读运筹学。1954年毕业获博士学位，同年10月再去日本。1956年12月回国，历任中国科学院力学所运筹学室副研究员，数学与系统科学研究院系统科学所副所长。1966年8月以莫须有的罪名被捕入狱关押近九年。1979年获中国科学院重大科研成果一等奖，并被国务院授予全国劳动模范，为亚太质量管理组织主席（1989）。第六至八届全国人大代表。

刘韵清（1924—2015）

女，江苏无锡人，数理统计学家，丈夫周春晖。1947年入上海圣约翰大学，1948年赴美，1951年获哥伦比亚大学数学系学士学位，1954年获密歇根大学统计学专业硕士学位。后任哥伦比亚大学数理统计学助理研究员，同时攻读博士学位。1957年肄业，偕丈夫与孩子回国，任浙江大学概率统计副教授。1982年，全国第一次人口生命抽样调查中，被委以数学计算方案总指导之职，同时担任中国参加联合国"关于人口问题"代表团成员。曾任浙大数学教研室主任和现场统计研究会杭州分会理事长。

刘正刚（1911—2001）

四川永川人，英语学家，1934年华西协合大学（WCUU）英文系毕业。后在一些教会和政府学校教英语，1943年回到华西协合大学，给一年级学生上课。1947年获克鲁塞得（Crusade）奖学金，赴美国得州南卫理公会大学留学，1950年获神学硕士学位，同年放弃华盛顿大学提供的博士奖学金，于10月乘克利夫兰号回国。在华西协合大学任外语系主任，教授英语、俄语和拉丁语。1957年被划为右派，"文化大革命"被下放到农村和工厂接受改造，1978年获平反，重新踏上讲坛，还担任医学英语班班主任，开创全日制全学科的英语教学。口腔医院鉴于其为医院搭建的国际关系桥梁和推进的大量学术交流，建立了"刘正刚教授和汤普森医生（Dr. Thompsom）奖学金"。民盟成员，曾投入经济支持建立了洛带教会。

刘铸晋（1919—1993）

四川成都人，化学家，刘佩瑛胞兄。1945年复旦大学化学系毕业。1948年9月通过自费留学生考试赴美，1952年获罗切斯特大学化学系博士学位，后在印第安纳大学做博士后研究员和通用苯胺公司研究员。1955年6月回国，任中国科学院上海有机化学所研究员、室主任、学术委员等。曾任《化学学报》、《中国化学》（英文）、《有机化学》主编。在国内外发表论文近百篇，获中国科学院重大成果奖四项、国家科委创造发明奖一项、全国科学大会奖一项、上海市重大科技成果奖三项，一步法合成龙脑获1986年中国科学院科技进步一等奖。著有《天然产物化学》，合著有《生物碱》（国际丛书卷33）、《化学文献指南》，主编《液晶的性质和应用》等。上海市第七、八届人大代表。

刘自强（1924—2019）

女，云南昆明人，法语学家，丈夫梅祖彦。1943年同时考入西南联大和金陵女大，1947年毕业于清华大学外文系，获学士学位。后赴美，1949年获罗彻斯特大学教育系，硕士学位。1951年至1955年入法国巴黎大学法文系攻读法国文学。1956年回国在北京大学西语系法语专业任教，历任讲师、副教授、教授。1992年退休。主要研究方向为法国象征派诗歌、现当代文学，译著有《梦想的诗学》《从文本到行动———保尔·利科传》等。合译有《八月的周日缓刑》。

刘祖洞（1917—1998）

浙江镇海人，遗传学家。1943年毕业于广西大学农学系获农学学士学位，1945年获浙江大学生物系获硕士学位。毕业后留校任助教、讲师。1949年赴美，获密歇根大学动物学系博士学位。1953年回国，任复旦大学生物系教授、遗传学教研组主任，遗传学研究所人类和医学遗传研究室主任，曾任复旦大学学位委员会委员，中国遗传学会第二届常务理事，上海遗传学会理事长，中国遗传学会人类和医学专业委员会主任委员，是《遗传学报》副主编、《遗传与疾病》主编，撰有《大别山痴呆病病因的遗传学研究》《中国人的染色体组型》等论文，著有《遗传学实验》，合编教材有《遗传学》《医学遗传学》。中国民主同盟成员。

刘祖慰（1922—2005）

翻译家。1942年从上海圣约翰大学化学系辍学，赴安徽绩溪任英国驻华军事代表团译员。1943年入重庆中央大学，专攻国际关系和国际法，1946年毕业留校任教。1947年赴美国哥伦比亚大学学习。1948年夏在联合国秘书处任实习口译。1949年回国。曾在北京任新华社英文翻译。1978年调中国科学院科学史所，后调上海交通大学科技英语系，历任副教授、教授、系主任。曾任中国科学院科技史翻译出版委员会常务理事、中国译协第一至三届全国理事会理事、第五届全国理事会名誉理事。上海科技翻译学会会长。译有《中国古代科技成就》《中国科学史编写的经过及现状》《汉语植物命名法及其沿革》《中国造纸史》等。

留润州（1914—1983）

浙江青田人，物理学家。1937年毕业于上海交通大学物理系。先后受聘军政部兵工署弹道研究所（南京）研究员、国民政府经济部中央工业试验所（重庆）副工程师、中央工业专门学校和交通大学贵州分校等校副教授、航空委员会航空研究院研究员。1945年留学美国，1947年获加州理工学院物理系硕士学位，在塔克西斯州地球物理公司工作一年，1950年2月获威斯康星大学物理系博士学位后回国。同年8月任齐鲁大学教授、系主任。1952年，任山东师范学院物理系主任。专著主要有《光学测远术》，合著有《统计物理学初步》等，校著《泡利物理学讲义（第一、二、三卷）》。曾任中国物理学会光学学会秘书长、山东省物理学会理事长等职。山东省政协第四、五届常委。

柳大纲（1904—1991）

江苏仪征人，无机化学和物理化学家，中国科学院院士（1955）。1925年毕业于立南京高等师范学校（今东南大学）化学系，留任物理系助教，后任中国公学大学部教员、中国科学社《科学》杂志编译员。1929年到中央研究院化学所工作，1946年被选派赴美进修，1948年获罗斯特大学研究院博士学位。1949年初携带大批图书资料回国。1950年任中国科学院物理化学所研究员，1952年迁到长春后任副所长。1957年至1963年兼任中国科学院综合考察委员会盐湖调查队队长。1965年至1991年先后兼任中国科学院青海盐湖所所长，1974年至1982年兼任国务院环境保护领导小组顾问。曾任中国化学会副理事长、中国化学会应用化学委员会主任，1973年至1986年担任《化学通报》主编。《中国大百科全书》化学主任编委之一。九三学社成员。

龙毓骞（1923—2006）

湖南攸县人，水利专家。1944年毕业于中央大学土木系，1947年赴美留学，1948年获艾奥瓦大学硕士学位，后在加利福尼亚大学学习。1949年底回国，历任官厅水库实验站副站长、三门峡水库总工程师、水利科学研究所所长、黄河水利委员会总工程师。主编《泥沙测验方法手册（英文）》。1979年，荣获全国劳动模范称号。1985年，荣获全国优秀科技工作者称号和五一劳动奖章。

卢乐山（1917—2017）

女，湖北沔阳人，学前教育专家，丈夫雷海鹏，外祖父为南开校父严范孙。1938年燕京大学幼教专业毕业，1945年获燕京大学教育系硕士学位，在成都华西协合大学家政系任教。1948年赴加拿大多伦多大学儿童研究所进修。1950年7月17日与丈夫雷海鹏乘克利夫兰号抵港回国，在北京师范大学教育系任讲师到教授。曾任《中华家教》杂志主编。著有《蒙台梭利的幼儿教育》《卢乐山口述历史：我与幼儿教育》，主编有《学前教育原理》《家庭优生优育优教知识》《中国学前教育百科全书》等。曾任中国民主同盟中央常委兼妇女委员会主任。曾任全国妇联副主席、全国政协委员、中国家庭教育学会第一任会长、中国学前教育研究会顾问、中国老教授协会学前教育研究所名誉所长等。

卢庆骏（1913—1995）

江苏镇江人，数学家、导弹与航天技术专家。1936年毕业于浙江大学数学系，留校任教，历任助教、副教授。1946年9月被选送到美国芝加哥大学数学研究院深造，后获博士学位。1949年5月回国，在浙江大学数学系任教授兼数学系主任。1953任哈尔滨军事工程学院数学教研室主任、院科研部和教务部副部长。1964年后历任国防部五院、七机部（后为航空航天部、中国航天工业总公司）一分院副院长、部总工程师、一院科技委副主任、部（公司）科技委顾问等。1962年被评为全国优秀知识分子；1984年荣立航天部一等功；1985年，获国家科技进步奖一等奖。论著有《泛函分析与平稳随机函数》《振动数据处理的数学方法介绍》《超椭球约束量最小二乘法》等。

卢肇钧（1917—2007）

福建福州人，生于郑州，土工力学家，中国科学院院士（1991）。1941年毕业于西南联大（清华大学）土木工程系，后任交通部桥梁设计处助理工程师、清华大学土木工程系助教。1947年公费赴美留学，1948年获哈佛大学工程研究院科学硕士学位。后在麻省理工学院做土力学博士研究生兼助理研究员，为留美科协波士顿区会联络人。1950年回国，先在唐山工程学院任教，后任铁道科学研究院研究员、土工研究室主任等。为中国土木工程学会土力学及基础工程学会理事长。参加的锚定板墙研究成果获1978年全国科学大会奖。论著有《土的变形破坏机理和土力学计算理论问题》《非饱和土的抗剪强度与膨胀压力》，主编有《地基处理新技术》《锚定板挡土结构》等。

陆　敏（1915— ）

女，上海人，妇产科专家，丈夫孙绍谦。1942年毕业于华西协合医科大学医疗系，同年获美国纽约大学医学博士学位。曾在成都齐鲁大学、中央大学任教。后留美，1950年年底与丈夫一起回国。历任山东医学院讲师，新疆医学院第一附属医院妇产科主任、主任医师，新疆医学院教授。主持的妇产科获1979年和1983年两次获全国三八红旗集体称号。著有《妇幼卫生学》。

陆明盛（1917—2014）

女，浙江嘉定人，药学家，丈夫钱定华。上海医学院药学系毕业后在医院（现上海华东医院）任药剂师、药房主任。后赴美学药学，哥伦比亚大学医学院毕业。1951年偕丈夫回国，在南京药学院任教授。1957年去苏联莫斯科留学两年。合编《药剂的生物利用度》。1986年移居美国波士顿。

陆启荣（1922—1968）

广东佛山人，生于顺德，药物化学家。1937年躲避战火到澳门，1940年考入西南联大化学系。1944年从军到印度任盟军翻译，1945年退役复读毕业。1947年考上自费生赴美密歇根大学留学。1948年获硕士学位，1952年获药物化学博士。在当地的大学和药厂工作。1956年1月与徐日光夫妇、徐飞锡等十七位留学生同船回国。分配到中山大学，任化学系副教授。为九三学社中山大学支社第一任主委。1958年调暨南大学任化学系主任。1959年起任全国血吸虫病研究委员会委员，从事系列抗血吸虫、血丝虫的药物化学研究。患胰腺癌逝世。

陆婉珍（1924—2015）

女，上海人，生于天津，石油分析化学家，中国科学院院士（1991），丈夫闵恩泽院士。1946年重庆中央大学化工系毕业，1947年赴美留学，1949年获伊利诺伊大学无机化学硕士学位，1951年获俄亥俄大学无机化学博士学位，后在美国西北大学从事博士后工作，在美国玉米产品精制公司任研究员。1955年回国，在石油工业部炼制研究所（石油化工研究院）任分析室室主任、总工程师。长期领导中国原油的评价工作，著有专著《中国原油的评价》八册，编有《现代近红外光谱分析技术》。1983年、1990年两次被评为全国三八红旗手，1983年至1984年被选为全国妇联执行委员。

陆师义（1920— ）

江苏海门人，植物病理学家，遗传学家。1943年毕业于云南大学农学院。后留美，1952年获明尼苏达大学植物病理系博士学位，同年回国。历任中国科学院植物所副研究员、生物所研究员，河北省食用菌协会理事长，世界生产率科联（WCPX）国际顾问。选育出高产麦角新碱菌种，发现了玉米黑粉菌双链DNA质粒和片段克隆、噬菌体T4脱氧胞嘧啶羟甲基化酶基因和免疫基因。

陆时万（1914—2011）

植物形态学专家。二十世纪四十年代赴美留学，获丹佛大学植物学系硕士学位。1950年10月乘克利夫兰号回国，任上海师范大学生物系副主任、教授、校务委员、校学术委员、校民盟支部副主任，为上海市植物学会理事长、市自然博物馆学术委员等。编有高师教材《植物学》。

陆文发（1916—2003）

浙江鄞县人，桥梁专家。1939年毕业于交通大学土木系，在交通部桥梁设计处实习，任粤汉铁路工务员，参加滇缅公路澜沧江功果桥的建造和抢修。1945年赴美，在四家顾问公司实习铁路工程，1946年入密歇根大学研究院学习结构工程，留美科协会员，1951年获工学博士学位，同年回国，历任大连工学院水利系教授、水利工程结构教研室主任、海洋工程教研室主任，为中国土木工程桥梁与结构工程学会理事，中国钢结构协会理事。参编《海上固定平台入级与建造规范》。合编教材有《水工钢结构》《近海导管架平台》等。辽宁省政协委员，大连市政协委员。九三学社成员。1986年退休。

陆孝宽（1922— ）

江苏太仓人，内燃机专家。1943年毕业于西北工学院航空系，后留美。1948年获密歇根大学航空工程硕士学位，后在该校任教。1950年回国，历任国务院重工业部工程师、长春汽车研究所副总工程师、副所长、第一汽车制造厂技术委员会副主任、高级工程师。著有《空压缩机侧置门煤气机燃烧室》《694汽油发动机研制》《发动机设计参数对充气效率的影响》《柴油机设计手册》等，曾获机械工业部二等奖。中国内燃机学会副理事长、中国汽车工程学会常务理事。国务院学位委员会第一、二届学科主评议组成员。

陆孝彭（1920—2000）

江苏常州人，航空工程专家，中国工程院院士（1995）。1941年毕业于重庆中央大学航空工程系，在昆明第一和南川第二飞机制造厂任设计员，曾在成都空军机械学校高级班学习。1944年12月到美国密苏里州的麦克唐纳飞机工厂实习，参加了舰载喷气式战斗机的结构设计，后又被派到英国格洛斯特飞机公司继续实习飞机设计。1949年8月从英国经香港地区再转天津，到上海华东军区航空处研究室工作。1956年调到沈阳飞机厂，任喷气式教练机"歼教一"的主管设计师。1959年调到洪都机械厂（航空工业集团），历任设计室副主任、飞机总设计师、科技委名誉主任，其间主管"强五"和"歼十二"超音速战斗机的设计工作。其主持的变后掠技术的研究课题获国家科技进步奖二等奖。1978年获全国劳模称号。

陆孝颐（1925—1981）

江苏太仓人，生于天津，水利学家。1941年考入燕京大学，1942年因太平洋战争爆发转入天津工商学院土木系，其间加入中国共产党，1946年毕业。1947年赴美国留学，1949年获佐治亚州理工学院土木学硕士学位，因朝鲜战争爆发滞留美国，后在几个公司从事土木建筑设计工作。1955年4月因曾任北美基督教中国学生会（CSCA）出版物编辑，被联邦调查局逮捕，后获保释，被驱逐出境，10月回国。历任北京市都市规划委工作八组副组长、城市规划管理局室副主任、市政设计院副主任工程师、市水利局勘探设计院高级工程师。"文化大革命"期间受审查，被劝退出党，精神出现异常，1979年获历史问题甄别，1981年因患鼻咽癌去世。水利水电科学院曾设立"陆孝颐科学技术奖"基金。

陆星垣（1905—1991）

江苏江阴人，家蚕遗传育种学家。1928年毕业于中央大学蚕桑系，三十年代，在镇江历任裕民蚕种场技师、均益农产育种公司和合作蚕种场总技师。1940年后任云南大学农学院蚕桑专修科副主任、主任。1946年1月赴美国艾奥瓦州州立农学与机械工程学院留学攻读遗传育种，1948年获博士学位，1949年回国，历任浙江大学农学院蚕桑系教授和系副系主任。论著有《蚕体生理学》《家蚕蚕种学》等。

陆裕朴（1917—1993）

江苏宿迁人，骨科专家。1942年毕业于中央大学医学院，后留校任教。1949年南京军管会批准其出国申请，赴美国艾奥瓦州立大学、新泽西州和加州等地进修骨科。因美国政府阻挠，未能按时回国，后任旧金山凯泽（Kaiser）基金会医院骨科主治医师，并获美国骨科医生执照。1955年6月回国，历任第四军医大学附属医院骨科主任、副院长，第四军医大学副校长等职。任《中华骨科杂志》和《解放军医学杂志》副总编辑。1978年建立全军创伤骨科中心和研究所以来，多项成果获全军科技进步奖，两项获国家科技进步奖。1978年被解放军总后勤部授予模范医务工作者称号，合编有《野战外科学》《骨科手术学》《实用骨科学》等。

陆元九（1920— ）

安徽来安人，惯性导航及自动控制专家，中国科学院院士（1957），中国工程院院士（1994），夫人王焕葆。1941年毕业于重庆中央大学航空工程系，留校任教。1945年赴美留学，1949年获麻省理工学院航空工程系博士学位，后任麻省理工学院副研究员、研究工程师，福特汽车公司主任工程师。1956年偕夫人和三个孩子回国，任中国科学院自动化所研究员、副所长，中国科技大学自动化系副主任。1968年调航天部工作，历任七机部五〇二所所长，航天部十三所所长、航空航天部总工程师和科技委员会常委。被选为国际宇航科学院院士，国际宇航联合会副主席。著有《陀螺及惯性导航原理》《惯性器件原理及设计》等。

陆子敬（1918—2009）

上海人，机械专家，夫人艾国英。1943年毕业于上海交通大学机械系。1948年9月赴美留学，1949年8月获纽约布鲁克林理工学院硕士学位，后任威克斯锅炉公司工程师。1950年9月与夫人同乘威尔逊总统号回国。任上海中国锅炉工程公司总工程师。1955年调华东大学（华东纺织工学院、中国纺织大学）机械系任教授。

吕保维（1916—2004）

江苏常州人，电子科学家，中国科学院院士（1980），国际宇航科学院（基础科学部）院士（1985）。1939年毕业于清华大学电机系，在清华大学无线电研究所当助教。1943年夏考取第五届庚款留美生后赴美，1944年获麻省理工学院科学硕士学位；1947年获哈佛大学博士学位，后留校在Cxuff实验室工作。1949年11月回国，先后在邮电部电信科研所、通讯兵部电信技术研究所工作，1958年调中国科学院电子学所，曾任所长。著有《电波传播讲义》《卫星式飞船与地面向无线电联络中的传播问题》。中国空间科学学会理事长、中国电子学会电波传播专业委员会主任委员，第五至七届全国人大代表。

吕家鸿（1912—1967）

江苏丹徒人，生物学家。1933年考入浙江大学化学系。1937年任滁州中学教员，次年被吸收参加随军服务团，后任中央军校第七分校中校教官。1939年集体参加国民党。1947年12月，胡宗南以公费送其赴美留学，获艾奥瓦大学生物系博士学位。1955年5月与黄葆同等同船回国，历任中国科学院实验生物所研究员、室主任。"文化大革命"初遭迫害，患胃癌逝世。1978年，中国科学院上海细胞生物学所为其平反昭雪，恢复名誉。

吕秀贞（1920—　）

女，四川岳池人（一说河南郑州人），丈夫吴寒欤。1948年3月去美国华盛顿州立大学学化工。1950年9月偕丈夫乘威尔逊号回国。回国后任清华大学燃料研究院助理研究员。1951年丈夫被逮捕判刑后被监禁，后精神失常。

吕忠恕（1916—1991）

山东临清人，植物生理学家。1940年西北农学院园艺系毕业，留校任教。1948年赴美留学，1951年1月获威斯康星大学博士学位。1951年2月回国，到西北农学院任园艺系任教授、系主任。1952年调兰州大学生物系，创建植物生理研究室，任室主任。1965年该研究室被评为教育部重点研究室。1978年科研项目"白兰瓜呼吸作用的研究"获全国科学大会奖励。曾为校学术委员会及校学位评定委员会委员。1981年被国务院学位办批准为博士生导师。为《植物学报》《植物生理学报》等期刊编委。专著有《果树生理》。曾任中国植物生理学会理事、甘肃省植物生理学会理事长。第六届全国政协委员，省政协常委，省人大代表。九三学社中央委员和参议委员，省工委主委。

罗承熙（1920— ）

广东顺德人，生于香港，经济学家。1944年西南联大经济学毕业。留美，获芝加哥大学经济学硕士学位。1950年回国，先在外贸部国际贸易行情研究所任副研究员，1976年在中国社科院世界经济与政治研究所任研究员，论著有《货币理论探索》《关于战后美国物价上涨问题》《世界经济发展趋势及其对发展中国家的影响》。

罗焕炎（ — ）

湖南湘潭人，地质学家。1944年毕业于湖南克强学院（后并入湖南大学农学院）水利工程系。1951年赴日本和美国留学，1959年获美国犹他州立大学土木工程博士学位。1960年回国。历任中国科学院和国家地震局地质研究所副研究员、研究员、室主任。为中国地震学会理事、中国建筑学会工程勘察分会委员。论著有《地下水动力学和有限单元模拟》《渤海湾及邻区地壳温度分布的有限元模拟》等。

罗会元（1923—2013）

江西九江人，生于上海，遗传学家。1945年毕业于金陵大学化学系，获理学学士学位，留校任助教。1946年夏赴美，1951年毕业于霍普金斯医学院，获医学博士学位与金钥匙奖，在该医院内科实习。1954年12月回国到上海。1955年分配到北京协和医院，从事传染病教研工作。1971年下放到甘肃，1973年被调到中国医科院肿瘤医院内科，任主治医、副主任医。1979年任基础医学所医学遗传学教研室主任。1986年后，任中华医学会医学遗传学会副主任委员、主任委员，卫生部优生优育咨询委员会主任委员，国际人类遗传学会常务理事。1989年退休。曾获美国约翰斯·霍普金斯医学院的国际教育成就奖。

罗明铮（1921—2013）

四川岳池人，内燃机专家。1944年上海交大（时迁重庆九龙坡）机械系毕业，后赴美留学，加入中国留美科协。1950年7月获纽约市立大学布鲁克林学院机械工程专业硕士学位，同年8月回国。在中央重工业部专业计划室、北京汽车局计划设计室任工程师，在一机部设计总局第一设计分局任主任工程师。1955年3月调无锡柴油机厂，历任设计科科长、总设计师、副总工程师，1982年任无锡动力机厂总工程师，兼任增压机研究所所长。曾任无锡市政协第七届、八届副主席。1994年退休。

罗沛霖（1913—2011）

曾用名罗容思、罗雨，天津人，电子学家，中国科学院院士（1980），中国工程院院士（1994）。1935年上海交通大学电机工程学院毕业，在上海中国无线电工业公司工作。1937年赴延安任通信工程师。1947年受中共委派赴美留学。1948—1950年在加州理工学院学习，获博士学位（1952年授予），为留美科协洛杉矶分会联络人。1950年6月回国，1951年负责引进我国第一个大型综合电子元件制造企业。历任重工业部电信工业局技术处处长，华北无线电器材厂总工程师，四机部科技局副司长、科学技术委员会副主任等。著有《关于显极交流发电机特别是恒磁激励发电机的理论研究》等。获2000年度中国工程科学技术奖及电气电子工程师学会建会百年纪念奖。

罗时钧（1923—   ）

江西南昌人，空气动力学家。1945年毕业于重庆中央大学航空工程系，留校任助教。1947年赴美留学，1948年获明尼苏达大学硕士学位，参加留美科协，1950年获加州理工学院博士学位，同年9月回国途中被拦截关押在日本横滨两个多月。回国后在中国科学院数学所从事力学研究，1952年调入哈尔滨军工学院组建空气动力学教研室，任副主任。1970年学校并入西北工大，1979年至1984年任西北工大副校长兼空气动力学研究室主任。曾任航空工业部科学技术委员会主委，中国科学院技术科学部工程力学分组成员。曾获1978年全国科学大会奖。主要论著有《在不连续面分开的平行气流中振动的翼剖面》《跨音速定常势流的混合差分法》等。1993年退休后赴美，任加州大学尔湾分校研究员。2018年回国到西安。

罗士权（1920— ）

广东番禺人，农业经济学家。1949年毕业于美国俄勒冈州立农学院研究院，获硕士学位。1950年回国，在湖南大学农学院、湖南农学院任副教授。1985年起在广东省农垦管理干部学院任教授，管理系主任。译著有《社会主义农业的集约化问题》等。

罗崧发（1915— ）

原籍广东。交通大学唐山工程学院土木系毕业，1949年获普渡大学建筑结构硕士学位。五十年代回国，任华南理工大学土木系系主任。曾为高教部教材编审委员会委员。合译著有《桥梁工程中的有限条法》。

罗维东（ — ）

建筑专家。留美，在伊利诺伊理工大学学建筑。1952年回国，1953在上海同济大学建筑系任民用建筑教授。后赴香港、台湾从事建筑设计，成为港台著名建筑专家。

罗应荣（1918—1971）

广东兴宁人。1942年毕业于西南联大法学院，随即考入清华大学法学所，后毕业并获国际法硕士学位，在云南大学和岭南大学任教。1948年获美国洛克菲洛基金会资助，赴华盛顿州立大学留学，次年转到加州大学伯克利分校，攻读国际法。1950年6月中断博士学位课程回国（与胡宁、常沙娜同船）。先入华北人民革命大学学习马列主义，1951年去岭南大学，1952年院系调整并入中山大学历史系任副教授，1957年被划为右派接受监督劳动，两年后回校在系资料室工作。1966年底以殴打红卫兵的反革命罪判刑五年。1971年夏，在劳改采石场，被人打伤后脑，得不到医治，11月死亡。1978年10月，其右派获改正；1979年4月，广东省高级人民法院撤销其"反革命罪"的判决。

罗蛰潭（1919—2009）

四川乐山人，地质学家。自贡盐商罗筱元之子。1942年毕业于中央大学地质系，1944年毕业于重庆大学矿冶系，应征入伍任美国盟军翻译。1948年赴美科罗拉多矿业学院、俄克拉荷马大学石油学院留学。1950年回国，历任重庆大学副教授、采矿系主任，北京石油学院副教授、探矿系副主任，开出《石油地质》《石油开采》《钻井泥浆》等课程。1958年被划为右派，调成都地质学院，后摘掉右派帽子。"文化大革命"中被冠以"反动学术权威"和"特嫌"关入"牛棚"。1978年应邀出席全国科学大会，被任命为成都地质学院教授、副院长，为中国石油工程学会副理事长。著有《油气储层孔隙结构研究》，主编《油层物理》。第六届全国人大代表。九三学社第七届中央委员，四川省委副主委。

罗仲愚（？—1968）

兽医传染病学家。1945年，由中华农学会公费选派留学美国，获科学硕士和兽医（DVM）博士学位，五十年代归国，任北京农业大学兽医系副教授。"文化大革命""清理阶级队伍"运动中被隔离审查，1968年6月6日割断血管自杀。译著有《兽医病毒学》，合编有《家畜传染病学》。

罗宗赉（1916—2011）

湖南浏阳人，牙医专家。1936年北京辅仁大学肄业，后转入华西协合大学牙学院，1942年毕业并获牙医学博士学位。毕业后先后在四川自贡仁济医院、华西协合大学工作。1948年赴加拿大多伦多大学进修。1950年10月乘克利夫兰号回国，在华西口腔医学院从事口腔解剖生理学及下颌关节病学的教学、科研和临床工作，后任口腔解剖生理学系主任、口腔医学院教授。负责组建我国第一个颞下颌关节专科门诊。九三学社社员。

罗祖道（1920—1992）

浙江杭州人，工程力学家。1938年秋考入沪江大学物理系，次年考入交通大学机械工程系，1944年2月毕业后被教育部征调入伍任盟军翻译两年。1945年复员，被推荐到上海市政府民用局和行政院物资供应局工作。1948年赴美深造，1950获华盛顿州立大学机械工程系硕士学位，1952年获伊利诺伊理工学院力学系博士学位。后在宾夕法尼亚州立大学力学系和航空工程系工作。1953在任塞伦理工学院任教，并担任博士研究生导师；为终身聘约副教授。1957年春回国，在上海交通大学执教，任工程力学所所长。曾任中国第三届固体力学专业委员会主任、《固体力学学报》中、英文版主编。1978年获上海市科技先进工作者称号，1989年获全国优秀归侨、侨眷知识分子等荣誉称号。

骆振黄（1924—2017）

上海人，机械学家。1946年毕业于交通大学土木工程系，1947年赴美留学，1949年获斯蒂文斯理工学院机械系学士学位，1951年获同校硕士学位，后进入哥伦比亚大学攻读博士。1951年先后在美国两个工程公司任工程师。1955年5月与黄葆同夫妇、王仁、张家骅、吕家鸿、谢心正、沈心立、郭明达、蔡君陆一起乘船回国。任上海交通大学振动冲击噪声研究所教授。论文有《非线性隔振器阻尼特性研究》等四十多篇。1994年退休。晚年移居澳大利亚，在布里斯班病逝。

M

马璧如（1921— ）

女，又名马如如。浙江杭州人，生于天津，丈夫章志鸿。1940年夏考进东吴大学医学院，1944年与章志鸿结婚。1947年与丈夫去美国纽约，留学学家政。1950年9月乘威尔逊号与丈夫一起回国。1982年移居美国，2008年定居香港。

马革顺（1914—2015）

陕西乾县人，生于南京，音乐艺术家。1937年毕业于南京中央大学教育学院音乐系，获学士学位，后任西北音乐学院教师、四川省立艺术专科学校音乐教师，上海市音乐中心站第一分站主任及上海体育专科学校音乐副教授。1947年赴美留学，入伊斯曼音乐研究院学习音乐理论和指挥专业，获音乐硕士学位。1948年入威士明特（维斯铭士德）合唱音乐学院，专修合唱指挥。1949年回国，任华东师范大学音乐系教授。1956年调任上海音乐学院指挥系教授。1957年被划为右派，1976年改正。1981年应美国合唱指挥家协会邀请，前往美国二十一所大学讲学和举行音乐会，并获维斯铭士德合唱音乐学院荣誉院士称号。著有《单声部视唱教程》《合唱学》等。九三学社成员。1986年退休。

马 骥（1917— ）

河南安阳人，农业机械专家。1943年毕业于武汉大学工学院机械系。1946年赴美，获美国密歇根大学机械系汽车制造专业硕士学位，1947年获艾奥瓦州立大学农业工程硕士学位，后任美国万国农机公司、费城埃伦农机公司工程师。1949年9月回国。历任北京华北农业机械总厂工艺工程师、主任设计师，一机部农机所副总工程师，中国农业机械化科学研究院副总工程师等。著有《精密播种新型水平圆盘播种器的试验研究》《小扶禾器宽割幅立式割台》等。全国政协第五至七届委员。晚年移居澳大利亚。

马家骅（1919—1983）

上海川沙人。工业经济学家，企业管理 1940 年交通大学实业管理系毕业。1947 年赴美留学，1949 年获纽约大学工商管理硕士学位。同年回国，任复旦大学财经学院副教授，1953 年调入上海财政经济学院任副教授，1958 年并入上海社会科学院，1960 年调回上海财经学院任工业经济系副系主任。1972 年再调入复旦大学经济研究所。1978 年再调回上海财经学院工业经济系，任教授、系主任、院学术委员会委员。编著有《工业企业组织工作》《美国工业管理》《资本主义工业托拉斯经营管理方法》等，译著有《技术定额》《社会主义政治经济学》。

马龙翔（1912—1993）

浙江杭州人，金属学家，前教育部长马叙伦第五子。1936 年天津北洋工学院采矿冶金学系毕业，先后在广东钢铁厂、汉口商检局、云南东川滇北矿务局、重庆资源委员会等任职。1945 年赴美，在雷诺金属公司、卡内基理工学院进修，1947 年初回国，被派往台湾某铝厂任工程师。1949 年 8 月 4 日从台湾回大陆，任东北有色金属工业局工程师。1955 年应聘为东北工学院教授，历任有色金属材料教研室、有色金属系和加工系主任、副教务长、副院长，学术和学位评定委员会副主任。主要论著有《铝及铝合金的熔炼与铸锭》《有色金属压力加工原理》《有色金属材料塑性加工学》等。为《东北工学院学报》主编。辽宁省第四至六届政协副主席，第三、第五至七届全国人大代表。

马世骏（1915—1991）

山东兖州人，系统生态学家，中国科学院院士（1980）。1937 年毕业于北京大学农学院生物系，1938 年至 1943 年先后在山东、湖北从事有关农业害虫的研究工作。1948 年春，获美国犹他州立大学资助攻读昆虫生态学，1949 年获硕士学位，同年转入明尼苏达大学，1950 年获博士学位。1951 年 12 月辗转欧洲回国。历任中国科学院上海实验生物所昆虫生态学室主任、西北高原生物所业务所长、动物研究所副所长、中国科学院生态环境研究中心主任等。其成果获全国科学大会奖、国家自然科学奖二等奖、三等奖及国家科技进步奖。著有《中国的农业生态工程》《昆虫动态与气象》等。为国际生物科学联合会中国委员会主席，中国环境科学学会及中国生态经济学会副理事长。

马秀权（1917—1970）

女，浙江温州人，生物物理学家，丈夫吴汝康。1940年毕业于国立中央大学生物系。1946赴美，在密苏里州圣路易斯华盛顿大学医学院解剖系学习，1947年获硕士学位，1949年获博士学位，同年秋偕丈夫一起回国，任教于大连医学院解剖系。1956年后在中国科学院生物物理室任研究员。1970年因癌症病逝。合译有《放射生物学机制》，论文有《哺乳类动物脑垂体前叶细胞核仁外移及其进入血窦中的观察》等。

马幼梅（1918—2007）

女，浙江杭州人，音乐教育家。1938年毕业于金陵女子文理学院音乐系，1941年在四川彭县华英女中任钢琴教员。1945年任国立音乐学院讲师、副教授。1949年获美国俄亥俄州的鲍德温·华勒斯学院奖学金学习音乐，获钢琴、作曲专业学士学位。1951年入密歇根大学研究院。1952年夏应金陵女大校长吴怡芳博士嘱李加禄所发邀请返国，同年7月由中央人事部分配至南京金陵大学音乐系任教，9月任南京师范学院音乐系钢琴教研室主任、副教授，1958年10月调入南京艺术学院音乐系，任钢琴教研室主任直至退休。晚年移居美国。

马育华（1912—1996）

广东海丰人，大豆遗传育种学家，夫人何佩芬。1935年毕业于南京金陵大学农学院，留校历任助教至副教授。1945年9月赴美留学，1946年8月获伊利诺伊大学硕士学位后，回国任北京大学农学院农艺代系主任。1947年赴加拿大萨斯喀彻温大学进行合作研究，1948年9月获美国伊利诺伊大学奖学金再度赴美留学，1950年6月获博士学位，同年9月与夫人同船回国，历任南京金陵大学、南京农学院、江苏农学院农学系主任。1981年后历任南京农学院研究生部主任、南京农业大学大豆遗传育种研究所所长。为国务院学位委员会学科评议组成员。多次获国家和省级奖励。著有《田间试验和统计方法》《试验统计学》《植物育种的数量遗传学基础》。

马蕴珠（1923—1975）

女，河南人，1949年上海震旦大学毕业，同年8月赴美，1956年获社会学博士学位。同年10月回国，到中国科学院资料情报室任英语翻译。1957年5月1日，应国务院邀请登天安门参加观礼。后调福州大学、山西大学任英语讲师。1975年病逝。

马之騆（1924— ）

安徽桐城人，生于天津，金融学家。1946年燕京大学经济系毕业，1951年获加拿大多伦多大学经济学硕士学位，是年回国。在复旦大学经济系、世界经济系、国际金融系任讲师、副教授、教授。为中国国际金融学会和华东国际金融学会理事。著有《发展中国家国际储备需求研究》《世界金融市场"金三角"》《80年代以来的南北货币金融关系》等，先后在全国性学术刊物上发表学术论文三十余篇。

马钟魁（1911—1999）

河北清苑人，组织胚胎学家。1933年医学院毕业后，入北平协和医学院解剖学科进修解剖学。1935年到中央陆军军医学校任解剖学助教至教授。1947年到美国圣路易斯华盛顿大学医学院解剖学科作研究工作。先后获硕士和博士学位。1949年回国，先在武汉大学医学院任教授兼教务主任，1953年调天津医学院任教授，主要研究内分泌腺的形态学。主要论文有《人眉间稍上与大腿内侧上部皮肤内弹性组织之研究》《腊片上显示大鼠组织肥大细胞的银染法》。译著有《组织化学》。合著有《组织胚胎学》《组织学教学参考书》等。曾任中国解剖学会理事、天津解剖学会理事长。河北省政协委员。

麦乔威（1921—2008）

广东东莞人，水利泥沙专家。1949年毕业于美国密歇根大学，获硕士学位，同年年底回国。曾任水利部珠江水利委员会副总工程师兼水利科学所所长，高级工程师。中国水利学会泥沙专业委员会常务秘书，在河流推移质运动理论中发明了"钱宁—麦乔威函数公式"，1978年与赵业安、潘贤娣等发表的《多泥沙河流水库下游河床演变及演算方法》被授予全国科学大会重大科学成果奖。为中国海洋工程学会海岸工程专业委员会副主任。河南省第四届政协委员，广东省第五、六届政协委员。

麦任曾（1922—1993）

女，广东人，翻译家，康有为外孙女，丈夫王旭芹。初中入读北京贝满女中，卢沟桥事变后随家避居广州、香港，1940年重返北平入燕京大学。燕大被封后，转上海圣约翰大学，与同班学友王旭芹结婚，毕业后获奖学金与丈夫双双赴美留学。新中国成立后回国，曾在匈牙利参赞处、北京编译社工作，以后在外交人员服务局。一直从事翻译工作，为译审。曾编辑出版《外事工作人员英语常用分类词汇》。

麦少楣（1924—　）

女，广东人，丈夫李肇基。毕业于上海圣约翰大学外文系。1947年5月，以《文汇报》记者身份采访报道"反饥饿、反内战、反迫害"的学生运动而遭逮捕，通过陈香梅由冯有真担保当天获释。同年和李肇基结婚，共赴美国，在密苏里大学攻读研究生，为北美基督教中国学生会（CSCA）中西部组织的成员。1951年1月偕丈夫回到祖国，随即接受外交部新闻司邀请，任外交部新闻记者，李肇基牺牲后，在中国国际广播电台（Radio Peking）英语部，从事对外英语广播的定稿工作，任译审，直至退休。

麦文奎（1917—2019）

广西苍梧人，公共卫生专家。1942年毕业于国立中山大学医学院。1947年公费赴美，先后在伯克利加州大学公共卫生学院、美国传染病控制中心进修，获哥伦比亚大学公共卫生研究院公共卫生学硕士。新中国成立后回国，1950年初参与筹建广西省卫生处（厅），任广西卫生防疫站副站长，广西寄生虫病研究所副所长，广西血防领导办公室主任，广西红十字会会长，广西卫生厅副厅长。世界卫生组织专家咨询委员会公共卫生管理委员。获卫生部从事卫生防疫工作三十年荣誉证书，评为全国血吸虫病先进工作者。

毛汉礼（1919—1988）

浙江诸暨人，物理海洋学家，中国科学院院士（1980）。1943年毕业于浙江大学史地系，在四川北碚中央研究院气象研究所任助理员。1947年赴美留学，1951年获加州大学博士学位，曾任美国斯克里普斯海洋研究所副研究员。1954年回国，在中国科学院青岛海洋所任研究室主任、副所长等，为国务院科学规划委员会海洋组成员，国务院学位委员会学科评议组成员，国际大地测量地球物理联合会的国际海洋物理科学协会（IAPSO）中国委员会主席。论著有《海洋学的任务、发展和现状》《海洋水文物理学的研究》及《海洋科学》等。九三学社中央委员。

毛文书（1910—1988）

女，四川乐山人，眼科专家，丈夫陈耀真为1934年回国的波士顿大学博士。1937年毕业于华西协合大学医学院，医学博士学位，1947年赴加拿大多伦多大学、美国芝加哥大学深造。1949年回国，1950年10月到丈夫的家乡，在岭南大学医学院任教，院系调整之后他们又到了中山医学院，1965年创建眼科专科医院。曾任中山医科大学眼科中心主任兼防盲办公室主任、中华眼科学会副主任委员、《中国医学百科全书·眼科分册》编委、《中华眼科杂志》副总编、《眼科学报》主编。曾为卫生部教材编审委员会委员，卫生部医学科学委员会委员。第七届全国人大代表。

毛燮均（1901—1979）

字名孝，四川仁寿人，口腔医学家。1930年华西协合大学牙医系，获牙医博士学位，后在北京协和医学院任教，1935年至1936年在美国明尼苏达级塔夫兹大学进修，回国后在北京协和医学任教，1945年任北京大学医学院牙医学系教授、口腔矫形教研组主任，还任《中华口腔科杂志》总编辑、中央卫生部口腔医学专题委员会主任委员。1947年再次赴美，在哈佛大学考察牙医教育和进修牙医正畸学科，1949年回国，在北京医学院建立口腔正畸学科，任口腔系系主任、一级教授。

茅福谦（　—　）

机械专家，夫人徐于美。留美，获加利福尼亚州大学建筑工程博士。1950年9月乘威尔逊号偕夫人回国。曾在上海交通大学制冷与低温工程研究所所任职。合著有《泵与风机》，论文有《车削凹形球面的简便方法》《抑止镗杆的震动》《液压靠模机构图的比较评价》等。

茅于恭（1912—2003）

江苏镇江人，生于南京，机械专家，茅以升侄子。1935年毕业于上海交大，后赴英国实习，1939年通过了英国工程师的考试后赴美工作十年。1950年听从叔叔茅以升的劝告回国，先后到长春汽车厂和洛阳拖拉机厂任总工程师。1957年夫妇二人被划为右派，1979年改正。曾为全国人大代表。1980年代去美国定居。

茅于宽（1922—2008）

江苏镇江人，生于南京，电磁场与微波技术专家。茅以升侄子。1940年考入西南联大物理系，1944年毕业后在云南普洱磨里中学任教，1947年加入中国共产党，同年7月赴美留学。1950年获硕士学位，同年5月回国，先在总参通信部工作一段时间，1955年调张家口解放军通信工程学院工作任教，后一度调到重庆雷达学院，再后又返回西安电子科技大学，曾任电磁工程系主任、教授，长期任中国电子学会天线专业委员会主委。译著有《反射面天线》，论文有《高效双反射面天线的一种新设计》《用复射线理论分析差波束穿过天线罩后的零点偏移规律》等。

茅于美（1920—1998）

女，江苏镇江人，比较文学家，茅以升之女，丈夫徐璇。1943年毕业于浙江大学外文系，1945年毕业于清华大学研究生院外文系，获硕士学位，后在南京中央图书馆国际交流组工作。1947年考取自费留美生，1948年12月获圣路易斯华盛顿大学英国文学硕士，旋即到伊利诺伊州立大学读博士，1950年9月中断学业偕丈夫回国，先后任职于出版总署编译局、人民出版社、中国社会科学院，后任中国人民大学语言文学系教授。主编《世界名诗鉴赏全库（英美诗歌部分）》，著作《中西诗歌比较研究》《易卜生和他的戏剧》《桥影依稀话至亲》，论文《十四行诗与中国的词》，译作《漱玉撷英（李清照词英译）》《济慈书信选译》等，词集《夜珠词》《海贝词》。

茅于文（1913—1996）

女，江苏镇江人，茅以升侄女，丈夫张大奇。1936年毕业于上海交通大学财务管理系。后在交通部门所属单位主管财务。1946年至1950年在美国进修学习及工作。1950年回国。1951年至1958年在沈阳电缆厂任财务科长。1958年至1974年在机械部电器科学研究院任情报室科长。1974年退休。

梅健鹰（1916—1990）

广东台山人，绘画及陶瓷美术教育家，夫人何梅生。1943年在重庆中央大学艺术系毕业，1948年赴美，在西雅图华盛顿州立大学美术系学习，后转哥伦比亚大学师范学院作研究生，1950年毕业获硕士学位，为中国留美学生建国同盟成员。1951年偕夫人与孩子回国，任上海行知艺术学校教务主任，后调中央美术学院任讲师、中央工艺美术学院教授、陶瓷系主任。1955年获轻工业部首次陶瓷评奖大会一等奖。编著有《造型基础》《陶瓷铁绣花》《中国陶瓷发展简史》《我国传统陶瓷艺术风格》《色彩原理及其在陶瓷上的应用》，曾任中国陶瓷美术学会副理事长。退休后定居美国，在纽约病逝。

梅汝和（1918—2000）

江苏张家港人，经济学家。1942年毕业于上海交通大学管理学院，并留校任讲师、副教授。1947年考取自费留学资格，赴美宾夕法尼亚大学沃顿财商学院留学。1949年回国，任上海市军管会公用事业处会计室主任，参与接管旧上海的工作。后任上海市人民政府公用局财务处处长，上海市建委企业管理处处长以及上海市商业局财务处处长等职。1973年任上海外贸职工大学校长。1976年任上海财经大学经贸系主任和财经所所长、上海交通大学教授。其主审《会计英语》《市场学词典》等成为我国大专院校的重要教材与读物。发表大量关于市场营销的专论，主要有《营销管理》（中译本）、《国际营销管理学》《市场调查与预测》等。

梅镇安（1918—2014）

女，浙江杭州人，植物学家，梅镇岳胞妹，丈夫董铁宝。1946年毕业于西南联大，获生物学硕士学位，1947年赴美，在伊利诺伊大学艾默生（R. Emerson）实验室留学，获硕士学位。1956年偕丈夫与三个孩子绕道欧洲历时三个月回国，任北京大学生物系教授。主要研究光合作用，在光生物物理学方面独有所长。发表过《细菌光合作用的原初反应》《光合作用中的放氧过程》《固氮鱼腥藻色素间的能量传递》《高等植物类囊体膜中色素蛋白复合体的迁移及光能在光系间的分配》等论文。1988年退休，后随子女移居美国，在美国去世。

梅镇岳（1915—2009）

浙江杭州人，粒子物理和生物物理学家，梅镇安胞兄。夫人李懿。1939年毕业于西南联大物理系，留校任教，1945年考取了中英庚款公费生赴英留学，1947年和1949年分获伯明翰大学硕士和博士学位。1948年到美国印第安纳大学从事回旋加速器相关研究，1950年到加拿大国家实验室研究宇宙线。1953年偕夫人回国。在中国科学院近代物理所（后为原子能所）任研究员、室主任。1960年调任入中国科技大学近代物理系，任常务副系主任。1976年退休，八十年代后任《物理》杂志主编。著有《原子核物理学》《β和γ放射性》《原子核心与化学环境》等。

梅祖彦（1924—2003）

天津人，水力机械学家，教育家梅贻琦之子，夫人刘自强。1942年入西南联合大学机械系学习，1943年自愿报名入伍为盟军翻译员。1945年春赴美，在中美合作的"FAB-100"项目中继续当翻译。7月获美国总统为"二战"时期协助美军抗战斗争作出卓越贡献的中国军人授予的自由勋章。1949年在伍斯特理工学院机械系毕业，获学士学位，1951年获伊利诺伊理工大学机械硕士，后为沃兴顿公司工程师。1954年回国，任清华大学水利系水力机械实验室主任，教授。研究成果"混流可逆式水泵水轮机水力特性"获1984年北京市科技成果奖三等奖，"十三陵抽水蓄能电站过渡过程计算"获1990年能源部科技进步奖三等奖。第七、八届全国人大代表，第六届全国政协委员。九三学社中央联络部部长，北京市委副主委。

蒙思明（1908—1974）

原名尔麟，又名弘毅，四川盐亭人，史学家。历史学家蒙文通胞弟，夫人魏治统。1928年曾东渡日本留学，不久五卅惨案后回国。1933年毕业于华西协合大学社会及历史系，在华西协合高中任教，1935年考入燕京大学研究院历史部。1944年赴哈佛大学深造，1949年获得博士学位。1950年9月偕夫人魏治统回国，历任华西协合大学教授、哲学系和外文系主任、文学院院长，四川大学教教务长等。著有《元代社会阶级制度》《魏晋南北朝的社会》。

孟繁俊（1915—1990）

吉林延吉人，教育家。1943年上海圣约翰大学教育系毕业，获学士学位，1945年该校研究生毕业，获文学硕士学位。同年加入中国共产党，参与创办革命据点学校省吾中学（现上海市爱国主义教育基地），曾任圣约翰中学初中部主任。1948年初受中共委派，赴美哥伦比亚大学留学，获博士学位。其间继郭秀梅后任北美基督教中国学生会（CSCA）秘书长和总干事。1951年8月与程守洙、杨树勋、施子愉、吴徵、郭可詹等人乘威尔逊号回国，先后任职于华东师大、上海市高教局、市侨办、市委统战部、上海科技大学。其间创办并领导了外岗工业学校（工商子弟学校）、科技大学外语部、上海科技大学分校、上海科技干部管理学院等。上海市第五、六届政协委员。

孟庆彭（1919—1975）

江苏常州人，农业经济学者和农村社会学家，夫人张守仪。1949年获伊利诺伊大学博士学位。同年与夫人张守仪回国，在中国农业大学任教，曾任农业经济管理系系主任。论文有《中国农业进步：要素因素研究》等。

宓超群（1919—   ）

浙江慈溪人，生于上海，法学家。中央大学毕业，曾留校任助教。1947年留美，在艾奥瓦大学研究院攻读国际政治，1949年获硕士学位。1950年与华罗庚同船回国，在华北人民革命大学学习一年，1950年到沈阳东北行政学院（现吉林大学）任教。1951年4月"镇反"中被判刑七年，一再上诉，又被加刑。1958年夏出狱，在北大荒农场继续劳改。1976年与留法博士赵希献联名上书邓小平申诉冤情，终获平反，回到吉林大学法律系，1987年晋副教授，次年晋教授，创办高校首个政治学系。合著《国际私法》（获司法部优秀教材奖），合编有《简明政治学词典》《新编法学辞典》《冲突法学》等。1993年获中共吉林省委、省府颁发的"吉林英才奖章"。1996年退休。九三学社成员，曾任长春市政协委员。

苗永淼（1924—2010）

山东济南人，机械专家。辅仁大学肄业后赴美留学，1949年毕业于北卡罗来纳大学机械系，1953年获伊利诺伊大学博士学位。曾任美国芝加哥万国拖拉机公司实验工程师、美国频道大师（Channel Master）公司实验室主任。1955年6月乘威尔逊号回国，历任西安交通大学教授，国务院学位委员会第一、二届学科评议组成员。长期从事透平压缩机及鼓风机方面的教学和研究。主编《透平压缩机强度》，合编《透平压缩机测试技术》。全国政协第七、八届委员。致公党第十届中央委员。

缪鸿基（1915—2001）

广东新会人，地理学家、地图学家。1938年毕业于中山大学地理学系。1948年赴美，获宾夕法尼亚大学地理学硕士学位。1950年回国，任中山大学地理系教授。主编有《广东省地图集》《珠江三角洲水土资源》，论文集《地理与制图》等。为国家教委理科地理教材编辑委员会《地图与遥感》组组长，国家大地图集编纂委员会委员，广东省遥感学会副理事长、名誉理事长。

闵嗣桂（1918—1995）

女，江西奉新人，物理化学专家，丈夫殷之文。1942年毕业于西南联大化学系。1946年赴美留学，1948年6月获密苏里大学物理化学硕士学位，1950年1月获伊利诺伊大学有机化学硕士学位。1950年8月回国，曾任中国科学院上海硅酸盐所研究员，从事非晶态材料物理化学的研究。论文有《$ZnO-Al_2O_3-SiO_2$系统微晶玻璃的研究》《$Li_2O-Al_2O_3-SiO_2$系统微晶玻璃晶相的研究》《非晶态硒碲材料中卤族元素掺杂对空穴陷阱的影响》等。

闵恩泽（1924—2016）

四川成都人，化工专家，中国科学院院士（1980），中国工程院院士（1994），夫人陆婉珍院士。1946年中央大学化工系毕业。1948年赴美留学，当年获俄亥俄州立大学硕士学位，1951年获俄亥俄州立大学博士学位。后在芝加哥纳尔科公司任高级化学工程师。1955年偕夫人回国，曾任中石化公司石油化工科学研究院研究室主任、主任工程师、总工程师、副院长等职。获2007年度国家最高科技奖。2013年4月，中国石油化工集团公司和中国工程院联合设立"闵恩泽能源化工奖"奖励基金。

莫根生（1915—2017）

江苏苏州人，计算机专家。1939年上海交通大学电信工程系毕业，在资源委员会桂林中央无线电厂工作。经考试选拔获"租借法案"资助，1945年5月赴美，1946年7月获哈佛大学通信工程硕士学位，在美实习工作。1949年5月回国，在上海中央无线电公司工作，1950年调南京无线电厂任总工艺师。1956年调中国科学院计算所仿制中国第一台电子管计算机，任103机工程组组长。1958年底调四机部十五所任副总工程师，1963年研制成113计算机。1970年以反革命罪名被关进监狱，经家人不断申诉，1973年保外就医，1978年获得平反。1979年调到北京市计算中心工作，任总工程师，1987年退休。1993年获政府特殊津贴，2016年获中国计算机学会颁发"中国计算机事业六十年杰出贡献特别奖"。北京市第六届政协委员。

莫 叶（1914— ）

湖南新邵人，数学家。1936年毕业于交通大学教学系，留校任教。1943年5月在时迁重庆的交大任副教授。1945年9月随交大师生复员回上海。1947年获美国西雅图华盛顿大学奖学金赴美留学，1949年获博士学位。1950年6月回国到上海交大。1951年11月升任教授，1952年院系调整到山东大学任教授。发表二十七篇论文，出版有《复变函数论》《勒襄特函数论》等书五部，总共二百余万字。曾被选为山东省数学会理事，山东省政协常委。因"从事高校科技工作四十年的显著成绩"，1990年12月获国家教委颁发的荣誉证书。

穆　旦（1918—1977）

原名查良铮，浙江海宁人，生于天津，诗人、翻译家，金庸（查良镛）堂兄，夫人周与良。1940年西南联大外文系毕业后留校任教。1941年参加中国远征军，在缅甸随杜聿明任翻译。1949年赴美，1952年获芝加哥大学英文系硕士学位，1953年偕妻周与良回国，任南开大学外文系副教授。1958年被以"历史反革命罪"判处三年劳改，期满后调到校图书馆和洗澡堂接受监督改造。"文化大革命"时全家被"扫地"到保定地区农场。1972年回到南开大学，继续埋头于新的翻译及修改以前的译著。为有影响的"九叶诗人"之一，其作品和译著颇丰。1977年因心脏病突发去世。1979年南开大学为其平反，1981年在天津烈士陵园为其举行了追悼会，校长亲自献花圈，葬于北京万安公墓。

N

南国农（1920— ）

江西清江人，电化教育专家。1943年毕业于台湾中山大学教育系，被朱家骅选到教育部工作。1948年考入美国哥伦比亚大学，曾参与冯玉祥、唐明照、赖亚力等发起成立的美洲中国和平民主联盟。1950年获比较教育与视听教育硕士学位，同年7月回国。历任国立西北师范学院教授、西北师范大学教育技术与传播学院、网络学院名誉院长。1980年创办《电化教育研究》杂志任主编，1990年任全国电化教育课程教材编审组组长，主编或组织编写出版了高师电化教育公共课教材《电化教育学》《教育传播科学研究方法》《教育电视系统》《电视教材编导与制作》《电化教育管理》等。1991年任全国高校教育技术学指导委员会顾问。西北五省电教协会理事长、甘肃教育学会会长。甘肃省政协常委。

聂崇信（1921—1992）

湖南衡山人，英语教育和翻译家。1949年南京国立政治大学外交系毕业，赴美留学，入纽约大学国际关系学院攻读硕士学位。1951年回国，在华北人民革命大学政治研究院学习。毕业后，赴朝鲜任志愿军政治部俘虏管训处翻译，参与编辑《英中军事术语小辞汇》。1956年到中国科学院国际关系所任助研，从事中外近代国际关系史的研究与翻译。1961年调至山西大学外语系。1980年任山西煤炭化工大学公共外语教研室主任。1981年任太原工业大学公共外语教研室主任。1983年任山西大学公共外语系教授。为山西高等院校外语教学协会副会长。主要译作有《华盛顿选集》《世界产业工会——美国工团主义的研究》，译审有《英汉辞海》等。

钮经义（1920—1995）

江苏兴化人，生物化学家，中国科学院院士（1980）。1942年毕业于西南联大化学系后，任重庆国立药专助教，1946年任清华大学助教。1948年赴美，任得克萨斯大学生化所研究助教和研究助理，1953年获该校博士学位。1954年至1956年任伯克利加州大学病毒所研究助理。1956年回国，历任中国科学院上海生理生物化学所研究员、室主任。所参加的结晶牛胰岛素的人工合成获1982年国家自然科学奖一等奖。人工胰岛素原C肽的合成及放射免疫的测定，获1983年国家发明奖二等奖。著有《大肠杆菌的微量元素的需要》《南瓜子氨基酸的分离及结构》《结晶牛胰岛素的全合成》等。

O

欧治樑（1922—2003）

四川大足人，英语教育家。1949 年毕业于美国密苏里大学，获英文硕士学位，后到堪萨斯大学和耶鲁大学继续深造。1950 年 10 月乘克利夫兰号回国。先后执教于重庆大学、四川大学、成都工学院、张家口解放军外语学院、南京解放军外语学院，后在重庆师范学院外语系教授。曾任重庆市外文学会顾问、重庆市回国留学人员联谊会常务理事等职务、重庆市第八届人大代表。曾获解放军外语学院先进工作者，重庆市劳动模范，优秀党员等称号。1993 年获国家教委颁发的"曾宪梓教育基金"二等奖。论著有《现代英语发展的趋势》《英汉成语设喻的比较》和《汉语外来词译名的倾向性》等。

P

潘炳皋（1908—1994）

笔名病高、冰高，也用水火、PK、欣然、非非等，河北安新人，作家。1929年考入北京师范大学国文系，后转英文系学习，其间投身学生运动，1932年冬天被学校当局以思想左倾为由开除学籍，后又复学。1935年毕业，在北京、湖南等地任中学教师。1948年2月赴美留学，先在新泽西州茫克莱师范学院获硕士学位，后入哥伦比亚大学师范学院进修博士学位，主要研究世界近代史。1951年4月回国，历任西北艺术学院副教授、河北师范学院历史系副教授、北京师范学院教授。

潘鸿声（1902—1993）

江苏常熟人，农业经济学家。1930年毕业于金陵大学农经系，并留校先后任助教至教授。1947年赴美，在华盛顿州立大学就学，获农业经济硕士学位，1949年1月回国，到南京金陵大学农学院农经系继续任教，1956年调中国农业遗产研究室，从事农史研究工作，1993年4月去世。编著教材有《中国农产贸易学》《中国农产对外贸易学》，参编的《中国农学史》获1978年农牧渔业部科技进步奖一等奖。

潘良儒（1917—2018）

四川开江人，电磁流体力学和等离子体动力学家，夫人丁中德。1943年毕业于西南联大机械工程系。1945年考取自费留美资格。1948年赴弗吉尼亚理工学院应用力学和机械系学习，1950年获硕士学位。后获康奈尔大学应用力学系奖学金，1955年获博士学位。同年12月被移民局以曾经资助一位"共党嫌疑"的中国留学生为由进行调查，因拒绝认错，被驱逐回国。在中国科学院力学所工作，任研究员、电磁流体力学和等离子体动力学室主任。

"文化大革命"中因力学所的工作涉密和其"特嫌"身份,被调去搞海洋潮汐发电和锅炉余热利用。曾为《力学学报》主编,著有《运动气体的冻结型和电阻型无力场》《一个推广 Virial 定理的数学方法和应用》等。1988 年移居美国,后移居瑞士。

潘南鹏(1922—)

江苏常州人,环境保护技术专家。1945 年上海交通大学土木系毕业,1949 年获美国麻省理工学院卫生工程硕士、土木工程硕士,回国后历任上海市卫生局环境卫生处工程师、江苏医学院公共卫生系副教授,北京市环境保护科学研究所情报室副主任、副所长、总工程师等。从事污水灌溉、工业废水和污水综合利用、澄清滤池等研究工作,"氯丁污水处理科研设计"获全国科学大会成果奖。著有《污水处理池(消污池)》,合译有《水处理手册》。

潘绍周(1908—1980)

湖南新化人,心血管内科学家,夫人章修华。1936 年毕业于湘雅医学院,获博士学位,到南京卫生署直属医院中央医院内科工作,后兼任湘雅医学院副教授。1945 年被卫生署派到印度学习热带病学,其间在英国进修。1948 年转赴美国,在纽约市金水医院进修神经科和麻省省立医院参加哈佛大学医学院进修心电图,后在波士顿市立结核医院任职。为留美科协会员,1950 年 9 月偕夫人与孩子乘威尔逊号回国,历任中国医科大学医疗系主任、教授、副校长、附属第一医院院长、辽宁省心血管病研究所所长。"文化大革命"中被扣上"反动学术权威""间谍、特务""叛徒"等罪名遭到毒打。著有《心电图学》《心电图的诊断和鉴别图谱》等。中华医学会辽宁分会副会长。第五届全国人大代表。

潘守鲁(—)

云南人,电机专家。1944 年西南联大电机系毕业,曾从军作译员,战后留美。1950 年 6 月乘船经马尼拉与俞惟乐等回国,曾在北京铁道学院任教,后调入中国科学院自动化所,任生产过程自动化和调节理论研究室副主任。1962 年 7 月经中国科学院第三次常务会议批准,被任命为所务(学术)委员会委员。著有《带电感性直流负载扼流磁放大器的静、动态过程理论分析》。

裴明丽（1924— ）

女，安徽寿县人，生于青岛，丈夫陈能宽。1946年毕业于唐山交大（现西南交通大学）土木系。1946年与陈能宽结婚，1947年考取了自费留美资格，在耶鲁大学土木工程系学习。1955年12月偕丈夫和子女一起回国，先在中国科学院力学所任职，后在中国科学院科技学校、密云中学任教，1972年在核工业部二一一厂，1975年回北京，在核工业部四〇一所教英文，1985年退休。

裴锡恒（1908— ）

江苏淮安人。1929年保送入中央大学上海商学院。1932年毕业后在上海中孚银行任职。1934年8月赴美，先在俄亥俄州大学商学院，后转纽约大学，获工商管理博士学位，在纽约中国银行任会计部副主任、主任。1956年回国。在北京中国银行总行任职，历任营业部会计科副科长、财会部英语顾问、国际清算部高级会计师，1989年退休。1992年著《回归祖国的这条路我是走对了——追忆二十二年的侨美生活》。

彭湘源（1922—2017）

女，河南南召人，图书馆学家，彭清源胞妹，丈夫胡明正。1947年南京中央大学外语系毕业。1948年赴美留学，就读波士顿大学研究生院、西蒙斯图书情报学研究院，获硕士学位。1950年10月偕丈夫回国。任中国科学院图书馆研究馆员。从事科技文献检索和咨询，参与为中国科学院各研究所图书馆专业人员技术培训和教材撰写。兼任北京大学和武汉大学图书馆学系教授，是中国科学院图书馆首位硕士生导师，曾被评为中国科学院优秀研究生导师。为中国图书馆学会学术委员会委员。主要编著和译著有《（中国科学院）全院西文期刊总目》《文献情报检索》《参考咨询与参考源》等。1983年受中国科学院委派出席国际图书馆协会联合会（IFLA）德国慕尼黑第四十九届大会。国际图联专业委员会委员。

彭吉人（1909—2005）

重庆人，耳鼻喉医学专家。1935年华西协合大学八年制医科毕业，获美国纽约州立大学博士学位，留校任存仁医院（五官科医院）住院医师，历任助教、讲师、副教授、教授等。1947年获得加拿大红十字会奖学金，赴多伦多大学进修耳鼻喉科。1949年转赴美国费城坦伯尔大学贾克逊诊所进修内腔镜和喉外科。1949年回国，在华西协合大学存仁医院工作，任院长，并兼任川西军区医院兼任五官科主任、教授。后为四川医学院耳鼻喉科主任。曾经任中华医学会副会长、耳鼻喉学分会常务理事、四川省分会主任委员、中华耳鼻喉科杂志编委等。

彭季谐（1917—1981）

四川双流人，有机化学家。1944年毕业于中央大学化学工程系。1948年赴美留学，1956年获美国华盛顿州立大学化学博士学位，同年年底回国。历任四川大学副教授，中国科学院成都有机化学研究所副研究员、副所长。主要从事炔烃化学的研究工作。在炔烃的合成及纯化方面卓有成就。此外还从事几种昆虫性信息素的合成及其在农田中应用的研究。1978年后从事氨基酸合成方法的研究。中国化学会理事、四川省化学化工学会理事、成都市化工学会理事。四川省人大代表。

彭洁清（1930— ）

女，湖南岳阳人，外语教育家，姚桐斌夫人。1947年获圣弗朗西斯学院奖学金，去美国纽约布鲁克林留学，后在纽约大学攻读社会学硕士学位，毕业后进入IBM工作。五十年代初回国，在北京外语学院教英文。著有纪念姚桐斌的《航天情》。

彭琪瑞（1913—1985）

湖南湘阴人，地质学家，夫人李琼华。清华大学地质系毕业，就职于中央地质调查所，后任北京大学地质系副教授。1948年公费赴美留学，获亚利桑那大学地质学硕士学位和哥伦比亚大学地质学博士学位。1951年起，先后在新墨西哥州、伊利诺伊州、威斯康星州等地的大学任地质学教授。1956年偕夫人回国，任中国科学院地质所研究员、北京大学地质系教授。1979年退休后，将其珍藏多年的全部地质文献和书刊捐赠给中国科学院地质所。病逝后，夫人遵其遗嘱，将其生前积蓄的十万元港币捐赠给湘阴县家乡建村办小学"琪瑞学校"。一生论著颇丰,有《香港侏罗纪地质岩表层发现沸石》《石英晶体的可塑性变化》《新发现的铍矿物与方柱矿群的关系》等。

彭清源（1920—2003）

河南南召人,经济学家。1944年毕业于武汉大学经济系。1947年毕业于南京国立政治大学经济系,获经济学硕士学位。1948年赴美国,先后在科罗拉多州立大学和纽约大学研究生院学习,为留美学生通讯社成员。1950年2月回国。历任东北财经学院副教授、辽宁大学教授。著有《谈美元危机》,合编有《世界经济》。曾任沈阳市政协副主席、副市长,民革第六至八届中央副主席,全国人大常委会副秘书长、内务司法委员会副主委,第六届全国政协委员。

彭瑞复（1916—1991）

江苏苏州人,翻译家,夫人徐静怀。1935年在北平税务专门学校毕业,后在上海、汕头、腾冲和重庆等海关工作。1936年至1943年,曾加入中国共产党。参加了护关运动。1944年在重庆新闻学院学习。1945年赴美,1946年获哥伦比亚大学新闻系硕士学位,在联合国秘书处任同声传译,为留美学生通讯社成员。1953年偕夫人和两个儿子回国,先在北京女十二中任教,1956年在中国人民保卫儿童全国委员会做翻译工作,1962年在外文出版局《中国妇女》杂志社（英文）任编译。"文化大革命"期间下放至妇联干校。1972年到外文出版局图书出版社做定稿人。1978年回全国妇联《中国妇女》（英文）杂志社,任中译英定稿人（总编辑）。曾为中国翻译工作者协会第一届理事会理事。1986年退休。曾荣获全国三八红旗手称号。

彭少逸（1917—2017）

江苏溧阳人,生于武汉,燃料化学和催化剂专家,中国科学院院士（1980）。1939年武汉大学化学系毕业。1947年赴美,在阿特拉斯粉末公司及通用染料公司进修。1949年回国,任中国科学院大连石油所（化学物理所）室主任,1957年曾被划成右派。1961年调入中国科学院太原燃料化学所（山西煤炭化学所）,历任研究员、室主任、所长等。研究成果获全国科学大会奖（1978）、国家发明奖三等奖（1979）、二等奖（1984）、何梁何利基金会科技进步奖（1997）等。撰有《纤维催化剂的理论与应用》等论文百余篇。为《燃料化学学报》主编，山西省化学会理事长，国务院学位委员会化工学科评议组成员。全国政协常委、山西省人大常委会副主任。民盟中央常委，民盟山西省主委。在美国洛杉矶逝世。

彭司勋（1919—2018）

湖南保靖人，土家族。药物化学家，中国工程院院士（1996）。1942年毕业于重庆国立药学专科学校，在中央卫生研究院（中国医学科学院前身）化学药物组任技术员、药师。1948年获联合国世界卫生组织奖学金，赴美国马里兰大学和哥伦比亚大学药学院进修，1950年获哥伦比亚大学药学硕士学位。同年9月乘威尔逊号回国，历任华东药学专科学校（现中国药科大学）教授，江苏省药品检验所所长，南京药学院教务长、副院长，中国药科大学顾问。第七届全国政协委员，江苏省政协副主席。九三学社第七届中央委员和江苏省委主委。

彭　毅（1929—　）

曾用名泽润，湖南长沙人，金属学家。1949年11月随军去台湾，1953年毕业于台湾运输学校，1955年6月赴美，同年12月毕业于弗吉尼亚陆军运输学院。1956年1月返回台湾途经日本时毅然起义，逃脱当局搜捕，4月到北京，8月被安排在湖南省运输局工作。1958年下放到衡阳汽配厂，1966年后当热处理工人数年，1978年获湖南省科学大会奖状。1980年加入中国共产党，调回长沙原单位，任科长等，1988年任高级工程师。著有回忆录《笃行》，专著《钢铁激光热处理》曾为省机械工程学会委托湘潭大学主办"热处理技术员训练班"主教材之一。合作项目"激光硬化活塞环"获冶金工业部1981年科技成果奖。曾任长沙市科协常委，湖南省金属学会喷涂分会副主委，省政协委员，省台胞联谊会副会长。

彭兆元（1918—1987）

江西临川人，机械专家。1940年武汉大学机械系毕业，曾任教于国立中正大学。1947年赴美，1950年宾夕法尼亚大学机械系毕业，为留美科协动力工程学术小组联络人。1950年9月乘威尔逊号回国，在华北大学工学院汽车系和北京工学院军用车辆系任教。1952年院系调整后任北京理工大学机械三系主任、飞行器工程系主任。"文化大革命"中因回国初期设计军舰发动机时向英国驻京代办处索要一些公开资料，被认为有叛国嫌疑，被抄家受迫害。

彭　浙（1914—2002）

原名彭家泰，广东番禺人，农学家，彭加木二哥。1941年毕业于重庆中央大学农学院园艺系。1948年赴美国加利福尼亚大学留学，1950年中断学业回国，在农业部工作，后调到广东省农科院果树所任助理研究员。八十年代退休。

蒲保明（1910—1988）

又名蒲保民，四川金堂人，数学家。1937年毕业于华西协合大学数理系。先后在成都华美女中担任数学教师兼教导主任，四川大学数学系和武汉大学数学系作研究工作。1941年到华西协合大学数学系任讲师、副教授。1947年获国际红十字会提供奖学金，赴美国纽约州雪城大学研究生院数学系留学。1948年获硕士学位，1950年获博士学位，同年9月到加州大学伯克利分校任教。1951年2月归国，回华西协合大学数理系任教授。1952年院系调整到四川大学数学系任教授、系主任、数学研究所副所长。专于半亚纯函数论、黎曼流形、拓扑学，合编有《拓扑学》。中国系统工程学会模糊数学与模糊系统学会第一届理事长，四川省数学会第一、二届副理事长。九三学社社员。

浦　山（1923—2003）

原名浦寿山，江苏无锡人，经济学家，浦寿昌胞弟，夫人陈秀煐。1940入上海沪江大学，肄业。1941年自费赴美留学，1943年毕业于密歇根州立大学经济系，1949年获得哈佛大学经济学博士学位，1949年夏回国，任外交部情报司副科长、朝鲜停战谈判代表团秘书处处长，陪同周总理参加了日内瓦会议、万隆会议等大量外交出访活动。历任外交部国际问题研究所副所长，中国社科院世界经济与政治所所长、研究生院院长等职。著有《浦山文集》等，代表作有《中国的对外开放和国际环境》和《法美货币战和资本主义世界货币危机》。去世以后，中国世界经济学会建立了"浦山世界经济学优秀论文奖基金"。

浦寿昌（1922—2019）

江苏无锡人，外交家。1941年上海沪江大学肄业，赴美国留学，1942年毕业于密歇根大学，1946年获哈佛大学经济学博士学位，后留在美国，负责留美中国学生的工作，其间任冯玉祥的英文翻译。1950年回国。长期担任周恩来总理的首席翻译、外事秘书，多次为党和国家领导人担任主译，出席过1954年日内瓦会议、1955年万隆会议、1957年、1960年的各国共产党莫斯科会议、1982年发展中国家新德里协商会议等一系列重要国际会议。历任外交部政策委员会、外交部研究室副主任、北京外国语学院负责人、国家计委外事局局长、外交部副部长等。曾主持《毛泽东选集》一至五卷英译本定稿工作。

蒲蛰龙（1912—1997）

广西钦州人，生于云南，昆虫学家，中国科学院院士（1980），夫人利翠英。1935年毕业于中山大学农学院，同年考进燕京大学研究院生物学部，1937年回中山大学任教，历任讲师、教授。1946年获美国国务院奖学金赴美留学，1949年10月获明尼苏达大学博士学位，偕夫人利翠英回国。历任广东省农业实验场场长，华南农学院教授，中国科学院中南昆虫所所长，中山大学副校长、昆虫学所所长，生命科学学院院长，国际有害动物、植物、生物防治组织东南亚分部理事，中国昆虫学会副理事长。独著或合著学术论文一百多篇，主编有《害虫生物防治的原理与方法》。第二至八届全国人大代表，广东省科协主席、名誉主席。

Q

齐毓海（1923—1960）

浙江镇海人，生于上海，电力继电保护专家。1944毕业于上海交通大学电机工程系，获学士学位。后在上海电力公司（美资）工作。1946年通过国民政府教育部自费留学考试（是年全国录取1216人），1947年9月赴美，1948年8月获密歇根大学电机工程系硕士学位。1949年5月至6月上海解放前后回国，并回原单位（1952年改为华东电业管理局）任高级工程师。1958年被划为右派，降职降薪二级，发配至贵州省水电厅工作。1960年6月在贵阳陪同电力部人员视察工地，在爆破安全线外被毗邻工地的省建筑厅机械化施工站爆破的山石砸中，因伤势过重去世。生前为《电世界》杂志编辑委员会成员。论著有《瓦斯继电保护》《补偿自耦变流器抽头的合理选择》《捷克型继电保护和自动装置》等。

钱保功（1916—1992）

曾用名钱乐华，江苏江阴人，化学家，中国科学院院士（1980）。1936年至1940年，先后在上海交通大学、武汉大学化学系学习，获理学学士学位。1947年赴美国纽约布鲁克林理工学院高分子研究生院留学，1949年获硕士学位。在美期间参与发起和组织了中国留美科协，编印《留美学生通讯》。1949年7月与张大奇和葛春霖同船抵天津回国，任上海化工厂、沈阳化工局研究室工程师。1951年后，历任中国科学院长春应用化学所副所长、中国科学院武汉分院院长。"稀土催聚的顺丁橡胶的表征"研究，荣获1982年国家自然科学奖。著有《高聚物中的转度和松弛》等。译著有《高分子化合物化学》《非晶态物质》《聚合物材料与科学》等。第三至五届全国人大代表、第三至七届政协委员。

钱定华（1917—1983）

江苏金坛人，机械专家，夫人陆明盛。1941年毕业于中央大学机械系。1948年和1951年先后获美国艾奥瓦州立农工大学、哥伦比亚大学硕士学位，为留美科协会员。1951年偕夫人回国，历任南京大学、南京工学院机械系主任，镇江农机学院和江苏工学院农机系主任。长期从事农业机械的教学研究，专于农业机械设计制造，著有《农业机器零件材料手册》《农业机械理论与设计》，撰有论文《白口铁对重粘土附特性的研究》。江苏省农机学会副理事长，中国民主同盟成员。

钱丰格（1899—1989）

浙江杭州人，图书馆学家。1927年毕业于美国康奈尔大学。1929年至1931年任上海交通大学图书馆主任教授，后在工部局女中、之江大学任教。1949年赴美半工半读，在密歇根大学获图书管理学硕士学位。1951年10月回国，后长期在中国科学院华东分院图书馆工作，曾任副馆长。

钱季光（1921—　）

江苏无锡人，电力专家。1941年入燕京大学。1943年秋在重庆参军到昆明炮校，1944年转为翻译官，到美国丹佛为中国空军培训员当翻译。1947年毕业于美国科罗拉多州立大学电机系。1949年获麻省理工学院硕士学位。曾任麻省理工学院助理研究员，加拿大麦琪尔大学讲师、Shaninigan水电公司职员。1951年回国，历任华东电业管理局、华北电力设计院、河北省电力设计院工程师，电力建设研究所土建室主任工程师、高级工程师。论著有《气体绝缘技术的新发展》。

钱家欢（1923—　）

浙江湖州人，水利学家。1945年毕业于浙江大学土木系，1949年毕业于美国伊利诺伊大学，获土木工程硕士学位。同年回国，历任浙江大学副教授、华东水利学院和河海大学教授。在软土流变理论、动力固结理论、土坝震后永久变形和土工数值分析等方面作了开拓性的工作，其研究成果曾两次获得国家科技进步奖一等奖。主编专著有《土工原理与计算》《土力学》。第

六、七届全国人大代表。

钱念曾（1909—1991）

江苏无锡人，昆虫学家。1934年毕业于东吴大学生物系，后在南开大学生物系任教。1937年在中央农业实验所的广西、湖南、重庆工作站及上海病虫药械厂任技佐、技士。1947年8月赴美国明尼苏达州立大学农学院昆虫学系深造植物检疫学。1949年6月回国，任华东农林处工程师，1954年后历任农业部植物保护局工程师、植物检疫实验室副研究员。1961年任中国农科院植物保护研究员。1979年任农业部植物检疫实验所研究员。

钱　宁（1922—1986）

浙江杭州人，水利学家，泥沙运动及河床演变专家，中国科学院院士（1980）。钱理群胞兄，国民政府农林部次长钱天鹤之子，夫人龚维瑶。1943年毕业于中央大学，留校任助教。后留学美国，1948年获艾奥瓦大学硕士学位，1951年获加州大学伯克利分校博士学位，在该校工程研究所任助理工程师、副研究工程师。1955年6月回国，任中国科学院水工室研究员、水电部水利水电院河渠所副所长、清华大学水利系教授。曾任《国际泥沙》杂志（英文版）、《泥沙研究》主编等。发表论著有《黄河下游河床演变》、《河床演变学》、《泥沙运动学》（获1983年全国优秀科技图书一等奖）等。1982年获国家自然科学奖二等奖，1986年获全国"五一劳动奖章"。

钱寿华（1915—1990）

江苏吴县人，工程热物理学家。钱寿易胞兄。1938年交通大学机械工程系毕业。1953年获美国康奈尔大学航空工程博士学位。曾任康奈尔大学航空工程学院研究员、纽约市立大学讲师、托利多大学副教授、福特汽车公司研究员。1955年发表《最低阻力超音速锥形机翼》的论文。提出了三角形机翼的弧高分布曲线，代替了过去所用的埋线分布。提高了飞机性能。提出的设想和计算方法已在国外得到应用。1967年回国。曾任中国科学院力学研究所研究员，工程热物理研究所研究员、学位委员会主任。对转子发动机的波状磨损和径向密封系统的理论分析作了大量工作，发表旋转活塞发动机震纹等论文。

钱寿易（1917—1991）

江苏苏州人，岩土力学家，钱寿华胞弟，夫人施家韡。1939年毕业于上海交通大学土木系，任云南滇缅铁路工程局工务员。1943年赴美，考取麻省理工学院，攻读土力学和结构力学。1944年和1946年先后获硕士和博士学位，就任该学院土力学实验室研究员。后任波士顿和纽瓦克两家工程顾问公司土工结构工程师，土工实验室主任。受钱学森邀请，1958年8月偕夫人及两个孩子回国，在中国科学院力学所任研究员、室主任，曾出任中国科技大学近代力学系岩土力学教研室副主任，中国科学院哈尔滨土木建筑所室主任，中国科学院武汉岩土力学所副所长等。1978年起开展海洋土力学研究，先后获奖多项。发表论文有《体积变化率对非粘性土摩擦角的影响》《辗压土结构的研究》等。

钱维顺（ — ）

女，内科专家。1943年毕业于华西协合大学医学院，1949年9月赴美，在波士顿儿童医院内科任值班医生。1950年10月乘克利夫兰号回国，在福州协和医院工作。福建省医学会内科分会副主委。论文有《老年冠心病 ptf-V_1 异常与心功能关系初探》。

钱学森（1911—2009）

浙江杭州人，出生于上海，应用力学、航天与系统工程学家，中国科学院院士（1957）、中国工程院院士（1994），"两弹一星功勋奖章"获得者。1934年毕业于交通大学机械工程学院。1935年赴美，1936年获麻省理工学院航空工程硕士学位，1939年获加州理工学院航空、数学博士学位，历任麻省理工学院和加州理工学院教授。1955年10月偕夫人蒋英回国。曾任中国科学院力学所所长、国防部五院院长、七机部副部长、国防科委副主任、中国科学院主席团执行主席、中国科协主席。发表专著有《工程控制论》《物理力学讲义》《星际航行概论》等。1991年获国务院、中央军委授予的"国家杰出贡献科学家"荣誉称号和中央军委授予的一级英雄模范奖章。中共第九至十二届中央候补委员，第六至八届全国政协副主席。

钱志坚（1921—2003）

江苏沭阳人，经济学家。1946年西南联大经济系毕业，1948年自费赴美，在俄勒冈大学攻读经济学，1949年获硕士学位。后在林肯大学和内布拉斯加州克雷敦大学任教。1960年通过芝加哥大学博士资格考试，1961年中断学业回国，入中国科学院经济所。1979年至上海，1980年任上海社会科学院部门经济研究所数量经济研究室主任，研究员。多年从事经济管理学方面的研究，著有《线性规划与经济管理》《中国的经济改革：问题、方法、方向》等。译有《洛克菲勒王朝》《欧洲的重组》《动态经济系统的分析与控制》等。1983年任中国数量经济研究会上海分会总干事及会长。

乔明顺（1916—2001）

河北获鹿人，史学家。1935年考入辅仁大学史学系。1939年进辅仁大学史学研究所学习中国史。毕业后留校任助教，1944年任讲师。1947年考取美国印第安纳州诺特丹大学历史研究院的奖学金，攻读中美关系史，获博士学位。1954年回国，先到天津十八中学任教，1956年转入天津师范大学历任副教授、教授，世界史教研室主任，获本校劳动模范称号。著有《中美关系第一页》《世界近代史》《世界现代史》《简明世界史》等。

乔石琼（1922—1990）

女，上海人，无线电计量技术专家，丈夫冯世章。1945年毕业于上海交大（时迁重庆九龙坡）电机系电信专业，并留校担任助教。1947年赴美留学，1948年参加中国留美科协，1949年获俄亥俄州立大学硕士学位，后到伯克利加州立大学攻读博士，1950年10月中断学业，偕丈夫与孩子回国。先后在华东重工业部电工研究所、总参通信兵部电信技术研究所、国防部五院导弹控制计算机技术研究室、航天部二院计量站、二○三所等单位工作。历任计量室主任、副站长、副所长等职。第四、五届全国人大代表。

钦俊德（1916—2008）

浙江湖州人，昆虫学家，中国科学院院士（1991）。1940年12月毕业于上海东吴大学生物系，1941年9月至12月，在北平燕京大学研究院攻读生物学，肄业；1942 年至 1947 年，先后在成都燕京大学生物系、清华大学农学院等执教；1947 赴荷兰阿姆斯特丹大学研究院学习，1951 年获博士学位；后到美国明尼苏达大学任研究员，曾任《留美科协通讯》编委，1951 年 2 月回国，任中国科学院昆虫所昆虫生理研究室主任。曾任《昆虫学报》和英期刊 Entomologia Sinica 主编，中国昆虫学会理事长等职。其七星瓢虫人工饲料的研究曾获 1985 年中国科学院重大成果奖二等奖和 1988 年国家科技进步奖三等奖；赤眼蜂人工卵的研究获 1987 年国家自然科学奖四等奖。

秦学圣（1917—1998）

湖北光华人，古人类学家、民族学家。留美在芝加哥大学学习人类学及民族学。1950 年回国，历任华东军政委员会文化部研究员、重庆西南师范学院图书博物馆科教授、省文物管理委员会委员和省文物考古研究所学术委员会委员。中国自然科学博物馆学会理事。论文有《荆竹坝 M18 号崖棺两具尸骨的鉴定》《关于资阳人的年龄和性别问题》《考古人类学》等。民革四川省委常委，省政协常委。

邱从菲（1923—　）

江苏淮安人，英语文学家。1952 年毕业于美国密歇根大学，获硕士学位，同年回国，任武汉大学教授。合译有《拜伦政治讽刺诗选》。

邱立崇（1919—1987）

黑龙江哈尔滨人，口腔科专家，夫人曾畿生。1942 年毕业于成都中央大学牙医专科。1949 年获美国西北大学牙医医学博士学位。1950 年 9 月与夫人同乘威尔逊总统号回国，参加筹建山东医学院口腔系，任教授、省立医院口腔科主任。1953 年，调上海第二医学院参与筹建口腔医学系。历任口腔医学系副主任、口腔矫形学教研室主任、口腔材料研究室主任、广慈医院口腔矫形科主任、上海市口腔医学研究所顾问等职。

邱正文（1915—1975）

四川南充人，公共卫生专家。1940 年华西协合大学医学院医科毕业，任四川省宾县卫生院院长，1946 年任四川省卫生保健科科长。1948 年公费到美国耶鲁大学留学,学习公共卫生和传染病学,在医院进修内科和传染科。1950年10月乘克利夫兰号回国,任成都市防疫队队长,1953年任四川省防疫站防疫科科长。1956年受命到温江地区调查农民发生水肿病因,顶住上级压力,坚持低蛋白营养不良性水肿的科学调查结果。1957年反右中被定为右派,取消医卫5级180元工资,每月发30元生活费(直到去世),下放四川会理农村劳动改造。1962年调回成都到市防疫站工作。"文化大革命"中再受迫害,不堪忍受,切股动脉自杀。1979年,省卫生厅党组发文专为其个人给予平反并组织了追悼会。

瞿同祖(1910—2008)

湖南长沙人,历史学家,夫人赵曾玖。1934年燕京大学社会学系毕业,考入同校研究院,1936年毕业获硕士学位。曾任云南大学社会、政经、法律三系讲师、教授。1944年撰写了《中国法律与中国社会》,在吴文藻的积极联系下,1945年赴美,任哥伦比亚大学、哈佛大学研究员。1965年回国(夫人赵曾玖1950年回国),正逢"文化大革命",等候分配工作。1971年被安排到湖南文史馆任馆员,同年夫人赵曾玖从贵州退休回来,夫妻团聚,并且一起为中央领导翻译《艾登回忆录》。1978年调入中国社科院近代史研究所。著有《中国封建社会》《中国法律与中国社会》《清代地方政府》《汉代社会》等。2006年当选为中国社会科学院荣誉学部委员。

R

饶鸿雁（1919— ）

四川资中人，土木工程专家。1944年毕业于中央大学土木系。1949年获美国俄亥俄州立大学理学硕士学位。1950年9月乘威尔逊号回国，在北方交通大学任副教授、教授。主持参与《土工试验方法》《柔性路面设计》的修订。参与起草《土工试验方法标准》（国家标准）。主持的冰冻地区道路翻浆的研究和参加的柔性路面设计及参数的会战项目获全国科学大会奖。著有《数理统计在道路工程中的应用》等书。为交通部技术委员会委员、公路科学研究所学术委员会副主任、中国土木工程学会土力学及基础工程学会第二届副理事长。

饶 敏（ — ）

广东梅县人，英语学家，夫人周彤芬。1944年西南联大文学院毕业（清华学籍），抗战期间参加陈纳德飞虎队并任英语翻译。抗战胜利后与夫人赴美学习深造，获密歇根大学英文硕士学位。1952年回国，分配在南京解放军（军事）外国语学院任教，"文化大革命"中夫妇被"清理出阶级队伍"。1975年，夫妇重返外院执教。

任新民（1915—2017）

安徽宁国人，工程力学家，中国科学院院士（1980），"两弹一星"功勋奖章获得者，国际宇航科学院院士。1934年考入南京中央大学化工系，卢沟桥事变后，转入重庆兵工学校大学部，1940年毕业。1945年赴美留学，1948年获密歇根大学研究生院博士学位，1948年任布法罗大学机械工程系讲师。1949年8月回国，任华东军区军事科学研究室研究员。1952年任哈尔滨军工学院炮兵工程系火箭武器教研室主任、系副主任。1956年后历任国防部第五研究院总体技术研究室主任、一分院副院长，七机部一院副院长兼液体发动机研究所所长，七机部副部长，航天部科技委员会主任等。第五至七届全国人大常委会委员。

任以书（1925— ）

女，英语教育家。任鸿隽、陈衡哲夫妇次女，影星上官云珠妯娌。毕业于美国纽约州瓦萨（女子）学院，五十年代为照顾父母回国，在上海外语学院任教。丈夫程述铭在上海天文台工作，在"文化大革命"中自杀。八十年代，去美国，九十年代在美国去世。

容观夐（1922—2018）

又名容观瓊、容观琼，广东中山人，人类学家。1944年入读中山大学社会学系，1947年在人类学系做研究生兼助教。1949赴美，在得克萨斯州立大学人类学研究所做研究生。1950年底中断学业回国，任中山大学社会学系讲师。1953年任武汉中南民族学院研究室副主任，少数民族文物陈列馆主任，历史系讲师。1973年任中央民族学院研究部文物室讲师、副教授。1981年中山大学人类学系复办，调回中山大学历任系副主任、教授。著有《文化人类学与南方少数民族》《人类学方法论》，合著《民族考古学初论》获广东省社会科学优秀专著奖二等奖。为中国人类学会理事、中国民族史学会理事、广东省民族研究学会名誉理事长、广东民俗学会副会长等。曾任广东省人民政府参事。1991年退休。

沙逸仙（1920—2009）

女，浙江镇海人，化学家。丈夫陈荣耀。1938—1941年在燕京大学、1941—1942年在北京大学化学系学习。1947年赴美留学。先后在加州大学洛杉矶分校和旧金山分校医学中心药学院的化学系学习。1955年6月16日偕徐璋本等乘威尔逊号回国，任中国科学院化学所分析化学室主任。专著有《气相色谱手册》，论文有《有机及高分子化合物中磷的快速微量测定氧瓶分解法和钼蓝光度法的研究》《有机化合物中氮的快速微量测定法》等。

沙志培（1902—1978）

又名沙主培，天津人。1919年五四运动中，曾任天津学生联合会调查科科长，和马骏、谌志笃、孙越崎作为天津学生代表与直隶省长曹锐交涉，与南开同学好友周恩来一起开展学生运动。1924赴美国学习，1934年至1945年在加利福尼亚大学任教，之后到华盛顿联合国善后救济总署专科学校任教。在收到周恩来的致信《热忱欢迎归国效力》后，于1950年回国。1950年11月15日出席《人民教育》杂志社邀请最近自美国回国的留学生和教授座谈，就美国高等教育问题发表了观感和见闻。先后在原中国科学院编译局、原中国科学院国际问题研究所任职。反右前被劳教，一直在北京的劳教劳改机构流转，最后终于山西永济监狱。著有《华语入门》（*Chih Pei Sha, A Chinese First Reader*，胡适题写书名，1937年出版）。

单人骅（1909—1986）

江西高安人，植物学家。早年就读于南京金陵大学森林学系，后转中央大学生物学系。1934年毕业，获理学学士学位，历任中央研究院动植物所助理员至副研究员。1946年留学美国，获加州大学伯克利分校植物系博士学位。

1949 年 5 月回国，先后任中国科学院植物分类所华东工作站、南京植物所研究员、江苏省植物所所长等。曾为中国植物学会常务理事，江苏省植物学会名誉理事长。著有《中国天胡荽属植物的订正》《中国柴胡属的种类及其分布》《中国伞形八个属的花粉形态研究》《江苏南部种子植物手册》等。省第五届人大常委、第六届人大代表。

单秀媛（1917—1998）

女，山东单县人，生于上海，丈夫朱良漪。1938 年考入燕京大学经济系，1941 年 12 月因日军占领学校被迫离校，在天津达仁商学院借读一年并毕业，1943 年在成都燕京大学复学，1944 毕 1 月毕业，后在战时儿童保育会工作。1948 年以"官费"留美学生资格入明尼苏达州立大学管理学院，学习工业经济。1950 年 3 月偕丈夫回国，先在北京私立兴业化工颜料厂工作，1956 年后在一机部机械科学研究院技术经济室和生产组织处标准化室任职。论著有《试论技术革命》等，译著有《操作方法入门》。1975 年退休。

商善最（1924—1991）

浙江淳安人，节能专家。早年赴美谋生，入芝加哥大学物理系，后转入伊利诺伊州工学院机械工程系，1953 年和 1955 年分获硕士和博士学位。在芝加哥汉里芬公司任风动液压工程师、石棉橡胶公司传热实验室工程师，同时为留美科协动力工程学术小组联络人。1957 年 1 月回国，在中国科学院硅酸盐所和国防科委五院工作。1962 年调交通部上海船舶运输所任研究员。在煤水浆、燃油掺水方面有多项专利，其造氢柴油机获 1988 年国际专利新技术设备展览会优秀成果奖。曾任《能源与热工》杂志总编。1984 年被聘为航天部万源工业公司顾问。曾出任联合国中国能源技术中心主任，中华节能技术研究所所长等职务。民革成员，夫人傅晓芬和岳母傅学文曾任民革中央监察委员会主任。

尚德延（1918—1985）

辽宁沈阳人，麻醉学家。早年就读于北京法文学院和上海震旦大学医预科。1942 年毕业于兰州大学医学院，应征入伍在国民革命军第六十八军任上尉军医。1945 年，任兰州中央医院外科住院总医师。1948 年赴美，在伊利诺伊大学医学院进修麻醉学。1949年回国，在兰州中央医院筹建麻醉科，后任兰州军区总医院大外科副主任、普外科和麻醉科主任，兰州医学院副教授，第四军医大学外科教研室主任，抗美援朝医疗队队长。1956年任北京解放军胸科医院麻醉教研室主任。1958年任中国医科院心血管病研究所麻醉科主任。1979年当选中华医学会麻醉学会首任主任委员。《中华麻醉杂志》副主编。

邵士斌（ — ）

1942年西南联大经济学系毕业。后留美，1955年7月与谢家麟同船回国，在上海交大任教，从事内燃机专业。论文有《设备可靠性的概念、方法与步骤》，著有《现代系统工程学概论》。1979年6月25日参加外贸部的计算机代表团访问哈佛大学。

邵循道（1923—2019）

曾用名邵彬，江苏南京人，生于福州，医学英语专家。1942年入厦门大学教育系，1945年3月从军，在江西铅山县第三战区译员训练班学习，战后返回厦门大学。1946年毕业后曾任国民政府国防部第二厅英文翻译一年。1948年1月接受美国大学奖学金、福建省政府及友人资助，赴俄勒冈大学攻读国际关系，兼职讲授中国文学，1950年6月获硕士学位，8月5日抵港回国，12月到华北革大政治研究院学习，1951年12月到西安医学院外文教研组，任讲师兼代主任。1953年起在西安师范学院历史系兼职教授世界和中国近代史五年。1980年越级晋升教授。承担卫生部的全国医学院校英语师资班培训工作；任培训中心主任和科技英语系主任至1990年底。先后编撰《医学英语学习》等专著十余种。

邵循恺（1916—1980）

江苏南京人。经济学家。南京金陵中学毕业后考入清华大学，1943年西南联大经济学系毕业。1947年赴美，在芝加哥大学学经济学。1950年10月回国。11月15日出席《人民教育》杂志社邀请最近自美国回国的留学生和教授座谈，就美国高等教育问题发表观感。在中山大学任教，1957年调海南师专。"文化大革命"受批斗，后患癌症病逝。

佘守宪（1924—2011）

江苏赣榆人，生于广东南海，物理学家，夫人姚明。由金陵大学化学系转入西南联大物理系，1946年毕业。1948年赴美，1949年获密歇根大学物理学硕士学位，1950年放弃博士学业，偕夫人回国，任教于北京铁道学院。曾任物理系主任、校学术委员会委员、校务委员。1980年开始从事导波光学教研工作，主要论文有：《任意截面介质波导导模的迭代矩量法分析》《阶跃型椭圆光纤的色散特性和几何双折射》，主要著作有《物理学》（三卷）、《真实气体与气液相变》，译著有《物理力学》等。为国家教委工科物理课程教学指导委员会委员、北京市高校物理教学研究会副理事长，1987年获北京市"五一劳动奖章"。1990年获全国高校科技工作者荣誉证书。民盟北方交通大学支部主委。

申葆诚（1915—1998）

江苏苏州人，生于南京，化学家。国民党中将申听禅（申振纲）之子。1935年考入燕京大学化学系，1941年毕业于西南联大化学系。1947年赴美留学，1950年获匹兹堡大学化工系博士学位，1958年回国，先后任职于中国科学院化工冶金所（现为过程工程研究所）、中国科学院山西分院煤炭化学所和中国科学院环境化学所（生态环境研究中心）研究员、博士生导师。著有《化学物的致癌危险性（上册）》。

申恩荣（1918—2001）

河南南阳人，英语文学家。1939年考入西南联大外语系，1941年应征任美军翻译，后回校复读，1944年毕业并考入本校研究生（后为清华学籍）。1946年考取河南省公费留美生，1948年赴加州大学洛杉矶分校留学。1950年9月乘威尔逊号回国。1951年后历任广西大学、湖南大学副教授。1960年后任湖南师范大学副教授、教授。1982年获湖南师大优秀教师称号。从事莎士比亚研究，为《奥瑟罗》《暴风雨》《无事生非》做注释（商务印书馆2012年至2016年三次重印）。"文化大革命"中曾被划为黑帮，关入牛棚。为民盟成员，曾任民盟湖南师大主委。1989年退休后参与创立长沙文理学院，任董事长十年。2013年湖南师大外语学院接受申恩荣、张文庭夫妇的子女和学生捐款，设立"张文庭—申恩荣励学基金"。

沈长慧（1916— ）

女，浙江吴兴（今湖州）人，护理学家。1941年毕业于协和医学院护士专修科。1948年获北京协和医学院奖学金，到美国克利夫兰州立大学护理系进修一年。1949年回国，任教于协和医学院护士学校，1961年任安定医院医务处副主任、护理部主任、主任护师；主编有《精神病护理》。1996年退休。北京市政协第一至第六届委员。

沈达尊（1922—2002）

江苏如皋人，农业经济学家。1943年中央大学农业经济系毕业。1947年7月自费赴美国威斯康星州立大学研究生院学习，次年获农业经济硕士学位。1949年入艾奥瓦州立大学攻读农业生产经济学。1950年10月乘克利夫兰号回国，先后任教于湖南大学、湖南农学院。1953年调华中农业大学，历任农业经济系教授、农业及农村发展研究所名誉所长、校学术委员会副主任。是国务院学位委员会学科评议组成员。多年致力于农业技术经济与技术政策、农业生产经济学及乡镇经济学等学科的研究，著有《实用农业技术经济学》《中国乡镇经济学》《农业技术经济学》等。

沈蕚先（1918— ）

江苏吴县人，农艺专家。1940年金陵大学农学院农艺系毕业，在中央农业实验所贵州湄潭茶叶实验场任职。后留美，期间与潘良儒有较多联系。1950年9月乘威尔逊号回国，在金陵大学农学院（南京农学院）任教，1952年至1955年，曾任校工会主席。

沈光铭（1923—2007）

浙江镇海人，电子工程专家。1947年毕业于上海大同大学，任马鞍山皖南电厂助理工程师。1949年4月赴美留学，1950年和1954年分别获卡内基理工学院研究生院电子工程学硕士和博士学位。后历任卡内基理工学院原子弹研究中心电子工程师和电子工程系助教、费希尔科学仪器有限公司和美国广播公司电子工程师、美国通用电气公司（GE）研发工程师。1957年1月回国，历任中国科学院电子学所研究员、研究室主任、副所长。1980年定居美国加州旧金山湾区，至2000年。曾任旧金山市立大学工程系教授。

沈　慧（1919—1990）

女，河南人。留学美国哥伦比亚大学教育学院。1950年回国，与汪稷曾、邵循道等一百八十三人一起致电联合国秘书长等人，抗议美国扣留中国留学人员。曾任中国文联组联部副主任，系中国戏剧家协会会员。

沈济川（1905—1966）

江苏苏州人，化工专家。1924年东吴大学毕业。1938年留美，1940年获密歇根大学化工系硕士学位，回国后任上海中法化工实验所所长。1948年8月再赴美，考察油脂工业，1949年5月回国，先后在交通大学、华东化工学院、公私合营上海永星化学公司、上海肥皂公司等单位，历任教授、总工程师等。1956年任轻工部食品工业科研所所长。参加全国十二年科技发展规划制定，曾获国家科委合成洗涤剂一等奖、合成脂肪酸二等奖、轻工部和二机部特种甘油奖。为全国先进工作者，中国化工学会常务理事，《化工学报》编委会副主任。第三届全国政协委员和全国人大代表。九三学社上海分社常委。"文化大革命"中遭迫害逝世。1979年10月在北京八宝山革命公墓举行追悼会。

沈家楠（1917—2005）

浙江绍兴人，生于杭州，自动控制专家。1941年浙江大学电机系毕业，先后在资源委员会下属厂任技术员，在母校任助教，在交通部重庆和上海国际电台工作。1947年冬自费赴美，1949年获华盛顿州立大学硕士学位，1950年1月入伊利诺伊州立大学电讯研究院攻读博士学位，为中国留美科协会员，1950年10月乘克利夫兰号回国。先后在重工部电信所、电信局电工所任室副主任。1957年后历任国防部五院二分院导弹控制系统设计部副主任、七机部一院地地导弹控制系统设计所副所长、航天部一院控制系统所副所长。曾任《航天控制》主编，中国宇航学会空间控制专业委员会副主委，其主持的"中远程导弹控制系统工程设计"获国防科工委科技进步奖特等奖。1984年荣立二等功。

沈仁权（1919— ）

女，江苏苏州人，生物化学家，丈夫盛祖嘉。1942年毕业于浙江大学化学系。1947年赴美，在哥伦比亚大学进修生物学。1951年与丈夫回国，任浙江大学副教授，1952年起在复旦大学生物系任副教授，1982年晋升为教授。任生物系生物化学教研组主任、生物系学术委员会委员。为上海市生物化学学会副理事长，曾获上海市科技进步奖二等奖（1990年）。合编有《基础生物化学》《生物化学教程》《分子遗传学》《英汉生物化学词汇》等，合译有《遗传与代谢》《普通细胞学》《生化遗传学》等。其中，《分子遗传学》获1990年华东地区大学出版社工作研究会图书奖二等奖。

沈善炯（1917—2021）

江苏吴江人，微生物生化和分子遗传学家，中国科学院院士（1980）。1942年西南联大生物系毕业，先后在清华大学农业所、华中大学生物系、中央研究院植物所、北京大学生物系任职。1947年赴美，1950年获加州理工学院生物系博士学位，后到威斯康星大学生化系做博士后研究员。1950年9月回国途中被拦截关押在日本横滨两个多月。后任浙江大学医学院副教授，1952年到中国科学院，历任上海植物生理所和微生物所副所长。著有《金霉菌的生理与金霉素的生产——磷酸盐对于金霉菌的糖的利用和金霉素合成研究》《革氏杆菌固氮基因的精细结构和表达的研究》等。1955年获中国科学院成果奖（后改为国家自然科学奖一等奖），1997年获陈嘉庚生命科学奖，1999年获何梁何利基金科技进步奖。九三学社成员。

沈淑瑾（1920—2011）

女，浙江吴兴人，儿科医学家，丈夫李正理。1941年毕业于西南联大生物学系，留校做动物比较解剖学助教。1946年赴美留学，后获史密斯（女子）学院生理学硕士学位并留校任助教。1948年转入费城宾夕法尼亚大学医学院，1952年获医学博士学位。1953年获全美国家医师合格证书。1955年底与丈夫李正理先生去圣拉斐尔医院工作，任总住院医师。1956年11月偕丈夫和幼子回国，任首都儿科研究所研究员，从事儿童营养相关课题研究。1969年"文化大革命"时期被下放至江西省十年，1978年回到北京首都儿科研究所,直至 1990 年退休。自 1974 年起,连任三届全国人大代表。

沈玉麟(1921—2013)

生于上海,建筑学家。1943 年毕业于之江大学建筑系。1947 年赴美,就读伊利诺伊大学,1950 年获建筑学硕士和城市规划硕士,同年经香港回国,在交通大学唐山工程学院建筑系任教。1952 年后并入天津大学,任天津大学建筑系城市规划教研室主任、教授。中国城市规划学会历史文化名城与居住区规划学术委员会委员、天津市人民政府咨询委员会委员、天津城市科学研究会副秘书长。

沈学均(1933—1994)

女,浙江湖州人,丈夫王祖耆。1950 年赴美读高中,1953 年入读密歇根大学建筑系,1955 年 10 月与王祖耆、钱学森等二十四人一同回国,在南京工学院继续读书,1956 年毕业,在成都规划设计院工作,后在成都工学院任教,1980 年调杭州大学旅游系。

沈志荣(1922—1999)

浙江杭州人,力学家。1945 年毕业于同济大学,留校任教。1949 年赴美留学。1950 年和 1953 年分别获哈佛大学工程研究生院应用力学硕士及博士学位。后在佛罗里达大学土木系任助理教授。1956 年 1 月回国,参加中国科学院力学所的建所工作,任光弹性力学组组长。1959 年到中国科大任教,先后担任力学教研室主任、飞行器结构力学教研室副主任、固体力学教研室主任等职。

沈治平(1915—2010)

江苏泰县人,营养与食品专家。1938 年中央大学农业化学系毕业,1950 年获美国俄勒冈州立大学食品科学技术系硕士学位,同年 10 月与吴大昌等乘克利夫兰号回国,在中央卫生研究院营养系工作,后任中国医科院营养学系教授,中国预防医科院营养与食品卫生所研究员。为中国营养学会第一任会长。编著有《食物成分表》。其《食物中有机氯农药残留及其毒性研究》

获卫生部 1982 年甲级科技成果奖和 1985 年国家科技进步奖二等奖,《我国人民膳食结构现状和发展需要的预测》1985 年获得了国务院农村发展研究中心的农村经济发展研究优秀成果奖一等奖及 1987 年国家科技进步奖二等奖,《我国食物营养成分》项目的研究获卫生部 1992 年科技成果奖一等奖。

盛祖嘉（1916—2015）

浙江嘉兴人，微生物遗传学家。夫人沈仁权。1940 年毕业于浙江大学生物系。1946 年留美，1950 年获美国哥伦比亚大学博士学位。1951 年与夫人回国，历任浙江大学副教授，复旦大学副教授、教授，遗传研究所副所长。著有《微生物遗传学》《分子遗传学》。为《遗传学报》主编，国务院学位委员会第二届学科评议组成员，国家自然科学基金委员会生物学部主任。

师昌绪（1920—2014）

河北徐水人，金属学及材料科学家，中国科学院院士（1980），中国工程院院士（1994）。1945 年毕业于西北工学院矿冶系。1948 年赴美留学，1949 年获密苏里大学矿冶学院硕士学位，1952 年获诺特丹大学冶金系博士学位，后到麻省理工学院冶金系从事合金钢的相变和强度的研究。1955 年 6 月回国，任职中国科学院金属所研究员、所长，主要从事高温合金的研制和推广使用工作。1978 年全国科学大会上，其四项成果获奖，1982 年至 1989 年，获国家自然科学奖三等奖两项，国家科技进步奖一等奖两项、二等奖三项。获 2010 年度国家最高科学技术奖。论著有《中国高温合金五十年》。九三学社第七届中央委员，第八、九届中央常委。1978 年加入中国共产党。

施履吉（1917—2010）

江苏仪征人，细胞生物学家，中国科学院院士（1980）。1940 年毕业于浙江大学，获园艺系学士学位。1944 年毕业于浙江大学研究院。1946 年赴美，在哥伦比亚大学动物系读研究生兼助教，1951 年获博士学位，后任该动物系和生化系副研究员、研究员。1955 年 6 月回国，历任中国科学院实验生物所、生物物理所、遗传所、上海细胞生物学所研究员，兼任浙江大学、杭州大学、复旦大学教授。在国内外发表论文共四十多篇，主要论著有《家兔个体表达系统的建立》。获 1990 年中国科学院科学技术进步奖一等奖。1985

年加入中国共产党,全国政协第五、六届委员。

施纫兰（1913—1986）

女,安徽桐城人,妇产科专家,施剑翘（施谷兰）胞妹。三十年代在济南齐鲁大学毕业,后赴美留学。1951年毕业于密歇根大学,获公共卫生专业硕士学位。1952年在施剑翘动员下回国,曾任北京医院妇产科主任。

施士升（1920—2012）

上海人,结构力学家,施士元（中央大学物理系创始人）堂弟。1941年毕业于中央大学土木系,先后任中央大学和中央工业专科学校土木系助教和讲师。1947年秋,赴美留学,1950年毕业于密歇根大学建筑工程专业,获硕士及博士学位。后任地特迪和纽约市建筑设计公司高级工程师。1955年秋绕道欧洲回国,任清华大学土木系教授和清华大学土建设计院总工程师。著有《钢筋混凝土单层厂房结构》等教材。1975年开始研究框架轻板板柱体系住宅,于1978年、1984年获北京市科技进步奖二等奖及三等奖。1981年至1992年,作为访问教授去美国水牛城纽约州立大学研究院讲授高等结构力学。

施子愉（1916—1998）

云南昆明人,历史学家。1939年云南大学政治经济系毕业,1946年清华大学研究生毕业。毕业论文《唐代科举制度与五言诗之关系》。1945年在《东方杂志》上发表论文《斯宾格勒与陶因比》。1946年考取自费赴美留学,1949年获密歇根大学历史系硕士学位,又继续往哥伦比亚大学完成了博士生应修课程。1951年8月,与程守洙、杨树勋、吴徵、郭可詹、孟繁俊等人乘威尔逊号回国。在武汉大学历史系任副教授、教授,讲授世界近代史和中古史、美国史、西方史学名著等。1979年回昆明定居,在云南大学西南亚研究所（国际关系学院前身）任教授,并担任云南大学学术委员会和学位委员会委员。著有《柳宗元年谱》等。另有译著多种。九三学社成员。

石景云（1921—　）

江苏无锡人,经济学家。1944年毕业于复旦大学经济系,1950年毕业于美国南加州大学研究生院经济系，获硕士学位，同年回国，先后在山东会计专科学校、山东财经学院任教，1953年起在厦门大学经济系任副教授、教授。长期从事经济学教学与研究，出版论著《经济增长与波动》《发展中国家现代化的经济学》《马克思主义再生产理论及其运用》等。曾任民建福建省委第三、四届委员会副主委、第五届委员会名誉副主委。

石明章（1915— ）

林业专家。四十年代初期，在西康省康宁雅三属交界区域调查森林状况，后赴美就读西雅图林学院，1952年回国。1958年支援边疆建设到内蒙古林学院（现内蒙古农业大学），任采运系主任。1972年调到原中南林学院（中南林业科技大学）。参编教材有《森林采伐学》和《贮木场生产工艺与设备》，著有《森林采运工艺的理论与实践》，论文有《试论森林采运与森林可持续经营》《无害于环境的森林采运方法》等。

石声泰（1917—2006）

湖南湘潭人，生于长沙，金属材料学家。1945年毕业于武汉大学矿冶工程系，留校任教。1948年获李氏奖学金赴美留学，专攻化学冶金及金属腐蚀。1951年获密苏里州立大学硕士学位，1954年获该校博士学位，后留校任电化学副研究员，1955年入蒙大拿州立大学，任冶金系副教授。1957年7月与萧纪美同船回国，任教于武汉大学，后任中国科学院长沙矿冶所研究员，1960年任中国科学院上海冶金陶瓷所（现上海微系统与信息技术研究所）腐蚀室研究员、室主任。创办《中国腐蚀与防护学报》和《腐蚀与防护》杂志，任主编。中国腐蚀与防护学会副理事长，主要论著有《金属的高温腐蚀》《熔盐电解法渗铝的研究》《高温腐蚀的保护涂层》等。1992年移居加拿大，后在多伦多病逝。

史瑞和（1917—2004）

江苏溧阳人，土壤学家。1941年毕业于中央大学农学院农业化学系。1945年赴美实习土壤学，1949年获佛罗里达大学土壤系理学硕士学位。1952年获俄勒冈大学土壤系博士学位。曾在美国农业部北大平原试验站从事土壤肥力与植物营养的研究。1954年回国，历任南京农学院副教授、教授，南京农业大学教授，江苏省土壤学会第五届理事长，国务院学位委员会第一届农学评议组成员。主编《土壤农化分析》，编著《植物营养》。1956年加入民盟。1959年加入中国共产党。

史久镛（1926—　）

浙江宁波人，国际法学家。1948年毕业于上海圣约翰大学政治系，赴美留学，1951年获哥伦比亚大学国际法学硕士学位，留校从事国际法研究。1954年回国，历任中国国际关系所和国际问题所助理研究员、北京外交学院国际法副教授、北京国际法研究所研究员、中国国际贸易促进会对外经济贸易仲裁委员会委员、中国司法部国际经济法培训中心教授、中国外交部法律顾问、关于香港问题的中英联合联络小组法律顾问。1994年任联合国国际法院大法官，2000年任副院长，2003年任院长。著有《外交庇护》《普遍优惠制度与国际贸易》《香港与关税和贸易总协定》等。政协第八届全国委员会委员。北京市政协常委。2010年退休。

舒光冀（1916—2002）

江苏南京人，机械工程专家。1940年毕业于中央大学机械系。曾任重庆兵工署第二十一兵工厂工程师，南京中央大学副教授，1946年著《铸造半钢炮弹的理论与实际》一书，获兵工署嘉奖，同年12月公费赴美留学进修，1949年3月回国，任南京大学副教授。1952年起历任南京工学院教授、机械系主任，长期从事金属材料与金属凝固理论的教学与研究。为中国铸造学会常务理事，江苏省机械工程学会副理事长。主要从事铸造、金属材料及凝固理论的研究。科研成果曾获1978年全国科学大会奖，1982年江苏省优秀科技成果奖二等奖，1990年国家教委科技进步奖三等奖。著有《铸造合金原理》《生长速度对Fe-C-Si共晶合金单向凝固过程的影响》等。中国民主同盟成员，1986年加入中国共产党。

疏松桂（1911—2000）

安徽枞阳人，自动控制学家。1938年毕业于武汉大学电机系。曾任武汉大学讲师。1948年赴美留学，翌年获田纳西大学硕士学位。1950年获卡内基理工学院博士学位。1951年后去克里夫兰麦克等公司任工程师。1955年回国，在中国科学院长春机电所工作，参加筹建中国科学院自动化所，后任该所自动电力拖动研究室主任。1960年后任二机部核武器所自动控制室主任、九院设计部副主任，1978年后任中国科学院自动化所副所长兼二部主任，主持研究卫星姿态控制系统，是《自动化学报》副主编。1986年获国防科学技术进步奖特等奖。出版有《核弹头杀伤效果的评论》《直流同步随动系统的理论分析》《控制系统可靠性分析与综合》等专著。第五、六届全国政协委员。

司徒慧敏（1910—1987）

原名司徒柱，广东开平人，电影技术专家及导演。1927年加入中国共产党，1928年赴日本学习美术，参加了夏衍等组织的左翼艺术家同盟。1930年回国到上海，参加党领导的上海艺术剧社。1932年起从事电影工作，联合了一批左翼和进步的艺术工作者，共同拍摄了《自由神》和《风云儿女》等影片。1937年秋转到香港开展抗战电影工作，导演了《游击进行曲》等影片。1946年赴美在哥伦比亚大学戏剧学院学习电影制作，导演了纪录片《中国民族舞蹈》，获1948年爱丁堡纪录电影节优秀奖，被纽约布鲁克林音乐舞蹈学院评为最佳舞蹈片之一。1952年回国，主持拍摄了大型彩色纪录片《八一运动会》。1956年后，历任中国电影局副局长、中国电影家协会副主席、文化部副部长。

司徒乔（1902—1958）

原名司徒乔兴，广东开平人，画家，夫人冯伊湄。1924年至1926年就读于燕京大学神学院。1928年底留法跟随法国写实派大师比鲁习画。1929年秋天，因经济困难而辍学。1931年5月，在岭南大学教授西洋画。1937年全面抗日战争爆发，先后流亡到缅甸、马来西亚和新加坡等地。1941年2月，新加坡沦陷，辗转回到四川重庆。1946年9月，偕同夫人冯伊湄往美国纽约治疗肺病，1950年9月乘威尔逊号回国，受聘为中央美术学院教授。

斯重遥（1921—2005）

浙江诸暨人，金属焊接专家，中国工程院院士（1994）。1944年毕业于交通大学唐山工程学院矿冶系，1948年赴美留学，先在科罗拉多采矿大学学习，1950年获伊利诺伊理工学院冶金系硕士学位。1950年9月至1952年6月在卡内基理工学院研究生院学习冶金。1956年回国，任中国科学院金属所副所长。1964年获国家科委新工艺奖、新产品奖二等奖各一项，1985年获中国科学院科技进步奖一等奖，2001年获中国焊接学会最高荣誉奖。代表著作有1987年主编的《焊接金相图谱》，1992年主编《焊接手册》第二卷材料的焊接。

宋　憬（1919—　）

河北丰南人，机械学家。1942年毕业于清华大学机械系，曾应征从军。1949年获美国密歇根大学研究院工程力学硕士学位。1950年10月乘克利夫兰号回国。历任洛阳拖拉机研究所高级工程师、副总工程师，中国农业机械学会第一届常务理事。第三届全国人大代表。

宋娟娟（1924—2015）

生于上海，化工专家，丈夫董彦曾。1947年毕业于上海圣约翰大学化学系，同年赴美留学，就读于威斯康星大学化学系，获化学硕士。1951年9月20日偕丈夫与谢家麟、胡世平等二十一人同乘克利夫兰号离美，10月11日抵港回国。在黄海化工研究所（后为北京化工研究院）工作，任副总工程师。八十年代退休，后移居加拿大多伦多。

宋丽川（1916—　）

广东番禺人，电子学家，夫人程美德。1940年毕业于交通大学电机系。1945年至1947年在英国伯明翰大学读研究生。1949年任联合国秘书处翻译。1957年与夫人和三个子女回国，历任北京航空学院副教授、教授。中国电子学会第二届理事、天线专业委员会副主任委员。曾参加高空无人驾驶飞机电子设备的研制工作。编著有《电磁学基础》《复变函数论》《网络综合与宽带匹配技术》等。中美建交后四子女陆续去美国，1980年移居美国。

宋寿昌（1914—　）

陕西西安人，经济学家，民国陕西临时参议会议长文化名人宋联奎子。1939年西北联合大学经济系毕业。1946年考取教育部第二届留美自费生，获密苏里大学工业管理系硕士学位，毕业后谢绝华美协进社加入美籍的推荐，领取国民政府驻美领事馆发的船票，1949年8月回国到香港，在香港国际经济研究所工作。1950年4月回到西安，任陕西财经学院教授、经济研究所名誉所长，全国学位委员会委员，技术职称评定委员会委员。陕西财政学会和税务学会顾问。合著《中国时现史》，合译《工业管理与组织》。中共党员。中国民革西安市委会副主委，西安市政协委员。

宋文彪（1921— ）

环境化学专家。1945年6月，由金龙章护送，与40名留学生一起假道印度经加尔各答转孟买乘船，赴美留学。1949年6月回国。在昆明工学院任环境工程系教授兼环境工程研究所研究员。为中国环境科学学会环境化学专业委员会委员、中国有色金属学会论文评审委员会委员、冶金部学位授予权评审委员。

宋彧浙（1921—2010）

上海人，生于浙江杭州，水工水力学专家。1942年西南联大土木工程系毕业，在中国水力发电工程处、河南大学水利系工作。1948年通过自费留学考试，入美国艾奥瓦大学水利研究院，1950年获硕士学位，留校任副研究员。1951年6月回国，9月任教于大连大学（后为大连工学院）。曾任辽宁省水利学会理事，中国水力发电工程学会水电站运行管理专业委员会副主委。论文有《尾矿排料堆筑模型的模拟相似》《闸门振动的流体弹性理论》《计算累积曲线及其在规划防洪——发电水库中的应用》等。曾获学院先进工作者、大连市劳动模范荣誉称号。曾任大连市人大代表、辽宁省政协委员。九三学社成员。

宋振玉（1915—2010）

河北安国人，药理学家。1941年毕业于燕京大学化学系，留校任教，1946年到北京大学医学院药学系任讲师，1948年赴美留学，1949年获乔治·华盛顿大学硕士学位，1952年获加州大学旧金山分校博士学位，后留校工作，1953年被波士顿塔夫茨大学医学院聘为药理系副教授。1954年10月回国，在中国医科院药物所药理室工作，任研究员、室主任，直至1986年退休。曾任《药学学报》主编,国家科委发明评选委员会审查员。

苏德民(1919—2007)

　　生于南洋彭亨,全面抗日战争初期回国,在国立中山大学读书,毕业后奉父亲华侨实业家苏献杯之命,响应陈嘉庚号召,参加抗日战争,1944年在国民军第九战区司令部任少校秘书。1946年5月在联合国救济总署湖南分署任督导专员。1947年返回马来西亚任新加坡正华中学校长。1949年8月,赴美国哥伦比亚大学深造。1952年春回国,分配在中央新华社任编辑、主任编辑。编译《西班牙语姓名译名手册》,合译《世界报刊、通讯社、电台译名手册》《英语国家姓名手册》。合编译《法语姓名译名手册》。

苏鸿熙(1915—2018)

　　江苏铜山人,心血管外科专家。1943年中央大学医学院毕业,1949年赴美,在芝加哥西北大学附属医院及伊利诺伊大学医学院进修麻醉、胸外科、心血管外科。1957年春偕夫人苏锦(美国人)回国,任第四军医大学附属医院胸外科主任、副教授、教授,1972年调北京解放军总医院,先后任胸外科、心脏外科主任。主编有《现代多发伤治疗学》,发表论文数十篇。其《矫正型大动脉转位合并心内畸形的外科治疗》获军队科技进步奖二等奖(第一作者),《辅助循环实验研究及临床应用》获军队科技进步奖二等奖(第二作者)。任中华医学会胸心血管外科学会主委,《中华胸心血管外科杂志》主编,《中华胸心血管疾病》等多个杂志编委,全军科学委员会委员。第六届全国政协常委。

苏开明(1904—1988)

　　河南汲县人。清华大学毕业后赴美国留学,在威斯康星大学和哈佛大学读书,获世界历史学硕士学位。1929年加入美国共产党。在美国先后参加了中山学会、美洲华侨反帝大同盟,担任过书记职务,并任其机关报《先锋报》的编辑与翻译。在费城海员工会任干事,在纽约中国人民之友社和援华会担任宣传工作,在坦普尔大学担任讲师。1952年经瑞典、苏联回国。在中国对外联络委员会任宣传和翻译工作。1963年调到中国建设杂志社英文组担任翻译。"文化大革命"中受迫害,被关押五年之久,后获平反,被选为工合国际委员会委员。译著有《中国近代史话》（英文版）等。

孙本旺（1913—1984）

江苏高邮人，数学家。1937年毕业于南开大学数学系。后任西南联合大学讲师。1946年被华罗庚推荐赴美考察原子弹，次年获纽约大学柯朗数学研究所硕士学位，1949年获博士学位。为留美科协会员。1949年12月回国。历任武汉大学教授，哈尔滨军事工程学院数学教研室和基础课部主任，国防科技大学系统工程系和数学系系主任、副校长。编著有《数学物理方程》《伽罗瓦理论》《拓扑学》等，译有《数学分析》。曾任中国系统工程学会常务理事，湖南省数学学会理事长，湖南省科协副主席。第三届全国人大代表，第三和第五届全国政协委员，湖南省第五届政协常委。

孙秉莹（1917—1995）

河南郑州人。西方史学家。1940年武汉大学历史系毕业。1946年赴美留学，1949年获华盛顿大学文学硕士学位。回国后历任湖南师范学院、湖南师范大学历史系教授，1986年调入郑州大学。著作有《1765—1917年的美国》（合著）、《西亚细亚、印度和克里特上古史》（合译）、《世界通史纲要》（主编之一），编著的《欧洲近代史学史》获河南省高等学校"六五"社会科学科研成果一等奖。

孙芳垂（1920—2011）

安徽池州人，土木工程专家。1944年毕业于国立中央大学工学院土木工程系。大学时应征参加"中国远征军"任译员。1948年留学美国，获美国密歇根大学工程硕士学位，1949年10月回国。历任北京市都市规划委员会工程师、北京工业建筑设计院主任工程师、中央彩电中心筹建处总工程师、广电部设计院总工程师。曾参与和主持设计了首都剧场、辽宁电视发射塔、中央电视台彩电中心、中央电视发射塔等数十项重大工程。曾三次获得国家科技进步奖二等奖。1989年获中国工程设计大师称号。译著有《拱及悬吊结构的合理形式》《扁平砖拱建筑》《工种规划与设计中的概率概念》等。1982年退休，2008年以八十八岁高龄担任北京奥运会志愿者。2010年加入中国共产党。

孙更生（1924—　）

江苏南京人，城市规划专家。1946年毕业于复旦大学土木工程系。1949年赴美国伊利诺伊大学留学，获硕士学位。1950年回国参加国防工程建设，被解放军第十兵团授予二等功臣。1956年起历任上海市规划局勘察测量总队副总队长、上海市市政工程研究所副所长、上海市隧道工程设计院副院长、上海市城市规划建筑管理局副总工程师等。

孙观华（1919—2015）

女，湖北武汉人，丈夫张振仁。1942年西南联大社会学系毕业。1947年留美，在纽约社会研究新学院学习社会学，1947年在纽约联合国总部秘书处任职，为留美科协"朝社"骨干。1949年5月与丈夫一起回国，先后在上海军管会轻工处和上海纺织管理局工作，1951年至1972年，在北京大公报任记者、编辑，1973年在新街口中学任教，1978年任中国社科院工业经济所副研究员，1979年加入中国共产党。1980年1月至2月，以中国代表团副代表身份出席联合国工业发展组织的工业发展大会。为中国行为科学学会第一届理事会理事。校译有《哈佛管理论文集》。著有《台湾省经济发展三十年综述》《台湾省社会经济结构的变化》《行为科学与组织管理》《群体行为理论》等。1986年离休。

孙国栋（1917—　）

浙江杭州人，土木建筑专家。留美，获土木工程学硕士学位，1950年前后回国，先后在上海华东工业建筑设计院、中国建筑西北设计院等担任结构主任工程师、总工程师。著有《从实测资料探讨高层建筑箱基的实用计算》（1984）。

孙鸿泉（1910—1979）

山东博兴人，耳鼻喉科专家。1938年齐鲁大学医学院毕业，获医学学士学位。1940年成都华西协和大学医学院眼耳鼻喉科研究院毕业。任华西、中央、齐鲁三大学联合医院眼耳鼻喉科总住院医师。1946年后，任齐鲁大学医学院耳鼻喉科副教授。1948年赴美，在圣路易斯华盛顿大学医学院耳鼻喉科专业班和费城天普大学医学院内镜专业班进修。1949年夏回国，历任山东医学院耳鼻喉科教研室和附属医院耳鼻喉科主任，山东耳鼻喉科学会主任委员。著有《喉癌与喉全部切除术》《面神经麻痹的外科治疗》《医学院专科耳鼻咽喉科教科书》等。中国民盟成员。第三届全国人大代表，第四、五届全国政协委员。

孙继商（1911—1987）

山东威海人，化工专家。1934年毕业于北平辅仁大学化学系。1946年赴美国普渡大学研究院进修，获硕士学位。1950年回国，历任北京黄海化工研究社研究员，重工业部化工局化工研究所化工室副主任，化工部沈阳综合化工研究所研究室主任。1956年以后历任化工部上海化工研究院氮肥室主任、化工装备自动化所总工程师、院副总工程师。

孙 侃（1916— ）

上海人，1938年上海交大理学院化学系毕业。先后在国民政府资源委员会的昆明化工厂、上海五洲药厂工作。1946年考取留美资格，1948年初赴美，在华盛顿州立大学读化工，1949年夏获硕士学位，同年10月回国，回五洲药厂任副厂长。1953年后在卫生部、轻工部医药管理局任职，1958年下放至北京市化工局，任生产技术处副处长。1966年被隔离审查，下放劳动，1973年调北京小城镇建设指挥部，设计一些磷肥厂和化工厂。1979年调国家医药管理局中国医药工业公司，1981年应聘为中国国家技术评审委员会化工组和国家医药评审委员，1982年任副经理和总工程师，1986年退休。

孙 渠（1911—1975）

生于山东潍县，农学家，民国植物学家孙钺（1876—1943）之子。1936年毕业于南京金陵大学农学院。先后在中央农业实验所土壤肥料系和山东省立高级农业学校农科任职。1938年去广西省农业管理处和省农事试验场从事土壤学和肥料学的研究。1941年受聘于重庆歇马场的乡村建设学院，任副教授兼农专科副主任。1945年至1946年在美国俄亥俄、康奈尔、加州大学实习，回乡建学院继续任教，并升任教授。1948年再次来到加州大学进修，1950年3月回国到北京农业大学任教，曾任副教务长、俄文翻译室主任、耕作教研室主任。主编有《耕作学》，著有《耕作学原理》，论文有《土壤的统一形成作用说》《深浅耕在轮作中的安排与作用》等。

孙仁治（？—1999）

江苏无锡人，机械工程专家。明尼苏达大学机械工程硕士。1956年与张文裕、郭永怀李佩夫妇、刘金旭黄量夫妇同乘克利夫兰号回国，在南京工学院动力工程系任教。先后从事液态金属传热、混合对流传热、自然对流传热、多孔性物质传热和超音速风洞再生式加热器等项研究。论文有《矩形闭合空间内多孔介质中自然对流传热研究》《斜偏心水平圆柱环形空间自然对流传热》等。八十至九十年代为学校侨联主席。

孙若鉴（？—1968）

美国威斯康星大学毕业，五十年代初回国，先后在上海圣约翰大学和上海华东师范大学外语系任教。"文化大革命"中被批斗，1968年7月21日自缢身亡。

孙绍谦（1912—1988）

天津人，病理学家和医学教育家，夫人陆敏。1942年毕业于华西协合大学医学院，留校从事临床和病理检验工作。1947年至1949年在美留学，曾受聘于纽约大学医学院病理系任助教，并担任贝尔维尔（Bellevune）医院病理学研究员，为留美科协纽约区会和留美科协医药学术小组联络人。1950年9月回国，先在华东白求恩医学院任教，并在该院创建了病理科。1952年任教于山东医学院，任病理教研室教授、室主任。1964年调北京医学院病理教研室教授。曾任中华医学会病理学会理事。《中华病理学杂志》编委。主编有《病理学》。

孙世铮（1919—2013）

安徽寿县人，经济计量学家，中国社科院荣誉学部委员。1943年西南联大毕业，后在北京大学任经济系助教。1946年赴美，1949年芝加哥大学毕业。留美期间积极参与留美科协美中科协分会发起工作。1950年回国，1952年到国家统计局工作，1958年到中国社会科学院经济研究所任副研究员、研究员、室主任。论著有《试论农产量调查》《经济计量学》等，合编有《西方经济计量学》等。

孙天风（1920—2010）

江苏武进人，力学专家。1938年入昆明西南联合大学化学系，1939年转入航空工程系，1943年毕业，获工学学士学位，任西南联合大学、清华大学航空工程系助教。1948年赴美，1951年获康奈尔大学航空工程硕士学位，1956年获博士学位。1957年2月回国到北京，历任北京大学数学力学系教授，流体力学教研室主任。1980年任中国空气动力学研究会常务理事、工业空气动力学专业委员首任主委。1983年任国际风工程协会执行委员会委员；1987年任该会亚太地区秘书。晚年移居美国。

孙　湘（1916—1999）

女，江苏无锡人，物理学家，丈夫李正武。1938年毕业于清华大学物理系。曾任江苏医学院、江南大学讲师。1948年留学美国。1953年获南加州大学物理学博士学位。1955年10月偕丈夫和孩子回国。历任中国科学院物理所研究员，二机部五八五所副所长（现核工业部西南物理研究院）。曾为四川省侨联副主席，第三届全国人大代表。

孙训方（1923—2000）

安徽寿县人，工程力学家。1945年毕业于西南联大土木系，在清华大学任助教。1948年赴美，1949年获哈佛大学工程研究生院硕士学位。1949年9月回国，在唐山工程学院、唐山铁道学院任教，1972年后任西南交通大学副教授、教授，基础课部副主任，数理力学系副主任，应用力学所副所长、代理所长。是中国力学学会第二届副理事长、中国力学学会反应堆结构力学委员会主任。曾任全国高等学校工科力学教学指导委员会副主任，四川省力学学会副理事长。专著《材料力学》获1987年国家教委优秀教材奖二等奖；科研成果《表面裂纹的等J换算方法》获1990年国家教委科技进步奖二等奖。1989年被评为铁道部优秀教师，1991年被评为四川省优秀博士生导师。中国民盟成员。

孙以实（1930— ）

女，安徽寿县人，高分子化学专家，丈夫杨光华。1948考入金陵大学、1949去台湾大学，同年赴美国威斯康星大学留学。1951年10月回国，1952年毕业于清华大学化学系，同年在留校任教。六十年代中期在北京大学读高分子化学研究生。曾任清华大学工程化学系教授，1993年退休。

孙云畴（1917—2014）

江苏高邮人，图书馆学专家。1939年毕业于西南联合大学政治系。1942年任金陵大学图书馆中文编目组组长、图书馆学专修科教员。1947国民政府派出自费留美，1949年获哥伦比亚大学图书馆学硕士学位。1950年回国，先任教于北京大学图书馆学专修科，1953年任哈工大图书馆主任，1957年任郑州大学图书馆馆长，1981年调到华东师大图书馆学系任副系主任。长期致力于西文图书编目、高等学校图书馆管理和图书馆学教育的研究。河南省图书馆学会第一届副会长，中国图书馆学会教育研究分会委员会主委。中国民主同盟成员。

孙泽瀛（1911—1981）

四川开江人，数学家。1932年浙江大学数学系毕业，曾任重庆大学教授。赴美留学，1949年获印第安纳大学博士学位，1950年回国。历任交通大学教授，华东师范大学和江西大学教授、数学系主任。编有《数学方法趣引》《几何学》《近似几何学》。任中国数学学会上海分会副理事长，中国数学学会江西分会理事长。第五届全国政协委员，民盟成员。

孙竹生（1914— ）

浙江绍兴人，机车车辆专家，著名爱国民主人士"工矿泰斗"孙越崎之子。1937年毕业于哈尔滨工业大学机械系。1941年赴美留学。1943年获美国普渡大学机械工程硕士学位。曾任美国鲍尔温机车公司工程师。1946年，去欧洲考察，自英国回国。后筹办沈阳机车车辆制造公司并任总工程师。1948年任台湾机械公司顾问。1950年由台湾回到唐山，任唐山铁道学院教授，西南交通大学机械系系主任、重载技术研究中心主任。国务院学位委员会第一届学科评议组成员。1957年反右中历经劫难。主编有《蒸汽机车工程》《车辆工程》《内燃机车总体走行部分》。主研的"双层旅客列车研制"获1991年国家科技进步奖一等奖；获全国铁路优秀知识分子称号。民盟成员。

索 颖（1922—2016）

女，北京人，营养学家，丈夫周家骖。1942年至1945年在北京辅仁大学家政系营养专业学习，1947年赴美，在明尼苏达大学教育系学习营养学，1948年因经济原因辍学，在本校饮食部工作，曾随丈夫周家骖短暂去加拿大后返回美国，1949年12月偕丈夫周家骖回国。先后在北大结核病医院、重工业部平安医院、宣武医院工作，创建了这三所医院的营养科，历任科室主任、主任营养师，1992年退休，2013年享受离休待遇。

T

谈镐生（1916—2005）

江苏常州人，生于江苏吴县，力学家和应用数学家，中国科学院院士（1980）。1939年毕业于上海交通大学，后任中国航空研究院副研究员。1946年赴美留学，1949年获康奈尔大学航空工程系博士学位，后任该校航空研究生院研究员，诺脱顿大学工程力学副教授，底特律大学航空工程系和伊利诺伊理工学院教授等。为留美科协会员，1965年10月回国。历任中国科学院力学研究所研究员和副所长。论著有《超音速双翼空气动力学》《马赫反射激波强度》《旋翼层流边界层》《浸沉柱体运动》《单涡线的末期衰退》等。曾任国务院学位委员会学科评议组成员，《中国科学》和《科学通报》副主编，《力学进展》主编。第六至八届全国政协常委。

谭超夏（　—　）

广东人，农业土肥专家。广东广雅中学毕业，与林为干、刘玉壶、曾德超、薛社普、赵鸿举、林元、梁萌本、关夫生、靳永年、刘锦添等知名学者、专家、艺术家为先后同学。1942年浙江大学农艺系毕业。留美，获普渡大学硕士学位，与王守武、王补宣、邓稼先、洪朝生同为普渡大学同学。1950年10月乘克利夫兰号回国。在中国农科院土壤肥料所工作。论著有《牧草在美国农业中的地位及其利用》《晋南石灰性土壤在豌豆地、绿豆压青地及苜蓿茬施用磷肥的增产效果》。1990年赴美探亲后定居美国。

谭　丁（1923—　）

广东中山人，生于香港。1947年9月毕业于美国空军军官学校，后任香港高等法院租务法庭译员、香港皇家观象台技术员等职。1951年1月回国，在北京军委气象局（中国气象局前身）天气处教育科工作。1957年被划为右派，受到降级处分。1961年调入南京气象学院，历任外语教研组组长、基础课部主任。1963年继承在港父亲遗产获得侨汇存款奖励后，捐给国家奖励证券，粮票4514斤，油票208斤，布票618尺，糖票272斤，肉票123斤，肥皂票531块。"文化大革命"期间被批斗和打入劳改队。主编、合编全国高等气象院校教材《科技英语读本》第一、二册，主编英汉对照的《大气科学读物选》，独译《中国气候》，合译《季风气象学》。1979年被评为南京市和江苏省先进工作者。

谭庆磷（1922—2000）

云南昆明人，冶金专家。1941年，考入西南联合大学机械系。当年12月考上留美预备班。1945年6月取道印度加尔各答到了纽约。1945年8月入里海大学冶金工程系，毕业获学士学位，1949年6月获普渡大学硕士学位，同年7月6日乘船经日本到香港，8月初回国抵昆明，在云南大学矿冶系任副教授。1954年任昆明工学院冶金系主任，1959年后任昆明冶金陶瓷所副所长，昆明贵金属所副所长、所长、名誉所长。为《贵金属》季刊主编，国家科委新材料专业组贵金属专业组组长，中国航空材料领导小组贵金属分组组长，中国金属学会稀有稀土金属冶金委员会副主任，云南省金属学会副理事长和名誉理事长。第五、六届全国人民代表大会代表。民盟成员。

谭寿清（1914—1998）

湖南津市人。金融学家。1938年湖南大学经济系毕业，入中央银行总行经济研究处从事经济研究。1947年公费留学美国，1949年威斯康星大学毕业，获经济学硕士学位，旋回国。曾担任湖南大学经济系副教授、教授。1953年院系调整，到中南财经学院，历任财经系教授、金融教研室主任、财经系副主任、主任。1979年起任财经学院副院长。1983年任顾问，兼任中国农业银行武汉管理干部学院名誉院长、湖北省社科联顾问，中国金融学会理事。著述甚丰，代表作有《纸币、信用货币及其他》《关于人民币本质的若干问题》《关于设立证券交易所》等。

汤定元（1920—2019）

江苏金坛人，物理学家，中国科学院院士（1991）。1942年毕业于重庆中央大学物理系。1948年赴美国留学，1950年毕业于芝加哥大学物理系，获硕士学位，为留美科协会员。1951年6月回国，在中国科学院应用物理所、半导体所任研究员。1964年后历任中国科学院上海技术物理所所长，红外物理国家重点实验室学术委员会主任等。主持温差电致冷材料研究，参加和指导研制了硅太阳能电池、高能粒子探测器等多种光电器件；研制了硫化铅、锑化铟等各种红外探测器的材料和器件，曾获国家重大科技成果奖、国家自然科学奖三等奖、国家科技进步奖二等奖和三等奖。发表主要论文有《HgCdTe的受主共振态研究》《零禁带HgCdTe受主杂质带导电》《窄禁带半导体的p-n结的间接隧道电容》等。九三学社成员。

汤汉芬（ — ）

女，贵州人，生化专家，丈夫王云章为1939年回国的留学加拿大的真菌学家。华西医学院毕业后，在医学院化学实验室任助教。赴美，获密歇根大学生物化学硕士学位。1950年11月回国，曾任北京第二医学（后首都医科大学）生物化学教授。著有《遗传工程简介》论文有《中药成分芍药甙、苦参碱及氯化苦参碱对膜酶作用的实验研究》。

汤季芳（1920— ）

湖北沔阳人，历史学家。1945年毕业于中央大学历史系，后留学美国明尼苏达大学，获硕士学位，为留美科协会员，1949年底回国。1955年后在兰州大学任教，曾任历史系教授、系主任、历史研究所所长。中国国际关系史研究会理事。合著有《冷战的起源与战后欧洲》《沙皇俄国扩张史》，论文有《美国的德国赔偿政策与德国的分裂》等。

汤逸人（1910—1978）

浙江杭州人，畜牧专家。1935年毕业于中央大学畜牧兽医系，后任全国经委会技佐；被派往安徽凤阳石门山管理牧场任职。1937年考取第五届中英庚款公费生，赴英国爱丁堡大学动物遗传研究所深造，1940年获博士学位，同年转赴美国，在怀俄明大学进修。1941年回国，任中央大学畜牧兽医系教授。1947年应联合国粮食及农业组织（FAO）的聘请，再度携眷赴美担任畜牧专员，1949年10月回国。1950年起，任北京农业大学二级教授，畜牧系主任。曾任校务委员会委员，兼任中国农科院畜牧所副所长，中国畜牧兽医学会秘书长、国务院草原管理组副组长。《中国畜牧学杂志》主编，《畜牧兽医学报》副主编。

汤之璋（1919—1996）

湖北沔阳人，电子学家。1939年入读重庆中央大学工学院电机系，1943年曾短暂赴缅甸，为盟军空军当译员。1944年1月毕业。1945年4月派赴美国，在"FAB-100"计划中为中国在美受训飞行员当译员。1946年入得克萨斯州立大学研究院主攻电信工程，1948年9月获硕士学位。1949年2月回国。在国立武汉大学电机工程系和华中理工大学自动控制工程系任教。高等教育部、国家教委高等学校工科电工教材编审委员会委员，湖北省暨武汉市电子学会常务理事。论著有《工业电子学及控制》《数字集成电路的原理及应用》《HWB-86电台播控中心微机自控系统》等。

唐敖庆（1915—2008）

江苏宜兴人，化学家，中国科学院院士（1955）。1940年毕业于西南联大化学系。1946年6月赴美留学，1949年获哥伦比亚大学博士学位，为留美学生通讯社积极筹款。1950年2月回国后，先后担任北京大学、吉林大学教授，后任吉林大学校长。曾任中国化学会第二十一届理事长，中国科协副主席，国家自然科学奖励委员会主任等职。其"分子内旋转势能函数公式"获得国家自然科学奖三等奖。"配位场理论"的研究，获1982年国家自然科学奖一等奖。合著有《配位场理论方法》《分子轨道图形理论》《量子化学》等著作。第二、三届全国人大代表。

唐宝鑫（1915—2002）

又名唐宝心，北京人，英语文学家。1932年入清华大学，主修西方文学。1935年在一二·九学生运动中，被选为救国委员会委员。1936年毕业，考入清华大学研究院，学习国际经济，翌年因全面抗日战争爆发辍学。1938年在贵州参加创建贵阳清华中学，任教师、校长达十年。1947年秋，由学校公费派赴美国考察教育。1948年入美国加州大学伯克利分校研究院攻读国际经济，同时在加州大学东方语文学系任课。1949年获硕士学位。1950年回国后，在天津从事外贸工作，后调天津师范大学外语系任教授。曾翻译《曼斯菲尔德短篇小说选》，主持翻译《简明不列颠百科全书》《地理及历史条目》和《顾维钧回忆录》等。

唐翰青（1918— ）

电工学家。1937年获清华大学电机系学士学位。1949年获美国密歇根大学电机工程硕士学位。1950年回国，在广西大学任教授，1953年调入华南工学院电机工程系。1956年调入成都电讯工程学院，长期担任电工基础教研室主任。主讲天线工程、声频网络等课程。

唐冀雪（1915— ）

女，河北河间人，药理学家，丈夫金荫昌。1939年燕京大学生物系毕业，获学士学位，1941年获硕士学位，在燕京大学生物系任助教，后任讲师。1948年8月赴美，在加州大学伯克利分校攻读生物学博士学位。其间积极参与留美科协的工作，在旧金山与丈夫金荫昌（共产党员）组织回国人员的过境接送。1950年9月，接受中共党组织安排，中断学业偕丈夫及儿子乘威尔逊号回国，参与了中国医科院药物所建所，并在该所工作至退休。

唐家琛（1908—1982）

广西灌阳人，神经医学家。厦门大学理化系毕业，后在上海同济医科大学学习深造，毕业后在上海行医。1947年，被聘为兰州大学医学院教授。1949年，接受美国援华医学会资助，赴美国哈佛大学医学院进修诊断精神病学。1950年乘克利夫兰号回国。1952年在兰州大学第二临床医学院创建神经内科。第一至三届中华神经精神科学会委员，第一至三届《中华神经精神科杂志》编委。曾被划为右派，后经中共甘肃省委文教政治部决定和批复给予改正平反。论文有《睡眠与失眠》《73例精神分裂症患者血小板单胺氧化酶活性的测定》等。九三学社成员。

唐建文（1919—2000）

翻译家，夫人唐笙。早年赴法国学习，后去美国。毕业于宾夕法尼亚大学，获经济管理学硕士学位，后再去法国里昂大学取得博士学位。1946年到纽约联合国秘书处任国际公务员（行政干事），兼任同声传译考试委员会委员。1951年偕夫人回国。曾任中国人民对外友好协会理事、中国联合国协会副总干事。译著有《被埋没了的天才》《拿破仑传》等。

唐立民（1924—2013）

广东珠海人，生于秦皇岛，工程力学专家。1946年毕业于天津工商学院土木系，在唐山工程学院任助教。1948年赴美留学，1949年获密歇根大学土木系结构力学硕士学位，1950年又获数学系（数理统计）硕士学位。1951年回国，先在政务院财政经济委员会计划局重工业计划处任职，后调至上海航务学院和大连海运学院。自1953年起，一直任教于大连工学院，先后任数理力学系副系主任、工程力学系系主任、工程力学研究所所长、研究生院院长等职务。论著有《网络函数近似和拟协调元法》《拟协调有限元法》等。

唐明照（1910—1998）

广东恩平人，外交家，夫人张希先。早年随家迁居美国旧金山，1927年回国，1930年天津南开中学毕业考入清华大学政治系。1931年加入中国共产党，1933年肄业，赴美留学，在加州大学研读西方近代史，并任美共加州大学宣传和组织部长。1938年毕业后，出任纽约华侨洗衣馆联会的英文干事。1939年起任美共中国局书记达十年。1940年在纽约，与冀贡泉（曾任联合国副秘书长）共同创办了《美洲华侨时报》，任社长兼总编辑。1941年在美国政府纽约新闻处任翻译。1950年，受周恩来指示，偕妻子和女儿回国，历任外交部美澳司专员、中共中央对外联络部处长、副秘书长。1972年，出任联合国副秘书长。1979年离任回国，1980年后任职中联部。第一至三届全国人大代表，第六、七届全国政协委员。

唐　笙（1922—2016）

女，上海人，翻译家，丈夫唐建文。1942年毕业于上海圣约翰大学经济系。1944年入英国剑桥大学纽楠女子学院进修，获经济学硕士学位，1947年应聘美国联合国总部会议事务部，任中文传译科科长。1951年偕丈夫回国，历任国际新闻局编辑，中国文学杂志社英文组组长、编委、副总编辑，1980—1983年再任联合国总部会议事务部中文翻译处处长（专业人员四级）。为中国翻译工作者协会第二届理事。曾被聘任为国务院参事。2012 年 12 月获中国翻译协会"翻译文化终身成就奖"。著有《长途归来》。

唐孝纯（1923—2020）

女，江苏无锡人，教育家，唐庆诒和俞庆棠之女，唐孝宣胞姐。1944 年毕业于沪江大学，1946 年加入中国共产党，1947 年赴美，1948 年获科罗拉多州立教育学院成人教育专业硕士学位，后在哥伦比亚大学师范学院继续学习。曾任哥大中国同学会理事、哥大师范学院中国学生会副主席。1949 年 11 月回国，参与筹建北京实验工农速成中学（现人大附中）并出任教务副主任、主任。1959 年后在中国人民大学任外语教研室主任。中国外语教学研究会理事、公共英语教学研究会常务理事。1972 年在美国驻华联络处任教，为布什的专职中文教师。1978 年中国人大复校后，调回原校续任外语教研室主任。1988 年离休。著有《人民教育家俞庆棠》，编有《俞庆棠教育论著选》等。

唐孝宣（1925—2007）

江苏太仓人，药学家，唐庆诒和俞庆棠之子，唐孝纯胞弟。早年就读于上海大同大学及沪江大学化学系。1946 年加入中国共产党，1947 年赴美留学，1949 年比洛伊大学化学系毕业，后转威斯康星大学化学系攻读硕士学位，1950 年提前完成学业回国。任上海第三制药厂副厂长，上海生化药厂接管工作组组长。后被派往苏联进修，其间曾任苏联第二制药厂总工程师。1958 年回国，曾任华北制药厂副总工程师、总工程师、技术副厂长等职，1981 年后任河北省医药管理局局长兼党组书记，为中国生物化学与分子生物学会工业生物化学与分子生物学分会名誉理事长。

唐有祺（1920—2022）

江苏南汇（今属上海浦东新区）人，物理化学家，中国科学院院士（1980），夫人张丽珠。1942 年毕业于同济大学化学系，后任钟声电化厂工程师、上海临时大学助教。1946 年赴美，1950 年获加州理工学院博士学位，留校任博士后研究员，为留美科协物理化学学术小组联络人。1951 年 8 月绕道欧洲回国，任教清华大学化学系，1952 年转入北京大学，历任物理化学所所长、分子动态与稳态结构国家重点实验室主任。专著有《结晶化学》《化学动力学和反应器原理》《对称群的表象及其群论原理》等。曾获国家自然科学奖二等奖（两项）；国家科技发明奖二等奖。为第三届国家自然科学奖励委员会副主任；曾任中国晶体学会理事长、中国化学会第二十二届理事会理事长。第七至九届全国政协常委。九三学社中央委员。

唐仲璋（1905—1993）

福建福州人，生物学家，中国科学院院士（1980）。1931年毕业于福建协和大学，在福建省立科学馆生物学部任指导员，在福建协和大学生物系任讲师。1940年到北京协和医学院寄生虫学系做研究生。1942年任福建协和大学生物系副教授。1945年在福建省研究院植物研究所任研究员。1948年赴美留学，1949年获约翰斯·霍普金斯大学公共卫生学院硕士学位。1950年回国，先后任教于福州大学和福建师范学院，曾任福建师院生物系主任、副院长、寄生虫研究室主任等职务。1971年到厦门大学任教，1978年任厦大副校长。主要论著有《组织培养中美洲锥形虫发育的研究》《西里伯瑞氏绦虫在中间宿主体内的发育及其流行与分类问题的考察》等。福建省科协副主席、福建省人大代表、第五届全国政协委员。

陶葆楷（1906—1992）

江苏无锡人，卫生工程专家。1926年毕业于清华学校后赴美留学。1929年获麻省理工学院土木工程学士学位，1930年获哈佛大学卫生工程硕士学位。1930年去德国柏林理工大学进修，1931年回国，历任清华大学土木工程系教授，南京卫生署高级工程师兼公共卫生工程研究班教务主任、西南联大土木系主任、清华大学代理工学院院长。1948年9月赴美国哈佛大学做研究。1949年1月任台湾大学土木工程系系主任并代理工学院院长。1949年7月回大陆，任广州岭南大学土木工程系教授。1950年任北京大学卫生工程系系主任，1952年回清华大学，历任土木工程学系给水排水教研组主任、土木工程学系副系主任、土木建筑系系主任、环境工程所所长。第六届全国政协委员。九三学社中央参议委员会常委。

陶德悦（1914—　）

四川云阳人，体育教育家。1938年毕业于中央大学，历任中学、师范学校和中央大学体育教师。1948年公费赴美留学，1949年获艾奥瓦大学硕士学位，1950年在哥伦比亚大学攻读教育学一年。1951年3月回国，在华北人民革命大学毕业后，1952年后到福建师范学院体育系任教研室主任、硕士生指导小组组长、福建省田径裁判委员会副主任。福建省体育科学学会副理事长、福建田径协会副主席。著有《健身跑必读》。

陶国泰（1916—2018）

江苏无锡人，精神病学家。1941年于中央大学医学院医疗系毕业，随后去华西医科大学医学院神经精神科任教，于1945年晋升为甲级讲师。1947年协助创建南京精神病防治院。1948年获世界卫生组织（WHO）奖学金去美国加州大学精神医学研究所攻读儿童精神医学。1949年10月回国，在原单位（现南京医科大学附属脑科医院）工作，1984年创立南京儿童心理卫生研究中心（后被WHO任命为科研和培训合作中心，被卫生部任命为中国儿童心理卫生指导中心）。主编有《儿童和少年精神医学》。2010年获中华医学会精神病学分会儿童青少年精神病学组的"终身成就奖"；2005年获国际儿童和少年精神医学学会"特殊贡献奖"。

陶继侃（1913—　）

浙江嘉兴人。经济学家。1931年考入北京大学经济系，毕业后考入南开经济研究所。曾在重庆大学、湖南大学、南开大学等校任教。1947年去美国丹福大学进修国际经济学和财政学，获威斯康星大学硕士学位。1949年9月回国，任南开大学教授、财政系系主任、政治经济学系副主任等。主编《战后帝国主义经济几个问题》《经济危机问题讲话》《世界经济概论》等。

陶启坤（　—　）

建筑学家。入读天津某大学。1936年曾为中共领导下平津学生联合会组织发起的抗日宣传活动"平津学生南下扩大宣传团"的总指挥。留美，获密歇根大学土木工程博士学位。1959年回国，在成都西南建筑设计院任职，为四川省土木建筑学会建筑结构专业委员会第三届（1980）副主任委员，中国建筑学会建筑结构分会（挂靠中国建筑科学研究院建筑结构研究所）第二届主委（1986），第三届名誉委员及顾问（1991）。论文有《某市电视塔结构设计总结》等。

陶愉生（1923—2014）

浙江绍兴人，生于北平，物理化学家，社会学家陶孟和之子。1942年就读于西南联大化学系，1943年参加中国远征军任译员，1945年在西南联大复学。1948年毕业于北京大学化学系，同年赴美。1950年毕业于斯坦福大学化学系，1951年获硕士学位，当年回国。10月进入大连大学科学研究所（后为中国科学院工业化学所、中国科学院石油所、中国科学院大连化学物理所）工作。论著有《激光与分子反应动力学》。译著有《分子反应动力学》等。

滕大春（1911—2002）

北京人，外国教育史学家。1933年北京大学教育系毕业后，赴济南任山东省立第一乡村师范学校教员兼附属小学主任。1935年春任安徽省义务教育委员会秘书，1937年赴四川任国立编译馆编审。1947年赴美留学，在科罗拉多州立大学学习比较教育和外国教育史，获教育学博士学位。1950年9月回国，先后任河北师范学院教授、天津师范大学和河北大学教授。著有《卢梭教育思想》等，主编有《外国古代教育史》。

田洵德（1916—1991）

曾用名田顺德，生于福州，1938年交通大学土木专业级毕业。1948年由福建省政府选派赴新西兰，受聘新西兰工程部高级工程师，新西兰水力发电设计总局。1950年夏转赴美国留学，就读犹他大学，主修流体力学，1951年获硕士学位，同年启程回国途中受阻。1955年中得以回国，分配至南京华东水利学院任教。1958年回福建，任水电部浊江水电工程局工程师，福建省水利厅科研所工程师，福州大学土木工程系教授、水工专业研究生导师。著有《开裂圬工结构理论及应力重分布计算》，论文有《圆拱形明渠阻力系数的试验研究》《空腹重力坝溢流断面优化的研究》。

田日灵（1917—1994）

女，浙江上虞人，石油化学家，丈夫虞福春。1939年考入西南联大化学系，1943年毕业后留校为曾昭抡先生助教。1945年6月加入民盟，1945年12月加入中国共产党。1947年赴美留学。1950年获俄亥俄州立大学化学博士学位。为留美科协俄亥俄分会发起人。1951年3月放弃留美任教机会，说服在斯坦福大学的丈夫，夫妇携子回国，在北大化学系和北京石油学院炼制系任教。1975年为调回北京而退休，1982年恢复党籍。

仝允栩（1919—2011）

女，河南唐河人，动物学家，丈夫郑国锠。1943年中央大学毕业，获学士学位，1949年1月获得威斯康星大学植物学系细胞研究室奖学金赴美，1951年2月获硕士学位。因朝鲜战争爆发放弃继续攻读博士学位的机会，偕丈夫与孩子回国，在兰州大学生物系任教。1957年去苏联莫斯科大学进修二年，1964年任动物教研室主任、生物系教授。历任甘肃省动物学会理事长、名誉理事长、中国动物学会理事、显微与亚显微形态科学委员会委员、中国细胞生物学会理事、《动物学报》编委等职。发表论文近五十篇。1987年和1990年两次获得甘肃省科技进步奖三等奖。

童第周（1902—1979）

浙江宁波人，生物学家，中央研究院院士（1948），中国科学院院士（1955）。1927年毕业于复旦大学生物系，后在中央大学任教，1930年留学比利时，1934年获博士学位，同年回国，历任山东大学、中央大学医学院、同济大学、复旦大学教授。1948年任美国耶鲁大学客座研究员，1949年3月回国，历任山东大学副校长，中国科学院实验生物学所副所长，中国科学院青岛海洋所所长，中国科学院动物所所长，中国科学院生物学部主任。1978年任中国科学院副院长。主要论著有《追求生命真相》《童第周文集》等。中国海洋湖沼学会副理事长。第三至五届全国人大常委会委员，第五届全国政协副主席。民盟第三届中央常务委员。

童诗白（1920—2005）

满族，辽宁沈阳人，电子工程专家，夫人郑敏。1946年毕业于西南联大电机系，在清华大学电机系任教。1948年赴美国伊利诺伊大学电机系留学，1949年获硕士学位，1951年获博士学位。为留美科协会员，1955年6月与夫人郑敏一起回国，任清华大学电机系和自动化系教授。为高等学校电子技术课程教学指导小组组长，中国邮电通信学会通信电源专业委员会主委，中国仪器仪表学会节能应用技术学会第一届主委。长期从事电子技术理论教学和电子系统故障诊断研究。撰有《随动系统稳定性的研究》等论文，主编《电子技术基础》《模拟电子技术基础》等教材。2020年，清华大学设立"童诗白教育发展基金"和"天立—童诗白中国自动化教育奖"。

童志鹏（1924—2017）

浙江慈溪人，电子信息工程专家，中国工程院院士（1997）。1946年毕业于上海交通大学，同年赴美求学，1950年获威斯康星大学电子工程学博士学位。加入留美科协会，1950年9月回国。五十年代至七十年代历任四机部第十研究所副总工程师、总工程师、副所长等职。八十年代出任电子工业部电子科学研究院院长。历任四机部第十研究所总工程师、副所长。八十年代出任电子工业部副总工程师兼电子科学研究院院长，上海交通大学电子电工学院院长。专著有《未来军事电子》《综合电子信息系统》等。曾获1997年国防科工委科技进步奖一等奖，2003年国防科技奖一等奖。中国通信学会副理事长，信息产业部电子科技委常务副主任，总装备部科技委顾问。第八届全国政协委员。

涂敦鑫（ — ）

农业专家，获俄亥俄大学博士学位。1949年底或1950年回国。1950年11月15日出席《人民教育》杂志社邀请最近自美国回国的留学生和教授座谈，就美国高等教育问题发表了各人亲历其境的观感和见闻。先后在南京农业大学和中国农业历史研究中心工作。后在中国农业科学院作物育种栽培研究所任职。著作有《中国的蓖麻》，论文有《麻类作物的易地引种问题》。

涂光炽（1920—2007）

湖北黄陂人，地球化学和地矿学家，中国科学院院士（1980），外交部原顾问涂允檀之长子。1937年入长沙临时大学，1938年到延安抗日军政大学。1940年到西南联大地质地理气象学系复课学习，1944年毕业。1946年赴美，1949年在美国加入中国共产党。同年获明尼苏达大学博士学位。为留美科协理事，北美基督教中国学生会（CSCA）中西部分会主席。1950年10月回国，任清华大学副教授，1951年赴苏联莫斯科大学进修，1955年回国，后在中国科学院地质所、地球化学所历任研究员、所长。为中国矿物岩石地球化学学会理事长，英文《地球化学》《矿物学报》主编。曾获国家自然科学奖一、二等奖等。著有《层控矿床地球化学》《华南花岗岩类地球化学》等。全国第五、六届人大代表和第七届贵州省人大常委会副主任。

涂光涵（1922—2000）

湖北黄陂人，生于北京，林学家，涂允檀之次子，夫人邹德真。1944年中央大学农学院森林系毕业。1946年赴美留学，1950年春获明尼苏达大学林学硕士学位。1950年3月与偕夫人同船回国，历任林业部造林司工程师，中国林木种子公司副总经理、教授级高级工程师。先后主持制定《采种技术规程》《育苗技术规程》等，主编有《森林苗圃》《林木种子经营》等。1988年离休。2006年南京林业大学设立涂光涵奖学金基金。九三学社成员。

涂光楠（1928—2016）

湖北黄陂人，翻译家，涂允檀之三子。1950年毕业于明尼苏达州麦卡拉斯特学院，主修政治学，兼修西班牙语，获文学学士学位。1950年回国，先后在外交部欧非司、国际关系研究所拉美组、中央对外联络部拉美组、中国社科院拉美所工作。历任拉美所学术委员会委员、政治历史研究室副主任、译审、教授。参与编译审十五部著作，有《世界民族大词典》《马克思与第三世界》《简明拉美史》《西汉经贸词典》等。1981年至1991年应邀在美国明里苏达大学，威斯康星大学，纽约市立大学，波多黎各大学等十所大学作有关中拉关系、中古关系的学术报告。享受国务院政府特殊津贴。2008年获社科院科研成果奖三等奖，获中国译协资深翻译家荣誉证书。民革成员。

涂莲英（1925—1986）

湖北黄冈人，病理学家，圣约翰大学校长涂羽卿之女，丈夫吴肇光。1949年毕业于上海医学院医疗系，同年4月赴美，在费城妇女医院等单位实习。1956年底偕丈夫和四个孩子回国，历任上海医科大学肿瘤医院病理科医师、副主任医师、教授。1979年至1980年去英国、瑞典进修。论文有《9829

例恶性淋巴瘤病理学分类的回顾性分析》《1933 例外用 T 细胞性淋巴瘤临床及组织学亚型分析》《淋巴结弥漫型反应性增生与淋巴肉瘤病理形态学的鉴别》等。曾获 1985 年上海市三八红旗手，1986 年上海市妇女巾帼奖。1985 年加入中国共产党。

涂允檀（1897—1976）

湖北黄陂人，北京大学毕业，赴美留学，获伊利诺伊斯大学政治学博士学位。1928 年回国，任武汉市教育局和社会局局长、武昌中山大学教授、河北省立法商学院政治系主任、北京大学讲师。1935 年后任国民政府外交部秘书、驻菲律宾马尼拉总领事、外交部条约司司长、驻巴拿马和驻缅甸等国全权大使。1950 年 1 月率使馆人员通电起义，同年夏回到北京，被任命为外交部顾问。全国政协第二、三届委员。1964 年 9 月突遭逮捕，关押在秦城监狱，1976 年 8 月狱中患肺炎，在公安医院去世。1979 年 8 月 9 日，中央统战部、外交部在北京为其举行了骨灰安放仪式。全国最高法院宣布撤销 1966 年对其"刑一字第 2 号"判决。

屠善澄（1923—2017）

浙江嘉兴人，宇航科学家，中国工程院院士（1994），夫人桂湘云。1945 年毕业于上海大同大学电机工程系，后任交通大学电机工程系助教，1948 年赴美留学，1951 年和 1953 年分别获康奈尔大学电气工程系硕士和博士学位，随即留校任助理教授。1956 年 7 月偕夫人与两子女回国，历任中国科学院自动化所室主任，航天（航空航天）部五〇二所室主任、所长，航天部第五研究院科技委主任、国防科工委科技委副主任等。从事人造卫星及其他运动物体的控制技术的研究。1985 年获国家级科技进步奖特等奖。1997 年获何梁何利基金科学技术进步奖。主要论著有《中国同步试验卫星 STW-1 的控制》《试验通讯卫星级微波测控系统》《关于发展我国载人航天意义与作用》报告等。

W

万方祥（1907—1990）

河北迁安人，地理学家。1931年考入北京师大地理系，1939年毕业。后任教于北师大男、女附中，1943年任兰州西北师院讲师、副教授。1947年底留学美国威斯康星大学，获地理学硕士学位。1950年回国，途中在威尔逊号轮船上被选为归国同学会主席。回国后先后任北京师范大学、西北师范学院地理系教授。1954年任北京师范大学地理系副主任，1986年退休。合著有《初中本国地理教科书》《高中自然地理》，合译《加拿大地区解释》《北美洲自然地理》《外国地名浅释》。

万建中（1917—1991）

湖北大冶人，农业经济学家。1940年毕业于西北农学院农业经济系。1945年赴美国威斯康星大学留学，1949年获博士学位。为留美科协会员，1950年3月回国，历任西北农学院教授、农业经济系主任、教务长、院长。曾任中国农业经济学会第二届副理事长，陕西省武功农业科学研究中心协调委员会主任。著有《美国农业发展的现状及其发展趋势》《宁夏盐池农村经济调查综合报告》《陕北地区振兴农村经济文化开发中几个战略性问题的探讨》等。第三届全国人大代表，陕西省人大常委会第七届副主任。民盟陕西省委第五届副主委。

万叔寅（1913—1982）

女，湖南黄陂人，英语学家，丈夫陈余年。1937年武汉大学外语系毕业，1945年在英国考入联合国会议事务部中文科任翻译。1955年9月偕丈夫回国，在人民大学外语系系任教授。

汪安琦（1922—2003）

女，江苏苏州人，生物学家，丈夫杨纪珂。1944年毕业于私立武昌华中大学生物系。1946年赴美，1947年获威尔斯莱女子大学动物系硕士学位。随即在杜克大学读博士研究生，1948年转入俄亥俄州立大学动物系读遗传学博士研究生。1950年通过博士资格考试。后因家庭经济困难辍学。1955年11月偕丈夫与两个孩子回国。先后在中国科学院实验生物所、动物所和遗传研究所任副研究员、研究员。发表《北京果蝇的调查研究》等，译著有《医学放射生物学》等八本。领导研究我国可移植小鼠白血病标记染色体的发现，获1978年科学大会奖。领导组织完成安徽省皖南山区和大别山区二十二万人的遗传和先天性疾病调查，获卫生部科技进步奖。

汪　衡（1914—1993）

原名汪椿宝，江苏苏州人，生于北京，版权专家，夫人杨绯。1935年入上海复旦大学学习经济，次年夏参加《文摘》杂志编辑工作，因跟踪翻译和连续刊载《毛泽东自传》遭追捕，被迫逃离上海。1938年1月采访周恩来总理，并发表《周恩来访问记》，后在重庆更改刊名继续办刊。1943年去重庆新闻学院学习。1946年作为冯玉祥英文秘书一起赴美考察，次年在纽约某公司任职。1948年10月组建"留美学生建国同盟"，1949年2月又组建留美学生通讯社，化名李同主编发行《留美学生通讯》，1950年10月离美回国。1951年2月在华北革命大学学习，后在学习杂志社、人民日报出版社和国家新闻出版局等从事外文书籍的审选、翻译。"文化大革命"中被下放到湖南，1978年调回北京，1979年任国家出版局版权处处长。

汪堃仁（1912—1993）

湖北嘉鱼人，生理学家，细胞生物学家，中国科学院院士（1980）。1934年毕业于北京师范大学生物系。留校任生物系助教，后在协和医学院生理系进修。1939年至1946年在西北师范学院及北京师范大学生物系任教。1947年赴美，1948年获伊利诺伊大学医学院临床医学系硕士学位。1949年8月回国，继续担任北京师范大学教授，1952年任生物系主任。1976年调到北京肿瘤研究所，任细胞生物学室主任、副所长。1981年后任北京师范大学生物系教授兼系主任。第三届全国人民代表大会代表。

汪良能（1916—1989）

安徽南陵人，整形、烧伤学家。1942年毕业于南京中央大学医学院，留校任教，曾任外科讲师、主治医师。1949年赴美国，先后在密苏里州圣路克斯医院、纽约奥尔巴尼医学院、新泽西州海滨医院进修，任整形外科住院总医师。1951年9月20日与谢家麟、胡世平等二十一人乘克利夫兰号离美，途经檀香山被扣，送返美国。1954年回国，历任第四军医大学第一附属医院烧伤整形科主任医师、科主任，为总后勤部卫生部医学科技委员会委员、中华医学会整形外科学会副主委和《中华整形烧伤外科》杂志副主编。其"烧伤的研究"获全军科技进步奖一等奖，个人荣立二等功。1985年获国家科技进步奖一等奖。著有《烧伤治疗学整形》部分、《整形烧伤疾病诊断与治愈标准》《整形外科学》等。

汪敏刚（1922— ）

安徽人。呼吸科专家，夫人施奕莹（留美未归）。1948年10月赴美，在多家医院做助理医师。1956年9月乘威尔逊号回国，在上海复旦大学附属华山医院建立了防治支气管哮喘的临床机构。主编有《支气管哮喘》。论文有《支气管哮喘研究的某些进展》《呼吸系统的防卫机能及免疫学》《哮喘患者家族气道反应性的观察》等。

汪明瑀（ — ）

社会学家。1950年3月，与朱光亚等五十二人发表《给留美同学的一封公开信》，同年回国。任中央民族学院研究部（现中央民族大学民族学与社会学学院）图书资料室室主任。1953年9月受中央委派为负责人，与严学宭、潘光旦、向达、王静如等著名民族学、语言学家共同进行过湖南土家族调查。撰文《湘西土家族概况》，论证了土家族为单一民族。

汪善国（1917—2004）

暖通空调专家。1946年西南联大机械系毕业，后考取公费留美，获哈佛大学机械工程硕士学位和麻省理工学院纺织工艺硕士学位。1950年回国后，在纺织工业部棉麻纺织局任职，1957年调入建工部建筑科学研究院，任采暖通风研究室副主任。曾主持首都体育馆、工人体育馆的空调方案设计与调试。1974年去香港理工学院任教。专著有《纺织厂的空气调节》，译著有《空调与制冷技术手册》。2004年3月逝世于美国。

汪　坦（1916—2001）

江苏苏州人，建筑学教育家。1941年重庆中央大学建筑系毕业。在贵阳华盖建筑师事务所工作，1943年受聘回中央大学任教。1944年加入盟军第五纵队（OSS战略情报局）任翻译，1945年复员，在南京兴业建筑师事务所工作。1948年2月赴美留学。1949年3月回国，偕夫人马思琚（马思聪八妹）去大连工学院，任教，曾任基建处副处长、水利施工教研组主任。1957年调入清华大学，任建筑系副主任、土建综合设计院院长兼总建筑师。1980年任《世界建筑》杂志社社长，1984年创办深圳大学建筑系、建筑设计院和《世界建筑导报》。为中国建筑学会第理事和名誉理事。撰有论文《战后日本建筑》《关于"一种方法的论述"》，主编十六册《中国近代建筑总览》，获建设部1998年科技进步奖二等奖。

汪闻韶（1919—2007）

江苏苏州人，水利学和岩土力学家，中国科学院院士（1980）。1943年中央大学水利工程系毕业，1947年12月赴美，1949年2月获艾奥瓦大学力学和水力学硕士学位，1952年获伊利诺伊理工学院土木工程系博士学位，后任麻省理工学院副研究员和研究工程师。1954年12月回国，任水利部南京水利实验处高级工程师，1956年调北京水利科学研究院。1969年9月被下放到河南平舆"五七"干校，1972年11月调回原单位，后曾任院抗震防护所首任所长。项目"岩土与水工建筑物相互作用研究"获1999年国家科技进步奖三等奖。专著有《土的动力强度和液化特性》等。中国振动工程学会土力学及基础工程学会副理事长、国家科委水利工程学科组成员、中国科学院技术科学部科学基金组和水利学分组成员。

汪祥春（1918—　）

浙江黄岩人，经济学家。1939年中央政治学校大学部经济系毕业。1944

年毕业于西南联大南开经济研究所，获硕士学位。1947年赴美国威斯康星大学和芝加哥大学留学，1949年获硕士学位后回国。历任东北统计局研究员、东北计划统计学院、东北财经学院、辽宁大学副教授，辽宁财经学院计划统计系教研室主任、系主任。东北财经大学教授。自撰或主编专著和教材九部，主编《工业经济管理学》《社会主义经济调节概论》《贸易统计学》等。

汪旭庄（1916—1978）

四川长寿人，经济学家。1941年毕业于西南联大经济系。1946年至1947年就读于美国哥伦比亚大学。1947年后就读于英国剑桥大学。1950年3月与清华大学萧嘉魁教授、武汉大学张伯平教授同船经香港回国。先后任交通大学、上海财经学院副教授。1951年为上海市第二届人大代表。1959年任上海社会科学院经济研究所政治经济学组负责人、农业经济组组长。著有《什么是商品》《社会主义制度下的级差土地收入》《价值规律在我国社会主义统一市场中的作用》《资本剩余价值和资本积累》等。

汪尧田（1918—2006）

安徽全椒人，经济学家，汪通祺胞弟。1944年复旦大学经济系毕业，后留美，1947年获华盛顿大学工商管理学院硕士；1947年在哥伦比亚大学攻读世界贸易专业博士学位。新中国诞生前夕，中断学业回国，之后长期从事外贸管理和外贸教学科研事业。1981年10月起任上海对外贸易学院（现上海对外经贸大学）教授、对外经济贸易研究所名誉所长。1986年在上海对外贸易学院建立了"关贸总协定上海研究中心"，创办了研究多边贸易体系的专业刊物《世界贸易组织动态与研究》。曾负责草拟《中华人民共和国进出口贸易管理暂行办法》。出版了近二十本专著，发表各类文章二百多篇，带领学生编写《关税与贸易总协定总论》。

汪友泉（1918—2018）

女，安徽桐城人，生于北京，经济史学家，丈夫杨雪章。1935年9月入燕京大学，1939年9月入西南联合大学商学系，1942年6月毕业。1944年11月考取自费留学生，1945年3月赴美，先后在密歇根大学、拉德克利夫（女子）学院（哈佛大学女校）和波士顿大学两校经济系学习，1953年8

月偕丈夫与三个儿子乘威尔逊号回国，1954年1月到地质部训练班教书，后调入中国科学院经济所经济思想史组工作。1962年8月在《人民日报》发表《新自由主义的反动本质》。"文化大革命"中被抄家。改革开放后移居美国旧金山。

王宝琳（1919—2011）

女，浙江黄岩人，生于南京，儿科医学家，王启东胞姐，丈夫林秉南。1944年毕业于上海医学院，1948年赴美留学，获艾奥瓦大学药理系硕士学位。1956年偕丈夫与两个孩子回国。在北京大学第一医院工作从事儿科肾脏病教学研究。为《中华儿科杂志》编委。主编《小儿肾脏病学》，论文有《小儿肾病合并急性循环衰竭有关问题探讨》《小儿难治性肾病综合征的临床与病理观察》等。

王保华（1919— ）

江苏丰县人，耳鼻咽喉科专家。1943年江西南昌中正医学院毕业后，在兰州中央医院任住院医师、住院总医师及主治医师。1948年夏，由联合国世界卫生组织保送至美国芝加哥大学医学院进修耳鼻咽喉科。1949年8月回国，任西北军区及兰州军区总医院耳鼻咽喉科主任，兼兰州医学院耳鼻咽喉科教授。著有《针刺疗法在耳鼻咽喉科手术后止痛的初步应用》《耳鼻咽喉学纲要》《冷冻治疗》《耳鼻咽喉科手术学》等。

王补宣（1922—2019）

江苏无锡人，工程热物理学家，中国科学院院士（1980），美国纽约科学院院士。1943年毕业于西南联大（清华学籍）机械工程系，留校任教。1947年7月赴美，1949年获普渡大学机械工程系硕士学位。1950年1月回国，任北京大学工学院副教授，1952年调入清华大学，1962年晋升为教授，历任热能工程与热物理研究所所长，兼任高教部、教育部热工教材编委会主任。为中国工程热物理学会理事长，国际传热传质中心学术委员，《国际传热传质学报》国际主编。发表论文四百篇，出版著作有《热力学》《工程传热传质学》《热工学》，译著有《传热学基础》等。1988年至1998年曾获国家自然科学奖三等奖，国家教委奖一等奖和何梁何利基金科技进步奖等。

王曾壮（1921—2007）

河北石家庄人，外事专家，李宗仁参谋长王鸿韶之子，夫人邹德华。1939年考入西南联大航空工程系，1943年应征参军抗战，任美军翻译。1945年赴美，1947年获明尼苏达大学经济学硕士学位，为留美科协农经学术小组联络人。1950年9月中断博士学业提前回国，曾任中国驻埃及大使馆三等秘书，外交部新闻司处长，后外派任联合国最不发达国家部的官员，1984年回国后任外交部国际问题研究所研究员。

王承书（1912—1994）

女，湖北武昌人，物理学家，中国科学院院士（1980），丈夫张文裕院士。1934年毕业于燕京大学物理系，1936年获该校硕士学位，留校任教。1938年任湖南湘雅学院讲师。1941年获奖学金赴美国留学，1944年获密歇根州立大学博士学位。1946年获拉克汉博士后研究奖学金。后相继在普林斯顿高级研究所、密歇根大学物理系做研究。1956年9月偕丈夫张文裕与孩子回国，历任中国科学院原子能所热核聚变研究室、铀同位素分离研究室副主任，华北六〇五所副所长。二机部第三研究院革委会副主任，大型气体扩散机总设计师。1979年后任二机部科技局总工程师。主要从事受控核聚变、等离子物理相同位素分离的研究，有五十九项科研成果获国防科工委研究成果奖。

王传志（1922—2015）

江苏昆山人，土木工程专家。1940年考入燕京大学，1942年转入北京大学工学院，1945年毕业，1946年在北洋大学任助教。1947年赴美，1950年毕业于艾奥瓦州立大学土木系，获硕士学位。1950年9月乘威尔逊号回国，1952年8月，到清华大学土木水利学院任教，历任副教授、教授。论著有《钢筋混凝土结构理论》，论文有《多轴应力下混凝土的强度和破坏准则研究》《外压薄壁圆筒弱加强结构及其临界压力的计算》等。长期担任九三学社清华大学主任委员。

王德宝（1918—2002）

江苏泰兴人，生物化学家，中国科学院院士（1980）。1940年毕业于重庆中央大学农化系，任成都中央大学助教等。1946年考取公费留学，赴美国路易斯安那州立大学学习制糖，1948年秋转到华盛顿大学生化系，1949年获硕士学位，同年到凯斯理工学院，1951年获博士学位，同年回国途经檀香山被拦截，后在约翰斯·霍普金斯大学做博士后。1954年9月底绕道法国回国，任中国科学院上海生物化学所研究员。其成果"核苷新味精的试制研究"获1978年全国科学大会奖，"人工合成酵母丙氨酸转移核糖核酸"获1984年中国科学院重大科技成果奖一等奖、1987年国家自然科学奖一等奖。著有《核酸——结构、功能与合成》《核糖核酸化学》等。第四、五届全国人大代表，第六、七届全国政协委员。九三学社成员。

王多恩（1917—1997）

安徽泾县人，英语学家。1941年武汉华中大学英语系毕业，留校任教。1947年受学校的派遣赴美，获密歇根大学英文学和图书馆学双硕士学位。1951年回国，任华中师大副教授，1953年院系调整时调广州中山大学外语系任英语教研室主任。1970年调广州外国语学院，历任副教授、教授、英语系主任、学院副院长。著有《汉英分类插图词典》为全国外语教学研究会理事兼英语教学研究会副会长、广东省外国文学学会副会长。广东省第五届政协委员。

王尔性（1923—1966）

电机专家。1945年毕业于重庆中央大学电机系，与夏培肃院士同班同学。后赴美，在加州学电机专业。1955年7月与周寿宪同船回国。"文化大革命"中被红卫兵头目打死（原因有说图财害命成分）。论文有《第一套国产广播电视设备（二）》。

王放勋（1917—1998）

浙江上虞人，经济学家，人口学家。1942年毕业于重庆中央大学历史系（附设经济系），获文学士学位。1948年赴美，1949年获哥伦比亚大学政治经济研究院硕士学位，1950年获博士学位。1950年9月回国。先后在山东大学、湖南大学、中国科学院经济所、安徽大学政治系任教和工作，后为中国人民大学外国经济问题研究所任教授。论著颇丰，主要有《尔萨斯"人口论"和新马尔萨斯主义批判》《从贸易危机看美国经济危机》《人口学概论》（合著）等。

王凤翔（1924—1993）

夫人方琳。早年毕业于上海圣约翰大学经济系，1948年赴美，获密歇根大学经济学硕士，后转艾奥瓦州立大学工商管理学院，为博士候选人。1951年9月偕女友方琳与谢家麟、胡世平等二十一人乘克利夫兰号轮离美，10月11日回国。在上海水泥厂任职。编译《质量控制手册》。1980年举家赴美定居，在旧金山市宝谦昌海外参茸公司任经理。

王淦昌（1907—1998）

江苏常熟人，物理学家，中国科学院院士（1955）。1929年清华大学物理系毕业，1930年考取江苏省官费留学，到德国柏林大学威廉皇家化学研究所读研究生，期间提出发现中子的试验设想，1933年获博士学位，1934年4月回国。先后在山东大学、浙江大学任教授。1947年9月前往美国加州大学伯克利分校从事宇宙线中介子衰变的研究。1949年回国，在大连大学工学院任教。1950年调到中国科学院近代物理所。1952年任副所长。1959年到苏联杜布纳联合原子核研究所访问研究，1962年回国，1978年任核工业部副部长，兼中国原子能研究院院长。1982年发现反西格马负超子。获两项国家自然科学奖一等奖、国家科学技术进步奖特等奖和"两弹一星"功勋奖章。中共党员，九三学社中央名誉主席。

王赣愚（1906—1997）

原名王家茂，祖籍江西南城，生于福州，政治学和经济学家。1929年清华大学法学院政治学系毕业，考取公费赴美，获哈佛大学政治学博士学位，旋即赴英国伦敦大学和德国柏林大学短期进修访问。1933年底回国，于南京中央政治学院任教授。1935年任教南开大学，1937年随校南迁昆明，后任云南大学教授。1941年返西南联大政治系任教。1946年赴美，在华盛顿州立大学政治系和远东系执教，1949年8月回国，任南开大学财经学院院长，1950年任政治经济学院院长、校务委员，1952年任经济系教授，后曾兼任天津市司法局局长。1985年后任国际经济系教授。早期有政治论著《中的政治改进》《新政治观》《民治新论》等，后期经济论著《政治经济学史》《国际经济法初探》等。

王恭业（1929—2011）

北京人，工程力学专家，夫人周懿芬。1948年赴美就读美国布朗大学。1955年回国，在北京石油学院力学教研室任教。改革开放后担当《石油与天然气文摘》英文编译，受聘在石油部、石油学院联合举办的外语培训中心担任英语教员。1979年移居美国，在马里兰大学机械工程系教授工程力学，后又去桥梁工程公司任监理。其间帮助牵线、联系了十多位国内石油大学的中青年教师到马里兰大学进修或进行学术交流。

王光超（1912—2003）

天津人，皮肤病专家，夫人严仁英。1940年毕业于北京协和医学院，获医学博士学位。1946年到北京大学医学院附属医院工作，历任皮肤科讲师、副教授，皮肤科主任，北京医科大学教授。1948年赴美，在哥伦比亚大学医学中心皮肤科及该校附属西奈山医院微生物系学习。1949年11月偕夫人以及梁思懿、梁思礼、刘传琰等回国，历任北大医院讲师、副教授、教授、博以及科主任、教研室主任等职。曾为中华医学会皮科学会主任委员，《中华皮肤科杂志》总编辑，北京市政协委员，中国性学会理事长。1994年获北京医科大学"桃李奖"。

王广森（1920—2008）

河南长垣人，农业经济学家和统计学家。1943年成都金陵大学农学院毕业，1946年在该校农科研究所研究生毕业，获硕士学位。1947年赴美，1949年从康奈尔大学研究生院毕业，获博士学位，同年8月回国。1950年到武功西北农学院农业经济系任教授，历任系主任，院学术委员会副主任。1966年至1976年下放"五七"干校。1987年任西安统计学院院长，1992年调国家统计局任调研员。主编有《统计学原理》《农业统计学》等高校通用教材。1984年被农牧渔业部评为优秀教师。曾为国务院学位委员会第一、二届学科评议组成员、全国统计教材编审委员会顾问、中国统计科学技术进步奖评审委员会委员。1992年获"陕西科技精英"荣誉称号。1952年加入民盟，

1985年加入中国共产党。1994年退休。

王桂生（1912—1991）

河北定兴人，骨科学家。1941年毕业于华西协合大学医学院。曾在美国路易斯安那大学医学院学习骨科。1951年回国，历任协和医学院、中国协和医科大学副教授、教授。中国生物医学工程学会人工关节专业委员会主委。1965年首先成功地应用人工股骨头置换治疗股骨颈骨折，1975年提出并应用带肌蒂骨瓣植骨治疗骶髂关节结核，用氮芥灌注治疗恶性骨肿瘤。主编有《骨科手术学》等。

王国秀（1895—1971）

女，曾用名王竹素，江苏昆山人，历史学家。1921年考上公费留美，1925年获韦斯利大学文学学士学位，1926年获哥伦比亚大学研究院历史学硕士学位。1927年春回国，1928年9月应邀去金陵女子文理学院历史系任教授；1930年9月至1942年9月先后任大夏大学、圣约翰大学历史系主任。1948年8月，应韦斯利大学邀请前往讲授远东史。1949年10月1日回国。继续任圣约翰大学历史系主任，1951年2月任震旦女子文理学院院长、震旦大学副校长。1952年11月任华东师大历史系教授兼图书馆馆长。著有《中世纪英国妇女生活史》《十八世纪中国茶和工艺美术品在英国流传状况》《阿拉伯民族对世界文化的贡献》等。上海市历史学会理事，上海民主妇女联合会执委。上海市人大代表。

王涵清（1915—1988）

上海人，经济统计专家。1938年毕业于上海交通大学管理学院，先后在东吴大学经济系、之江大学商学院、交通大学管理学院、法政大学经济系任教。1948年赴美，1949年毕业于密苏里大学，获经济学硕士学位，并留校任教。1950年回国，任东吴大学经济系副教授、教授，系主任、教务委员会副主任。1952年调入上海财政经济学院会计系任教授。1972年调入复旦大学世界经济研究所担任编译工作。1978年调回上海财经学院会计系任教授，兼任学校图书馆馆长，世界会计学会联络组组长。1987年退休。著有《现代大学会计学》《工业会计教程》，编著有《外国管理会计》《外国财务会计》，合译《尼克松其人其事》等。中国民盟成员。

王恒立（1919—2000）

江苏镇江人，小麦遗传育种学家。1940年考入成都金陵大学农艺系。1944年春，以优异成绩在金陵大学农学院结业，获"斐陶斐"荣誉奖，并留校做助教。1948年秋赴美，在华盛顿州立大学攻读作物遗传育种专业，1950年3月获硕士学位，到艾奥瓦州立大学进修。1950年10月，放弃博士学位，乘克利夫兰号回国。到北京华北农业科学研究所（现中国农科院）麦作研究室任技术员、副研究员、研究员。1990年退休。曾担任中国农学会《作物杂志》主编。论著有《改进小麦育种方法的探讨》《小麦白粉病防治对策》，合著有《小麦育种理论与实践的进展》。

王弘立（1922—2017）

江苏昆山人，物理化学家。1944年重庆中央大学化学系毕业。大四时被征调入伍，接受了三个月培训后，被调往云南昆明任美军"飞虎队"翻译。1945年赴美，在"FAB-100"计划中为在美受训的中国飞行员当译员。1948年和1951年获得克萨斯大学化学硕士和博士学位。后在达拉斯飞马石油公司油田研究所及得克萨斯大学化学系从事固体表面化学的研究。1956年回国，在中国科学院大连石油所、物理化学所任副研究员、研究员。1984年至1987年任中国科学院兰州化学物理所所长、所学术委员会主任。1987年至1995年兼任中国科学院大连化学物理所研究员、博士生导师。1987年创办《分子催化》杂志，任主编。论文有《氧化钼催化剂的研究》等。

王宏儒（1918—2006）

江苏江都人，经济学家。1943年毕业于中央大学法学院经济系，曾在交通银行任职。1947年赴美留学，1949年毕业于美国伊利诺伊大学研究院，获硕士学位。同年回国，入国立上海商学院任副教授。1950年至1951年赴中国人民大学进修一年，其后回上海财政经济学院财政信贷系任副教授。1958年并入上海社会科学院任副教授。1968年起在上海市"五七"干校从事翻译工作。1978年调回上海财经学院。论文有《为国民经济军事化服务的资本主义国家的货币和信用制度》。

王洪毅（1921— ）

女，江苏镇江人，王洪章胞妹，丈夫郭圣铭。1944年毕业于中央政治学校会计专业，1945年作为外交官家属随同丈夫郭圣铭赴美国新奥尔良市。1950年10月偕丈夫和子女乘克利夫兰号回国。后在华东师范大学财务科工作，1985年退休，1986年移居美国。

王洪章（1915—2002）

江苏镇江人，兽医学家。1938年毕业于南京中央大学畜牧兽医系，获农学士学位。先后在农业部南川耕牛繁殖场和四川省自贡市盐场兽医防治所任兽医师、主任兽医师。1945年赴美国康奈尔大学留学，1949年获兽医博士学位。回国后在北京大学农学院任教授，1951年历任北京农业大学兽医系副系主任，兽医内科教研室主任，中国畜牧兽医学会内科研究会理事长，1957年至1958年去苏联莫斯科兽医大学进修。曾获1984年农牧渔业部技术改进三等奖和1986年国家科学技术委员会科技情报成果奖三等奖。《畜牧兽医学报》编委。第五至七届北京市政协委员等职。

王鸿儒（1916—1998）

江苏高邮人，水利专家。1943年毕业于重庆中央大学，1947年就读于美国艾奥瓦大学研究生院，获硕士学位。1949年回国，任广西大学水利科教授，1952年，随院系调整到武汉大学水利系，后任武汉水利学院教授，武汉水利电力大学教授。历任高等学校水利教材编审委员会水工建筑物编审组副组长，湖北水利学会理事兼任水工委员会副主任委员。著作有《水工建筑物》《复杂岩基三维弹塑性程序》等，译著有《岩石力学原理及其应用》《高速水流论文译丛》《岩基土混凝土重力坝设计规范》等。

王焕葆（1923—2014）

女，安徽怀宁人，动物学家，武汉大学和中山大学校长王星拱次女，丈夫陆元九。1943年武汉大学生物系毕业。曾在成都女中和广州中山医学院任教。1947年赴美国，1949年获麻省蒙特霍利约克学院（蒙特霍利女子学院、曼荷莲女子学院）硕士学位，到波士顿肯尼斯医院任职。1956年偕丈夫和三个孩子回国，到中国科学院动物所任研究员。《中华老年医学杂志》副主编，《动物学报》主编。著有《胰岛素受体的放射自显影观察》《维生素E对家蝇寿命及肠上皮细胞内脂褐素堆积的影响》等。

王积涛（1918—2006）

江苏苏州人，化学家。1936年考入南京中央大学农学院，1939年转西南联合大学化学系，1941年毕业留校任教。1943考取制药学留美公费生，1945年赴美，1947年获密歇根大学硕士学位，1949年获普渡大学博士学位，后在普渡大学药学院任博士后研究员，在印第安纳州府礼来药厂进行ATCH的药理研究。1950年11月2日乘威尔逊号到达广州。历任南开大学教授。曾任南开大学化学系副主任、南开大学元素有机所副所长。编有《高等有机化学》《金属有机化学》等三十余种教材，获教委1988年科技进步奖二等奖，教育部1998年科技进步奖三等奖。为天津化学会理事长，中国化学会理事。曾为《高等学校化学学报》副主编，国家教委高等学校理科教材编审委员会副主编。天津市政协副主席。民盟中央常委，天津市民盟主委。

王继祖（1924—2011）

河北邢台人，金融学家。天津南开大学金融系教授。1946年毕业于国立政治大学经济系，1954年获美国伊利诺伊大学经济学博士。1954年或1955年回国，任中国科学院国际关系研究所副研究员。后调入南开大学经济研究所从事世界经济研究。1980年晋升教授，1984年至1992年任金融系主任。编著有《美国金融制度》《国际金融市场》《世界经济概论》；译著有《区间贸易与国际贸易》。曾为天津市外贸学会副会长，天津市金融学会副理事长。致公党成员。

王金陵（1927—2016）

女，江苏无锡人，俄文翻译家，民革中央主席王昆仑之女。1944年就读于四川江安国立戏剧专科学校，1947年入上海法学院学习。1948年赴美留学，1949年回国，1950年进北京俄语学院深造。1954年毕业后，历任北平军管会文工团团员，文化部艺术局编译处干部，人民文学出版社外文苏联东欧组编辑。1963年到中国人民大学语言文学系执教，任教授。译有《莫斯科性格》、《天鹅之死》、《人·岁月·生活》(合译)、《这里的黎明静悄悄》、《烟》等，创作昆曲剧本《晴雯》(与其父王昆仑合作)等。

王　锟（1914—　）

云南建水人。英语学家。1935年云南大学毕业，在云大附中、南箐学校、昆华工业学校从事英语教学。1946年赴美国加州大学留学，获硕士学位。1949年回国，在云南大学外语系任副教授。1964年调东北大学（后改称吉林大学）任外语教研室主任。其间受聘在吉林人民广播电台主持英语学习节目两年，为长春电影制片厂翻译英文影片《工人阶级治的尘》《化害为利》，承担了大量的国家翻译任务，如联合国文件、坦赞铁路技术学校英文教材和规章制度等。受教育部委托翻译教材《美国经济史》。译作还有《委内瑞拉史》《哥伦比亚的今天和明天》《英属圭亚那》。与云南大学袁绩藩等合译《繁荣与萧条》等。民盟成员。

王　隶（1917—　）

河南人，英语教育家。1942年毕业于重庆中央大学，后留美，1949年俄亥俄大学研究院毕业，获文学硕士学位。1950年在密苏里大学作文学博士研究生。回国后，1951年起被聘为副教授，先后在重庆大学、四川大学和成都科技大学从事外语教学工作，1981年晋升教授。曾任省职称评审组委员，中国翻译协会理事，省翻译协会副会长。

王明贞（1906—2010）

女，江苏苏州人，物理学家，王季同之女，王守竞胞妹，丈夫俞启忠。1926年考入金陵女子大学，1928年转入燕京大学物理系，1930年和1932年分别获学士、硕士学位，后在金陵女子文理学院数理系任教。1938年赴美留学，1942年获密歇根大学博士学位，在麻省理工学院雷达研究室任理论物理组副研究员。1946年回国，在云南大学数理系任教授。1949年8月再次赴美，在诺特丹大学任教。1955年6月乘威尔逊号回国，在清华大学任教。1968年3月夫妇被同时关进了秦城监狱，1973年11月获释出狱。1979年1月获中央组织部的平反。

王培祚（1910—1984）

教育学家。1933年毕业于北京大学教育系，1945年赴美留美，1950年获科罗拉多大学研究院教育心理学博士学位。1950年10月乘克利夫兰号抵港回国，在华北人民革命大学学习。1952年到（天津）河北师范学院（河北师范大学）教育系，为四级教授。1956年随学校迁石家庄一直任学校教育教学部主任。1979年创建教育系，任系主任。著有《农村教育拾零》《儿童教育训》《教育改革论》等，论文有《反映、反应与心理》《智力发展与教育》《强化在教育中的作用》等。石家庄市政协副主席。民盟河北省委常委兼组织部部长。

王　普（1900—1969）

山东沂南人，物理学家。1928年北京大学物理系毕业，后在上海中央研究院物理所和地质所工作。1930年受聘青岛大学（现山东大学）创办物理系。1935年考取公费生，赴德国柏林大学留学核物理，1938年获皇家科学院博士学位，同年转赴美国，任卡内基理工学院研究员。1939年回国，先后在燕京和辅仁大学任教授。1946年重返复校后的山东大学，任物理系主任、代教务长。1947年秋应聘到美国国家标准局研究X射线和核物理学，1950年后在杜克大学和范德比尔特大学任教授。1956年8月借赴欧洲参会机会，绕道苏联回国，后在山东大学物理系任教，开设近代物理课程，着手建立核乳胶实验室。1957年后因病长期住院疗养。"文化大革命"期间遭受隔离审查，跳楼自杀。曾任山东省政协常委。

王启东（1921—2019）

浙江黄岩人，生于南京，机械工程和金属材料专家，中国化学史与分析化学研究的开拓者王琎（王季梁）之子，王宝琳胞弟。1943年毕业于浙江大学（时迁贵州遵义）机械工程专业，留校任助教。1947年公费赴美，1948年获斯坦福大学工业工程学硕士学位。1951年1月获艾奥瓦大学热能工程专业博士学位，旋即以全家移民香港为由获美国国务院批准离境，转港回国，任浙江大学热能工程专业副教授，后因国家需要，三次改行开拓新学科和新科学研究方向。"文化大革命"中受到极大冲击。历任教铸造教研室主任、冶金系主任、材料系主任、副校长等职务。四次获浙江省科技发明奖二等奖。1998年提出并推动了浙江四所顶尖大学合并成新浙江大学。浙江省科协主席。浙江省人大常委会第五、八届副主任，全国人大第八届常委。

王　仁（1921—2001）

浙江吴兴人，力学家。中国科学院院士（1980）。1943年毕业于西南联大航空工程系后，在贵阳空军第一飞机制造厂和台中第三飞机制造厂担任设计员。1948年赴美留学，1950年春获西雅图华盛顿大学航空工程系硕士学位。1953年获布朗大学应用数学研究生部博士学位，在该校和伊利诺伊理工学院力学系任助理教授。1955年5月回国，8月到北京大学被聘任为副教授，筹建固体力学教研室，后任数学力学系教授、系主任。中国地震学会副理事长，中国力学学会副理事长、理事长，并任《力学学报》副主编。著有《塑性力学基础》等。1991年兼任国家自然科学基金委副主任。北京市第五、六届政协委员。

王　仁（1922—2000）

浙江杭州人，轴承专家。1945年上海交大机械系毕业。1948年赴美，在TIMKEN轴承公司实习。1950年初回国，在上海交通局任机务科副科长、工程师。1953年参加洛阳轴承厂（苏联援建156项目之一）建设，先后任技术科、工艺科科长、总厂副总工程师。1979年到一机部担任轴承处处长，1982年接受联合国援助，在杭州建立轴承试验中心，任项目部主任，教授级高级工程师。洛阳市政协副主席。

王仁慈（1911—1999）

女，福建泉州人，丈夫魏景超。泉州培英女中毕业，校方资助入读金陵女子大学。1933年毕业留校，为履约先回培英女中任教两年，方回金陵女大地理系任教。抗战期间任成都上海女青年会和全国学生救济委员会干事等职，还曾在金陵大学社会系学习。后任成都华西坝五大学儿童工作人才培训机构执行干事和南京金陵女子文理学院儿童实验所主任。1948年随丈夫赴英，先在伯明翰大学学习，后赴美，在威斯康星大学学习并获硕士学位。1950年10月与丈夫同船回国，先后在南京师范学院附属中学和南京农学院土壤农化系任教。1958年因丈夫罹病留职停薪，协助其编著科研著作，审校《真菌鉴定手册》等。1980年至1999年任南京基督教女青年会董事。

王仁东（1908—1983）

原名裕大，上海人，应用力学家。1935年毕业于上海交通大学机械学院。历任上海大昌实业公司、汉口既济水电公司、资源委员会机器厂技术员。1939年后任浙江大学副教授、教授。1946年至1949年赴美考察，兼任美国西北大学机械系客座教授和阿立斯却默斯机械制造公司顾问工程师。1949年10月2日回国，任浙江大学机械系、化工系、力学系教授。1956年被评为二级教授。论著有《化工机器及设备》《回转窑托轮的应力计算》《破碎的新理论》等。曾任中国压力容器学会理事长、国家科委学科组成员、浙江省科协副主席、浙江省力学学会和压力容器学会理事长、第五届全国人大会代表。民盟中央文教科技委员。去世后，当年被追认为中国共产党党员。

王荣光（1912—2007）

上海人，妇产科专家。1938年毕业于圣约翰大学医学院，获医学博士学位。曾任中央大学医学院讲师。1947年赴美，在艾奥瓦州立大学研究院学习医学，1950年11月2日乘威尔逊号回国，历任第四军医大学妇产科学教研室主任、一级教授、附属医院副院长。1979年加入中国共产党。论文有《卵巢恶性肿瘤染色体脆性部位、畸变及姊妹染色单体互换检测的初步研究》《宫颈癌患者外周血淋巴细胞染色体的变化》等。

王瑞麟（1918—2003）

农机专家。留美，1955年6月乘威尔逊号回国。后在一机部农机研究所（后为中国农业机械化科学研究院）研究耕作机械行走装置和土壤耕作力学，为高级工程师。论文有《介绍美国两种履带结构》《矿用电机车摩擦学问题的研究》《地面机器系统土壤力学参数数据库问题初探》，译著有《越野车辆工程土力学》等。

王世真（1916—2016）

福建福州人，核医学家，中国科学院院士（1980），夫人黄景泉。1933

年入燕京大学，1934年转清华大学化学系。1937年毕业，在中央药物所和中央大学工作。1940年到贵阳医学院任教。1945年公费留学考试中取得制药化学专业第一名，1946年赴加拿大多伦多大学，半年后转入美国艾奥瓦大学化学系。1947年和1949年分获硕士和博士学位，被聘为该校放射所研究员。1951年偕夫人与两个孩子回国，历任协和医科大学教授，中国医科院首都核医学中心主任，放射医学所副所长，名誉所长。为中国核医学学会名誉理事长，北京国际核医学学会主席。长期从事甲状腺激素的研究，所领导的实验室有三项成果被评为全国科学大会一级成果。主编《同位素技术及其在生物医学上的应用》《中华核医学杂志》等。

王守武（1919—2014）

江苏苏州人，半导体器件物理学家，中国科学院院士（1980年），王季同之子，王守竞胞弟，夫人葛修怀。1941年毕业于上海同济大学机电系。1944年考取第一届自费留学资格，1945年赴美在普渡大学留学。1946年获硕士学位，1949年获博士学位，后在该校工程力学系任助教。为留美科协会员。1950年10月偕夫人与孩子乘克利夫兰号回国。任中国科学院应用物理所电学组组长，中国科技大学物理系主任，中国科学院半导体所副所长。著有《关于P-n合金结中少数载流子的注射理论》《用触针下分布电阻的光电导衰退来测量半导体中少数载流子的寿命》《平面Germ器件中的雪崩弛豫振荡》等。1996年定居美国旧金山。

王太江（1914—　）

江西兴国人，病毒学家。1936年毕业于南京（中央）陆军军医学校大学部。曾任江西赣县医院院长，江西省卫生试验所所长兼江西省医学专科学校教授。1948年赴美留学，1950年获伊利诺伊大学研究生院病毒学硕士学位。1951年回国，历任卫生部生物制品检定所、药品生物制品检定所疫苗室主任、研究员。在我国首次分离出流行性腮腺炎病毒，并制成疫苗。参与《中国医学百科全书·病毒学分册》编写工作。中国农工民主党成员。

王天眷（1912—1989）

浙江黄岩人，物理学家，辛亥革命烈士王卓之子，夫人徐骥宝。1929

年入读交通大学预科班。因参加学生运动被开除。1936年加入中国共产党。1938年毕业于清华大学物理系，到清华大学无线电研究所。1943年任重庆大学讲师，后在国民政府航空委空军通信学校任教。1947年获中基会奖学金赴美留学，1948年获俄亥俄州立大学硕士，1953年获哥伦比亚大学博士学位。后任哥伦比亚大学辐射研究所高级研究员。1959年任法国国家研究中心原子时钟委员会顾问。1960年2月偕夫人与孩子经苏联回国，任中国科学院武汉物理所研究员、所长。1981年任中国科学院物理所研究员。著有《测量原子核磁矩的射频线路》《固体的纯原子核电四极共振线谱》等。1985年获国家科技进步奖一等奖、国防科委奖一等奖。

王慰曾（1909—1966）

江苏泰州人，神经精神学专家。1936年山东齐鲁大学医学院毕业，曾任上海仁济医院医师、成都中央大学医学院讲师、重庆中央医院主治医师兼北碚江苏医学院教授。1948年留学美国加州大学神经病研究所。1949年5月回国，历任南京神经病防治院院长兼南京大学医学院教授。著有《格林巴利氏综合病症》《家族性黑蒙性痴呆》等。《中华神经精神科杂志》副主编，中华医学会江苏分会副理事长。第四届全国政协委员。农工民主党江苏省委员会副主委。1966年6月，因其向党交心的材料被公开，难以承受侮辱，割腕自杀，1978年7月，江苏省、南京市卫生界有关领导参加其骨灰安放仪式。

王希季（1921—   ）

白族，云南大理人，生于昆明，空间技术专家，中国科学院院士（1993），国际宇航科学院院士（1987），"两弹一星"功勋奖章获得者。1942年毕业于西南联合大学机械工程系；1949年获美国弗吉尼亚理工学院硕士学位。1950年2月回国，先后在大连工学院、上海交通大学等任副教授、教授。1958年到上海机电设计院（即1001卫星和运载火箭总体设计院）。1963年划归国防部五院，为院总工程师。1965年后，历任上海机电设计院、七机部总工程师，中国空间技术研究院副院长、科技委主任，中国返回式卫星系列总设计师，负责了六颗返回式卫星的研制和发射工作。1985年和1990年获国家科技进步奖特等奖，1995年获何梁何利基金科学与技术进步奖，1996

年获国家科技进步奖一等奖。

王湘浩（1915—1993）

河北安平人，数学家，中国科学院院士（1955）。1937年北京大学数学系毕业，在长沙临时大学和西南联大任教。1946年赴美留学，1949年夏获普林斯顿大学博士学位，同年8月底回国。在北京大学任教授，1952年院系调整，任吉林大学计算机系主任，1976年任吉林大学副校长。为中国计算机学会副主任委员，《计算机学报》副主编。主编《近世数学》《离散数学》，著有《格伦瓦尔定理的一个反例》《广义归结》等。长春市政协副主席，全国人大代表。民盟中央委员和参议委员。

王轩孙（1923— ）

福建福州人，化工专家。1946年毕业于上海圣约翰大学医学系。1947年获美国麻省大学罗尔分校（原为纺织学院）助学金留学，1950年获硕士学位。1950年6月与二十四位留学生乘威尔逊总统号回国，在中国科学院大连物理化学所从事染料研究，1953年调入化工部沈阳化工研究院，任染料应用室主任。1970年被流放辽宁黑山县，1973年回沈阳，1976年恢复原职务，1979年平反。1980年调福建华侨大学任化学系系主任；1981年调化工部天津染料研究所任总工程师，1988年退休。1990年被中国化工部授予"有特殊贡献的老专家"称号，1993年被美国柏克德工程公司聘用，1998年辞职。

王业蘧（1916—2005）

湖北黄陂人，森林生态学家。1943年西北农学院毕业，获农学学士学位。留学任教。1947年赴美留学，1949年获华盛顿大学林学硕士学位，同年回国。历任武汉大学、华中农学院副教授，东北林学院林学系主任、东北林业大学森林生态研究室主任，兼国务院三北农田防护林建设领导小组顾问。1997年退休。长期从事森林生态学的教学研究，著有《森林防火学》等。黑龙江省生态学会和黑龙江省生态经济学会第一届副理事长、黑龙江省环境科学学会副理事长。黑龙江省第三、五届政协委员。

王义润（1917—2011）

女，江苏苏州人，体育教育家，丈夫李鹤鼎。1939年北京师范大学生物系毕业。1948年赴美留学，1951年获旧金山大学教育学硕士学位。同年回国，任北京师范大学体育系解剖学、生理学讲师。1953年起历任北京体育学院运动生理学讲师、教授、教研室主任。是中国运动医学会副主任。1988年获体育运动荣誉奖。著作有《田径运动员心血管系统机能的研究》等。主编1961年、1978年全国体育院校通用教材《人体生理学》《运动生理学》和《中国大百科全书·体育》卷基础科部分。

王 莹（1913—1974）

原名喻志华，又名王克勤，丈夫谢和赓。安徽芜湖人。1929年参加上海艺术剧社。1930年加入中共，后入上海艺术大学、复旦大学、暨南大学和中国公学学习戏剧与文学。1934年赴日本东京大学艺术系学习，1935年回国后，从事文艺演出和地下党工作。1942年7月持国民政府外交护照以海外观察员身份赴美留学，先在耶鲁大学攻读文学，后去邓肯舞蹈学校。1950年与谢和赓在纽约结婚。1954年九十月份与丈夫分别被美国移民局拘捕。后经外交途径，与另外十二名中国留学生一同被释放，12月回国，任文化部电影局电影剧本创作所、北京电影制片厂编剧。1967年被江青密令以"三十年代黑明星""美国特务"的罪名投入狱中，1970年瘫痪，1974年3月死于狱中。1979年7月获文化部平反。

王永龄（1919— ）

眼科专家。1943年毕业于南京中央大学医学院，留校任眼科住院医师。1948年留学美国，先后在芝加哥西北大学眼科进修班学习，任伊利诺伊州眼耳科医院住院医师，在新奥尔良市杜兰（Tulane）大学眼科任研究员，1955年回国，受聘于广慈医院，1957年调任至仁济医院任眼科主任，负责医教研工作。在国内五十年代，较早使用吸盘作白内障囊内摘除手术。1978年与上海医疗器械七厂合作研制BQ型玻璃体切割器，获得上海市科技成果奖三等奖。

王用楫（1917—2007）

河南鄢陵人，病毒学家。1944年毕业于国立西北医学专科学校。1947年赴美留学，1948年获密歇根大学微生物学硕士学位，1949年获约翰斯·霍普金斯大学公共卫生学硕士学位，同年9月回国。在卫生部生物制品研究所工作。1950年创立脑炎疫苗室。历任主任技师、第一研究室主任。主要从事乙型脑炎的病原学、血清学、免疫学和流行病学方面的研究，主要论著有《病毒性肝炎的病因学和免疫预防问题》《移入疫区后马群在首次流行季节中的乙型脑炎感染》等。九三学社成员。

王有辉（1919—1983）

广东东莞人，化工专家，夫人张惠珠。1941年毕业于上海交通大学化学系。在重庆动力油厂任工程师。1947年由国资会选派赴美考察实习，1948年夏获普渡大学化工硕士，后在纽约联合油轮公司和俄亥俄标准石油公司任工程师。1950年10月偕夫人乘克利夫兰号回国。先任华东工业部、轻工部工程师，后任上海化工设计院总工程师等。主持设计了东北制药总厂氯磺酸工程，太原和上海第二、三制药厂及上海高桥化工厂石油化工气体分离装置等。参与了大庆、南京及上海金山的国家大型石化项目总体设计及引进项目审核。1959年补划为右派，1961年甄改，"文化大革命"中又被打倒。1981年出任国家医药管理局上海医药设计院副院长（代院长）兼总工程师。上海石油学会副理事长。病逝于任上。

王毓骅（1923— ）

上海人，国际法学家。1941年考入沪江大学政治系，1942年插班入东吴大学法学系。1945年、1946年夏分别获沪江大学和东吴大学的双学士学位。1949年美国印第安纳大学法学院毕业，获博士学位。同年回国，任教沪江大学，1951年法律专业被荒废，到南京四中任教。1981年调南京大学法律系任教授，1987年办理退休手续，1998年离开讲台，参与审定《英美法辞典》工作。江苏文史馆馆员，民革成员。

王毓铨（1910—2002）

曾用名王伯衡，山东莱芜人，历史学家，夫人胡先晋。1936年北京大学历史系毕业。1938年应邀赴美，参与中国历史编纂计划，担任秦汉两朝的社会经济史料的收集、审译、注释工作。同时在哥伦比亚大学研究生院历史系选修欧洲古代希腊罗马史，1946年获硕士学位。1947年专攻读古代希腊罗马史博士学位。1948年任美洲古钱学会博物馆远东部主任，从事先秦货币史研究，1950年出版英文著作《中国早期货币》。1950年2月偕夫人与五岁孩子回国，任中国历史博物馆陈列部主任，1955年起，任中国科学院历史所（后划归中国社科院）副研究员、研究员，明史研究室主任。中国明史学会会长，中国古代经济史学会会长。著有《我国古代货币的起源和发展》《明代的军屯》《西汉中央官制》等。

王兆俊（1911—2001）

原名王朝浚，江苏苏州人，寄生虫病学家。1934年上海医学院毕业，1935年起任上海公共租界工部局传染病医院医师，1942年在苏州开设诊所行医，1946任安徽省立医院院长。1948年留学美国，1949年获哥伦比亚大学医学院公共卫生学硕士学位。同年赴意大利、希腊、以色列、埃及、印度，考察黑热病、疟疾等寄生虫病防治研究工作。1949年冬回国，历任华东军政委员会卫生部黑热病防治总所和山东省黑热病防治所所长，山东省寄生虫病防治研究所名誉所长。著有《黑热病学》（与吴征鉴合编）、《葡萄糖酸锑钠在黑热病治疗上的实用与疗效》等。山东省特等先进工作者，全国劳动模范，全国政协第三至六届委员。

王振通（1925—2014）

福建南安人，电子学家。幼年随父兄旅居菲律宾，日据时期参加菲律宾华侨抗日支队。1949年毕业于菲律宾国立大学。1950年赴美留学，在纽约布鲁克林工学院（现属纽约大学）读电机系研究生。1955年6月偕美籍夫人克艾文乘威尔逊号回国，任清华大学无线电系讲师、副教授。1968年4月被加上"特务"的罪名，遭受毒打和非法拘禁，后又被工宣队送到公安局投进监狱。在清华大学清理阶级队伍报告中列为从严处理的典型。在狱中被打伤眼睛，左眼失明。1971年经周恩来总理过问，得以释放。1973年夫人克艾文先行返回美国，1980年移居美国后在美国路易斯安那州立大学巴吞鲁日分校引力波实验室研究引力波。1987年退休后定居加州。

王志符（1915— ）

云南昆明人，物理学家。1929年考入东陆大学（后为云南大学）预科，1931年考入苏州东吴大学，后转上海国立暨南大学，读数学物理双专业，1935年毕业。在昆明师范大学等任教。1948年考取中美教育基金会（USEFC）资助赴美留学，1951年获圣路易斯华盛顿大学硕士学位，同年7月放弃候选博士学业回国。1952年在大连工学院物理系任副教授，物理教研室主任，1978年任云南民族大学教授。专业论文散载《物理通报》等期刊。留美国曾受费吉利亚大学阿尔得曼图书馆之邀，为该馆收存二十余年的四百多万中国古印章进行积读，诠释，初步鉴定，说明、编目并作序言，成书一巨册，由该校图书馆发行。先后荣获国家民委、国家教委、中国物理学会等颁发的多项荣誉证书，政府特殊津贴享受者。1989年退休。

王志均（1910—2000）

山西昔阳人，生理学家，中国科学院院士（1980）。1936年毕业于清华大学，后在清华大学、北京协和医学院、云南昆明中正医学院、贵阳医学院等学校任生理学教师。1946年9月赴美，1950年9月获伊利诺伊大学医学院博士学位。1950年回国，任北京大学医学院副教授，北京医学院生理学教授、消化生理研究室主任。为中国生理学会理事长，《生理学进展》主编。合著有《慢性实验外科技术》《胃肠激素》《中国近代生理学六十年》等。获1985年北京市科学技术成果奖二等奖和1986年、1987年卫生部科学技术成果奖二等奖。九三学社成员。

王祖耆（1927— ）

江苏无锡人，电子学家，夫人沈学均。1945年入读上海交通大学电机系，1947年因参加学生运动被当局追查，1948年被迫肄业赴美，1952年获艾奥瓦州立大学电机系硕士学位，后在西北大学任教。曾带头起草给艾森豪威尔总统写公开信，要求美国撤销限制中国留学生离境的命令。1955年10月与夫人以及钱学森等二十四位留学生同船回国，途中负责钱学森的安全工作。后在南京工学院任教，在成都电讯工程学院任教授、光电子系主任。1980年调杭州援建电子工业学院（今杭州电子科大），历任副院长、院长、院学术委员会主任、党委副书记等。曾为中国电子学会《微波》杂志主编。撰有论文《平板型慢波线测量方法的理论分析》，著有《电子器件》等。省侨联主席。浙江省政协常委。

王作民（1916—2005）

女，浙江长兴人，英语文学家，丈夫段连城。1937年毕业于清华大学外语系。1947年重庆新闻学院毕业，考取了公费赴美国留学。1949年7月，在密苏里大学新闻学院毕业，同年8月偕丈夫和六个月大的女儿，乘戈登号轮船回国，在新闻总署国际新闻局（现外文出版社发行事业局前身）工作，先后任英文组组长、《北京周刊》文化栏专栏作者、新世界出版社副总编辑等职。自1968年5月被关进秦城监狱长达五年零七个月。著有《美国万花筒》一书。1984年离休。

韦固安（1918—2007）

福建屏南人，历史学家。1939年在成都航空军事学校学习。1940年9月至1948年7月先后在华西大学神学院、文学院哲史系学习，在哲史研究所读研究生。1948年9月至1949年12月赴美，在哈佛大学宗教研究院读研究生。1950年1月回国。1950年2月在华北人民革命大学学习。1951年1月在兰州大学历史系任讲师。1952年，院系调整到西北大学师范学院（西安师范学院、陕西师大）任总务处长，1981年至1983年任副校长。1983年底退居二线，次年加入中国共产党。曾兼任陕西省高等学校总务管理学会理事长、全国高等学校后勤管理研究会副理事长。省人大常委会委员、省政协委员。1991年退休。

卫道煦（1925—1968）

安徽合肥人，卫立煌次子。留美，1952年回国，先在广州暨南大学任教，后在国际关系研究所工作。1968年在珠海游泳溺水身亡。论文有《美国和伊朗、土耳其、巴基斯坦签订双边军事协定》。

魏景超（1908—1976）

浙江杭州人，植物病理学家，夫人王仁慈。1930年金陵大学园艺系毕业留校。1933年获清华大学公费留美考试第一名。1934年赴美国威斯康星大学，1937年毕业获博士学位，回国任金陵大学教授、植物病理组主任、植物病虫害系主任、农学院科研委员会主席、金陵大学教务长。1948年赴英国剑桥大学、真菌研究所、皇家学院等任客座研究员，1949年秋到美国威斯康星大学研究植物病毒。1950年10月偕全家乘克利夫兰号回国，先后在金陵大学和南京农学院任植物病虫害系主任、植病教研组主任，一级教授。中国植物病理学会和中国植物保护学会常务理事，江苏植物病理学会理事长。专著有《水稻病原手册》《油菜花叶病》《真菌鉴定手册》等。南京市第一至五届政协委员、常委。

魏鸣一（1924— ）

湖北建始人，微波通信技术专家，作家韦君宜（魏蓁一）胞弟。1947年毕业于燕京大学物理系。赴美留学，1949年获布朗大学硕士学位，同年回国，进入邮电部电信总局工作，1958年任国防部第五研究院第五专业部室主任，曾指导研制中、远程导弹连续波测量系统和安全控制系统。1960年任四机部第十研究院总工程师、副院长。1980年后任第四机械工业部、电子工业部副部长。1985年出任中国国际信托投资公司副总经理、副董事长、总经理、董事长。中国电子学会第三届副理事长。中共第十二届中央候补委员。

魏荣爵（1916—2010）

湖南邵阳人，声学家，中国科学院院士（1980）。1937年毕业于南京金陵大学物理系，后在重庆南开中学、金陵大学任教。1945年公费赴美国芝加哥大学留学，1947年初获伊利诺伊大学硕士学位，1950年获洛杉矶加州大学博士学位，后任该校物理系研究员。1951年6月偕夫人陈其恭和襁褓中的女儿回国，历任南京大学物理学系主任、南京大学声学研究所所长。为中国声学学会副理事长，论著有《中国语言的混响性质》《汉语清晰度的初步测验》《语噪声测汉语平均谱》等。科学成果获奖有1985年和1990年国家教委科技进步奖一等奖、1988年国家科技进步奖二等奖、1989年国家自然科学奖二等奖。第三届全国人大代表、全国政协第五至七届委员。

魏嵩寿（1920—2020）

浙江宁波人，经济学家。1944年东吴大学经济系毕业，1947年赴美，1949年获艾奥瓦大学文学硕士学位。同年9月回国，任山西大学经济系副教授。1950年到厦门大学任国际贸易系代主任、教授、对外贸易系系主任、澳大利亚研究中心主任、校务委员、校学术委员等。专著有《国际贸易》《出入口实务必读》，主编《国际市场营销学》等教材，编著《澳大利亚经济贸易的嬗变——澳大利亚和中国关系的增进》。先后在海内外发表经济论文八十余篇。

魏治统（1912—1997）

女，四川资州（资中）人，口腔矫形专家，丈夫蒙思明。1938年毕业于华西协合大学牙学院，获牙医学博士学位，曾任该院副教授。1946年9月至1950年5月，先后赴美国、加拿大进修。1950年7月回国。历任四川医学院教授、口腔修复学教研室主任。撰有《用光弹性方法对固定桥基牙牙槽骨受力的实验研究》《烤瓷熔附金属固定修复的临床应用》《软质钴铬合金作固定修复的临床评价》等。

温光均（1924—2012）

广东梅州人，法学家。1946年中山大学法律系本科毕业，1949年美国波士顿研究院政治系毕业，获法律硕士学位，1950年回国。曾任河北省人民检察院检察员，河北矿冶学院讲师、副教授，1983年调入中山大学法律系，1991年2月退休。九三学社成员。

温可门（1923—　）

生于香港，化工专家。1941年入西南联大化工系，1946年毕业，1947年赴美留学，在哥伦比亚大学化工系学习。1951年回国，曾任北京石油地质学校校长，后在石油工业部石油规划设计总院工作。曾在中海油任翻译。论著有《硫化氢气体携带的硫磺量》。

温锡增（1908—1989）

河北定兴人，哲学家，夫人程澹如。1931毕业于北京大学哲学系，后在河北正定中学、察哈尔宣化女二中任教。1938年入燕京大学研究院心理学系学习并任哲学系助教，1940年获心理学硕士学位。1941年赴美留学，先后在加州大学、哈佛大学学习，1954年获博士学位，在南加州大学远东系先后任讲师、副教授。1956年偕夫人程澹如等六人回国，到中国社科院哲学所从事西方哲学史的研究。主要译作有《神学政治论》《我的哲学的发展》和《西方的智慧》等。1987年12月退休。

文士域（1911—1970）

湖南湘乡人，内科专家，夫人杨大望。1938年毕业于湘雅医学院，获医学博士学位，留湘雅医院任住院医师。1942年，任国立中正医学院内科讲师、副教授。1948年赴美，在宾州大学进修学院专攻胃肠病学，在纽约医学院和哈佛大学医学院进修胸科病和心脏病学。1951年10月偕夫人回国，历任协和医学院副教授、教授，中国首都医科大学教授，中华医学会内科学会委员，《中华内科》杂志编委。主编《水与电解质平衡》。论文有《吸收不良综合征的探讨》《低钾血症的临床观察》等。

巫宝三（1905—1999）

原名巫昧苏，江苏句容人，经济学家，夫人孙家琇。1932年毕业于清华大学。1933年入北平社会调查所工作，1934年并入中央研究院社会科学所。1936年被派往美国哈佛大学学习，1938年获硕士学位，1938年至1939年在德国柏林大学进修。1947年至1948年，接受罗氏基金资助，再度赴美进修，完成博士学位论文，随后回国，一直任职于社科院经济所，历任研究员兼副所长、经济思想史研究室主任，《经济研究》编辑委员会顾问、中国经济思想史学会副会长，外国经济学说研究会副理事长。著作有《中西古代经济思想比较研究绪论》《先秦租赋思想的探讨》《司马迁"法自然"的经济思想》《管子经济思想研究》等。全国政协委员，北京市政协副主席。中国民主促进会中央常委。

巫宁坤（1920—2019）

江苏扬州人，英美文学翻译家。1939年就读于西南联大外文系，1941年应征为飞虎队任翻译，1943年赴美为中国在美受训空军师任翻译。1946年入读印第安纳州曼彻斯特学院，1948年3月毕业后转芝加哥大学攻读英美文学博士学位。1951年应燕京大学校长陆志韦急电邀请，中断博士论文，于8月回国任教。1957年被划为"极右分子"，开除公职，送北大荒劳改农场。1962年"保外就医"，后在安徽大学任教。"文化大革命"中发配至农村劳改。1974年调安徽师范大学任教，1979年右派改正，返回北京国际关系学院任英文系教授。曾为《世界文学博览》丛书主编。译作有《了不起的盖茨比》《白求恩传》等。1991年退休，后定居美国，著有英文自传小说《一滴泪》，被译成日、韩、瑞典等多国文字。

邬沧萍（1922—　）

广东番禺人，人口统计学家，夫人李雅书。1946年毕业于广州岭南大学经济系，后去香港九龙海关工作，1948年考取自费留美资格，1950年获纽约大学工商管理研究院MBA学位，转哥伦比亚大学攻读经济学博士学位。1951年偕夫人与孩子回国，先在辅仁大学经济系任教、后入中央财经学院统计系、再调到中国人民大学，曾任人口学系系主任和老年学所所长。主编或合写专著主要有《商业统计学》《资本主义国家经济统计指标基本知识》《世界人口》《人口与生态环境》等。其中《人口统计学》《中国人口理论教程》获北京市优秀科研奖。曾任《中国老年学》杂志主编，中国老年学会副会长。第三届全国政协委员，第七届全国政协常委。民盟第五届中央常委。

吴半农（1905—1978）

原名吴祖光，安徽泾县人，经济学家。1929年清华大学经济系毕业，任北平社会调查所副研究员。1934年夏公派赴美，1936年获哥伦比亚大学经济系硕士学位，同年12月回国，历任中央研究院社会所研究员、国民政府经济部统计长、资源委员会驻美技术委员会专门委员。1940年再度赴美。1944年任太平洋国际学会美国分会研究员。战后任中国驻盟军总部赔偿归还代表团首席代表。1949年脱离国民政府，被迫侨居日本。1956年8月偕夫人朱洁回国，任外交部国际关系所日本组与世界经济组组长和研究员。"文化大革命"时下放"五七干校"劳动。1972年调回外交部国际问题所。一生著述译著颇多，有《工资指数论》《当前资本主义世界经济形势》等。全国政协第三至五届委员。民盟成员。

吴宝榕（1920—2000）

福建福州人，冶金学家。1944年唐山工程学院毕业后赴美留学。1949年获密苏里大学硕士学位，后又在美国诺特丹大学攻读博士学位。1950年9月乘威尔逊号回国，任天津钢厂工程师，冶金部钢铁研究总院合金钢室副主任、武汉钢铁学院教授。"复合微合金钢中元素的最佳配比及这些元素与C、N、O、S及H的交互作用"获1993年度冶金工业部科技进步奖二等奖。著有《钢的金相图谱：钢的宏观组织与缺陷》《合金钢断口分析金相图谱》《双相钢——物理冶金与力学冶金》等。北京科技大学设有"中信—CBMM吴宝榕铌钢奖学金"。

吴伯雄（   —   ）

气象学家。留美，在加州大学洛杉矶分校学习气象学。1950年回国，在山东齐鲁大学任教。1952年院系调整，到南京大学气象系任教。论文有《论高空（500毫巴）西风带中槽脊的成因》，著有《气象学》（上册）。

吴承康（1929—2022）

河北滦县人，生于上海，高温气体动力学家，中国科学院院士（1991），夫人黄兰洁。1947年考入上海交通大学，1948年赴美留学，1951年和1952年获威斯康星大学机械系学士和硕士学位，1957年获麻省理工学院科学博士学位。9月与夫人黄兰洁一同回国。历任中国科学院动力室、力学所、七机部二〇七所、七〇一所副研究员，力学所研究员、材料工艺力学实验室主任、副所长。其从事的烧蚀、等离子体科学技术以及燃烧科学技术的研究成果曾获国防科工委二等奖、中国科学院科技进步奖一、二等奖多项，国家科技进步奖三等奖。1988年荣获国防科工委颁发的"献身国防科技事业"奖章。为《力学学报》中、英文版主编，论著有《冲波管研究燃料的着火延迟时期》《横向磁场对电离非平衡高速气流的作用》等。

吴持恭（1918—2012）

原名吴谦之，浙江东阳人，水利学专家。1942年毕业于云南大学土木系，后任金沙江水利工程处第五工务所助理工程师、云南大学讲师。1947年12月赴美留学，1948年12月毕业于得克萨斯州立农工大学，获硕士学位。1949年2月回国，历任云南大学土木系、成都工学院水利系副教授，水力学教研室主任、副系主任，成都科技大学水利系系主任兼水利科研所所长、水电学院名誉院长。国家教委工科基础课力学课程教学指导委员会副主任。著有《明渠水力学》《天然河流回水曲线的新图解法》等。

吴崇筠（1921—1995）

女，四川江津人，沉积学家，丈夫朱康福。1945年毕业于中央大学地质系。1947年自费赴美留学，1949年获路易斯安那州立大学岩石学硕士学位。1950年初，入威斯康星州立大学地质系攻读博士学位，参加中国留美科协。同年10月中断学业，与丈夫回国，任玉门石油局试验室主任。1954年至1975年在北京石油学院执教，任岩矿教研室主任、副教授。后调入石油工业部石油勘探开发科学研究院副总地质师。曾任中国沉积学会副理事长。主编《沉岩石学》，合编《中国含油气盆地沉积学》，著有《判断沉积相的古生物标志》《中新生界湖、三角洲与油气分布》《断陷湖盆沉积岩》等论文。第四届全国政协委员。

吴大昌（1918— ）

浙江富阳人，机械工程专家。1940年毕业于西南联大机械工程系。1944年通过英美奖学金考试，1946年7月赴美留学，就读于伊利诺伊大学农业工程系，两年后转入堪萨斯大学农业工程系，1949年获硕士学位，为留美科协会员。1950年10月偕夫人程光玲乘克利夫兰号回国，到华北大学工学院（北京工业学院、北京理工大学前身）军用车辆系任教。曾任国务院学位委员会第一、二届学科评议组成员。

吴大琨（1916—2007）

江苏吴县人，经济学家。1935年东吴大学肄业，留学日本。1936年回国参加抗日救亡运动，曾任全国救国会宣传部总干事，并加入宋庆龄领导的保卫中国大同盟上海分部。1939年因慰劳新四军被囚。1942年出狱。曾先后被聘为暨南大学讲师、东吴大学副教授。抗日战争胜利后，被美国授予"自由勋章"。1946年赴美国华盛顿大学远东研究所任研究员。1951年回国。历任山东大学、中国人民大学教授。曾任中国世界经济学会副会长，北京市城市经济学会会长。著作有《吴大琨选集》，译有《大众政治经济学》等。第七、八届全国人大常委会委员，第五、六届全国政协委员。民建第二至四届中央常委。

吴大炘（1916— ）

浙江杭州人，农业经济专家。1940年毕业于浙江大学农学院农业经济系，在中央农业试验所贵州工作站，广西农业厅农业经济研究室、农业银行总管理处工作。1946年经考试录取赴美留学，1949年初获华盛顿州立大学农业经济学硕士学位，同年回国。先在华北人民革命大学政治研究班学习，后历任中国农科院情报室情报组长，青海农牧学院农学系系主任，中国农科院农业经济所国外组组长。曾任农业部技术职称评审委员会农经专业组委员、北京市农业经济学会副理事长。主要著作有《美国农场估价与借贷政策的分析》（英文）、《美国二百年来发展农业的主要战略措施》《中华人民共和国农业概况》（英文）等。民盟中央经济委员会委员。

吴德诚（1914—1995）

四川成都人，心脏内科专家。1940年毕业于华西协合大学医学院，获医学博士学位。曾任重庆中央医院内科副主任、重庆医学院副教授。1948年至1950年在美国堪萨斯医院工作。回国后，历任华西协合大学副教授，四川省人民医院主任医师、内科主任。撰有《成都平原各类心脏病的比较发病率》《硫酸软骨素A与心血康对冠心病的治疗》《凉山彝族农民血压调查报告》等。

吴福临（1919—2010）

湖南湘潭人，英语文学家，夫人文勋铭。1937年，考入武汉华中大学物理系，因日军轰炸逃难至成都，考入华西协合大学神学院，1947年毕业后任牧师。1948年8月，偕夫人赴加拿大多伦多大学。1950年6月获文学硕士学位，随即回国，任华西协合大学哲学讲师，后被派往哈尔滨学俄语，两年后回四川医学院教俄语。1957年划为右派，曾被送到德昌县某铜矿伐木运木。"文化大革命"中被抄家，曾被强迫晚上睡在解剖教研室尸体房内。在绝望的岁月里翻译歌曲《游击队之歌》《啊，朋友，再见！》等。1978年获平反，1989年被国家教委等评为"全国优秀教师"。译、校《弗洛伊德心理学入门》《人类的宗教》《论人的天性》等，还著有英文和中文版回忆录《华西坝上七十年》。

吴寒欤（1916—1988）

四川岳池人，夫人吕秀贞。1941年毕业于西北联大政治系。在重庆三青团中央团部任助理、组员、主任组员等职。1947年1月15日，赴美国华盛顿州立大学研究院留学。1949年5月，获硕士学位，同年6月转入俄勒冈州立大学研究院政治系，攻读博士学位一年。1950年9月偕夫人乘威尔逊号回国。1950年11月，被分到华北大学政治研究院学习，次年12月学习结束，被公安部逮捕，判刑两年。刑满释放后遣回岳池，1958年8月在岳池县民中任教。"文化大革命"中下放到城关农修厂当铁匠。1978年经北京市高级人民法院复查决定撤销原判，被安排到岳池中学任高中英语教师；1981年当选为岳池县政协副主席。1982年1月调西南政法学院任英语教师。重庆市政协委员。岳池县政协副主席。1983年12月退休。

吴和光（1910—1994）

四川巴县人，外科专家。1936年毕业于华西协合大学医学院，获医学博士学位。曾任该校讲师、副教授。1947年入加拿大多伦多大学教学医院学习。1949年入美国波士顿马萨诸塞州综合医院学习。回国后，历任四川医学院附属医院院长，四川医学院一级教授、副院长，世界卫生组织专家咨询团成员，中华医学会第十七届理事，中国生物医学工程学会第一届常务理事。长期从事普通外科与神经外科的临床工作。撰有《硬膜下血肿的诊断和治疗》《腹膜后型急性出血性胰腺炎的诊断和治疗》等论文。主编有《中国现代医学》（一、二册）。九三学社成员。

吴华庆（1915—1968）

建筑学专家。1937年中央大学建筑系毕业。留美十四年，获伊利诺伊大学建筑硕士学位。回国后于1952年5月任人民英雄纪念碑兴建委员会工程事务处副处长。1953年任中国建筑学会北京分会秘书长（梁思成任理事长）。1956年任北京市土木建筑工程学校副校长，1961年任北京工业大学土建工程系系主任。"文化大革命"中受到迫害，于1968年含冤去世。论文有《从建筑谈到照明风格问题》。

吴惠永（1929— ）

女，广东紫金人，生化学专家，丈夫虞俊。1949年赴美留学，1952年获得圣地亚哥学院生物化学学士学位。1957年回国，在七机部工作。曾任北京市丰台区政协委员和北京市人大代表。1989年移居加拿大。

吴鸿适（1922— ）

安徽歙县人，电子工程专家。1942年毕业于重庆中央大学电机系，留校任助教。1944年通过公费留美考试，1945年秋赴美留学，获密歇根大学电机工程硕士学位。后在宾州的美国无线电公司（RCA）从事微波电子管研制工作。1948年到伊利诺伊大学电子管实验室担任研究助教，1951年获伊利诺伊大学电机工程博士学位。时为留美科协电工学术小组联络人。1951年回国，历任大连工学院、解放军通信工程学院教授，电子工业部真空电子技术研究所副总工程师，西北电讯工程学院教授，电子工业出版社总编辑。主编有《电子管设计手册》，著有《微波电子学原理》。

吴继辉（1911—1979）

上海人，英语学家。1933年在南京电报局工作期间考入中央大学外文系，1937年毕业。在重庆国民政府任侍从室报务员参与抗战工作。1940年后调任电台台长。其间考取出国留学资格。1945年在康奈尔大学研究院做研究生，与郭永怀为同学好友。获英文博士学位，论文为 *Elements of conflict in Elizabethan tragedy*。1950年11月乘威尔逊号回国，任广州岭南大学外文系副教授。1952年随校入中山大学。1970年10月随中山大学外语系入广州外国语学院。"文化大革命"中受迫害，1979年广东省委组织部为其平反。后不久病逝。曾任九三学社中山大学支社主委。

吴纪先（1914—1997）

江苏松江人，经济学家。1934年毕业于北平的"税务专门学校"，后在上海、汉口、重庆海关任职。1941年被借调至外汇"平准基金委员会"工作。1943年赴美国留学。1945年获威斯康星大学经济硕士学位。1947年获哈佛大学经济学博士学位。同年秋回国，任南京中央大学经济系副教授。1948年在上海的联合国"亚洲远东经济委员会"秘书处任研究专员；年底随该委员会迁往曼谷。1949年辞职赴英国访问，从事写作。1950年5月离英回国。1950年9月起历任武汉大学经济系教授、系主任，北美经济研究所所长，兼中国美国经济学会会长。编著有《战后美国经济危机》（合编）、《美国政府干预国内经济情况概述》等。译著有《资本积累论》（合译）、《经济危机和周期的理论与历史》等。

吴家楹（1918—2010）

广东中山人，经济学家。1941年毕业于西南联合大学经济系。1948年赴美，1951年获艾奥瓦州立大学统计学硕士学位。同年回国，曾任对外经济贸易部国际贸易所研究员，兼该部管理干部学院教授，从事世界经济贸易情况分析和趋势预测及经济计量学的研究工作，1993年退休。主要著有《统计学概论》《九十年代世界贸易形势》《我国厂丝出口模型及其应用初探》等。全国政协委员。

吴健生（1923—1999）

北京人，土建专家。1945年天津工商学院土木工程系毕业。留美，1949年获诺特丹大学土木工程学硕士。1950年回国，历任津沽大学副教授、土木系主任，天津大学副教授、教授，结构工程研究所所长，建筑设计研究院院长，天津市建筑学会第六届副理事长，国务院学位委员会第二届学科评议组成员。论文有《椭圆柱面螺旋线杆件空间刚度、内力及变形的计算》《结构在竖向地震波作用下的动态反应》，合编《钢筋混凝土螺旋楼梯结构计算手册》。民盟第五届中央委员。

吴皎如（1908—1981）

福建福州人，预防医学专家。1930年上海南洋医学院毕业。1948年赴美国纽约大学公共卫生研究院进修。1950年回国后，历任福建省卫生试验所主任医师，省流行病研究所副所长、所长，省防疫站站长。卫生部医学科学委员会委员和病毒性疾病委员会委员，1956年被评为全国先进工作者。有关乙型脑炎病毒生物学特性的两项研究，获全国医药卫生科技成果奖。出版有《吴皎如论文集》。第三、五届全国人大代表。福建省第二届政协常委。

吴 珏（1912—2008）

江苏江阴人，临床麻醉学家。1930年被保送至国立中央大学理学院医学先修科，获学士学位。1933年就读于上海医学院医本科，1938年上海医学院毕业后留校任生理学和药理学助教和讲师。1947年考取公费留美，在威斯康星大学医学院专修临床麻醉。1949年在犹他大学医学院盐湖城医院任麻醉科主任。1950年10月回国，1951年任上海医学院药理学副教授，兼任附属中山和华山医院麻醉科主任，1956年升为国内第一个麻醉学教授任临床药理学所名誉所长。发表中英文论多篇，主编《临床麻醉学》。曾任上海医科大学学报主编，任国内多种麻醉学专业杂志及外科专业杂志副主编及编委，国家科委发明评选委员会委员、卫生部学术委员会委员、中华医学会麻醉学会主委等。

吴良镛（1922— ）

江苏南京人，建筑学家，中国科学院院士（1980）、中国工程院院士（1995）。1944年重庆中央大学建筑系毕业，1946年协助梁思成创办清华大学建筑系。1948年夏，经梁思成推荐赴美，在匡溪艺术学院建筑与城市设计系学习，1950年获硕士学位，同年10月回国。后在清华大学执教，任清华大学建筑与城市研究所所长、人居环境研究中心主任。为中国建筑学会城市规划和建筑工程设计专业委员会副主任，《城市规划》杂志主编。著有《广义建筑学》《建筑构图原理》《中国古代装饰纹样与图腾》《中国古代城市史纲》（英文版）等。获国务院、教育部、科技部、北京市政府等颁发各种奖励十余项，其中有2011年度国家最高科学技术奖。

吴柳生（1903—1984）

浙江东阳人，土建专家。1921年考入北京清华学校。1928年毕业后赴美留学，1931年获麻省理工学院土木系学士学位，1933年获伊利诺伊州立大学土木系硕士学位后回国，任河南大学、青岛大学、清华大学、西南联大土木工程系教授。1946年8月兼任建筑系代系主任，1948年派赴美国考察。1950年回国后，一直在清华大学任教。著有《工程材料试验》《航空站设计》《木结构设计》等。1963年后因病不再讲课，一面在家养病，一面指导研究生。

吴茂娥（1917—2003）

女，上海人，血液学专家。1943年上海医学院毕业，1947年赴美，在波士顿血液研究所研修血液病，1950年2月与华罗庚等同船回国。在上海医学院中山医院任检验科副主任，1954年负责创建华山医院血液组。1956年去重庆医学院附属第一医院血液病科任职。参编著作有《实用内科学》《临床症状鉴别诊断学》等，在国内外杂志上发表了论文《红细胞发生的激素调节》《银耳多糖治疗白细胞减少症58例》等。

吴其韬（1918—2010）

福建闽清人，飞行教员。1936年入黄埔军校，同年转杭州中央空军军官学校，1941年毕业后，曾任"飞虎队"第五大队分队长，1945年9月在南京参加中国战区日军投降签字仪式，获盟军司令部"飞行优异十字勋章"。1948年赴美，到西点军校航空分校留学，结业后去台湾任空军中校。1949年12月经父亲劝说起义，辗转香港到北京，在南苑机场当教官。由于不被信任，1950年退伍到浙江之江大学任教，同年冬在"镇反"中受审查，1953年被判刑入狱。1974年出狱，在杭州清波针织手套厂蹬三轮车。1980年获平反到杭州大学（后并入浙大）地矿系标本实验室任技术员。2005年患中风后病逝。

吴琼璁（1920—　）

女，福建莆田人，儿科专家，丈夫郭挺章。1944年毕业于福建协和大学医学院。1947年赴美，在犹他大学医院进修，1950年8月30日与郭挺章、许少鸿等同船回国抵港。任北京儿童医院府前街门诊部主任，后任西城区儿童医院副院长。1970年下放到甘肃华池，后被审查、批斗。1973年在钱学森、蒋英和王淦昌等帮助下，由国防科委出面调到解放军一八〇野战医院（后改为五一四医院、三〇六医院）任副院长。1987年退休。

吴仁发（1901—1987）

又名吴骏侯，福建莆田人，化工专家。1922年赴美，1930年毕业于堪萨斯州立大学，获学士学位。1931年回国，次年入南京永利化学工业公司铔厂，1948年被侯德榜派往美国史密斯公司考察压力容器生产考察进修，1950年回国，回到铔厂，曾任公司电机处和水电处处长。1964年筹建福建省化工局，任省化工设计院高级工程师、总工程师。福建省政协常委。

吴仁润（1919—2000）

安徽休宁人，牧草学家。1940年毕业于中央大学农学系。1947年就读于美国威斯康星大学，1949年获硕士学位。同年11月放弃继续攻读博士学位，乘威尔逊号回国，1950年后执教于沈阳农学院、东北农学院、华中农学院和兰州大学，任副教授、教授和研究室主任。论文有《江西新建甘家山区的牧草与红壤利用》《利用机械、耕作、化学、生物方法防治飞机草》等。1958年后在中国农科院西北（兰州）畜牧兽医研究所任副研究员、研究员。反右和"文化大革命"中受到不公平待遇。《中国草地》《草业科学》《国外畜牧学草原与牧草》学术期刊的编委和顾问，全国牧草饲用植物品种审定委员会顾问。甘肃省政协常委。民盟成员。

吴如歧（1910—1983）

广西宾阳人，农学家。1931年入广西大学预科，后升入广西大学农学院，毕业后留校任技佐、助教、讲师。1943年考取留学生，后因广西沦陷，未能成行，1946年春任国民政府农业部西南推广繁殖站技术员。1947年3月留学美国，获明尼苏达大学农业硕士学位。1949年10月回国，任国立南宁师范学院教授。1950年调广西农学院任农学系主任、农业试验站副站长、广西植物研究所引种驯化研究员、作物遗传选种教研组主任。编写有《棉作学》《烟作学》《遗传学》《玉米杂交》《作物种》等论著。广西政协第一、四届委员。

吴汝康（1916—2006）

江苏武进人，人类与古人类学家，中国科学院院士（1980），夫人马秀权。1940年毕业于国立中央大学生物系，后在中央研究院历史语言研究所和国立贵州大学任职。1946年赴美，在密苏里州圣路易斯华盛顿大学医学院解剖系学习，1947年获硕士学位，1949年夏获博士学位，同年秋偕夫人经过香港回到天津，然后去东北，就任大连医学院解剖学教研室主任，1956年之后在中国科学院古脊椎动物所任研究员，1977年后任副所长兼中国解剖学会理事长。发表论文二百余篇，主要论著有《人体解剖学》《人体解剖图谱》《巨猿》《人类发展史》《古人类学》等。

吴沈钇（1914—2017）

浙江嘉善人，暖通空调专家。1935年毕业于浙江大学工学院土木工程系。1949年获美国密歇根大学硕士学位。回国后，曾任大同大学、光华大学教授，同济大学教研室主任和图书馆馆长。著有《中国工程师手册·土木机械编》《暖气工程学》《图书馆的建筑设备》等。1988年12月移居美国洛杉矶，在美国组织同济大学校友会，任会长。第六届民建中央委员。

吴式枢（1923—2009）

江西宜黄人，生于北京，理论物理学家，中国科学院院士（1980）。1944年同济大学机械系毕业后留校任教。1947年赴美留学，1951年获伊利诺伊大学博士学位。同年回国，任大连工学院教授，1952年起参加创建东北人民大学（现吉林大学）物理系，历任系副主任、主任、名誉系主任、学校自然科学学术委员会主任委员。曾获全国科学大会奖、国家自然科学奖三等奖、何梁何利基金科学与技术进步奖等多项奖励。中国核物理学会副理事长、吉林省科协副主席，是国务院学位委员会第一、二届学科评议组成员。著有《原子核的单粒位阱理论》《多重散射理论与格林函数方法》等。全国高等学校先进工作者和全国先进科技工作者。第五至九届全国人大代表。

吴　棠（1916—2003）

江苏扬州人，英语学家。1939年中央大学教育系毕业。1947年任台湾省立师范学院教育系副教授。1952年获美国哥伦比亚大学文学硕士学位。1956年回国，任华东师范大学教育学院教授。译著有《理解能力指导散论》《多元的宇宙》。历任华东师范大学外语系及教育科学学院副教授、教授。合编有《中学英语教学法》。

吴　文（1919—2003）

安徽嘉山人，工程热物理学家。1941年毕业于中央大学航空工程系，在云南端丽、桂林、成都等飞机厂和航空委员会教育处工作。1946年7月与一百二十多名中国各种科技人员赴美进修，在多个空军基地学习，后在华盛顿中国空军驻美办事处，期间在华盛顿大学学习半年英语。1949年6月考取得克萨斯州奥斯汀州立大学研究生，一学期后转纽约布鲁克林理工学院机械系，1955年6月获博士学位，是年9月乘法国邮轮绕道欧洲，12月底回国。1956年1月，到中国科学院力学研究室任副研究员。后在工程物理所、能源研究所任研究员，1979年后任中国科学院广州能源研究副所长、所长，1984年任科院广州分院院长，1986年任广东省科协副主席。全国人大代表，全国政协委员。

吴文藻（1901—1985）

江苏江阴人，社会学家。江阴南菁中学毕业后考入清华学校。1923年赴美留学，1925年获新罕布什尔州达特茅斯学院社会学系学士学位，1928年获哥伦比亚大学博士学位。1929年回国。任燕京大学社会学系、昆明云南大学社会人类学教授。1940年任国民政府国防最高委员会参事。1946年被派往中国驻日本大使馆工作，1951年回国。1953年任中央民族学院教授。1957年被划为右派，1978年改正。著有《文化人类学》《战后西方民族学之变化》《社会科学与社会控制》等。第二至五届全国政协委员。

吴锡九（1932—2020）

上海人，微电子专家，夫人朱丽中。1949年赴美，1953年加州大学伯克利分校电子工程系毕业，1956年获麻省理工学院硕士学位，是年偕夫人回国，在中国科学院物理所固体电子学室任室主任、研究员。1958年与其团队研制出中国首个晶体管，后投入中国首个计算机和微机的研制。1977年，夫人携一女赴美接受遗产；1978年10月，获方毅批示"礼送出境"，参加钱三强的设宴饯行，和妻女在美团聚，成为"文化大革命"后有成就的科学家"因私出国"第一例。为祖国做了二十二年的贡献后，在美国硅谷惠普研究院领导科研十六年，促成惠普中国公司的创立。退休后创办加州大学伯克利分校华人国际协会。2008年任"美中绿色能源促进会"主席。2012年出版自传《回归》一书，回顾其科技生涯、三度回归的亲身感受。

吴新智（1921—2007）

女，江苏江阴人，教育学家。约1940年考入上海圣约翰大学教育系，1942年去新四军江淮大学学习，1944年回圣约翰大学复读。1945年毕业，同年加入中国共产党，参与父亲吴云山为董事的省吾中学的创建工作，任校务主任。1948年底经党组织同意自费赴美留学，1950年1月毕业于乔治皮博迪学院（后为范德比尔特大学教育系），获教育学硕士学位。1950年9月乘威尔逊号回国，在上海华东联络局工作。1951年2月调北京，在西南军政委员会工业部驻京办、中央财经学院政治教研室等任职。1955年后历任四机部所属北京无线电工业学校、北京电机学校等校教务主任。1969年到北京开关厂资料室做翻译工作。1976年退休后到中央工艺美术学院任教。1985年移居美国，2007年病逝于弗吉尼亚州。

吴学成（　—　）

经济学家，夫人张明珠。留美，获明尼苏达大学经济学硕士学位。1953年偕夫人和女儿回国，在中国科学院经济所任职。著有《战后英国经济》《财政学新论：理论与应用》。

吴驯叔（1926—　）

女，安徽合肥人，经济学家，国民党元老吴忠信之女，丈夫林少宫。在重庆南开中学高中毕业后，被蒋介石送往美国留学。1954年偕丈夫与两个孩子回国，在武汉华中工学院（今华中科技大学）经济系任教，从此跟父亲天涯永隔，直到三十多年后两岸三通，托人从父亲的坟头带回了一瓶土。论文有《什么是抽样调查》等。

吴　铱（1917—2000）

浙江奉化人，昆虫学家，1944年考入中南大学生物系，1948年赴美，在密苏里大学研修昆虫学，获硕士学位。1951年回国。在武汉中南农科所昆虫室工作，六十年代在河南省南阳地区农业专科学校和农科所工作，八十年代调入西南林学院工作。毕生研究树林病虫生物学、生态学及其综合防治，曾任云南省昆虫学会副理事长、云南省植保学会常务理事。云南省劳动模范，云南省政协委员。

吴乙申（1918—　）

数理统计专家。1936年上海南洋模范中学毕业，1941年上海交通大学财管系毕业，留校任教。1947年赴美，在西雅图华盛顿州立大学学习，获博士学位。1950年2月入哥伦比亚大学，1952年获统计学博士学位，1954年6月乘克利夫兰号回国。曾在华东化工学院任教授。著有高校教材《应用统计学》。

吴友三（1909—1997）

浙江余姚人，植物病理学家。1935年毕业于金陵大学农学院，在金陵大学农学院植物系、古贤农工专科学校和湖北农学院病虫害系任教。1947年赴加拿大萨斯喀彻温大学深造，1949年获理学硕士学位，任该校农学系助理研究员。1951年10月回国，先任复旦大学农学院教授，后任沈阳农学院植保系主任及植物免疫研究室主任兼校学术委员会主任。1956年后任中国科学院林业土壤所研究员及育种和植保研究室主任。曾任辽宁省植物保护学会和农学会副理事长。先后获国家级、省部级科技成果奖励七项，其中有1978年获全国科学大会奖，1979年获农业部科学技术进步奖一等奖。曾任中国植物病理学会副理事长、中国植物病理学会东北分会理事长。编有《种子带病和种子检疫》《农业植物病理学》等专著。

吴　钰（1913—2003）

福建福州人，铁路工程专家。1934年毕业于唐山交通大学土木工程系。

曾任粤汉铁路局工务分段长、总段长、桥梁组组长、桥工处主任。1947年赴美在纽约中央铁路实习，参加了纽约曼哈顿公路桥的设计。1949年回国，后历任衡阳、广州铁路局工务处处长，铁道部工务局副总工程师、总工程师、副局长、高级工程师。第三届全国人大代表，第五、六届全国政协常委。

吴兆苏（1919—1994）

福建连江人，小麦育种专家，夫人许如琛。1942年毕业于中央大学农学院农艺系，获学士学位，任重庆烟类专卖局产制科科员。1946年在（重庆）国立中央大学研究院学习，兼任农艺学部研究助理和农艺系助教。1947年赴美，在明尼苏达大学研究院及农艺和植物遗传系进修，为留美科协会员。1950年获博士学位，10月偕夫人许如琛乘克利夫兰号回国，任南京大学农学院农艺系副教授，南京农学院农学系副主任、小麦品种研究室主任。

吴肇光（1925—　）

广东四会人，外科医学专家，夫人涂莲英。1943年入读上海医学院六年制本科。1949年赴美，在新泽西州医学中心任住院医师、主治医师。1956年底偕夫人和四个孩子回国，历任上海第一医学院中山医院外科主治医师、副主任、主任、教授等。论文颇多，参编《外科学》《腹部外科手术学》，主持翻译有《外科营养》《克氏外科学》等。主持的研究成果分别获1980年国家医药局科技进步奖三等奖，1994年上海市科技进步奖二等奖和1996年卫生部科技进步奖二等奖等。卫生部医学科学委员会器官移植专题委员会委员，中华医学会外科学会常务理事，中华医学会上海分会外科学会副主委等。享受国务院特殊津贴。第五至八届全国人大代表，上海市第十届人大常委会副主任。致公党上海市主委。

吴肇之（1921—　）

土建专家。1943年贵州某工程学院土木系毕业，在桥梁、铁路和水电部门任职。1948年赴美，1955年获加州大学力学博士学位，后去法国巴黎大学理学院力学系继续深造。1956年8月回国。任东南大学土木工程系教授。译著有《实用薄板理论》。

吴振英（1920—2007）

留美，获政治学硕士学位。1951年9月回国，到辽宁工作从事教学。七十年代后期调到中国社科院美国所工作，曾为副研究员。八十年代在《美国研究参考资料》上发表有《伯格法院的回顾》《介绍伦奎斯特法院》《伦奎斯特法院向何处去》等文章。1986年底退休。民革成员。

吴之仁（1915—1993）

安徽泾县人，1937年毕业于国立中央大学体育系。1947年赴美留学，获加利福尼亚大学硕士学位。1950年4月与刘天怡、罗蛰潭、赵一鹤等十余人同船回国。1960年任上海体育科研所研究员。曾翻译大量信息资料。著有《关于疾跑、步幅、加速跑等问题的探索》《俯卧式跳高技术中失速现象的分析和改进》。

吴中禄（1916—   ）

安徽泾县人，林产化学家。1940年金陵大学森林系毕业。1950年美国明尼苏达大学研究院毕业，获硕士学位，同年回国。历任中央林业实验所荐任技士，广西大学农学院、西北农学院、西北林学院教授。论文有《木质素的化学利用》《植物鞣质化学进展》《木材浸出物对于木材材性和利用的影响》等，参编《中国大百科全书·农业卷》。合作的"漆树品种调查、育苗和增加漆流量研究"获1978年全国科学大会奖。1987年获中国林学会首届梁希奖。九三学社成员。

吴中伦（1913—1995）

浙江诸暨人，森林生态森林地理学家，中国科学院院士（1980）。1940年金陵大学林学系毕业，在农林部林业勘测团工作。1944年考取留美留英生，1946年1月取道印度赴美，1948年获耶鲁大学林学硕士学位，1951年1月获杜克大学博士学位，同年2月底回国。任林垦部总工程师。1956年调入中国林科院，任林业所亚热带林业研究站主任，1957年加入中国共产党。1959年任副所长，1974年任森林工业所负责人，1978年任副院长。著有《中国森林分区》等，主编《中国农业百科全书·林业卷》《国外树种概论》等，译有《植物群落的研究》。中国林学会理事长、国务院学位委员会第二届科学评议组（林学分组）成员、国家科委农业生物学科组副组长。全国劳动模范、第三届全国人大代表，全国政协第六、七届委员。

吴仲华（1917—1992）

江苏苏州人，生于上海，工程热物理学家，中国科学院院士（1957）。夫人李敏华。1940年毕业于西南联大机械系，后留校任教。1944年赴美留学，1947年获麻省理工学院博士学位，先后任美国国家航空咨询委员会研究员，布鲁克林理工大学机械系教授。1954年8月偕夫人及两子女取道欧洲回国。历任清华大学动力机械系副主任，中国科学院力学所、工程热物理所所长。为航空燃气轮机等叶轮机械三元流动理论（国际学术界称为"吴氏通用理论"）的创始人。其"燃气轮机的研究"获1992年国家自然科学奖二等奖。著有《中国工程热物理》《燃气热力性质表》《不等距数值微分公式与系数表及其在偏微分方程数值解上的应用》等。曾任中国机械工程学会、中国航空学会副理事长。

吴柱存（1916—2006）

湖南长沙人，英语教育家。中央大学英语系毕业，1947年或1948年赴美，获哥伦比亚大学英语系硕士，后学习博士课程。1950年回国，在北京大学英语系任教。在"文化大革命"中被指控为"漏网右派""反动权威"和"美蒋特务"，被关押在校中监狱一年多，长期遭到殴打侮辱。改革开放后移居美国。

吴自良（1917—2008）

浙江浦江人，金属材料科学家，中国科学院院士（1980），"两弹一星"功勋奖章获得者，夫人徐仁。1935年入北洋工学院，先读矿冶后转学航空机械，1937年随校内迁陕西，并入西北工学院，1939年毕业后到云南垒允中央飞机制造厂任设计员。1942年任中央机器厂副工程师。1943年赴美，1948年获匹兹堡卡内基理工学院冶金系博士学位，在该校做博士后。1949年到锡拉丘斯大学材料系任副研究员，1950年冬回国，历任北方交通大学唐山工程学院冶金系教授，1951年夏任中国科学院工学实验馆（今上海冶金研究所）研究员，先后担任物理冶金研究室主任、副所长，所学术委员会主任等。1984年获国家创造发明奖一等奖。在国内外发表论文二十余篇，主要有《Fe-Ni-N 合金 α 相区淬火的 S—I 交互内耗峰》等。上海市政协第五至七届常委。

伍丕舜（1916—2001）

广东南海人，农学家、试验统计学家。1941年中山大学农学系毕业，留校任助教、讲师，1945年8月在台湾大学农学院任讲师、副教授。1947年赴美留学，1949年获密歇根州立大学农学硕士，1950年7月在北卡罗来纳州学院统计研究院学习统计学，毕业。1950年9月乘威尔逊号回国，在湖南大学农学院任副教授，1951年后，任中山大学农学院农学系系主任，1953年院系调整，调往华南农学院创建农机系，任系副主任、副教授、教授。论著有《各种育苗法对水稻农艺性状之影响》《取样技术比较的研究》《论农业科学与试验统计学》，译著有《随机数字在农业上之应用》。为广东省农机学会教育与普及委员会主任、广东省农机学会理事。中国民主同盟华南农学院副主委。

武宝琛（1922—2010）

山西霍县人，石油化学家，夫人郭忠兰。1943年毕业于重庆中央大学化工系，1944年自费赴美，1946年获密歇根大学化工系硕士学位，1950年获麻省理工学院化工系博士学位，任该校研究员。1950年10月偕夫人及女儿回国，任石油管理总局设计局第二工艺室主任。1956年任石油炼制所筹建处副总工程师，同年被评为石油工业先进生产者。1957年被划为右派，1960年摘帽。任石化科学研究院主任工程师、室主任等。"文化大革命"中受审查批判、被迫劳改，1972年被解放，任燃化部石化科学研究院综合所副总工程师。1978年任院学术委员会委员，1983年任院总工程师。主持的抚顺石油二厂提升管催化裂化装置获1978年全国科学大会奖。1982年回麻省理工学院工作，1994年回国。论著有《提升管催化裂化》等。

武 迟（1914—1988）

浙江余杭人，化工学家，中国科学院院士（1980）。1936年毕业于清华大学化学系，进入上海中央研究院化学所工作，同年考取了清华大学公费留学，1937年赴美留学，1939年获麻省理工学院硕士学位，后应聘于福斯特惠勒公司任工程师十余年，与施铨元（美籍华人工程师）合作编写出版了数十万字的教材《基础化学工业技术》。1950年初回国，任清华大学化工系教授、代理石油系主任。1953年参与创建北京石油学院，任炼制系主任和院副教务长，1958年调任石油工业部生产技术司总工程师。1966年在锦州石油六厂进行顺丁橡胶会战期间担任副指挥，1969年下放"五七"干校劳动。1972年回京恢复工作，担任燃化部石油化工科学研究院副院长兼总工程师。第三届全国人大代表。

武泰昌（1920— ）

铁道工程专家。1947年赴美，获西北大学地理学硕士学位。1950年9月乘威尔逊号回国（与周镜同船赴美和回国），在铁道系统任职。论著有《巴西铁路发展现状与前景》《英国德比铁路试验中心及其检测设备》《单元列车的发展现状及其运输特点和优点》等，"发展重载列车运输的几个主要技术问题的研究"获铁道部科技进步奖二等奖。

武寿铭（ — ）

又名武星三，河北曲周人。燕京大学毕业，曾任铭贤学院（山西农大前身）校董。留美，在欧柏林学院学习，1950年6月抵塘沽回国，延聘为山西太谷铭贤学院副院长，后到山西大学图书馆任职，1953年任校图书馆第二副馆长兼编目股股长。后去太原工学院任教授。改革开放后，受命为山西文教系统与美国欧柏林学院重建学术交流奔走。晚年移居美国。

武希辕（1916—1987）

云南思茅人，历史学家。1938年在中央政治大学新闻系学习，毕业后回云南，在《正义报》采访部任职。1945年赴美，在密苏里大学哲学系学习，1949年肄业。1950年回国，在东北革命大学政治研究院学习。1952年到云南大学图书馆工作，后调历史系，曾任教授，南亚研究会理事，世界中世纪史研究会理事。1979年后指导世界地区史国别史硕士研究生。著作有《印度种姓的分裂与衍化》《世界历史的发展有无中心——兼论西欧中心论的批判问题》，译著有《种姓、阶级与职业》。民盟成员。

X

席承藩（1915—2002）

山西文水人，土壤地理学家，中国科学院院士（1995）。1939年北平大学农学院农业化学系毕业，任中央地质调查所土壤研究室技正；1947年赴美，1949年获俄克拉荷马州立大学农学院硕士学位。1950年回国，到中国科学院地质研究所土壤研究室工作；1953年后，历任中国科学院土壤所副研究员、研究员，中国科学院土壤队（后改为土壤及水土保持研究所）研究员、副队长，中国科学院南京土壤研究所研究员、土壤详测制图研究组（室）主任、土壤地理研究室主任等职；还曾兼任中国土壤学会理事兼土壤发生分类和土壤地理专业委员会主任。主编和合编的专著和图集有《中国自然区划概要》《中国自然地理·土壤地理》《中国大百科全书·地理卷（土壤地理）》《长江流域资源与环境》等。

席克正（1924—1996）

四川成都人，经济学家，夫人郝日英。1948年武汉大学经济系毕业，1949年自费留美。1951年获密歇根大学硕士学位，在该校社会研究所工作。1955年偕夫人回国。先入上海科学院经济研究所，后转上海财经大学。1980年至1983年为中国政府派往世界银行，任中国执行董事办公室顾问兼发展委员会优惠资金工作组中国代表。1985年至1987年任上海财经大学世界经济系主任，后任财政系博士生导师。出版有《资本主义国家财政》《利用外资务实与政策》专著教材。论文有《古典学派的财政学说》《凯恩斯的财政学说和财政政策》《西方财政学说的变化和发展》等。

夏定友（1911—1995）

浙江定海人，1936年7月毕业于南京中央大学畜牧兽医系，后留校任助教、讲师。1942年8月任四川教育学院副教授。1944年12月考取中华农学会奖学金，1945年9月赴美。1949年7月获康奈尔大学兽医学博士学位，同年回国。先后在四川铭贤学院、四川大学农学院、四川农学院任教授。1957年在反右斗争中，因对四川农学院迁址雅安，提出不同意见，被定为"现行反革命"，判刑五年。刑满释放后，回四川农学院，作为被管制人员，继续接受劳动改造。1979年获平反，复任四川农业大学教授，为研究生开设"高级免疫学""动物传染病专题讲座"等课程。四川省政协委员，雅安市政协副主席。

夏国琼（1917—2012）

女，曾用名夏曼蒂，四川成都人，生于日本东京，钢琴家。民国四川都督夏之时和董竹君的长女，夏国瑛胞姐。赴美，在朱丽亚德音乐学院学钢琴。留美期间已是名扬四海的卓越钢琴家。1953年偕前夫罗维东回国，在上海音乐学院和中央音乐学院任教授。在肃反运动中，夫妇两人都被降了级。1962年去香港，后移居美国洛杉矶。2015年5月20日，中央音乐学院举行了"夏国琼百年诞辰纪念会"。

夏开儒（1917—1978）

生于江苏阜宁，地理地貌学家。1935年考入南京国立中央大学理学院地理学系，1939年7月毕业并留校工作。1943年起在重庆复旦大学史地系任讲师。1947年元月赴美国留学，在路易斯安那大学地质研究院地理系读研究生兼助教，1949年获硕士学位。1950年9月回国，到西北大学任教，历任地理系地貌学教研室主任、系副主任兼《地理学报》编委。

夏良才（1911—1975）

四川仁寿人，口腔医学家，夫人廖蕴玉。1930年就读于华西协合大学牙医学院，1937年毕业获牙医博士学位，后留校任教。1946年赴美国密歇根大学进修口腔颌面外科，1948年获颌面外科硕士，在印第安纳州立医院工作。1950年9月偕夫人乘威尔逊号回国，先后任母校牙医学院外科主任、四川医学院口腔医学系主任（口腔医学院院长）兼颌面外科主任。1960年与夫人廖蕴玉调武汉创建湖北医学院口腔系（现武汉大学口腔医学院），任系主任兼颌面外科主任，后任湖北口腔医院院长。编有教科书《口腔颌面外科学》。

夏美琼（1912—2004）

女，福建福清人，妇科专家。1937年广州岭南大学孙逸仙医学院毕业，获医学学士学位，先后在福州协和医院任医师、代理外科主任。1947年秋赴美，在纽约留学进修，1949年受聘为某医院医师。1950年3月回国，历任福州协和医院妇产科主任、福建省妇幼保健院院长。中华医学会福建省妇产科学会主任。论著有《女性生殖器肿瘤的防治》《妇女常见病防治》等。1980年获全国三八红旗手称号，第六届全国人大代表。

夏彭春（　—　）

浙江嘉兴人，医学家。早年贵阳医学院毕业，后赴美，在耶鲁大学医学院学习。1950年回国，后任武汉军区总医院主任医师。论文有《化学性垂体切除治疗转移性癌痛》《椎管狭窄症与椎管内肿瘤并存的诊断与治疗》等。

夏　煦（1917—2002）

安徽五河人，生于天津，矿山冶金专家，夫人张素央。1941年国立交通大学唐山工程学院矿冶系毕业，曾任重庆中国兴业公司制钢厂和鞍山钢铁公司副总工程师。1946年赴美，就读加州大学采矿系，为留美科协会员。1950年回国，在重工业部钢铁局任主任工程师，1958年后在冶金部太原钢铁公司矿山处任工程师，1974年后在北京市冶金局和市工业设计院任高级工程师，参加起草了《国家矿产资源法》。八十年代恢复党组织关系，1988年退休。

夏禹甸（1916—1971）

生于安徽怀宁，植物病理学家。1936年先后考取安徽省清寒学生助学贷款，进武汉大学农艺系。1938年并入中央大学农学院，遂赴渝转学，1940年毕业，到中央农业实验所任职。1944年冬在渝考取留美生，1947年成行，入美国明尼苏达大学，攻读植物病理，半工（研究助理）半读。1950年获硕士学位，同年10月乘克利夫兰号回国。在华东农科所病虫害系工作，创建麦类赤霉病和小麦锈病研究课题组。发表论著有《小麦品种对赤霉病的抵抗性》《类赤霉病的发生和防治》《江苏省十二年来小麦锈病的发生和防治研究》等二十余篇（外文著作已散失）。"文化大革命"中下放江苏"五七干校"，1971年2月逝世。曾任江苏省植物病理学会理事。九三学社成员。

向近敏（1913—2006）

湖北汉川人，病毒学家。1937年考入武汉大学物理系，1938年转入中央陆军军医学校（南京军医学校，时迁贵州），1942年毕业，获医学学士学位，留校任血清疫苗研究所助教。1946年去美国得克萨斯州陆军卫生勤务学院留学。1947年回国，任上海国防医学院讲师。1948年任南京中央大学医学院讲师。1949年2月再次赴美，到得克萨斯大学医学院病毒室任讲师，后任俄亥俄州克利夫兰博士医院化验室主任、副教授。1954年12月离美回国，在湖北医学院任病毒学研究室主任。1978年后任湖北医科大学教授、病毒研究所所长、名誉所长。《湖北医学院学报》主编。专著有《分子生态学》。曾任中华预防医学会副主任委员，中华医学会武汉病毒学会理事长等。

向仁生（1917—1985）

湖北武汉人，微波磁学专家，夫人曹宗巽。1936年考入清华大学物理系。1938年在长沙临大从军参加战地服务团，同年10月复学，1942年毕业于西南联大。1949年获美国罗格斯大学物理学博士学位，曾任亚特兰大大学副教授。1951年春与夫人曹宗巽一同回国，在中国科学院物理所工作，后去中国科技大学，任教授、物理教研室副主任。著有《顺磁共振测量和应用的基本原理》《微波铁氧体线性器件原理》等。

向哲浚（1892—1987）

湖南宁乡人，法学家。1917年从清华学校毕业后赴美留学，获耶鲁大学文学和法学双学士学位，后又获华盛顿大学法学博士学位。1925年秋回国，任北京大学法律系教授。1927年起，先后出任司法部和外交部秘书，最高法院检察署首席检察官和最高法院湘粤分庭首席检察官、苏州地方法院院长，上海第一特区地方高等法院首席检察官。1946年1月在远东国际军事法庭任中国检察官，审判结束后，拒绝了国民党政府让其出任"最高法院首席检察长"的任命。1949年回国，就职于上海财经学院，任校基础课教研室主任，先后在北京大学、东吴大学等任教授。1952年院系调整后，又先后在复旦大学法律系、上海社会科学院担任法律教学和研究工作。1960年担任上海财经学院教授兼外语教研室主任，1965年退休。

项宗沛（ — ）

浙江临海人，剧作家。赴美，在洛杉矶南加州大学电影系学习。1949年1月回国，在华北大学政治研究院五班学习毕业后，到西北艺术学院（1950年3月由西北军政大学艺术学院改建）戏剧系任教，后到西安话剧院、陕西戏剧研究所、西安市文史研究馆等单位任职。《陕西（西安）戏剧》杂志主编，编有《伐子都》《孟丽君》《红珊瑚》《丫鬟断案》等戏剧。主编有《戏曲文学词语选释》，论文有《善良而执拗的老姑娘——漫谈喜剧的导演艺术》《发扬剧种个性特色》等。

相望年（1916—1986）

浙江嘉兴人，植物病理学家。1939年毕业于浙江大学农学院植物病虫害系，先后在广西农事试验场、甘肃农业改进所、清华大学农学院工作。1948年起留学于加拿大麦吉尔大学植物系、美国华盛顿州立大学植物病理系，1953年获博士学位，同年回国。在中国科学院微生物所历任研究员、农业微生物室副主任、微生物遗传室主任，所学术委员会副主任，中国科学院生物学部秘书。1985年任真菌地衣系统学开放研究实验室学术委员会主任，同年加入中国共产党。论著有《中国白水生藻菌》《洋麻炭疽病的防治试验》等。中国微生物学会秘书长，北京植物病理学会理事长，《真菌学报》《植物知识》杂志副主编。研究成果"葡萄根瘤病的发生规律及其防治"获内蒙古1987年科技进步奖一等奖。中国民盟成员。

萧刚柔（1918—2005）

湖南洞口人，昆虫学家。1941年毕业于浙江大学农学院植物病虫害系。1946年至1948年进入浙江大学理科研究所做昆虫生理研究生。1949年获美国艾奥瓦州立农学与机械学院硕士。1950年9月乘威尔逊号回国，历任湖南农学院、武汉大学农学院教授，华中农学院植保系农虫教研室主任，中国林科院植保所副所长。

萧光琰（1920—1968）

福建福州人，生于日本，北伐将领、国民政府驻日本公使馆武官萧叔宣之子。1928年就读上海南洋中小学，1937年赴美，1938年高中毕业，入加州帕萨迪纳学院，同年转入波莫纳学院化学系，1942年毕业。1945年获芝加哥大学化学博士学位。后历任芝大化学系助理研究员、冶金实验室研究员，1947年起，在印第安纳州美孚石油公司工作，为留美科协会员。1950年12月与夫人甄素辉（美籍华人）乘威尔逊号回国，先在石油部工作，后到中国科学院大连化学物理所任研究员，为旅大市归国华侨联合会副主席。反右和"拔白旗"中受到批判。"文化大革命"中被隔离审查，受酷刑后服巴比妥自杀。其夫人贾素辉和十五岁女儿随后在家中服安眠药自杀。

萧光珍（　—　）

女，福建福州人，北伐将领、国民政府驻日本公使馆武官萧叔宣之女，萧光琰胞妹。赴美学英文，1949年回国，1951年在全国妇联工作，1960年去大连海运学院教英文。55岁去世。

萧纪美（1920—2014）

湖南凤凰人，冶金学家，中国科学院院士（1980），夫人洪镜纯。1943年毕业于交通大学唐山工程学院矿冶系。1946年到南京政府经济部、中央标准局任技士。1948年2月赴美留学，1950年8月获密苏里大学冶金系博士学位，后在林登堡热处理公司等从事研究。1957年7月底偕夫人和两子女，与石声泰一起回国，任北京钢铁学院教授、金属物理教研室主任、材料失效所所长、环境断裂开放实验室主任。著有《高纯度钢水介质应力腐蚀研究》《合金的能量与过程》等。萧纪美等完成的论文"材料的应力腐蚀与氢致开裂机理研究"获得1987年国家自然科学奖二等奖及1997年国家教委科技进步奖一等奖。曾为中国腐蚀与防护学会、中国金属学会材料学会理事长等。

萧嘉魁（1910—1997）

江西萍乡人，统计学家，数量经济学家。1939年清华大学经济学系毕业，留校任教。1946年底选送公费赴美留学，于1949年6月获哥伦比亚大学硕士学位。1950年1月放弃博士学业回国。历任清华大学经济系副教授，北京铁道学院教授，内蒙古财经学院经济系副主任、统计教研室主任。1963年调往河北财经学院（天津财经大学）任教授。"文化大革命"期间曾被下放到河北农村劳动。合译联合国文献《投入产出表和分析》《国民经济核算体系》（SNA）；专著有《工业企业和铁路流动资金周转周期的分析》《怎样运用各种产值指标》；撰有《国民经济模型与发展计划》《国民经济核算指数体系研究》《从所谓里昂惕夫之谜看投入产出法与国际经济理论的相互关系》等。

萧　健（1920—1984）

湖南长沙人，宇宙线物理学家和高能物理学家，中国科学院院士（1980）。1944年西南联大物理系毕业，1947年赴美留学。1948年获加州理工学院物理系硕士学位，1950年获博士学位，为留美科协会员。1950年回国，历任中国科学院物理所、原子能所和高能物理所研究员，实验物理部副主任。主要从事基本粒子物理实验方面的研究：负责组建了北京、云南落雪山的宇宙线观测站；承担了磁云室的设计与建造；负责研制了中国科学考察卫星用的第一台宇宙线探测仪器。其成果"大型云室组的建设和一个重质量荷电粒子事例的观测"获1978年全国科学大会奖。撰有《人造地球卫星和宇宙线》《高能带电粒子直接产生电子对》等论文。《物理学报》副主编。民进第六、七届中央委员。

萧　伦（1911—2000）

四川郫县人，核化学家和放射化学家，中国科学院院士（1980），美国纽约科学院院士（1997），夫人萧蓉春。1939年毕业于清华大学化学系。1946年考取自费留美，次年赴伊利诺伊大学留学，1948年获该校硕士学位，1951年以发现几个新的放射性同位素为论文内容，获博士学位。1952年入美国国家矿务局（现石油能研究所）从事研究工作，为留美科协会员。1955年10月与萧蓉春回国，历任中国科学院物理所研究员，同位素室副主任、北京大学教授。1958年至1983年，任中国科学院与二机部双重领导的原子能研究院研究员，同位素研究部主任。著有《放射化学引论》。中国核工业总公司科技委高级顾问，中国核学会同位素学会理事长，原子能学会副理事长。第五届全国人大代表。

萧蓉春（1920—2008）

女，四川成都人，丈夫萧伦。1947年毕业于成都华西协合大学，后留美，获伊利诺伊州立大学经济学硕士学位。1955年10月与萧伦回国。先后在外交部、中共中央对外联络部、中国社会科学院经济所、西亚非洲所任副研究员。论文有《中东石油对资本主义世界的意义》等。

萧天铎（1916—1995）

江苏宿迁人，流体力学和水力学专家，夫人杨秀英。1941年中央大学水利工程系毕业后，留校任教。1945年考取公费赴英留学，1948年获英国纽卡斯尔大学工程学院造船系一级优等工学学士学位。1948年10月赴美国艾奥瓦大学工学院水力学研究所，1954年获该校工学博士，留校工作，1955年升为该所研究工程师。1956年8月偕夫人与孩子回国，先后任中国科学院水工研究室研究员，清华大学、中国科学技术大学兼职教授，中国水利水电科学研究院水工学及管道不恒定流研究室研究员。1981年国务院批准的首批工学博士导师。著有《萧天铎科学论文集：流体力学和水力学》。北京市第七、八届人大代表。

萧树滋（1914—2002）

河北磁县人，电化教育技术专家。1943年毕业于西北联大教育系，毕业后先后任教于陕西、重庆、天津、北平等地学校。1947年4月公派赴美留学，1949年3月获哥伦比亚大学教育技术学硕士学位。1949年4月，在民革中央安排下，由地下党秘密护送，取道非洲回国到上海。参加第一届政治协商会议，在文化部科普局工作。1953年10月，奉命支援西北，调入西北师范学院（后改为西北师大）教育系任教兼任学校电教研究室主任。1982年调到河北大学教育系任教。历任河北省电教技术学会副理事长、《河北电教》主编等。著有《电化教育学》《电化教育概论》《电化教育实用教程》等。民革中央组织部副部长。

萧卓然（1908—1998）

四川新都人，口腔医学家。1925年考入华西协合大学牙医学院，1932

年毕业，留校任教。1936年到广西医学院开办牙科，1939年至1945年分别在中央大学和中央陆军军医学校（贵州）任职。1948年夏至1950年2月在美国哥伦比亚大学进修，获牙医博士学位，随后回国。历任《中华口腔医学杂志》社长，华西医大牙学院口腔医学系主任，口腔医学研究所所长。1980年主持全国高等院校教材《口腔内科学》编写工作。

谢成科（1913—2006）

四川荣县人，生药学家。1936年毕业于华西协合大学制药系，获理学士学位，并获美国纽约州立大学理学士学位，留校任助教、讲师、副教授。1938年9月获教育部奖学金，到中央大学生物系进修植物形态解剖学和植物分类学一年。1947年9月获加拿大多伦多大学药学院奖学金前去进修，同时作实验指导教师。1949年9月获加拿大红十字会奖学金，在该校植物学系攻读硕士学位。1950年10月乘克利夫兰号回国。历任华西协合大学、四川医学院教授、生药学教研室主任。著有《中草药学》《药用植物学》等。负责承担"常用中药材品种整理和质量研究"，其中五专题分获国家中医药管理局1991年度中医科技进步奖二、三等奖。曾任中国药学会理事，卫生部药典委员会委员。九三学社成员。

谢成侠（1914—1996）

浙江杭州人，畜牧学家。1936年陆军兽医学校毕业，被分配到句容种马牧场，先后在军政部三个种马牧场任实习员、育马课课长。1941年后任中央陆军军医学校少校和中校教官。1946年夏受国防部选派留美，1948年5月获堪萨斯州立大学理学硕士学位，后在伊利诺伊大学学习。1949年春回国，任浙江省农业改进所技正兼畜牧组主任。1949年任浙江大学农学院畜牧兽医系教授。1952年调南京农学院畜牧兽医系，历任畜繁育教研组主任、系副系主任，院务委员，为江苏省畜牧兽医学会副理事长。曾获农业部科学进步奖一等奖和国家科委二等奖。为家畜繁殖研究会江苏省学会副理事长，《中国养马杂志》名誉主编。编著有《中国养马史》《中国养禽史》，主编有《中国马驴品种志》。1987年退休。

谢成章（1916—2003）

安徽青阳人，植物学家。1937年考入武汉大学农学院，抗战爆发后随校西迁后并入中央大学，1943年毕业，获农学学士，留校任教，1946年夏获农学硕士，考取教育部自费出国留学资格。1948年1月，赴美国，在得州农业机械大学生物系就读硕士学位，1949年秋取得生物学硕士学位，后在印第安纳大学读博士学位，1951年转新墨西哥大学续读博士学位。拒绝随美军赴朝鲜任翻译，经抗争，于1952年5月经香港回国，在湖北农学院（华中农业大学、武汉大学农学院）任教。编译有《被子植物形态学》，主编有《荻和芦的生物学》等，多次获得国家教委和湖北省科技进步奖。

谢光道（1914—2000）

江西南昌人，气象学家。1938年毕业于西南联大地理气象系，1948年留学美国，1950年获加利福尼亚大学气象学硕士学位，为留美科协会员。1950年响应赵九章和涂长望召唤回国。历任北京气象专科学校教授、教务主任，空军气象专科学校副校长，空军第七研究所第二所长。主编有《天气学》，撰有《水平偏向力》《大气环流》等论文，合著有《平流动力理论介绍——公式的演绎与讨论》，为中国气象学会第十九、二十届副理事长。第三届全国人大代表，第五、六届全国政协委员。

谢汉俊（1919—2003）

广西平南人，摄影艺术家、摄影理论家。1942年毕业于西南联合大学。1949年赴美，在华盛顿大学研究院学经济，后开设照相馆。1956年回国，任新华通讯社摄影部翻译，后在北京市美术公司从事摄影。任《国际摄影》杂志编辑部主任。作品有《荡秋千的姑娘》《椅影》《女学生》等，译有《摄影构图原理》《世界摄影史话》《摄影与流派》。

谢和赓（1912—2005）

广西桂林人，夫人王莹。1933年在北平中国大学求学时加入中国共产党，后经中国共产党派遣回广西桂系军队从事情报工作，曾任白崇禧的上校秘书。1942年以海外学员的身份，被中共中央派往美国做秘密调研统战工作。1946年毕业于美国国际事务研究所。后任《纽约新报》代总编。1954年9月夫妇被美国移民局拘捕。后经外交途径获释。1954年12月回国，任《世界知识》高级编辑等职。1957年被划为"右派分子"，下放到北大荒劳改。

经周恩来和董必武相继出面干预，一年后得以重返北京。1967 年 7 月 1 日，再次被捕入狱。1975 年 5 月，经周恩来指示获释，但已近精神失常。1978 年获平反，后在外交部工作直至离休。

谢焕章（1920—1999）

江苏江阴人，工程热物理专家。1944 年中央大学机械系毕业，后入成都航委会第八飞机修理厂当翻译。1946 年 3 月后被录取到美国学校做课堂翻译，同时就读科罗拉多大学机械系，1947 年毕业获硕士学位，1949 年到加州大学洛杉矶分校任助教，为留美科协会员。1951 年 3 月中断博士学业回国，任北京工业学院（现北京理工大学）热工教研室室主任。为中国工程热物理学会热力学分会副主任，中国科学史学会技术史委员会主任，《中国大百科全书·机械工程史》副主编。"文化大革命"后重获信任，曾率团去法国考察，去加拿大参加国际自动机工程师学会（SAE）会议。著有《生物热力学》。1989 年退休，后移居英国。

谢家麟（1920—2016）

天津人，生于哈尔滨，物理学家，中国科学院院士（1980）。1943 年燕京大学物理系毕业。1947 年赴美，1948 年获加州理工学院硕士学位。1951 年获斯坦福大学博士学位，为留美科协会员。1951 年 9 月回国途经檀香山被美方扣留，后在斯坦福大学、芝加哥麦卡瑞斯医学研究中心等从事加速器研究。1955 年 7 月回国，历任中国科学院原子能所研究员和室主任，高能物理所加速器部副主任、副所长。为"八七"工程加速器总设计师，粒子加速器学会理事长，高能物理学会副理事长。发表论文数十篇，合著《速调管群聚理论》、主编《北京正负电子对撞机和北京谱仪》。曾获中国科学院科技进步奖特等奖，国家科技进步奖二等奖，胡刚复实验物理奖，2011 年度国家最高科技奖励等。九三学社成员。

谢琏造（1915—1963）

江苏宜兴人，史学家、翻译家。1944 年毕业于西南联合大学，应征从军。1946 年赴美，先后在科罗拉多大学、加利福尼亚大学留学。1950 年回国，任中国科学院近代史研究所翻译组组长、副研究员。合译有《外国资产阶级是怎样看待中国历史的》《人民的英国史》。

谢　荣（1921—2021）

云南腾冲人，麻醉学家。1946年同济大学医学院毕业，后任职山东大学医学院和上海国防医学院。1948年1月获教育部公费赴美留学，在底特律的韦恩州立大学进修，后在该校附属医院麻醉科任代理总住院医师。1950年10月乘克利夫兰号回国，在北京医学院附属医院任职，历任教授、麻醉组主任、外科副主任、麻醉学研究室主任、临床医学研究所副所长。其《麻醉学》和"锡生藤碱甲"获1978年科学大会奖。其《利多卡因保护脑缺血及复灌注后损伤机制的研究》获国家教委1995年科技进步奖二等奖。曾任《中华麻醉学杂志》主编、中华医学会麻醉学分会主委，国务院学位委员会学科评议组成员，英国皇家麻醉学院名誉院士。北京市第八、九届人大常委，第七、八届全国政协委员。

谢希德（1921—2000）

女，福建泉州人，固体物理学家，中国科学院院士（1980），物理学家、教育家谢玉铭的女儿，丈夫曹天钦院士。1946年毕业于厦门大学数理系，后执教于上海沪江大学。1947年赴美国留学，先入斯密斯（女子）学院，后转麻省理工学院攻读理论物理，1951年获博士学位，留校从事测量半导体锗的介电常数与电导率的研究。1952年9月取道英国，与在英国剑桥大学刚刚获得生物化学博士学位的未婚夫曹天钦一道回国。在复旦大学任教，历任现代物理所所长、校长等职。为中国物理学会副理事长，第三世界科学院院士。论著有《群论及其在物理学中的应用》《固体物理学》（上、下册），与黄昆合编《半导体物理学》等四部等。中共第十二、十三届中央委员。上海市第七届政协主席，全国政协常委。

谢　昕（1916—2005）

又名谢昕民，壮族，广西武鸣人，兽医微生物专家。1946年毕业于中央大学农学院畜牧兽医系，1949年毕业于美国密歇根州立大学细菌系，获硕士学位。1950年10月乘威尔逊号回国，到中国兽医药品监察所工作，曾任第二细菌室主任，研究员。主持研究的"家畜布氏菌病猪型二号弱毒菌苗和口服免疫法"获 1978 年全国科学大会奖，获 1993 年国家发明奖二等奖。主持完成的"应用酶标记抗体（直接法）快速诊断猪瘟"获 1981 年农业部技术改进奖二等奖。论文有《牛副结核菌的初次分离与培养》《猪布氏菌二号菌苗对猪牛羊的免疫试验》等。编译专著有《布氏杆菌病》《布氏菌病实验室技术》《兽医免疫学》等。

谢义炳（1917—1995）

湖南新田人，大气物理学家，中国科学院院士（1980），夫人李孝芳。1940 年毕业于西南联合大学地理气象系，任贵州省气象所观测员。1941 年就读于浙江大学研究生院（贵州遵义），1943 年毕业，任中央气象局技士。1945 年，考取科技人员公费培养计划，赴美国芝加哥大学学习，并在美国气象局中期天气预报科实习。期满后获得芝加哥大学奖学金，1949 年获博士学位，为留美科协会员。1950 年秋响应周恩来总理召唤，偕夫人李孝芳回国，任清华大学气象系副教授。1952 年调入北京大学，历任物理系系副主任，地球物理系系主任。1987 年获国家自然科学奖二等奖。为《气象学报》主编，国务院学科评审组成员；国家自然科学基金评审组成员兼大气科学组组长。九三学社中央参议委员会委员。

谢毓章（1915—2011）

江苏苏州人，儿时迁居北京，液晶物理学家，夫人寇淑勤。1936 年毕业于清华大学物理系，1942 年获西南联大硕士学位。后在湖南大学电机系、广西大学电机系和中央大学物理系任教。1948 年赴美留学，1950 年获范德比尔特大学博士学位。后在费斯克大学、普渡大学、汉普顿学院、范德比尔特大学等任教。1957 年 3 月偕夫人与孩子回国，任清华大学物理学教授。长期被怀疑为"美国特务"，1968 年被判刑入狱，1972 年被释放。在二七机车车辆厂劳动两年。1979 年获平反，开始培养液晶物理研究生。作为第二完成人，"生物膜形状的液晶理论模型研究"项目获国家自然科学奖二等奖。中国物理学会液晶分会首任理事长。

谢震亚（1902—　）

浙江绍兴人。1925 年毕业于福建协和大学外文系。曾任厦门集美中学教师，福建协和大学讲师，暨南大学、台湾大学、台湾师范学院教授。曾留学美国，1950年3月，与朱光亚等五十二人发表《给留美同学的一封公开信》，后回国，历任山东大学、张家口解放军外语学院教授。第三届全国人大代表。九三学社成员。

辛润棠（1905—1986）

安徽太湖人，农业教育专家。曾任教于金陵大学农学院。留美，1950年回国。历任江苏师范学院、苏州大学教育学院教授。论文有《论美国纽约州农事师资训练计划》《我国古代唯物主义者王充的教育思想》，合著有《农业职业教育》《农业大意》《实用农业活页教材》等。

辛治华（ — ）

陕西长安人，心理教育家。1941年毕业于北京师范大学教育系，后留美，1948年获哥伦比亚大学硕士学位。1951年回国，任山西大学教育系副教授、教授。1980年成立心理学教研室，任室主任。为山西省心理学会理事长、名誉理事长。著有《心理卫生》《儿童心理与教育心理》《关于小学教师处理儿童行为问题的调查研究》。1985年被评为山西大学先进教师。

熊文愈（1915—2014）

四川崇庆人，森林生态学家。1940年毕业于四川大学森林系，留校任教。1944年考取中英文教基金会公费留学，先进入加拿大多伦多大学旁听，后转入美国耶鲁大学林学院。1947年获硕士学位。同年8月转入明尼苏达大学攻读博士学位，加入留美科协，1951年获博士学位，留校任研究员。与他人合作，发表了《榛子及松林生长分析研究》等数篇论文。1953年回国。历任南京林学院、南京林业大学副教授、教授、林学系主任。主编有《森林学》，合编有《竹林培育》等。1990年12月获"国际林联工作突出贡献奖"。中国林学会第三至五届理事，国务院学位委员会第一、二届学科评议组成员。九三学社成员。

熊向晖（1919—2005）

原名熊汇荃，安徽凤阳人，外交家。1936年11月在清华大学加入中国共产党。1937年12月，遵照指示到国民党胡宗南（时任第八战区副司令长官，后任第一战区司令长官）的部队服务。1939年在中央军校第七分校（西安分校）毕业，至1947年5月，任胡宗南的侍从副官、机要秘书。1947年9月，被胡宗南派赴美国留学，在西储学院（现凯斯西储大学）攻读政治经济学硕士，1948年9月获社会科学硕士学位，1949年4月回国。历任外交部新闻司副司长、驻英国代办、解放军总参二部副部长、驻墨西哥首任大使、中共中央调查部副部长、统战部副部长兼中国人民外交学会副会长、欧美同学会名誉会长等。

熊 尧（1920—1987）

山东济宁人，农业化学家。1945年在北平辅仁大学化学系获硕士学位，后任北京大学农化系助教，1948年赴美，获堪萨斯州立大学化学系博士学位。1950年回国，1951年9月，任中国科学院昆虫研究所药剂室主任。1962年后，任动物所药剂毒理室副主任和昆虫外激素室主任等职。杀虫剂甲萘威的新法合成、辛硫磷和三氯杀虫酯的合成等成果，获全国科学大会奖和中国科学院二等奖等多种奖励。发表论文十余篇和翻译多种农药著作。

熊 毅（1910—1985）

曾用名熊其毅，贵州贵阳人，土壤学家，中国科学院院士（1980）。1932年毕业于北京大学农学院，获学士学位。后进中央地质调查所土壤室工作，1945年任室主任。1947年赴美国留学，1949年获密苏里大学硕士学位，1951年获威斯康星大学博士学位，同年7月回国。历任中国科学院南京土壤所研究员、土壤及水土保持所所长等。1979年，任中国科学院南京分院院长。曾任中国土壤学会副理事长、中国生态学会副理事长，《土壤学报》《土壤》《环境科学学报》主编。论文有《试论土壤生态系统》《土壤胶体的组成及复合》，著作有《中国土壤图集》《中国土壤》《土壤胶体》等。

徐宝陞（1912—2007）

又名徐宝升。山东昌邑人，冶金机械专家。1937年毕业于清华大学机械系，1938年冬受聘到中国兴业公司钢铁厂工作。1945年受聘为中央大学机械系讲师，1946年任天津化学公司汉沽碱厂工程师，1947年留学美国，1948年获密歇根大学机械工程与化学工程硕士学位。1949年1月回国，在重钢三厂任总工程师、副厂长。1956年入党，1957年赴苏联考察连续铸钢技术，1958年调至北京钢铁学院任教，1978年任机械系主任。1957年设计中国第一台工业生产的立式连铸机，并首次采用大型剪坯机，获1966年国家科委发明证书。筹建了中国金属学会冶金设备学会，先后担任冶金设备学会和连续铸钢学会的理事长。著有《连续铸钢装置》《连续铸钢设备》。

徐炳华（1918—2016）

江苏无锡人，建筑学家，夫人章周芬。1939年毕业于西南联大土木系。1946年与章周芬一同赴美留学，1950年9月与夫人和孩子乘威尔逊号回国。主持设计的工程有中南海怀仁堂改扩建工程、中央组织部大楼和北京电报大楼等。1956年夫妇二人调沈阳，筹建建设部东北设计院。八十年代末任总工程师、副院长、院长。第一、二届沈阳市侨联主席，辽宁省人大代表。

徐骊宝（1915—1986）

女，浙江海宁人，物理学家，丈夫王天眷。1934年从杭州高中考入浙江大学物理系，1935年与胡宁和赵芳瑛一起转到清华大学物理系，1938年毕业于西南联大。曾任中学物理教师，后在上海第二医科大学、台湾医科大学任教。1950年赴美，先入俄亥俄大学，后获纽约大学物理学硕士。1960年偕丈夫与孩子经苏联回国，曾在中国科学院武汉原子能所任职，因体质较弱早年辞职病休。

徐 斐（1922—2013）

女，江苏人，生于上海，音乐教育家，丈夫杨嘉墀。1941年毕业于上海国立音乐专科学校，1947年赴美留学，1951年毕业于波士顿音乐学院，主修钢琴，获学士学位。1956年9月偕丈夫与孩子乘威尔逊号回国，后先后任教于北京艺术师范学院、北京师范学院音乐系，曾担任钢琴教研室副主任。1980年参加编写教育部高等师范院校教材《钢琴基础教程》。1988年在首都师范大学音乐系退休。

徐冠仁（1914—2004）

江苏南通人，核农学家，中国科学院院士（1980），夫人黄小玲。1930年入南通学院农科。后转入国立中央大学农艺系，1934年毕业，获学士学位，留校任教并从事水稻遗传研究。1946年赴美留学，1950年获明尼苏达大学博士学位，后任该校农学及植物遗传系研究员。1956年偕夫人和幼子转道日本回国。创建中国农科院原子能利用研究室，后发展为原子能利用所，先后任室主任、所长，兼任北京农业大学教授、农业物理气象系主任、中国科学院遗传所研究员。为中国原子能农学会理事长，《原子能应用》和《核农学报》主编。论著有《辐射育种的进展》《核子科学技术在作物育种上的应用》等。2004年病逝于洛杉矶。

徐光宪（1920—2015）

浙江上虞人，物理化学家，中国科学院院士（1980），夫人高小霞院士。1944年毕业于交通大学化学系，1946年任交通大学化学系助教，1947年赴美留学，1951年3月获哥伦比亚大学博士学位。同年5月偕夫人回国，历任北京大学放射化学教研室主任、原子能系（技术物理系）副主任、稀土化学研究中心主任等。1969年底到江西农场劳动一年。是国务院学位委员会化学学科评议组成员，中国稀土学会副理事长，中国化学学会理事长，国家自然科学基金委化学科学部主任。著有《物质结构》《量子化学》《稀土萃取化学》等。1994年获何梁何利基金科技进步奖，2008年获国家最高科学技术奖。第三届全国人大代表，第五届全国政协委员。中国民盟成员。

徐禾夫（1917—　）

山东陵县人，教育学家。1948年12月赴美留学，1950年12月在路易斯安那州立大学毕业，1951年初回国，在华北革命大学学习半年，后到北京农业大学和北京函授学院任教，1978年调中央教育科学研究所工作。1987年退休。译著有《教育规划工作的过去和现在》。

徐华舫（1916—2008）

浙江鄞县人，空气动力学家。1942 年毕业于西南联合大学航空工程系。1948 年留学美国。为北美基督教中国学生会（CSCA）成员。1949 年获普渡大学航空工程硕士学位，同年回国。历任清华大学讲师，北京航空学院教授，北京市航空学会理事长。主持了我国第一座中型超音速风洞总体设计和气动计算工作，编著有《气动力学》《高速空气动力学》《飞行器部件空气动力学》等。

徐积功（1924—1981）

浙江桐乡人，化学家。1945 年毕业于上海沪江大学化学系，在台湾、日本短暂工作后，1950 年进入美国普渡大学化学系，从事含氟有机化合物合成的研究，1954 年获博士学位。1956 年回国，任教于复旦大学化学系，副教授。论文有《英国大学化学教学的一些情况》《聚乙二醇相转移催化的 Wolff-Kishner 反应》《含氟酮肟的 Beckmann 重排》等，著有高校教材《有机化学基础》（上、下两册）。

徐静怀（1920—2003）

女，浙江人，丈夫彭瑞复。1945 年毕业于重庆中央大学，同年赴美，入哥伦比亚大学教育学院，1946 年获美术（教育）硕士学位，在纽约当地幼儿学校任教，同年在纽约与彭瑞复结婚。1953 年偕丈夫与两个儿子一起回国，先后在北京培新幼儿园工作，在北京二十七中学教英语，直至 1991 年丈夫去世后退休，同年移居美国纽约与儿女团聚，同时从事义务英语教学工作。2003 年因交通事故在加州去世。

徐 鸣（1920—2014）

江苏无锡人。毕业于复旦大学、广西大学。1944 年 12 月赴美波士顿克拉克大学研究生院读国际关系和美国史，期间参加美共中国局和中共在美领导小组，并参与主持《华侨日报》编辑工作。1949 年夏回国，9 月再次被派往美国，参与留美科协工作，动员留美学生和科技人员回国。同年回国后，任职于外交部政策委员会、朝鲜停战谈判代表团等。1957 年被划成右派，1979年改正。后任中国社院科工业经济研究所顾问、国家计委外事局局长等。

徐起超（1922—2007）

浙江杭州人，机械专家。曾就读于中央空军军官学校和上海圣约翰大学。抗战胜利后随父母定居香港。1947年8月赴美，获加利福尼亚大学机械工程硕士学位。1950年3月回国，受到周总理的接见。在天津新安电机厂、天津电机厂任工程师。"文化大革命"期间被下放劳动，后任天津大学副教授。1978年9月调到浙江省，历任省机械科学所高级工程师、副总工程师、所长，省机械厅副厅长，省侨办主任、副省长。第七、八届全国人大常委会委员，第九届全国政协常委。民革中央第六至八届副主席，第九、十届名誉副主席。离任后去香港定居。

徐　仁（1920—2017）

女，江苏无锡人，外语教育家，丈夫吴自良。1947年毕业于圣约翰大学，获教育学学士学位。1948年赴美，留学纽约州雪城大学，获教育学硕士学位。1951年回国后，入华东军事政治大学进行思想改造教育学习，结束后分配到上海震旦大学教英语，几个月后，1952年院校院系调整，到上海复旦大学外语系教俄语，1959年开始教英语。1960年上海工学院（后为上海大学）成立，转入该院教英语，1975年退休。六十年代参加教育部大学公共外语教科书编辑工作，为编委会委员之一。九三学社成员。

徐仁吉（1928—2010）

湖北人。丈夫刁开智。留美，艾奥瓦大学毕业，学习社会学。1950年11月与丈夫乘威尔逊号回国，在卫生部工作。六十年代跟丈夫去香港，后又移居美国，在美国国务院外交学院的语言学校任职，晚年在加州女儿家去世。

徐日光（　—　）

广东广州人，微生物学家，夫人陈玉清。留美，获医学博士学位。1951年1月申请回国，1954年4月批准，在缴纳了八百多元税后，又说手续未完，直到 1956 年 2 月，才偕夫人和三个孩子与陆启荣、徐飞锡等十七位留学生同船回国。曾任中国医科院寄生虫病研究所教授，论文有《血吸虫病性侏儒症激素治疗的疗效观察》《急性钩虫病》《α–山道年、哌哔嗪、β–山道年驱蛔效果和毒性的比较观察》等。从事微生物研究工作二十余年，后移居美国。

徐绍武（1902—1995）

江苏南京人，体育教育家。1927 年毕业于金陵大学教育系，曾任金陵大学教授、体育部主任。1950 年获美国纽约大学体育硕士学位，同年 10 月回国。历任南京师范学院、南京师范大学教授，体育系首任系主任。江苏省高等学校体育工作委员会第一届副主席，江苏省足球协会副主席，全国体总江苏省分会副主席。著有《大学体育通用教材》《足球》。南京市政协常委。

徐水月（1924—2017）

女，宁波人，丈夫林作砥（美国工程院院士）。在明尼苏达大学化工系留学，获硕士学位，为《留美科协通讯》编委。1956 年 6 月与丈夫一起回国，在中国科学院化学所工作。1958 年去香港。1959 年与丈夫一起赴美国定居。

徐　僖（1921—2013）

生于南京，高分子化学家，中国科学院院士（1991）。1944 年毕业于浙江大学化工系，任唐山交通大学矿冶系助教、上海光华大学化学系讲师。1947 年赴美，1948 年获里海大学化学化工系硕士学位，1949 年 5 月回国，任重庆大学化工系副教授，1954 年起历任四川化工学院和成都工学院教授，成都科技大学高分子材料系主任、副校长，四川大学高分子材料工程国家重点实验室主任。国务院学位委员会非金属材料学科评议组召集人，国家自然科学基金委员会有机高分子材料学科评议组召集人。中国化工学会第三十五届副理事长；撰有高分子专业教科书《高分子化学原理》，《高分子材料科学与工程》及《油田化学》等期刊主编。第三、第五至八届全国人大代表。九三学社成员。

徐先伟（1920—2018）

女，安徽芜湖人，英语教育家，丈夫张景哲。1940年进入西南联大社会学系，毕业后在美军驻南京办事处工作。1948年赴美留学，在马里兰大学攻读社会学，获得硕士学位。1957年8月放弃攻读博士学位，偕丈夫和两个孩子乘克利夫兰号回国。回国后因社会学被取消，在中央民族学院改教英语，任外语系副教授。八十年代与费孝通教授等人共同翻译《世界民族史》，并协助中央民族学院和北京大学恢复社会学系的重建工作。退休后移居美国芝加哥。

徐鑫福（1915—2008）

江苏灌云人，飞机制造专家。1940年毕业于重庆中央大学航空工程系。1940年至1944年在四川飞机制造厂、成都航空研究院工作。1945年至1949年，先后在美国飞机制造厂、英国飞机设计院工作。1949年回国，历任华北大学工学院副教授，北京航空学院、中国航空航天大学教授，飞机构造与设计教研室主任。

徐　璇（1918—2017）

浙江宁海人，经济学家，夫人茅于美。1942年清华大学经济系毕业，后在重庆大学商学院银行保险系任教。1947年考取自费留美生，1948年12月获圣路易斯华盛顿大学工商管理学硕士学位，旋即到伊利诺伊州立大学读博士。1950年9月中断学业，偕夫人乘威尔逊号回国。先在北京银行研究所任研究员，后在中国银行国际经济研究所任研究员。1952年去南开大学经济系任副教授，1956年调中国人民大学经济系任教授，1987年退休。译著有《欧洲经济史》，编有教材《外国经济史》。

徐亦庄（1924—1993）

上海人，光学家。1945年毕业私立大同大学物理系，获学士学位。1948年获得清华大学硕士学位，同年赴美留学，1951年获得芝加哥大学博士学位，同年回国，历任清华大学物理教研组主任，理论物理教研组主任，物理系副系主任、近代物理研究所副所长。主要论文有《空阴极放电氦镉白激光器的研究》《场的相干和能级近简并对共振两能级系统占据几率的影响》《对称强双色共振场中弛豫效应对二能级系统斯塔克分裂的影响》，论著有《分子光谱分子光谱理论》。

徐璋本（1911—1988）

湖南长沙人，物理学家。1935年上海交大毕业，1937年赴美留学，1940年获加州理工学院物理学博士学位，回国后在湖南大学、江南大学、上海交通大学电信研究所任职，还曾在重庆中央大学教授无线电工程课程。1949年再次赴美，在哈佛大学和加州理工学院工作，转向研究量子力学，曾联名给艾森豪威尔总统写信要求释放中国留学生回国。1955年6月乘威尔逊号回国。被清华大学聘为三级教授。1957年被打为右派，后以历史和现行双料反革命罪被判处无期徒刑，先关押在陶然亭北京市第一监狱，1969年转至邯郸地区监狱。其间钱学森多次探监。在钱学森和赵忠尧给中央上书的推动下，1975年获释，1979年获得平反。

徐 陂（1919—1997）

江苏南通人，公共卫生专家。1938年毕业于浙江医学高等专科学校，1948年赴美国留学，获明尼苏达大学公共卫生硕士学位。1949年9月回国，10月1日，以留美医学科学家的身份，受邀登上了天安门，参加了开国大典。1950年到浙江省卫生厅工作，参加创建浙江省卫生实验院（医学科学院），担任教授、副院长、院长、顾问等。主编多种全国通用卫生学教材，著有《吸烟与疾病》等科普著作。

许保玖（1918—2021）

贵州贵阳人，水处理专家，夫人甘祯祥，1942年国立中央大学毕业，1948年赴美国留学，翌年获密歇根大学卫生工程硕士学位，1951年获威斯康星大学博士学位。1954年12月20日与夫人一起回国，任清华大学土木工程系、环境工程系副教授、教授。为中国化工学会工业水处理学会、中国电子学会洁净学会副主委。《工业水处理》杂志编委会副主编，《中国给水排水》杂志编委会编委等职务。中国土木工程学会给排水学会理事长。论文有《论水工业》《论水质科学与工程及二十一世纪的水处理科技》，著作有《给水处理理论与设计》《当代给水与废水处理原则》等，主编主审主译主校有《净水厂设计》《水处理手册》大学教材《给水工程》和《新英汉给水排水工程辞典》等。

许国志（1919—2001）

江苏扬州人，运筹学家和系统科学家，中国工程院院士（1995）。夫人蒋丽金院士。1943年毕业于上海交通大学机械工程系，后在资源委员会所属厂从事蒸汽锅炉设计。1947年赴美留学，在堪萨斯大学机械工程系获硕士学位后，转入数学系，1953年获博士学位，先后在芝加哥大学气象学系和马里兰大学流体力学与应用数学研究所工作。1955年10月偕夫人回国，历任中国科学院力学所、数学所、系统科学所研究员和副所长。参加创建中国科学院系统科学所，筹建和组织中国系统工程学会，领导编写运筹学著作《一门崭新的科学——运筹学》和《运筹学》，是中国数学学会运筹学会第一届副理事长，中国系统工程学会第一届理事会秘书长和第二届理事长。

许慧君（1925—　）

女，广东番禺人，光有机化学家，丈夫朱光亚。1946年重庆中央大学化工系毕业，随后赴美留学，1950年获密歇根大学理学硕士学位。1950夏回国。曾任教于东北人民大学（现吉林大学）和北京大学化学系，中国科学院感光化学所和化学所。多年从事有机化学和有机光化学的教研工作，主要论著有《三发色基因体系分子内激基复合物形成的环境效应》《哌嗪淬灭9-甲基蒽荧火的光动力学》和《金属酞菁敏化光还原硝基化合物的反应》等。其研究成果"光敏电子转移与光能转换研究"获1992年中国科学院自然科学奖二等奖，"光敏染料及其应用基础研究"获2002年北京市自然科学奖一等奖。2003年退休。

许健生（1925—2010）

女，生于香港，医学科学家，丈夫高联佩。1945年考入岭南大学化学系，1947年作为交换生赴美。1951年和1955年分获密歇根大学生物化学硕士和医学博士学位。1957年元旦随丈夫回国。1957年任北京协和医院生物实验室主任。1968年1月与丈夫高联佩入山西平遥监狱，1972年5月出狱。1977年调中国科学院生物物理所任副研究员。1979年回香港，1987年移居美国，在哈佛医学院麻省总医院马丁诺斯生物医学成像中心工作，用功能性核磁共振成像方法研究针灸对人脑的作用，在《人脑成像》《神经成像》等国际刊物上发表诸多论文。与丈夫合著有《活细胞与活组织核磁共振文献综述》。2010年，马丁诺斯中心以其名字命名美国国立辅助与替代医学研究中心在该机构的针刺研究中心为"Kathleen Hui Center of Excellence"。

许乃炯（　—　）

金融学家，1945年西南联大法商学院经济系毕业，在校期间加入中国共产党。后留美，获南加利福尼亚大学经济学硕士学位，1951年回国，任外贸学院国贸系副教授、教授、系主任、院长。七十年代初期，被调到外贸部国际组担任处长，1980年任中国驻世界银行的执行董事。著有《石油、原料和发展》，论文有《略论战后帝国主义的资本输出》等。

许鹏程（1911—1976）

福建福州人，生物化学家和营养学家，夫人龚兰真。1933年北京燕京大学化学系毕业，后留校任教，1935年获硕士学位，1939年去美国康奈尔大学专攻营养学，1942年获博士学位，在芝加哥大学化学系任教。1945年回国，先后任成都和北京的燕京大学教授。1947年应联合国粮农组织（FAO）担任东南亚营养专员。1951年偕夫人一起回国，在广州岭南大学医学院，任生理学科教授。1953年院系调整，到华南医学院（后为中山医学院），建立生化教研室，任室主任。科学论著多发表于《中国生理学杂志》《中国化学会会志》《中华医学杂志》《营养学报》。九三学社成员。

许如琛（1917—1978）

女，满族，福建福州人，植物病毒学家，丈夫吴兆苏。早年参加过一二·九学生运动，1938毕业于西南联大生物系，后赴美国明尼苏达大学攻读生物学，获硕士学位，为留美科学工作者协会理事。1950年10月随丈夫吴兆苏乘克利夫兰号回国，曾任南京大学生物系教授，生理教研室副主任，江苏省病理学会理事。全国青联代表，第三届全国妇联代表。江苏省第二届至四届政协委员，南京市第二至四届人大代表，九三学社江苏省委妇女工作委员会委员。

许少鸿（1921—2010）

福建龙海人，固体发光物理学家。1943年毕业于西南联合大学物理系，留校任助教。1947年北京大学物理系研究生毕业。1948年赴美，先后在哈佛大学研究生院和得克萨斯农业与机械大学研究生院学习。1950年8月30日，与郭挺章、吴琼璁、邹德华等同船回国抵港，任中国科学院物理所副研究员，长春物理所研究员、副所长，1985年任上海科技大学材料科学系研究员、上海大学无机材料系教授。长期从事固体发光研究工作。1980创办《发光与显示》(现为《发光学报》)，任主编。

许声潮（1915— ）

浙江象山人。1936年浙江大学电机系毕业后，到德国柏林高等工业学院进修。1937年到美国西屋电气公司实习。1950年回国，曾任华东电管局处长，高级工程师。

许顺生（1920—2007）

安徽合肥人，X射线晶体学家。1943年毕业于武汉大学矿冶系，后赴美留学，1953年获洛特丹大学冶金系博士学位。1955年10月回国，任中国科学院上海冶金陶瓷所研究员。科研成果"材料科学中结构与点阵缺陷的X射线研究"获1982年国家自然科学奖四等奖，"光电直读式高精度X射线双晶衍射仪"获1984年中国科学院重大科技成果奖二等奖。论著有《金属X射线学》《X射线衍射金相学》《镁–镓合金时效过程的晶体学研究》等。晚年移居美国。

许协庆（1918—2014）

江苏南京人，生于北京，水利水电专家。1940年毕业于交通大学唐山工程学院土木工程系，任该校助教两年，后去四川岷江电厂和宜宾电厂工作。1946年公费赴美留学。1947年获艾奥瓦大学力学与水力学系硕士学位，1950年获博士学位，随后任该校水利学研究所副研究员，纽约市立大学助理教授。1955年经欧洲回国，历任水利水电研究院水工所工程师、水利机电所副所长。1990年退休。

薛蕃康（1923—2019）

江西黎川人，金融经济学家。1945年厦门大学商学院毕业，曾供职于国民政府社会部。1947年赴美在明尼苏达大学研究生院进修。1950年10月回国，先后在华东贸易部和上海市外贸局工作。1960年调入外贸学院教外语。1969年到凤阳干校劳动。1971年调入上海外语学院国际金融贸易系，1978年任英语系高年级教研室主任与英语系副主任，1988年至1992年任国际经济贸易系主任。曾为中国国际贸易学会常务理事。主译有《处女地》（美国文学史论译丛）、《尼罗河上的惨案》、《校园疑云》。编译有《价值与资本》《国际商法基础教程》《凯恩斯主义与货币学派》等。1980年至1986年任国家教委专业外语教材编审委员会委员期间，主编的大学《英语》第三、四册，曾获教委高等学校教材一等奖。

薛济英（1914—1996）

江苏苏州人，体育教育家。1939年北平师范大学体育系毕业，先后在西北师范学院和北京师范大学任教。1948年赴美国麻省春田学院和艾奥瓦大学研究生部学习，1950年获教育学硕士学位。1951年回国，历任北京师范大学副教授，北京体育学院教授、田径教研室主任等职。曾为中国田径协会裁判委员会副主任、北京市田径协会裁判委员会副主任、国家体委学科评议组成员、中国体育文史资料编委会委员。自1975年以来负责历年国际田径规则的翻译和我国田径规则的修改起草工作。1988年获体育运动荣誉奖章。主编《中国大百科全书·体育》卷"田径"部分并撰写部分条目。

薛社普（1917—2017）

广东新会人，细胞生物学家，中国科学院院士（1991）。1943年毕业于重庆中央大学博物系，1947年获该校硕士学位后，赴美留学。1951年获华盛顿大学（圣路易斯）博士学位，同年回国。任大连医学院解剖科副教授。1954年兼任哈尔滨医科大学组胚教研室副教授。1955年后历任北京中央卫生研究院副研究员，中国医科院实验医学所实验形态学系副主任、系主任、教授。1978年任基础医学所细胞生物室主任、研究员，中国协和医科大学组胚教研室主任、教授。曾任中国解剖学会理事长，主编《中国医学百科全书·胚胎学》。著有《组织学与胚胎学》《人体胚胎学图谱》等，先后获部级科技进步奖二等奖四项。中国民主同盟成员。

薛廷耀（1914—1998）

福建云霄人，海洋生物化学家。1937年毕业于山东大学生物系。1943年8月赴美，1946年获艾奥瓦大学硕士学位，1949年8月获密苏里大学生物化学博士学位。同年回国，历任山东大学教授、山东海洋学院教授、图书馆馆长、副教务长，兼任中国科学院海洋所研究员。专于海洋小球菌、发光菌和硫杆菌的研究，著有《海洋细菌学》《元素的环境化学》《细菌呼吸作用的生物化学研究》《海洋生物发光的比较生化》等，译有《水产细菌学》。1960年出席全国文教群英会。第三届全国人大代表，第五、六届全国政协委员。

薛威麟（1913—1969）

江苏无锡人，纺织学家。早年随父亲薛震祥先生，在上海从事消防器材的工作，后入江苏省立苏州专门工业学校（后为苏南工业专科学校）学习纺织。毕业后赴美北卡罗来纳州立大学纺织学院留学，1950年获硕士学位。1950年10月乘克利夫兰号回国，1957年任华东纺织工学院（今东华大学）新建的针织教研室主任、教授。1962年主编纺织院校教材《针织学》。

薛贻源（1913—1957）

福建屏南人，地理学家。1936年，考入北京师范大学地理系，1940年毕业，在中国地理研究所任助理研究员。1945年翻译的美国地理学家葛德石的著作《中国的地理基础》由开明书店发行。是年任九三学社中央宣传委员、北平分会副秘书长。1947年赴美国威斯康星大学研究院地理系深造，获硕士学位。1950年9月乘威尔逊号回国，供职于政务院内务部参事室参事，中央人口调查登记办公室综合组副组长，领导区划科对旧行政区划调整、新行政区划建立及全国人口调查工作。1957年5月5日，在北京科联礼堂作学术报告时，脑出血症突发逝世。

薛　正（1901—1995）

女，江苏无锡人，教育家。1932年燕京大学教育系毕业，毕业后任美国基督教卫理公会创办的上海中西女中教导主任，后任校长。1940年赴美国哥伦比亚大学留学教育学，1941年获硕士学位后回国。1948年接受美国基督教卫理公会资助再次赴哥伦比亚大学攻读博士学位。1950年春放弃即将得到的博士学位回国，历任中西女中校长，上海市第三女子中学副校长、校长、名誉校长。1979年到美国访问，向海外介绍《社会主义中国的教育概况》，回来后在教育界作了"美国教育随记"讲座。1951年任民进中央委员和中央参议委员会委员。1954年起当选为上海市第一至五届、第七、八届人大代表。1984年10月上海市人民政府授予其上海市第三女子中学终身名誉校长荣誉。1985年加入中国共产党。

Y

严东生（1918—2016）

浙江杭州人。无机化学家，中国科学院院士（1980），中国工程院院士（1994）。1935年考入清华大学化学系，1939年在燕京大学毕业，1941年获硕士学位。1946年获留美奖学金，入纽约大学化学系，一年后转伊利诺伊大学读陶瓷学。1949年2月获博士学位，留校做博士后研究，为留美科协会员。1950年4月回国，历任开滦煤矿化工所副所长、唐山交通大学教授。1954年调中国科学院上海冶金陶瓷所，后任上海硅酸盐所副所长，中国科学院副院长，中国科技大学副校长。曾获国家自然科学奖三等奖，全国科学大会科研成果奖、国家发明奖一等奖。著有《含氟高炉型熔渣对耐火材料侵蚀作用的研究》《高强度刚玉微晶体的研究》等。欧美同学会副会长，第六、七届全国政协常委，中共十二大中央委员。

严仁英（1913—2017）

女，天津人，医学家，"南开校父"严修的孙女，丈夫王光超。1935年从清华生物系考入协和医学院，1940年毕业并获医学博士学位。1948年赴美，在哥伦比亚大学医学院进修。1949年11月偕丈夫以及梁思懿、梁思礼、刘传琰等人回国。历任北京医学院第一附属医院妇产科主任、院长。曾为全国人大第三届和第五至八届代表，全国政协第二、三届委员。

严 炎（1920— ）

江苏常熟人，畜牧学家。1944年6月南京中央大学畜牧兽医系毕业。在中央农业部畜牧实验所任职。1948年5月自费留美，1949年7月获明尼苏达大学畜牧硕士，11月29日乘克利夫兰号抵港回国。在山东农业大学畜牧兽医系任教。论文《奶牛胚胎分割和移植的研究》《超数排卵奶牛奶孕酮含量与卵巢反应及胚胎质量的关系》。

严忠铎（1915—1972）

江苏镇江人，电讯专家。1938年毕业于上海交通大学电机系，由学校推荐到国民政府军委会军统电讯处参加抗战，从事电讯技术，任工务科长。1944年考取自费留美资格，1946年获哈佛大学通信工程硕士学位，1947年至俄亥俄州立大学攻读博士学位。1949年参加留美科协，受唐山工程学院院长唐振绪邀约，放弃博士论文答辩，于1950年10月乘克利夫兰号回国。先后在唐山工程学院、哈尔滨和北京铁道学院任教授。1957年被划为右派，以历史反革命罪判刑五年，剥夺政治权利三年，家属被驱逐出校。服刑期间在清河农场从事翻译工作，1962年刑满后被强制留在农场，1969年遣返回宁后，全家又下放农村，病逝于泗洪县。1978年右派问题获北京交通大学改正，反革命罪没有平反。

颜坚莹（1919—　）

女，生于香港，丈夫何宪章。金陵大学经济学毕业。1947年赴美，在艾奥瓦大学攻读工商管理硕士学位。1956年与丈夫等六位留学生一起回国。在华南农学院图书馆任副馆长十多年，后到暨南大学企业管理系任教，开设了组织行为学课程，开创了全国高校的先河。2014年为暨南大学教育基金会捐赠，以母亲的名字设立"连少卿助学金"，用于资助企业管理系的研究生。著有《组织行为学》（企业管理专业教材），为广东省三八红旗手、农工党成员，广东省政协委员。八十年代后移居加拿大。2017年春回国参加暨大总支的工作总结会。

颜鸣皋（1920—2014）

浙江慈溪人，生于河北定兴，金属物理学家、航空材料专家，中国科学院院士（1991）。1938—1942年就读中央大学机械工程系。1944年赴美留学，1947年获耶鲁大学冶金学硕士学位，1949年获该校工学博士学位，任纽约大学研究部研究员，为留美科协金属为学术小组联络人。1950年10月准备回归国时被美方拘禁，1951年2月底回国，任北京工业学院第二机械系主任。曾参加制定中国《1956—1967年十二年科学技术发展远景规划纲要》

的工作。1957年调入航空材料研究所，任钛合金室、金属物理室主任。该所于1960年划归国防部建制，1963年被授予上校军衔，任该所副所长、总工程师。中国航空学会材料专业委员会主任，中国材料科学学会理事长，《航空材料学》《材料工程》的主编。

颜瑞清（1919— ）

上海人，医学家，湘雅医学院创始人颜福庆幼子。在美国纽约州立大学学国际政治。1949年被父亲叫回国，改行学医，在上海市防痨协会、上海市结核病防治所任职。华东卫生部任命为上海第一医学院副院长后，为拓展校园东奔西走，建成了六、七、八号三幢大楼。文章有《回忆父亲颜福庆在防痨事业中的贡献》。九三学社成员。

晏新民（1925—1990）

四川巴中人，生于北平，音乐教育家，晏阳初次子。1945年在重庆歇马场平教会景慧学校任美术教师。1946年在璧山实验区工作。1947年赴美，入科罗拉多州立大学师范学院音乐系学习，1948年加入中国共产党，1951年毕业，同年回国。任北京师范大学音乐系助教、讲师。1956年调北京艺术师范学院（后为中国音乐学院）音乐系任教。1958年被划成右派下放劳动。1961年回中国音乐学院，在资料室工作。1985年退休。1988年患脑血栓，入北京第一社会福利院休养。

晏振东（1922—2006）

四川巴中人，生于上海，中国平民教育家和乡村建设家晏阳初长子。1944年秋入重庆夏坝的复旦大学土木系，1945年参加民主青年同盟。1946年秋，转重庆大学电机系学习。1947年春，在重庆歇马场家中休养。同年夏赴美，入缅因大学电机系，1950年春毕业，在奇异电气公司实习，1951年5月回国。同年7月任北京石油局设计处技术员，后为石油部北京设计院给排水工程师。1969年11月，下放到湖北潜江"五七干校"劳动锻炼。1972年任江西九江炼油厂筹备处给水工程师。1978年4月任石油部情报所工程师。1983年患脑栓塞左侧偏瘫，1985年退休。

杨昌栋（1897—1983）

福建平潭人，牧师，夫人李梅娇。1925年福建协和大学毕业，文学学士，1928年燕京大学神学系毕业，神学硕士。论文《基督教对中古欧洲的贡献》约四十万字，由上海光学会书局出版。在平潭苏澳教堂当牧师。1933年秋赴美，1934年获耶鲁大学社会学博士学位，同年回国，任福州协和农业职业学校校长，1938年兼任福建协和道学院院长。1941年任美国卫理公会福建卫理联中校长。1942年秋专任道学院院长。1949年5月再次赴美，1950年10月与夫人乘克利夫兰号回国。任卫理公会福州年议会主席、福州天安堂主任牧师。1956年起任福州市第一至三届基督教三自爱国运动委员会副主席，福建省文史馆馆员。1981年任福州市基督教教务委员会总干事。先后当选福州市人大代表、市政协委员。

杨大望（1912—1985）

女，湖南长沙人，医学家，丈夫文士域。1938年毕业于湘雅医学院，历任贵州中央医院、湖南湘雅医院、昆明昆华医院妇产科医师，1942年后任国立中正医院讲师、副教授兼代理主任。1949年赴美留学，先后在费城医院、泽西城医学中心学习产科，在康奈尔大学巴氏细胞学室、麻省波士顿细胞学中心进修临床细胞学。1951年偕丈夫回国，任北京协和医院妇产科副教授兼北京医院妇产科主任，1958年任中国医科院肿瘤所临床细胞学室主任、教授。引进巴氏细胞检查方法，开展妇产科内分泌疾病和女性生殖器恶性肿瘤的细胞学研究诊断。曾代表中国出席国际细胞学会议大会任执行主席。著有《阴道细胞学》《临床细胞学图谱》等。为北京肿瘤医学委员会名誉主任等。

杨德馨（1921—1969）

女，生物化学家，丈夫郑象铣。1944年重庆中央大学化学系毕业。留校任助教。1947年赴美，获伊利诺伊大学生物化学硕士学位。1950年9月偕丈夫郑象铣乘威尔逊号回国，后任职于北京协和医院生化教研室、内分泌研究室。"文化大革命"前调入天津医学院，"文化大革命"中在清理阶级队伍时被隔离审查，不堪受辱，服氰化钾自杀。1979年，天津医学院为其平反，补开了追悼会。

杨 绯（1909—1990）

湖北沔阳人，药学家，杨刚胞妹，丈夫汪衡。1937年入武汉大学。1945年赴美，获哥伦比亚大学化学系硕士学位，曾在联合国工作，同时协助汪衡编辑《留美学生通讯》。1951年1月偕丈夫回国，在北京大学医学系任药物学教授。

杨 凤（1921—2015）

纳西族，云南丽江人，动物营养学家。1941年考入西南联合大学化学系，1945年考取留美预科班，当年6月赴美。获艾奥瓦州立大学硕士学位。1951年10月放弃博士学位回国，先后担任四川大学农学院牧医系教研室主任，四川农学院教授、副院长、院长，四川农业大学校长、名誉校长，动物营养研究所所长等。中国畜牧兽医学会副理事长和名誉理事长。曾制订了《四川常用猪饲料营养价值表》，主编全国统编教材《动物营养学》，著有《四川猪营养需要》。先后获得国家科技进步奖二等奖一项，省部级科技进步奖一等奖四项，二等奖三项，三、四等奖三项。获1986年"全国教育系统劳动模范"称号。全国人大第六至八届代表。四川省人大代表，民盟四川省委常委，民盟中央委员。

杨光华（1923—2006）

湖南浏阳人，石油化工专家，夫人孙以实。1945年毕业于浙江大学化工系，1948年赴美留学，1951年获威斯康星大学化学工程博士学位。1951年5月回国。先后在北京大学、清华大学任教。1953年参加北京石油学院筹建工作，1956年至1958年在苏联莫斯科石油学院从事研究工作。回国后历任北京石油学院（1969年更名华东石油学院，1988年更名中国石油大学）炼制系主任、院长和校长。是国务院学位委员会学科评议组成员，石油部科技委员会副主任。其科研成果《新型凝油刑的合成与配方》获1982年国家发明奖三等奖。论文有《气—固相催化反应机理的决定》，编著有《石油炼制工艺学》（三卷）、《火箭与喷气燃料》等。

杨 惠（ — ）

女，经济学家。抗战时期入读上海圣约翰大学。四十年代留美，五十年代回国。在上海财经学院任经济学教授，论文有《关于数理统计在社会经济统计科学中的地位与作用问题的讨论》。"文化大革命"中被迫害致死。

杨纪珂（1921—2015）

江苏松江人，生物数学家，夫人汪安琦。1944年毕业于交通大学唐山工程学院，1948年毕业于美国俄亥俄州立大学，获冶金硕士学位。曾任美国凡珞·弗格森公司职业工程师，为留美科协会员，1955年偕夫人与两个孩子回国。历任中国科学院化工冶金所、生物物理所副研究员，中国科技大学教授、安徽省副省长、安徽省第七届人大常委会副主任、中央社会主义学院院长。主要著作有《生物数学概论》《应用数理统计》《应用生物统计》等。第七届、八届全国人大常委会委员，第五届、六届全国政协委员。致公党第九届、十届中央常务副主席、名誉副主席。

杨嘉墀（1919—2006）

江苏吴江人，卫星和自动控制专家，中国科学院院士（1980），"两弹一星"功勋奖章获得者，夫人徐斐。1941年毕业于交通大学，任西南联大电机系助教和中央电工器材厂助理工程师。1946年赴美国芝加哥自动电话厂实习。1947年1月到哈佛大学工程科学系与应用物理系学习，1950年获博士学位，后任宾州大学副研究员、洛克菲勒大学高级工程师。为留美科协会员，1956年9月偕夫人与孩子乘威尔逊号回国，历任中国科学院自动化所研究员、副所长，国防科委五院五〇二所副所长、七机部五院副院长，航天部总工，中国空间技术研究院副院长。中国自动化学会副理事长，国际宇航科学院院士。著有《中国近地轨道卫星的三轴稳定姿态控制系统》等。1980年加入中国共产党，全国人大代表。

杨　简（1911—1981）

广东梅县人，病理学家，中国科学院院士（1980）。1934年毕业于中山大学医学院，获学士学位，先后任该校病理学所助教至教授。1946年赴美国进修，任费城宾夕法尼亚州大学医学院病理学部和肿瘤研究实验室研究员。1949年回国，先后任中山大学医学院副院长、代院长。北京流行病学研究所病理研究室主任，中央卫生研究院病理室特约研究员，1958年到中国医科院实验医学所（现基础医学所）病理系任系副主任、病理研究室主任等职。著有《病理解剖学》《实用肿瘤学》《癌瘤的病理生理学》等。中华病理学会主任委员。九三学社中国医科院支社副主委。

杨力生（1911—1996）

河北徐水人，煤矿安全技术专家。1934年考入私立焦作工学院（现中国矿大和河南理工大）采矿冶金系学习。毕业后在四川天府煤矿工作，后到美国考察采矿技术，在宾夕法尼亚州立大学学矿业。1949年11月回国，先后在燃料化工部、煤炭工业部工作，任总工程师。1985年任中国煤炭学会瓦斯地质专业委员会主任委员。主编有《煤矿安全技术操作规程》。

杨善济（1924— ）

化学家。浙江大学化学系毕业，留美，获哥伦比亚大学化学硕士学位。1952年回国，1953年支援东北建设，到中国科学院长春应化所工作，任图书馆馆长。1968年5月，在清理阶级队伍运动中受冲击，1978年落实了政策。八十年代借调华东师大为研究生导师，并参加中国科学院一项重点攻关课题。嗣后接受国务院为表彰发展我国科学技术做出突出贡献者颁发的特殊证书。著有《锗硅及其应用》《化学情报实用指南》《超纯硅的制备和分析》，论文有《CA中聚合物情报的查索图例》等。

杨尚灼（1904—1980）

江西高安人，冶金学家。1931年毕业于交通大学机械系。1934年留学美国，1938年获里海大学冶金系博士学位。同年赴德国埃森克虏伯钢厂实习轧钢。1940年回国，在云南钢铁厂任职，在云南大学和上海交通大学任教。1948年赴香港策文书院任教授。1951年初，从香港返回，在华北大学工学院任教。1952年在北京钢铁学院执教，任钢铁机械系、压力加工系、工艺系、金属材料系等系主任、院务委员会委员。主要从事轧钢机械、设备与工艺的研究，主编有《轧钢机械设备》。1980年7月患脑出血逝世。

杨世铭（1925—2017）

江苏无锡人，工程热物理专家。1942年至1944年就读于交通大学，

1944年任教于无锡职校，1945年任上海正泰橡胶厂工程师。1946年继续就读于交通大学机械系，1948年毕业获学士学位。1949年赴美国凯斯理工学院学习，1950年获硕士学位，同年入伊利诺伊理工学院，1953年获博士学位，任该校研究工程师，1955年回国。1956年后在上海和西安交通大学机械系任副教授、教授，1985年回上海交通大学机械与动力工程学院任教。为中国工程热物理学会常务理事和传热传质学会副主任，国家教委热工课程教学指导委员会副主任委员，国际传热传质杂志荣誉编委，国际传热传质学中心学术委员会委员、执行委员会委员等职。出版有《传热学》教材。

杨式德（1917—1976）

河北行唐人，土木工程与结构力学家。1936年考入清华大学，1940年毕业于昆明西南联大土木系，留校任教。1944年12月考取教育部公费留学生，1945年从昆明到印度乘船赴美，1947年在印第安纳州的普渡大学获硕士学位，是年春季转到哈佛大学，1949年获博士学位，同年回国，在清华大学任教，曾任结构力学教研室主任、0304结构抗震抗爆保密研究组组长、土木工程系系副主任、校务委员会委员。合著高校教材有《结构力学》《壳体结构概论》。曾任国家科委技术科学组土木工程学与水利工程学分组成员、高等工业学校力学课程教材编审委员会委员、《高校自然科学学报》和《土木工程学报》编委。北京市第四届政协委员。1976年因病去世。

杨守仁（1912—2005）

江苏丹阳人，水稻专家。1937年浙江大学农学院农艺系毕业，获农学学士学位，任中央农业实验所技术助理员，1945年任台湾省农业改进所技正。1947年底赴美留学，1949年获威斯康星大学硕士学位，1951年初获博士学位，同年2月回国。历任山东大学农学院、山东农学院教授，1953年调入沈阳农业大学任一级教授。与李竞雄、周可涌共同主编中国第一部高等农业院校统编教材《作物栽培学》等。

杨树勋（1918—1992）

湖北应城人，英语学家。1943年毕业于成都金陵大学外文系，先后在华西协合中学和金陵大学任教。1947年赴美留学，1950年获哥伦比亚大学博士学位。留学期间参与《留美学生通讯》编辑工作,曾把范文澜著的《中国通史简编》译为英文。1951年8月,与程守洙、施子愉、吴徵、郭可詹、孟繁俊等人乘威尔逊号回国。先后在北京外国语学院执教,任英语系教授、资料室主任、院图书馆馆长。参与创办《英语学习》杂志。主编有《汉英分类词汇手册》等。曾被评为"北京市教书育人先进工作者"和市级优秀教育工作者。三次当选为北京市海淀区人大代表。

杨伟成(1927—)

上海人,建筑设备专家。1945年毕业于上海圣约翰大学土木系,通过第二届自费留学考试,1947年赴美留学。1949年获凯斯理工学院机械系学士学位,1951年获哥伦比亚大学土木系硕士学位。在美期间曾任北美基督教中国学生会(CSCA)东部分会会长。1951年6月回国。在北京市建筑设计院工作,从事民用建筑设备的设计,其首都体育馆的暖通工程获1977年北京市科技重大成果奖并获1978年全国科技大会表彰。1981年任北京市建筑设计院建筑设备副总工程师,为亚运会奥林匹克中心场馆供热制冷技术指导。

杨文骐(?—1994)

福建人,食品工业专家,杨绰庵(国民政府哈尔滨市长、财政部次长)之子。1944年厦门大学(时迁长汀)经济系毕业,留学美国。1950年夏回国,在上海的鉴臣洋行(香料厂)任职。后回美国,曾任南加州大学东亚研究中心研究员。1955年其父因涉嫌李兆麟被害案被处决。1982年12月北京市中级人民法院宣布撤销对其父的原判。在为父申冤二十七年胜诉后,自感心力交瘁。1994年10月回国在福州某宾馆留下遗书后自杀。著有《中国饮食文化和食品工业发展简史》《中国饮食名俗学》等。此外留存未出版文稿甚多,大多为片段性的生平自传材料。

杨文藻(—)

化工专家。中央大学化学系毕业。约1942年曾在四川綦江资源委员会电化冶炼厂工作,1945年赴美。为留美科协密苏里州圣路易斯区会联络人。1950年6月回国,1951年在山西一个化工厂工作,后到中央化学工业部工作。1957年受中国化学会和中国化工学会筹委会邀请,在北京作"在苏联帮助下中国化学工业的发展"的报告。曾任化工部第四设计院副总工程师，中国化工学会化肥学会第一届理事会理事。

杨西孟（1900—1990）

四川江津人，外贸专家。1920年考入北京大学，毕业后在中华文化教育基金会董事会社会调查所工作。1934年赴美，攻数理统计及经济统计等，1937年获密歇根大学硕士学位，归国后历任中央研究院社会科学所研究员、西南联合大学教授。1947年秋再度赴美，入芝加哥大学研究院专攻经济计量学。1949年回到香港，在中国国际经济研究所工作，1950年随所内迁，任副所长。1956年，参与制定我国长期科学规划世界经济科学部分。后历任对外贸易部行情研究所室主任、副所长，对外贸易部国际贸易所副所长，中国世界经济学会、全国美国经济学会、中国国际贸易学会顾问。著有《论分割数》《当前美国经济问题及八十年代经济前景》《略论现代国际贸易中的不等价交换和价值转移》等。

杨秀英（1917—2016）

女，山东青岛人，水利学家，丈夫萧天铎。1940年毕业于中央大学土木系。1949年赴美，获艾奥瓦大学力学与水力学硕士学位，任该校水力学研究所副研究员。1956年8月偕丈夫与孩子回国，历任中国科学院水工室副研究员，水利水电科学研究院《水利学报》编辑，高级工程师。

杨琇珍（1920—　）

女，英语教育家。1940年中央大学毕业，1947年赴美，1949年获欧柏林学院研究院文学硕士学位，1951年回国，在中山大学任副教授、教授。1980年至1985年，负责中山大学与美国加州大学合办的广州外语培训中心的领导工作。合著有《简明英语常用同义词例解》《ESP教学的理解与实践》等。

杨雪章（1918—1964）

江苏武进人，经济学家，夫人汪友泉。1942年西南联大经济学毕业。1944年11月至1945年8月入伍，在军委外事局秘书处任译员。1945年3

月为教育部第一届自费留美生赴美，入读密歇根大学经济系，同年9月转入哈佛大学经济系。留美科协会员。1950年获博士学位，后在美国国家银行和旧金山迪怀特投资公司任职。1951年7月在斯坦福研究所任研究员。1953年8月8日偕夫人与三个儿子乘威尔逊号抵港回国，1954年1月分到地质部训练班教书，后调入中国社会科学院经济研究所。1962年出版《凯恩斯主义》。1964年患肾病去世。

杨樱华（　—　）

女，广东南海人，丈夫黄敞，毕业于美国麻省拉德克利夫（女子）学院（哈佛大学女校）物理系，获博士学位，后受聘于麻省代特麦提克公司（Datamatic Corporation）电子计算机工厂。1958年11月与丈夫黄敞放弃绿卡，绕道欧洲回国抵港，1959年3月到北京。曾任西安微电子研究所、航天工业部七七一所任高级工程师。因为海外关系，很长一段时间只能在资料室工作。

杨友鸿（1929—　）

女，湖南湘潭人，生于北京，音乐理论家，杨度长子杨公庶之次女，丈夫张钦楠。1946年入上海音乐学院，1947年赴美留学，波士顿音乐学院肄业，1950年9月乘威尔逊号回国，先后在中央戏剧学院、中央民族歌舞团等工作，1958年转中国音乐研究所，从事少数民族民歌研究。"文化大革命"时调至西安豫剧团任声乐教员，"文化大革命"后调回中国音乐研究所。

杨友鸾（1927—1996）

女，湖南湘潭人，记者。杨度长子杨公庶之长女，丈夫林鸿荪。1945年考入重庆中央大学经济系。1946年赴美，1950年波士顿大学毕业，获英国文学学士学位。1950年7月回国，在中国外文局工作。曾撰写过许多很有影响的通讯报道。

杨云慧（1910—1998）

女，湖南湘潭人，电影编导，杨度长女。上海光华大学肄业。1944年曾为中华全国文艺抗敌协会会员，四川文艺抗敌协会理事。1946年9月丈夫郭有守出任联合国教科文组织公职时，携两儿一女随丈夫赴美。1947年耶鲁大学戏剧系肄业，转赴英国，1948年伦敦布里斯托老维克戏剧学校肄业，在伊灵制电厂（Ealing Studio）学习电影拼制，在某电影厂实习电影制造。1949年第一次回国，在中央电影局艺术处工作。1950年4月出国到巴黎丈夫身边，1951年8月第二次回国，参加筹建八一电影制片厂，任编导。著有《从保皇党到秘密党员——回忆我的父亲杨度》。

杨振华（1911—2007）

生于重庆，胸外科专家，夫人张君儒。1938年华西协合大学医学院毕业，获美国纽约州立大学医学博士学位，留校任解剖系助教。1939年到中央、齐鲁、华西三大学联合医院，曾任华西医院院长。1946年获美国国务院奖学金赴密歇根大学深造，1949年获胸外科硕士学位。1950年1月任加拿大多伦多大学医院胸外科高级住院医师，同年10月偕夫人与孩子乘克利夫兰号回国。先后在重庆西南医院外科、华西医学院外科任职。1953年任四川省抗美援朝外科手术队队长，荣立志愿军三等功。1954年任四川医学院系统外科主任。1979年晋升教授，1987年退休。论著有《诊疗技术操作常规与功能检查》等。四川省胸心血管外科学会名誉主委，省政协第五届委员，九三学社省委顾问。

杨　倬（1918—1996）

壮族，广西扶绥人，制糖专家。1939年毕业于南京中央大学化学工程系，1947年以广西省第一名的成绩考取公费留学美国，在密歇根大学和路易斯安那大学化工系学习，为留美科协制糖学术小组联络人。1950年回国，任广西大学教授，1952年院校调整后任华南工学院轻化系制糖专业教研室主任和系主任，为中国制糖学会副理事长，1957年曾被划为右派。七十年代中期在江门甘蔗化工厂，主持"锅炉热能循环工程"，开辟循环经济的新动力来源。主编教材《糖厂技术装备》第一、二、三册。编写《甘蔗制糖工艺学》压榨取汁部分。译文有《制糖工艺原理》第二卷上、下册，第三卷上册。另著有《糖厂蒸发缸的积厚清除的研究》《糖厂降膜式蒸发的研究》等论文。

姚曾荫（1912—1988）

江苏镇江人，经济学家。1937年毕业于北京大学经济系，在中央研究院社会科学研究所历任助理研究员、副研究员。1946年赴美，在明尼苏达大学研究院进修。1949年回国，历任北京大学经济系副教授、教授。1953年院系合并后任北京外贸学院（对外经贸大学）教授、院学术委员会、学位委员会副主任。为中国国际教育交流协会、中国国际贸易学会、中国世界经济学会、全国美国经济学会理事。长期从事战后世界经济和国际贸易问题的教学研究工作。著有《战后的银行制度》，主编有《马克思、恩格斯、列宁、斯大林论国际贸易》《世界经济统计简编》等。主编的《国际贸易概论》曾获全国高等学校第二届优秀教材奖特等奖。获全国劳动模范称号。

姚晳明（1920—1966）

女，江苏无锡人，电机专家，丈夫曹建猷。1942年毕业于上海交通大学电机系，后在西南联大任教。1945年与丈夫曹建猷一起考取公费留学，赴美国麻省理工学院深造。1951年8月与曹建猷一起回国，在唐山铁道学院（后为西南交通大学）任教，历任电机系副主任、副教授、院务委员会委员。论文有《整流器机车用直流牵引电动机之电压标准问题》等。"文化大革命"中不堪凌辱，1966年6月19日跳崖桥身亡。1964年当选为第三届全国人大代表。九三学社唐山铁道学院支社副主委。

业治铮（1918—2003）

江苏南京人，海洋地质学家，中国科学院院士（1980）。1941年毕业于中央大学地质系，任国民政府行政院资源委员会西南矿产勘测处助理工程师，1944年应邀返中央大学任教，1946年8月获美国路易斯安那州立大学资助赴美深造，1948年密苏里大学硕士学位，后在哥伦比亚大学研究生院学习。1950年3月放弃即将取得的博士学位回国。历任中国科学院南京地质所副研究员，长春地质学院岩石教研室主任、系主任、教务长。1964年调南京筹建地质部海洋地质所并任副所长。1970年地矿部南京地质矿产所所长。任《石油天然气》《海洋地质与第四纪地质》《海洋地质译丛》主编。论著有《石灰岩的结构成因分类》《震旦纪藻碳酸盐岩的沉积作用》《西沙石岛风成石灰岩的发现》等。九三学社成员。

叶笃正（1916—2013）

安徽安庆人，生于天津，气象学家，中国科学院院士（1980）。1940年获西南联大理学学士学位，1943年获浙江大学理学硕士学位，曾在中央研究院气象研究所任助理员。1946年赴美，在芝加哥大学气象研究所做研究工作，1948年获芝加哥大学博士学位。为留美科协会员，1950年9月乘威尔逊号回国，先后在南京大学气象系、清华大学气象系、中国科技大学地球物理系任教，在中国科学院地球物理所任室主任、大气物理所任所长，1981年至1985年任中国科学院副院长。专著有《青藏高原气象学》《大气环流若干基本问题》等。中国气象学会理事长，2005年获得国家最高科学技术奖。第三、五、六届全国人大代表。

叶馥荪（1913—2001）

广西融水人。内科医学家。1938年毕业于国立上海医学院。1940年任中国红十字会第一医院医师。1943年到广西省立医学院，历任讲师、主治医师、副教授等。1943年考取广西省费留美，1947年赴美，在哈佛大学医学院内科进修班学习，1949年回国。1950年在广西省医学院任内科教授，先后任副院长，院革命委员会副主任，院长，党委副书记，广西肿瘤研究所名誉所长等。1956年加入中国共产党。1979年获全国劳动模范的称号。1982年至1986年任广西壮族自治区科协主席及名誉主席。广西党委委员、人大常委会副主任、政协委员。

叶衍增（1910—2000）

江苏苏州人，公共卫生学家。1937年毕业于齐鲁大学医学院，获博士学位。1945年至1948年任联合国救济总署医疗防疫总队所属第二、第六和第九大队副队长，兼任南京市传染病医院院长。1948年8月至1949年8月，在美国哈佛大学公共卫生学院研究生院进行考察，1949年9月回国，任山东大学医学院公共卫生学院教授。1951年3月，调山西医学院劳动卫生教研室任主任，开设劳动卫生学和卫生学两门课程。曾为山西省医学会（中华医学会山西分会）会长。九三学社山西省委宣传部部长。

叶仲玑（1915—1977）

安徽黟县人，建筑专家。1942年毕业于南京中央大学，留校任教。1947年考取美国堪萨斯州立大学研究生。1949年9月毕业，获硕士学位。1950年10月乘克利夫兰号回国，在重庆大学任副教授、系主任。1952年任重庆建筑材料工程学院建筑系主任，同年加入中国民主同盟。1955年主持武汉长江大桥桥头堡建筑艺术设计。1957年被划为极右，"文化大革命"中受迫害致死。1979年3月，重庆建筑工程学院为其举行追悼大会。

叶渚沛（1902—1971）

福建厦门人，生于菲律宾马尼拉，金属物理化学家，中国科学院院士（1955），夫人叶文茜（美国人）。1921年考入美国科罗拉多矿冶学院矿业系，后转学冶金与化学工程系。1925年获芝加哥大学硕士学位，后又获宾州州立大学金属物理化学博士。在美国联合碳化物研究所和美国机器翻砂公司任工程师、冶金室主任等。1933年回国，任国防设计委员会化学专门委员、资源委员会冶金室主任、重庆炼钢厂厂长和电化冶炼厂总经理等职。1944年去欧美考察工业。1945年任联合国教科文组织科学组副组长。1948年任联合国本部经济事务部经济事务官。1950年初偕夫人与孩子回国，先后任重工业部顾问，中国科学院学术秘书和化工冶金所所长。全国政协委员，全国人大常委会委员。

叶醉蓝（1923— ）

河南舞阳人，化学家。1942年入重庆中央大学化工系。1948年2月赴美国华盛顿大学化学系学习，1952年获博士学位，后在哈佛大学化学系任博士后研究员。1954年回国。任中国医学科学院药物研究所副研究员、研究员、药物化学室主任。是中国化学会理事、质谱学会常务理事以及《药学学报》副总编，联邦德国《药用植物》杂志编委，国际有机化学权威刊物《四面体快报》顾问编委等。多次获国家级奖励。专著《核磁共振——辨氢谱的解析与应用》1978年获全国科学大会著作奖。编译有《核磁共振光谱简论》，合著《生物化学实验法》《仪器分析》《核磁共振光谱》等。

易梦虹（1916—1991）

贵州贵阳人，经济学家。1942年西南联大经济学系毕业，1947年获北京大学经济学硕士学位。后留美，1949年获威斯康星大学经济学硕士。1949年底回国，任中国人民银行总行计划处、国外业务处任研究员，并兼任《外汇日报》及《外汇旬刊》副总编辑。1951年任南开大学教授、贸易专修科主任、理论统计教研室主任、经济学说史教研室主任以及世界经济教研室主任等职。著有《中国经济思想与政策演讲集》《西欧共同市场》，合著有《中国近代经济思想史》（上、下卷）、《中国近代经济思想资料选辑》（上、中、下三卷）、《世界经济概论》等。民盟中央联络工作委员会委员，中国民盟南开大学主委。

殷之文（1919—2006）

江苏吴县人，材料学家，中国科学院院士（1993）。夫人闵嗣桂。1942年毕业于云南大学采矿冶金系。1948年获美国密苏里大学冶金系硕士学位，同年9月转入伊利诺伊大学攻读陶瓷工程。1950年获硕士学位，同年夏回国，到唐山铁道部铁道研究所工作。1951年6月调入上海中国科学院冶金陶瓷所任硅酸盐室副主任，1959年任硅酸盐研究所玻璃和功能陶瓷两个研究室主任。1978年任硅酸盐所副所长。1983年改任中国科学院无机材料中试基地经理。曾任上海硅酸盐学会理事长。主要论著有《大晶粒PLZT陶瓷的电学性质》《诸酸铋晶体（BGO）的辐射损伤的研究》和《一种具有高抗辐照能力的新型BGO晶体》等。九三学社成员。

尹智麒（1919—2000）

曾用名尹恩林、尹钊，四川新津人，英语翻译家。1941年华西协合大学经济系毕业，曾任桂林及贵阳市税局税务员，国民党军委会外事局翻译，四川泸州《大中报》总编。1948年赴美，在田纳西州立大学经济系和纽约社会研究新学院读研究生。1952年后在纽约金融机关任会计。1956年6月回国，先后在国家统计局、国家计委、中国科学院经济所任职。1959年任中国外文局图书社翻译、外语训练班英语教师，1967年下放到"五七干校"，1972年回原单位，1976年借调至社科院研究生院任教，1979年后调任至文化干部管理学院分部任教研室主任。1989 年被国家教委评为全国优秀教师。1992 年退休。汉译英著作有《周口店发掘记》《中国大路上的远古居民》（贾兰坡原著）和《中国的经济改革》等。

应崇福（1918—2011）

浙江宁波人，超声学家，中国科学院院士（1993）。1940 年毕业于华中大学物理系。1945 年毕业于西南联大物理系，获硕士学位，后任教于华中大学物理系。1948 年赴美，1951 年获布朗大学物理系博士学位，在布朗大学应用数学系进行超声学研究工作。1955 年 12 月回国，1956 年 3 月被分配到中国科学院应用物理所，并参加编制中国十二年科学远景规划。后历任中国科学院电子所、声学所研究员，曾兼任室主任、副所长。中国声学学会理事长、中国机械工程学会副理事长，主编《超声学》，与人合写《超声在固体中的散射》。为《应用声学》主编，《声学学报》副主编。科研成果曾获 1985 年国家科技进步奖二等奖，1985 年中国科学院科技进步奖一等奖，1999 年国家自然科学奖三等奖。

雍文远（1916—2021）

四川渠县人。经济学家。1943 年毕业于重庆中央大学经济系，1945 年获重庆南开大学经济研究所硕士学位，1939 年加入中国共产党。1947 年留美，1948 年获威斯康星大学经济学硕士学位。1949 年 1 月回国，到国立上海商学院（上海财经学院前身）任教授，历任校务委员、财政金融系主任、总务主任。1958 年并入上海社会科学院，任经济所政治经济学研究室主任。为上海经济学会及金融学会常务理事。主编《社会必要产品论：社会主义政治经济学探索》（1986 年获"孙冶方经济学著作奖"）、《政治经济学：社会主义部分》、《在资本主义文化成就的基础上建设社会主义》、《试论社会主义政治经济学的理论体系问题》。

尤子平（1919—1996）

江苏常州人，昆虫学家。1942 年毕业于金陵大学生物系，留任助教，次年转广东岭南大学等校执教。战后回南京金陵大学任讲师。1947 年底，获美国华盛顿州立学院的助教奖学金，翌年 8 月赴美，1950 年获硕士学位，

10月乘克利夫兰号回国,任金陵大学昆虫形态学、分类学和翅脉学副教授。1952年院系调整,到南京农学院植物保护学系。1963年晋升为教授,任昆虫教研组副主任。"文化大革命"后期随校迁扬州。1979年学院迁回南京后,复任植保系副主任、主任。著有《昆虫生理生化及毒理》,合著有《普通昆虫学》《昆虫学通论》等。研究成果先后获农业部科技进步奖一等奖和国家科技进步奖二等奖。江苏省昆虫学会理事长,江苏省农学会常务理事。江苏省政协委员。中国民主同盟成员。

游补钧(1920—1968)

湖南人,社会学家。1938年长沙雅礼中学毕业,1942年西南联大社会学系毕业。1947年或1948年赴美,获哥伦比亚大学社会学系硕士学位。1950年回国,在内务部工作。"文化大革命"中因涉刘少奇内弟王光琦、周恩来胞弟周恩寿案被迫害致死。论文有《初级社会调查报告》,合译有《今日欧洲内幕》等。

于同隐(1917—2017)

江苏无锡人,高分子科学家,夫人蔡淑莲。1938年毕业于浙江大学化学系。在兵工署材料研究所工作,1943年回到浙江大学任教,1946年考取公费留美,1947年赴美,1950年获密歇根大学博士学位,留校任研究助理,为留美科协密西根区会联络人。1951年6月偕夫人回国,历任浙江大学教授、复旦大学有机化学教研室主任、高分子研究所副所长、高分子教研室主任和材料科学研究所所长。负责研制的"丙烯液相本体聚合新工艺"获1978年全国科学大会奖,"微孔中空纤维聚丙烯人工肺"获1985年上海市科技进步奖二等奖和1986年国家教委优秀科技奖。

余伯良(1920—2003)

广东台山人,石油地质专家。1942年毕业于重庆中央大学地质系。曾任国民政府经济部资源委员会矿产测勘处技术员、中央大学地质系助教。1947年获加拿大麦吉尔大学奖学金赴加留学,1949年获硕士学位,继而赴美国宾夕法尼亚州立大学专修沉积学与地球化学。为留美科协地质学术小组联络人。1951年回国,历任南京大学地质系教授,燃料工业部北京石油管理总局勘探处地质师，西北石油管理总局地质局酒泉地质大队总地质师，石油工业部石油科学研究院总地质师和地质研究室主任等职。

余长河（1917—　）

1940年武汉大学经济系毕业，在陶因教授门下做研究生。后赴美留学，新中国成立后回国，1950年曾任劳动部保险局副局长，后在中央财政部工作。"文化大革命"中用煤气自戕去世。译著有《新经济》，论文有《关于劳动组织几个问题的初步研究》。

余国琮（1922—2022）

广东台山人，化工蒸馏专家，中国科学院院士（1991），夫人梁曼娟。1943年西南联大化工系毕业，任中央工业实验所助理工程师。1944年考取自费留学生，1945年底获密歇根大学硕士学位，1947年秋获匹兹堡大学博士学位，留校化工系任教。1950年8月回国，应茅以升邀请任唐山工程学院化工系教授、系主任，1952年院系调整任天津大学化工系副主任，1983年负责筹建天津大学化工研究所，任所长。后在化学工程联合国家重点实验室蒸馏实验室任主任。著作颇丰，发表论文近二百篇，先后主编《化学工程辞典》《化工容器及设备》《化工机械手册》等。1988年获国家科学进步奖二等奖，1998年获何梁何利基金科学与技术进步奖。第六届全国政协委员、第七届全国政协常委、民进第七届中央常委。

余恒睦（1918—2013）

湖南醴陵人，水利水电工程专家。1941年毕业于国立西北农学院水利系，留校任教兼读研究生，1945年获农田水利硕士学位。1947年留学美国，1949年获威斯康星大学硕士学位，同年回国，先后在湖南大学、武汉大学任教，后兼任武汉大学副总务长。1954年后一直在武汉水利电力学院任教授，总务主任，1980年转任机械工程系首任系主任。

余瑞璜（1906—1997）

江西宜黄人，凝聚态物理学家，中国科学院院士（1955）。1929年中央大学物理系毕业，获学士学位，被清华大学聘为物理系助教。1934年考取公费留学生，1938年获英国曼彻斯特大学博士学位后回国，在西南联大和清华大学物理系任教。1948年8月接受美国福尔布瑞特基金约请，去美国麻省理工学院讲学和研究，1949年回国。历任清华和吉林大学教授，1956年参加十二年科学技术发展远景规划会议。论著有《固体与分子经验电子理论》。曾为吉林省人大常委会副主任、民盟中央参议委员会常委和吉林省副主委。

余先觉（1909—1994）

湖南长沙人，生物学家。1935年武汉大学生物系毕业。1949年获加州理工学院生物系博士学位。1950年回国，历任武汉大学教授、生物系遗传教研室主任、校务委员会委员、校学术委员、生命科学学院遗传学研究所名誉所长。其"中国淡水鱼类染色体组型的研究"获1988年国家教委科学技术进步奖二等奖。为湖北省遗传学会第一、二届理事长，中国遗传学会和细胞生物学会理事。中国民盟成员。

俞宝传（1920—1997）

安徽婺源人，无线电测量专家。1942年毕业于武汉大学电机系。后在重庆交通大学和武汉大学任教。1948年获美国华盛顿州立大学奖学金赴美留学，1950年2月获硕士学位，旋即回国。3月任武汉大学电机系副教授，1953年调入北京工业学院，创建雷达专业，1958年任导弹系制导教研室室主任，先后组建六个实验室。主编有《无线电遥控原理》。六十年代曾为七机部技术顾问，参加半导体遥测系统研制，七十年代参加五机部"红箭七三"遥测系统研制，八十年代参加五机部"1245"项目研制，并任总工程师。中国宇航学会第一届理事，《宇航学报》和《遥测遥控》编委。第五至七届全国政协委员。

俞德葆（1900—1981）

浙江新昌人，眼科专家。1937年毕业于上海同济大学医学院，在上海宝隆医院眼科任医师一年，抗战时任军医五年、任地方医院院长四年。1947年6月，赴瑞士伯尼尔大学、巴塞大学眼科进修，后为美国哥伦比亚大学眼科研究所研究生。1949年回国。1952年任杭州第一医院眼科主任，1975年因病退休。著作有《眼科医疗护理手册》《眼科手册》《眼科鉴别诊断学》《眼科学大纲》等。

俞懋旦（1915— ）

江苏江阴人，内燃机专家。1941年毕业于浙江大学机械系。1947年留学美国。1949年获科罗拉多州立大学研究院工学硕士学位，同年回国。1950年后，历任海军学校教授、内燃系副主任，海军工程学院研究部部长、学院顾问。湖北省内燃机学会第二届理事长。

俞启忠（1913—1999）

浙江绍兴人，农学家，俞启威（黄敬）胞弟，夫人王明贞。1946年毕业于西南联大师范学院教育系。曾在昆明师范学校任教育研究室主任，1949年赴美考察。1955年6月携夫人王明贞乘威尔逊号回国，在农垦部图书馆工作。"文化大革命"期间因俞启威（黄敬）和江青的关系，被关押七年，1975年4月获释，1979年获得平反。

俞庆棠（1897—1949）

女，江苏太仓人，教育家。1919年赴美留学，1922年获哥伦比亚大学教育学院学士学位后回国。在私立无锡中学、上海大夏大学等校任教。1928年在苏州创办民众教育学校，兼任校长。1933年赴欧洲考察成人教育。抗战期间，先后在东吴、沪江和震旦女大等校任教。抗战胜利后，任上海市教育局社会教育处处长，先后兴办一百零八所市立民众学校，并任上海实验民众学校校长。1947年任联合国教科文组织中国委员会委员。1948年又任联合国远东基本教育会议中国代表团顾问，同年10月赴美考察教育并在哥伦比亚大学研究教育。1949年8月应邀回国，出席全国政协会议，参加开国大典。出任教育部社会教育司司长。1949年患脑出血逝世。著有《民众教育》，合译著有《思维与教学》。

俞天民（1922— ）

山东人，英语教育家。1939年9月毕业于天津工商学院国际贸易系。1948年1月赴美，在加州大学伯克利分校经济研究院做研究生，1949年底回国。1956年9月入北京外国语学院英语系任教，主要从事英语教学与研究工作，著作有《科技英语写作》。

俞惟乐（1926—2022）

女，江苏吴县人，生于上海，化学家。丈夫陈绍澧。1948年毕业于上海圣约翰大学化学系，后赴美留学，1950年获范德比尔特大学硕士学位。同年6月回国。先在中国科学院大连化学物理所工作，后任兰州化学物理所副所长。1978年与同事一起研究的"气相色谱法预测变压器潜伏故障的研究"，获中国科学院重大科技成果奖和全国科学大会成果奖。1982年"SG-1型气相色谱-微波等离子体发射光谱联用仪"再获中国科学院重大科技成果奖。第五至八届全国政协委员。晚年移居美国马里兰州。

俞锡璇（1912—1988）

女，浙江德清人，生于北京，临床营养学家，北大化学系首任系主任俞同奎长女。1934年北京燕京大学家政系毕业，获理学士学位。1937年赴美。1939年获俄勒冈大学营养学硕士。1940年任北京协和医院营养部主任。后任教于辅仁大学、华西协合大学。1948年再度赴美留学，研究水溶性维生素营养问题。1950年放弃即将拿到的博士学位，于10月10日乘克利夫兰号回国，任北京医学院教授，营养卫生教研室主任多年。在"文化大革命"中遭迫害，后平反。独著有《食物中毒》，曾任中国营养学会理事、《营养学报》编委、《生理科学进展》《医学百科全书》编委等。中国营养学会设有俞锡璇教授奖励基金奖。九三学社成员。

俞元开（1922—2007）

安徽滁州人，翻译家。1946年中央大学政治系毕业，时为学校学生会主席，领导了1946年2月22日重庆数万大中学生反苏爱国游行，抗议苏联红军战后对中国东北的掠夺等暴行。1948年1月自费赴美，入读华盛顿州立大学政治系。1951年3月获博士生资格，同年5月响应新政府号召中断学业回国，在华北革大学习，是年12月北京市军管委因其当年领导大游行判"历史反革命"罪，在半步桥监狱清河翻译组服刑七年。1958年12月刑满释放，入市公安局直属北京编译社任翻译校译。1968年在市革委"学习班"下放农村七年。1975年被商务印书馆借调。1978年调入中国社会科学院美国所任编审，1979 年 7 月北京市高院撤销原判，宣告无罪。一生译作颇丰，达上千万字，不少为服刑期间所作。1986 年退休。

虞福春（1914—2003）

福建福州人，生于上海，实验物理学家，夫人田曰灵。1936 年于北京大学物理系毕业，先在中央研究院上海物理所任职，后任西南联合大学讲师。1946 年赴美留学，1949 年获俄亥俄州立大学博士学位；后到斯坦福大学物理系做博士后研究工作，1950 年与美国学者合作，发现核磁共振的化学位移以及自由旋－自旋耦合的核磁共振谱线的多重结构，还测定核素的自旋及其他二十多个稳定核素的核磁矩。为留美科协会员。1951 年偕同妻子田曰灵和儿子回国，历任北京大学教授、技术物理系副主任、物理系主任、重离子物理研究所所长。

虞光裕（1918—1970）

江苏金坛人，航空发动机专家。1941 年毕业于中央大学航空工程系，在成都航空研究院任技术员。1944 年考取赴美进修生，在圣路易城麦克唐纳飞机工厂实习，1946 年 3 月进入圣路易城华盛顿大学工程研究院学习，同年 9 月转至英国格罗斯特尔飞机厂，参加南京国民政府与英国合作的飞机设计工作。1949 年 8 月同高永寿、陆孝彭等爱国学者辗转回国，抵达天津。历任华东军区航空工程研究室技术员，沈阳航空发动机制造厂科长、设计室副主任，中国航空研究院发动机研究所总设计师。1959 年出席全国群英会，"文化大革命"中受迫害，1970 年 5 月在车间劳动时因安全事故受重伤去世。1979 年被追认为中国共产党党员。第三届全国人大代表。

虞　俊（1922—2013）

江苏海门人，流体力学专家。夫人吴惠永。1944 年毕业于西南联大土木系。1947 年赴美留学，1952 年获得康奈尔大学博士学位。为争取美国当局解除禁止中国留学生回国的禁令，曾受留美科协委托，给爱因斯坦写信求助。1957 年归国，在七机部工作。曾任一院七室主任和十一所副所长。论文有《国外叶片泵水力设计的研究现状》。1989 年赴美参加学术会议，后移居美国。

郁知非（1916—2002）

上海人，血液病专家。1936年毕业于上海圣约翰大学，同年插班考入北京协和医学院，1940年6月毕业，获美国纽约州立大学医学博士学位，留聘为协和医院内科住院医师。1943年被上海同德医学院聘为诊断学教授。1949年2月到美国纽约市西奈山医院血液学科进修。1950年10月回国，任浙江大学医学院内科教授及科主任。1952年后，历任浙江医学院内科学教研室主任、血液病研究室主任、附属第一医院院长、医学系主任。曾为中华医学会浙江省分会内科学会主任委员，中华血液学学会第一、二任副主委，《中华血液学杂志》副总编辑。合著有《贫血及红细胞系疾病》《现代血液病学》等。民盟成员，第五至七届全国政协委员。

喻培厚（1909—1991）

女，四川射洪人，法学家，黄花岗烈士喻培伦堂妹，丈夫周太玄。1928年到上海考入护士学校，毕业后，继续在复旦大学法律系学习，抗战停课后回成都，在四川大学法律系借读两学期。为四川省临时参议会和参议会参议员。1942年与郑庆章合办律师所，1943年接受金陵大学特约教授聘书，讲授法制史，任民国政府第一届监察委员会委员。1945年以《战士妇女》驻美记者身份赴美，在哥伦比亚大学学法律。1950年回国，1951年与周太玄成婚。在华北人民革命大学毕业后，分到中国科学院哲学所。此后长期从事马列主义和法学研究。全国政协委员。

喻宜萱（1909—2008）

女，江西萍乡人，音乐家。1933年毕业于上海国立音乐专科学校，任中央大学音乐系助教。1935年赴美国，1939年毕业于康奈尔大学文学院音乐系，同年回国，历任成都金陵女子大学音乐系教员、湖北省立教育学院和国立湖北师范学院教授兼音乐系主任。1948年，由联合国教科文组织资助，赴法、英、瑞士、意大利等国考察音乐教育，并举行独唱音乐会。1949年回国后，历任中央音乐学院教授兼声乐系主任、副院长。著有《我与音乐》，参与编撰《中国大百科全书·音乐舞蹈》（声乐分支主编）及声乐教材多种，发表论文二十多篇。第二至六届全国政协委员。

袁伯樵（1900—1996）

浙江嵊县人，儿童心理学和汉字心理学家。金陵大学毕业，1930 年在安徽萃文中学任校长，1936 年后在四川成都华西坝金陵大学任训导长兼教育系主任。留学美国，1952 年获加利福尼亚大学教育研究院博士学位，任明尼苏达大学儿童心理研究所副研究员。1954 年回国，任河北师院副教授。1957 年调任华东师大，历任副教授、教授。著作有《中等学校之教务行政》《中等教育》。

袁家宸（1919—2002）

又名袁复，英语教育家。袁克桓（袁世凯六子）长子。早年就读于燕京大学化学系，1944 年毕业于天津工商学院，后赴美，在纽约大学经济系学习企业管理，获硕士学位。1950 年回国，在天津市实验中学教英语，主动提出将父亲留下的一块九亩土地无偿地献给学校。1958 年又将北京香山四王府祖坟上的二百棵松树献给天安门广场建设。六十年代被定为反动派。"文化大革命"中被投入牛棚。落实政策后，把政府退还的抄家抄走的文物，包括阿拉伯国家送给袁世凯的宝刀、佩剑，镶纯金线制服一套，《洹上村画稿》一册，《文函稿》一册，《养寿园奏议》二十三册捐献给了国家。1983 年，天津实验中学为其颁发"园丁荣誉纪念章"。天津市河西区政协委员。

袁建新（1930— ）

江西波阳人，岩土力学家。1952 年台湾大学土木系毕业，在台湾电力公司从事水力发电工作。1956 年留学美国，1957 年获路易斯维尔大学土木系硕士学位，后在波音飞机公司从事飞机结构设计工作。1959 年 1 月回国，任武汉大学副教授。后在中国科学院武汉岩土力学研究所任研究员，1984 年任所长。曾任湖北省力学学会副理事长，国家自然科学基金第一、二届学科评审组成员，《岩土工程学报》编委会副主任委员，《岩土力学》主编。在国际上，任《国际计算机与岩土力学》杂志编委，论著有《平面主次固结问题的有限元分析》《土的粘弹塑性关系》和《土层在其界面受周期孔隙压力作用下的变形规律》等。

袁同功（1912—1990）

江苏兴化人，林业专家。1938年毕业于中央大学森林系，在云南大学森林学系任教。1948年秋赴加拿大多伦多大学林学院攻读森林采运学。1950年5月获林业硕士学位，同年11月回国，历任南京大学森林系、南京林学院林工系教授。1959年支援福建林学院创建工作，任学院森林学系、林工学系任系主任和院学术委员会副主任职。著译有《木材水渠道的研究》《昆明蓝桉树的研究》《造林学原理》，论文有《昆明蓝桉的研究》等，主编有《木材水运学》。获中国林学会"从事林业工作五十年"荣誉证书。福建林学会副理事长、福建省科协委员、南平市科协副主席。曾当选省人大代表，省政协委员。南平市政协副主席。民盟南平支委主委。

袁嗣令（1919— ）

浙江宁波人，森林病理学家。1942年浙江大学（时迁贵州遵义）病虫害系毕业。1946年考取教育部留学生，1947年夏赴美留学，1948年冬获密苏里州立大学硕士学位。1949年夏放弃美国国务院教育和文化事务局（DSBECA）的资助和深造机会，9月回国。先后受聘于河南大学农学院、华中农学院、南京林学院，任副教授。1960年任中国林科院南京林业所副研究员。1971年下放到张家口农专。1978年中国林科院恢复，回到北京。著有《中国乔、灌木病害》《植物病害防治》《森林病理学》。1988年退休。

袁宗虞（1921— ）

纳西族，云南石屏人，化工机械专家。1942年考入西南联合大学化工系。1945年考取留美预科班，当年6月赴美。1948年6月获威斯康星州大学机械系硕士学位，后在美国建筑机械公司任工程师。1951年7月回国，历任燃料部石油管理总局工程师、石油部北京设计院室主任、副总工程师、国务院直属部级中国石油化工总公司、石油化工规划院副总工程师、高级工程师。主持完成了催化裂化装的关键设备"滑阀"、石蜡连续成型机、烟气轮机等的设计工作。全国锅炉及压力容器监察委员、中国石油和化工设备研究会顾问。先后发表专业性论文及翻译国外著作、规范及文献等百余篇，著有《对我国炼油厂设备改造更新换代的探讨》等。第六届全国政协委员。

乐以成（1904—2001）

女，四川雅安人，妇产科专家。1932年毕业于华西协合大学医学院，获医学博士学位。1939年赴加拿大多伦多女子大学医院任职。次年赴美国洛杉矶市立医院妇产科进修。1941年回国任华西协合大学医院妇产科主治医生、副教授。1949年赴英国伦敦皇家医学院进修妇产科。1950年回国，后任四川医学院妇产科教授、教研室主任、医学系副主任等。全国人大第三届代表、成都市政协副主席。

Z

曾广骅（1922— ）

湖北黄冈人，生于太原，1941年至1944年就读于重庆国立政治大学，后留学美国哥伦比亚大学等校，获佛蒙特大学经济学硕士学位。1958年偕夫人回国，曾任职于中国科学院科学技术情报研究所。"文化大革命"中下放到河南罗山"五七干校"劳动，1972年释放。此时，妻子已带着两个孩子先去了美国。1975年去美国与家人团圆。1979年任美国力可公司副总经理兼驻北京代表，又回国工作到退休。退休后在纽约长岛建立气功颐寿院，推广意拳站桩。1991年获纽约皇后学院运动生理学硕士学位，1998年获辛辛那提联合大学健康科学博士学位。

曾广植（1918—2015）

湖南双峰人，有机化学家。曾国藩胞弟曾国华之孙。1943年毕业于西南联合大学化学系。1948年入美国马里兰大学学习。1950年入俄亥俄州立大学化学系学习。1952年获硕士学位。1957年回国。历任中国科学院上海有机化学研究所副研究员、研究员。七十年代起从事味道化学理论和甜味剂研究。发表论文六十余篇，著有《味觉的分子识别》。晚年移居美国。

曾国熙（1918—2014）

福建泉州人，土力学专家。1943年毕业于厦门大学土木系，留校任教，1948年赴美国西北大学担任研究助教，专攻土力学。1950年获土木工程系科学硕士学位，是年回国，任厦门大学副教授，1953年院系调整到浙江大学，历任教授、土木工程系主任、校务委员会委员。曾任国务院学位委员会土木、建筑、水利学科评议组成员，为中国土力学及基础工程学会副理事长、地基处理学术委员会主委等。论著有《砂井地基沉陷分析》《软土地基固结有限元法分析》《水泥土搅拌桩的荷载传递规律》等百余篇。浙江省第四至六届政协委员。

曾畿生（1916—2004）

女，儿科专家，丈夫邱立崇。1935年在日本东京女子医专（现东京女子医科大学）医预科就读，1937年转至湘雅医学院（现湖南医科大学）借读，后转入华西协合大学医学院，1942年毕业，获医学博士学位。1947年赴美，先后在伊利诺伊大学医学院、纽约大学医学院读研究生。1950年9月与丈夫同乘威尔逊总统号邮轮回国，在山东省立医院任儿科副主任。1953年调上海第二医学院儿科教研室、医学系一部儿科教研室工作，任瑞金医院儿科主任和儿科教授。

曾　威（1913—　　）

原名曾景贤，福建长乐人，公路及桥梁专家。1935年天津北洋工学院毕业后，赴美留学，1936年获康奈尔大学土木工程硕士学位，1938获博士学位，同年回国，在中央大学、重庆大学、复旦大学、北洋大学等大学任教。1947年去台湾任大陆工程公司总工程师。1949年11月回大陆，历任北洋大学教授，东北公路总局总工程师，交通部公路总局、科技局总工程师、公路科学研究院副院长等。五十年代主持了东北三条重要公路的勘测设计和施工管理。1956年参加编制十二年科学规划。其双曲拱桥获1978年全国科学大会奖。主编《公路双曲拱桥上部结构设计计算》，专著有《新型公路桥面板》。为中国公路桥梁学会副理事长，国务院学位委员会第一届工学评议组成员，国家科委发明评选委员会成员及工程建设评审组委员。

曾宪昌（1917—1993）

江西吉水人，计算机科学家。曾昭安（武汉大学数学家、教务长）之子。1940年毕业于北京大学数学系，留校任教。1948年赴美，1950年获哥伦比亚大学博士学位，留校任数学所副研究员。1951年1月回国，到武汉大学数学系任教，曾任系主任，电子计算机软件工程所所长。1984年主持全国重点科研项目电子计算机工程所的建设。曾为中国计算机科学学会副会长，中国人工智能学会副会长，《中国人工智能学报》主编。

曾性初（1923—2014）

湖南邵阳人，心理学家。1945年中山大学教育心理学系本科毕业，1946年清华大学研究院心理学系研究生毕业，任北大助教。1948年受胡适和梅贻琦推荐到美国深造，1952年获哥伦比亚大学心理学博士学位，在美国明尼苏达儿童研究所做研究员。1954年回国，在河北师范学院任教，当年其所学和所教专业受到排挤。1957年到华东师范大学心理学系任教，专于实验心理学发展理论和汉字心理学的研究。著有《汉语的信息分析》《方块字与字母文字之比较》《情志与情商》《迷信与外气的心理学解释》等。为国务院学位委员会教育与心理学学科评议组成员、上海市心理学会理事长、《国际学校心理学》编委。

曾泽培（1914—2003）

广东佛山人，生于北京，固体低温物理学家。1938年毕业于燕京大学物理系。1948年赴美留学，毕业于俄亥俄州立大学物理系，获博士学位，后任教于纽约州波茨坦的克拉克森大学。1958年回国，在中国科学院物理所任研究员，从事低温物理研究，兼任中国科技大学物理系教授。合译有《90年代物理学·学科交叉和技术应用》。

曾昭抡（1899—1967）

湖南湘乡人，化学家，曾国藩胞弟曾国潢的曾孙，夫人俞大纲。中央研究院院士（1948），中国科学院院士（1955）。1920年清华留美预备学校毕业赴美，1926年获麻省理工学院博士学位，同年回国，历任中央大学副教授，北京大学化学系系主任，西南联大教授。1946年受军政部委派赴美考察原子弹，出任联合国原子能管委会中国代表，后在美国原子能研究室从事研究。1949年回国后，任北京大学教务长兼化学系主任，教育部副部长兼高教司司长，高教部副部长，中国科学院化学所所长等。全国人大代表，全国政协委员，民盟中央常委。1957年因提出《对于有关我国科学体制问题的几点意见》被划为右派和撤职，后独身到武汉大学任教。1967年12月在武汉逝世，1981年3月获平反昭雪。

詹 锳（1916—1998）

山东聊城人，古籍专家。1938年西南联大中文系毕业，先后在西南联大、遵义浙江大学、安徽大学和山东师范学院任教。1948年赴美，获南加州大学教育心理学硕士学位。1953年获哥伦比亚大学博士学位，同年回国。到天津师范学院（后为河北大学）任心理学教授。1961年到中文系教古典文学，任古籍整理研究所所长。"文化大革命"中受迫害。为国务院古籍规划出版小组成员、中国李白研究会会长、中国古代文学理论学会理事，河北省语言文字工作委员会主任。论著译著颇丰，《语言文学与心理学论集》获省教委专著作类一等奖，《文心雕龙义证》获全国古籍整理优秀著作奖一等奖，《李白全集校注汇释集评》获国家图书奖。1991年获全国教育系统劳动模范。河北省政协委员。

张宝堃（1903—1994）

浙江嘉兴人，气候学家。1927年毕业于中央大学，1928到中央研究院气象所（后为现中国科学院地球物理所、大气物理所）工作，先后任测候员、副研究员。1934年结合物候现象与农业生产提出了新的分季标准。后留学美国，1950年3月10日回到北京，就任中国科学院地球物理研究所研究员，并兼任军委气象局联合资料中心主任。曾任国家气象局联合天气资料中心主任。

张报先（1916—2003）

建筑学家。留美，学习土木，为北美基督教中国学生会（CSCA）会员和留美科协芝加哥区会员。1952年回国，曾任北京市第一工业建筑设计院工程师，建设部中国建筑科学院和中国建筑技术发展中心总工程师。中国建筑学会建筑结构分会会员。著有《装配式标准构件的设计》。

张 斌（1930—2013）

女，山东青岛人，化学家，胞兄工程院院士刘源张，丈夫林同骥。1947年入辅仁大学化学系，1948年赴美留学。1950年毕业于堪萨斯州圣玛丽大学，1954年获加州大学伯克利分校化学系博士学位，1955年8月初偕丈夫与孩子回国。历任中国科学院化学所副研究员、研究员。"文化大革命"中身陷囹圄七年，1973年平反出狱，回到原单位。1987年参加高空摄影胶卷底片的改进研制，为国家发明专利人之一。1989年赴美定居。

张炳熹（1919—2000）

河南南阳人，矿床地质学家，中国科学院院士（1980）。1940年毕业于西南联大地质系，留校任教。1946年赴美国哈佛大学矿物学系留学，1948年获硕士学位，1950年获博士学位。1950年9月乘威尔逊号回国，应聘为北京大学地质学系副教授，后历任北京地质学院系主任，北京地质局总工程师，地质矿产部地矿司和科技司总工程师，联合国亚太经济社会委员会自然资源司司长，国际地质科学联合会副主席。论著有《矿石储量的估定》《佛蒙特州布里沼沃特–伍德科考特区构造地质及变质作用》等。

张炳星（1915— ）

湖南邵阳人，农业经济学家。1940年毕业于西南联大外国语文系。曾在缅甸任中国银行运输处秘书、在印度任美国训练中心少校译员及英国经济作战部译员，在湖南任联合国善后救济署乡村工业示范处处长助理。1950年获美国内布拉斯加大学农业经济系硕士学位。1951年回国，在山西省历任农业厅工程师，农科院科技情报研究所研究员、学术顾问，山西省农业经济学会副理事长。参与编撰《英汉辞海》《中国农业百科全书》。论文有《美国发展外向型农业的经验》《美国农业现代化的特点》等。

张昌谋（   —   ）

汽车制造专家。留美，获明尼苏达大学企业管理硕士。1953年回国，曾在第二汽车制造厂工作。1985年从上海柴油机厂调到上海大众汽车厂，任第一任总经理。

张承修（1918—2003）

江西临川人，理论物理学家。1943年毕业于武汉大学电机系。1954年获美国华盛顿大学博士学位。1955年回国。历任武汉大学教授，中国科学院武汉物理所研究员、副所长、所长。五十年代从事核力介子理论和统计力学研究。六十年代初提出鉴别中间矢量玻色子是否存在的实验方案。七十年代在频率稳定度理论研究中，首先提出了用二次差分代替阿仑方差，推进了频率稳定度的研究和实验测量工作。参加的氢原子钟的研制获 1978 年全国科学大会重大成果奖。其原子里德伯态的研究获中国科学院自然科学奖三等奖。著有《超高能核作用理论》。

张存浩（1928— ）

山东无棣人，生于天津，化学动力学家，中国科学院院士（1980），第三世界科学院院士（1992）。1944 年考进厦门大学，次年转入中央大学化学系，1947 年毕业。1948 年赴美艾奥瓦大学化学系留学，1950 年获密歇根大学硕士学位，同年 11 月回国。历任中国科学院大连化学物理所研究员、所长。主要研究成果分获国家自然科学奖三等奖（1956、1982、1993）、二等奖（1999），国家科技进步奖二等奖（1997），何梁何利基金科技进步奖（2002），国家最高科技奖（2013）。为《化学物理通讯》（阿姆斯特丹）国际编委，英国化学会法拉第会志国际编委。为国家自然科学基金委员会主任、国务院学位委员会委员。中共十三大、十四大代表，第三届全国人大代表，第八、九届全国政协常委。

张大奇（1913—2009）

曾用名张景斐，山东黄县人，机电专家。夫人茅于文。1933 年加入中国共产党。1935 毕业于上海交通大学电机系。曾任重庆中国缆车公司正工程师、重庆上川实业公司机器厂经理。1944 年考取留美生，1945 年获密歇根大学机械工程硕士学位，任林顿中国发动机厂主任工程师兼厂长。1949 年 5 月回国，参加开国大典。后任东北电工局副处长兼总工，一机部设计总局第四分局副局长、第八设计院院长兼总工、科技情报所所长、机械工业出版社社长。中国电工学会电器工业史编委会第一副主委，主编《中国电器工业发展史》，组织编写《电机工程手册》和《机械工程手册》，两手册获 1978 年全国科学大会奖和 1982 年度全国优秀科技图书奖一等奖。

张道真（1926—2009）

江苏苏州人，生于湖北沙市，英语语法学家。1947 年毕业于国立中央大学外语系。1948 年春获美国华盛顿大学奖学金，赴美国攻读英国文学，1949 年念完硕士课程后转往哈佛大学念比较文学。1950 年冬回国，在北京外国语学院任教，历任语言理论教研室副主任及、培训部主任、教授，一生著作颇丰，撰写、编著有《实用英语语法》等，译著有《包法利夫人》《乡下佬》《十九世纪文学主流》等作品。1986年退休。后应邀赴深圳大学任校长顾问。1990年在深圳创办英语培训中心。1991年赴美定居，2000年冬在又深圳安家，2009年病逝于北京。

张发慧（1920—2000）

女，四川郫县人，生物学家，丈夫洪用林。1944年中央大学农艺系毕业，后在中央大学农艺系任教。1948年赴美，在威斯康星大学经济昆虫系读研。1952年毕业后在该校动物系任研究助理。1955年10月偕丈夫与孩子和钱学森等同船回国，1956年在北京农业大学植保系昆虫教研组副教授，1958年后调沈阳农学院。1972年调入天津南开大学生物系任教授。

张光儒（1916—2007）

四川邻水人，内科医学家。1935年考入华西协合大学医学院，1942年7月毕业，获美国纽约州立大学医学博士。后在医学院的四贤祠医院任住院、主治和主任医师。1949年获美国援华基金会奖学金到哈佛大学研究生院进修消化内科专业。1951年回国，在华西协合大学附属第一医院先后任内科教授、内科教研组主任、副院长，率先在西南地区开展消化道内窥镜检查，继后又开展腹腔镜检。曾任《中华消化病杂志》编委、四川省医学会常务理事兼成都市内科学会主任委员、四川省消化病委员会名誉主委。发表学术论文五十余篇，主编有《急症手册》及《诊疗技术操作常规与功能检查》。四川省政协常委。2002年退休。

张国霞（1920— ）

浙江杭州人，建筑专家。1943年毕业于上海圣约翰大学土木工程系。1949年入美国西雅图市华盛顿大学学习，1950年获土木系硕士学位。1951年5月回国，历任北京市永茂设计公司工程师，历任北京市建筑设计院勘测室主任工程师，北京市规划局勘察处高级总工程师、工程师。曾主持民族文化宫、人民大会堂、中国历史博物馆等重大工程的勘探和地基处理工作。1990年被建设部评为首批"全国工程勘察设计大师"称号。第六届全国人大代表。北京市第五届政协委员，第七届侨联常委。晚年移居美国。

张华麟（1912—1985）

河北隆尧人，泌尿外科专家。1936年南京军医学校毕业，到南京中央医院工作。1943年在兰州中央医院任外科副主任兼任西北医学专科学校（后为兰州大学医学院）副教授。1948年由兰州大学往美国密歇根大学专修泌尿外科。1950年回国。任西北军区第四医院、第一医院院长兼泌尿外科主任。1959年任兰州军区总医院副院长兼泌尿外科主任。1976年指导肾移植获得成功。主编有《临床泌尿外科》。1982年当选为甘肃科学技术协会名誉主席。

张鸿增（ — ）

国际法专家。留美，在哥伦比亚大学法律系学习，1950年回国。在外交部国际问题研究所任职。八十年代为中国出席联合国国际海底管理局和国际海洋法法庭筹备委员会委员。论著有《评美国的"与台湾关系法"》《联合国成立四十年来国际法的发展》等。

张惠珠（1919—2012）

女，白族，云南大理人，生化专家，张丽珠三姐，丈夫王有辉。1941年毕业于上海交通大学化学系。1946年赴美，1948年普渡大学毕业，获生化学硕士。1950年10月偕丈夫乘克利夫兰号回国。历任圣约翰大学生物化学科副教授，1952年全国高校院系调整后，任上海第二医学院（后为交大医学院）教授，任生物化学教研组/室副主任，主任。开展了诱导酶，蛋白质机理，青蒿素免疫机制及定量分析等生化免疫学的科研。"文化大革命"后出任上海交大医学院上海免疫学研究所副所长。曾获上海市及全国妇女三八红旗手称号。1984年退休，后移居美国。民盟成员。

张继平（1918—1993）

四川华阳人，历史学家。1942年武汉大学历史系毕业。1946年9月赴美留学，1949年4月获哥伦比亚大学史学硕士学位，同年回国，到武汉大学，任历史系教授，中国第二次世界大战史学会会长。合著有《第二次世界大战史》《纳粹的崛起与德国小资产阶级》。

张继英（1911—1968）

河北唐山人，采矿专家。1935年毕业于北洋工学院采矿系。曾任安徽大通煤矿测绘员、四川天府煤矿煤师、吉林西安煤矿矿务主任。1947年至1949年在美国宾夕法尼亚大学学习。回国后，历任交通大学唐山工程学院采矿系主任、大同矿务局副局长兼总工程师、山西省煤炭工业管理局副总工程师兼山西煤炭科研所副所长、西南煤炭建设指挥部副总工程师。

张家骅（1915—2010）

福建福州人，核物理学家，夫人陈云岚。1940年毕业于西南联大物理系，留校任助教。1949年赴美学习和工作，1952年获圣路易斯城华盛顿大学核物理专业博士学位，后任华盛顿大学回旋加速器实验室物理员，1953年后历任伍斯特理工学院访问教授任、俄克拉荷马州农机（A&M）学院助理教授，为留美科协会员。1955年5月偕夫人及孩子回国。历任中国科学院上海原子核所（应用物理研究所）第八研究室副主任、所长、上海核学会理事长。长期从事同位素应用技术研究、同位素仪表研制。成果获中国科学院科技进步奖三等奖和二等奖。论著有《放射性同位素X射线荧光分析》等。

张家麟（1918—1984）

云南鹤庆人，世界史学家。1940年毕业于北平师范大学历史系。1946年考取美国留学，1950年获威斯康星大学硕士学位。1951年回国。1952年至1984年任云南大学历史系副教授、教授。合著有《东川铜矿史》《第一次世界大战》，译著有《阿富汗史》《林肯传》。

张建侯（1914—1991）

江苏泰兴人，化工专家。1935年获南开大学特种奖学金，入化工系学习。1939年毕业于西南联合大学，留校任教。1943年考取公费留美生，1945年赴麻省理工学院学习，1950年获博士学位，辞去麻省理工学院的聘任，1950年11月28日抵港回国，任南开大学教授。1952年调任天津大学，先后任化学工程系系主任、名誉系主任等职。曾任国家科委化工专业组成员，国务院学位委员会第一届学科评议组成员，中国化工学会学术委员会副主任、石油化工专业学会副理事长及《化工学报》副主编。天津市第九至十一届人大常委会委员。

张　锦（1910—1965）

女，山东无棣人，生于广西桂林，化学家，清末两广总督张鸣岐次女，丈夫傅鹰。1926年入燕京大学化学系学习。1927年考取清华留美官费女生。1930年获密歇根大学学士学位。1933年获伊利诺伊大学博士学位。1934年回国，在北平协和医学院从事科学研究一年，1935年与傅鹰结婚。历任重庆大学、福建医学院、厦门大学教授。1944年再次赴美，在康奈尔大学医学院杜芬友（Du Vigneaud）教授（1955年获诺贝尔化学奖）实验室和密歇根大学化学系任研究员。1950年9月偕丈夫乘威尔逊号回国。任辅仁大学、北京石油学院、北京大学化学系教授。

张景哲（1918—2011）

河南郏县人，地理学家，夫人徐先伟。1937年考入清华大学地学系，辗转长沙临大，1942年在西南联大地质地理气象系毕业，留校任教。1945年在时迁四川三台的东北大学任讲师。1947年9月赴美攻读地理学，获克拉克大学硕士学位和马里兰大学博士学位，留马里兰大学任教。1957年8月偕未完成博士学业的夫人和两个孩子乘克利夫兰号回国。同年12月应聘任北京大学地质地理系教授。1977年开始研究当时在中国是全新领域的城市地理学，开拓我国城市热岛效应的研究。同时先后主持了安徽芜湖和山东淄博等地的城市规划和城市气候研究工作。1988年七十岁退休。曾为中国地理学会世界地理专业委员会副主委。1990年移居美国芝加哥。

张君儒（1911—1997）

女，四川璧山人，儿科学专家，张凌高（华西协合大学校长）之女，丈夫杨振华。1937年华西协合大学医学院毕业，获美国纽约州立大学医学博士学位，在华西、齐鲁、中央三大学联合医院工作。1947年获加拿大红十字会奖学金赴多伦多大学儿童医院进修，1950年10月偕丈夫与孩子乘克利夫兰号回国。历任华西医科大学儿科主任，成都市儿科学会主任委员，中华医学会四川省分会理事，四川省儿科学会副主任委员、主任委员、顾问，全国儿科学会第八届委员会委员等职。九三学社成员。

张宽厚（1921—1976）

细菌生理学家，夫人李玉瑞。1936年入读保定陆军兽医学校（现吉林大学畜牧兽医学院）。留美，获密歇根州立大学博士学位。1951年回国，在中国医科院实验医学所（后为基础医学所）工作。著有《细菌生理学》。

张　礼（1925—　）

安徽祁门人，生于天津，理论物理学家。1946年辅仁大学理学院毕业。1948年8月赴美，在康奈尔大学攻读研究生。1949年10月回国，加入中国共产党，后在北洋大学任教。1953年赴苏联1956年获列宁格勒大学物理学博士学位。1957年参与创建清华大学工程物理系，任系副主任、主任。1963年至1964年到丹麦哥本哈根理论物理所做研究，1980年至1981年和1987年至1988年在美国加州理工学院合作研究。1982年起任清华大学新恢复的物理系主任和物理研究所所长。主编《现代物理学进展》。合著有《量子力学前沿问题》及其英文版。论文有《电子—正电子系统的定态及其湮没转变》《多胶子过程的螺旋度振幅》等。译著有《爱因斯坦的宇宙》等。1991年获国家教委"杰出服务证书"，2013年获"周培源理论物理奖"。

张力田（1913—2009）

山东德平人，淀粉糖专家。1937年毕业于北京大学化学系。1944年以第一名成绩通过留美考试，1945年赴美，1951年获路易斯安那州立大学博士学位，任美国夏湾那炼糖公司、联合淀粉精炼公司高级研究员。1958年绕道欧洲和苏联回国，在轻工业部北京食品与发酵工业研究所任高级工程师，1964年调华南工学院（今华南理工大学）轻工与食品系任教授。1972年创建碳水化合物研究室，创立了会刊《淀粉与淀粉糖》和《淀协通讯》。著作有《碳水化合物化学》《淀粉糖》《变性淀粉》《淀粉生产基本知识》《淀粉糖浆的制造》等。为广东省六届人大常委，国家科委发明评选委员会委员，国家学位委员会学科评议组成员，中国食品工业协会理事，中国淀粉工业协会副会长。

张丽珠（1921—2016）

女，白族，云南大理人，生于上海，生殖医学家，张惠珠胞妹，丈夫唐有祺。1937年考入国立中央大学航空工程系，1941年获理学士学位，1944年上海圣约翰大学医学院毕业，获医学博士学位。1945年赴美，1946年后在哥伦比亚大学医学中心、霍普金斯大学医学院、纽约大学医院等从事妇产科局部解剖、内分泌、病理学和肿瘤学早期诊断研究，1949年在英国伦敦玛丽居里医院任总住院医师。1951回国，任上海圣约翰大学医学院妇产科副教授。1952年调入北京医学院，先后任第一附属医院和第三附属医院妇产科主任、副教授、教授，2001年任北京大学第三医院生殖医学中心名誉主任。为大陆首例试管婴儿缔造者。曾为中华医学会妇产科分会副主委，《中华医学会妇产科》杂志副主编。

张连华（1917— ）

江苏崇明人，无线电元件专家。上海交大化学系1940年毕业，曾任中央无线电制造厂工程师，研制成功皱纹漆、云母板、镀镉光亮剂等。后赴美，在麦纳复克斯厂任化学师。1949年回国，1956年负责组建四机部无线电元件与材料研究所，任总工程师、副所长，高级工程师。为中国电子学会第一至三届理事，中国光学学会第一届副理事长。第三、四届全国人大代表，第五、六届全国政协委员。

张　鎏（1920—2003）

江苏苏州人，无机化工专家。1943年毕业于西南联合大学化工系，先后在昆明化工厂、青岛橡胶厂工作。1949年初赴美留学，1950年获匹兹堡大学研究院化学工程硕士学位。为留美科协会员，1951年回国，任教唐山铁道学院。1952年院系调整时并入天津大学化工系，任天津大学教授、化工系副主任，天津市无机化工学会第一届理事长。编著有《无机物工艺过程原理》。中国民主促进会成员。

张梦白（1910—2002）

江苏常州人，历史学家。1926年就读东吴大学的大学部，主修政治和文学。1930年毕业后留校任教。1948年夏通过考试赴美留学，1949年获哥伦比亚大学文学硕士学位。同年回国，在东吴大学任教。1952年起任江苏师范学院、苏州大学教授。译著有《爱尔兰史》《爱尔兰共和国、北爱尔兰》《罗斯福外传》等。

张明珠（ — ）

女，英语教育家，丈夫吴学成。留美，获科罗拉多大学文学硕士。1953年偕丈夫和女儿回国，在人民大学外语教研室任教。

张培刚（1913—2011）

湖北黄安人，经济学家。1934年毕业于国立武汉大学经济系，获学士学位。1941年至1945年在美国哈佛大学工商管理学院和文理学院学习，获经济学硕士学位和博士学位。1945年回国后历任国立武汉大学经济系教授兼系主任，1948年去曼谷任联合国亚洲及远东经济委员会顾问及研究员。1949年回国，再次回到武大。1951年秋至1952年夏在北京中央马列学院学习，1953年调至华中工学院（现华中科技大学），先后任建院筹备委员会委员兼基建办公室主任、社会科学部主任、经济学院院长，经济发展研究中心主任等职。

张培基（1921—2021）

福建福州人，翻译家。1945年上海圣约翰大学英文系毕业，任《上海自由西报》英文记者、《中国评论周报》特约撰稿人兼《中国年鉴》英文副总编，1946年赴日本东京远东国际军事法庭任翻译，后赴美留学。1949年10月印第安纳大学英国文学系研究院肄业，回国。1951年任北京外文出版社编辑。1955年调入解放军（洛阳）外语学院任教授。1980年转业任北京对外贸易学院教授，兼对外贸易教育出版社总编辑。中国翻译工作者协会理事。主编《英汉翻译教程》为许多高校选定为英语专业翻译课教材。1991年退休。译作有柔石《为奴隶的母亲》、曹禺《明朗的天》、廖静文《徐悲鸿一生》等，还译有《王若飞在狱中》《鲁迅传》等。论著有《习语汉译英研究》《英语声色词与翻译》。

张钦楠（1931— ）

又名张元三，浙江宁波人，生于上海，建筑学家，张星联次子，夫人杨友鸿。1947年赴美留学，1951年获麻省理工学院土木工程系工学士学位。1951年回国，先后在上海华东建筑设计研究院、北京建筑工程部设计总局、西安中国建筑西北设计研究院、重庆建筑工程部第一综合设计院等从事建筑与工程设计。1985年至1988年任城乡建设环境保护部设计局局长。1988年至2000年先后担任中国建筑学会秘书长、副理事长。曾任欧美同学会副会长。著有《阅读城市》《特色取胜》《中国古代建筑师》等书。

张钦栻（1929—2004）

又名张元二，浙江宁波人，生于上海，建筑学家，近代金融家张悦联之子，张星联侄子。1946年留学美国，在俄亥俄大学建筑专业毕业后进伊利诺伊大学土木工程系，1951年初，放弃硕士学习回国，在纺织工业设计院任高级工程师，设计有北京国棉一厂、西安国棉一厂等。1976年移居美国，在美国诺斯罗普（Northrop）等公司任高级土木工程师，并经常回国讲学，2004年病逝。

张庆年（1930—2020）

女，江苏仪征人，丈夫林戊荪。1948年赴美留学，曾任北美基督教中国学生会（CSCA）中西部分会副会长，1950年毕业于俄亥俄州欧柏林大学，同年10月回国。1951年到中央广播事业局工作，任中国国际广播电台译审、英语部主任。

张　权（1919—1993）

女，江苏宜兴人，歌唱家。1936年投考国立杭州艺专，主修钢琴，后学声乐。1937年入上海国立音乐专科学校声乐系，1942年毕业于重庆国立音乐学院并留校任教。1947年赴美，在纽约罗彻斯特大学纳萨瑞斯学院学习，1949年获文学学士学位。同年入罗彻斯特大学伊斯特曼音乐学院。1951年获音乐硕士学位，同年10月回国，先后在中央实验歌剧院等担任独唱和歌剧演员。1957年被划为右派（其丈夫、音乐家莫桂新于1958年在黑龙江凯湖右派劳改农场因食物中毒死亡，时年四十一岁），1978年改正。任北京歌舞团艺术指导和声乐教师兼北京市音乐舞蹈家协会主席。1981年调入中国音乐学院，曾任副院长，为北京市文联副主席，中国音协艺术委员会主任。第二、五届全国政协委员，第六至八届全国政协常委。

张绍良（1907—1993）

河南内黄人，美国史专家。1932年毕业于北京大学历史系，后留学美国。1949年后，乘船经香港回国到开封，经范文澜介绍，入河南大学教授美国史。曾被划为右派，遭批斗、开除公职。著作有《讲授世界通史中原始社会部分的几个问题》《论美利坚民族国家形成的特点》《改革旧体例，重新编写世界史》等。民革河南省委顾问。

张绍英（1915—2011）

四川安岳人，心理学家，夫人甄尚灵。1939年毕业于华西协合大学，留校任教。1945年获多伦多大学奖学金赴加拿大学习。1947年获多伦多大学心理学硕士。同年获美国波士顿大学奖学金，到波士顿大学攻读博士，其间修课于哈佛大学。1951年获临床心理学博士学位，工作于麻省总医院。同年偕夫人甄尚灵，与顾学稼、诚静容等人同船回国。任教于华西协合大学，后院系调整受聘于四川大学哲学系，任心理学教研室主任、教授。八十年代任四川省心理学会主席。

张守仪（1922— ）

女，河北丰润人，建筑学家，国际著名电机工程专家张守廉胞妹，丈夫孟庆彭。1945年毕业于重庆中央大学建筑系，1949年获美国建筑学硕士学位，同年与丈夫回国。在北京大学任教，1952年院系调整到清华大学建筑系，任教研组主任，系工会副主席。1957年被划为右派，1959年为"脱帽"右派。合著有《中国现代城市住宅》《城市型住宅》等。

张素初（1926—2011）

女，安徽巢湖人，张治中三女儿，丈夫赵景伦。1947年留学美国纽约阿德菲大学，1949年10月，听从父亲召唤，辍学回国。随后入北京市外文出版社（中国外文出版发行事业局）。1979年中美建交，母校阿德菲大学大学以全额奖学金邀请她回校复学，主修英语，完成学业，获学士学位，接着又考入哈佛大学教育学院，获硕士学位，并经该校"国际事务中心"接受为研究员。后考入纽约市政府社会服务部门，从事社会福利方面的工作。曾任美东安徽文教交流协会会长。2010年回中国定居。

张素央（1925—　）

女，安徽巢湖人，生于广州，张治中二女儿，丈夫夏煦。1946年入南京金陵女子大学体育科，1948年毕业后在上海晏摩氏女子中学任教。1949年初赴美留学，在华盛顿州塔科马市普及桑大学学习，1950年10月乘克利夫兰号回国。先后在中国戏剧学院舞蹈团和中国人民大学工作。1955年到国家体委，曾任体操处副处长，中国技巧协会主席，国际技巧联合会执委。1991年移居纽约后，仍带领中国技巧队参加世界比赛和国际技巧联合会执委会会议，1992年从国家体委退休，1993年退出国际技巧联合会。1996年在纽约市老人局下属某为新移民服务的机构任职，2005年退休。

张慎余（1926—2002）

江苏南通人，建筑结构专家。1948年毕业于上海交大土木系，同年赴美。1950年获明尼苏达大学土木工程系硕士学位，10月回国。先后在重工业部航空局，北京钢铁设计总院工作，曾任北京冶金建筑研究院结构室副主任。1964年去内蒙古包头支援边疆，任第二冶金建设公司总工程师。八十年代，参与创建冶金部中国冶金建设集团公司（MCC），任副总经理、总工程师，在开拓国际业务为香港地区负责人，夺取供水工程竞标，并负责解决工程技术疑难问题。后曾多次赴中东非洲开拓海外业务，两伊战争期间，仍赴战区为中国赢得水坝工程投标。论著有《钢筋混凝土简支梁的极限抗剪强度》（英文）收录于（巴西）国际土木工程协会学术会议的论文集。1991年离休。1996年移居美国。

张慎志（1928—　）

女，江苏南通人，公共卫生学家，张慎余胞妹，丈夫何诚志。1947赴美留学，在明尼苏达州圣保罗市麦卡利斯特学院学习。1951年偕丈夫回国，在北京市卫生检疫所（防疫站）任职。晚年与丈夫移居美国。

张士铎（1925—2015）

天津人，桥梁学家。1947年毕业于天津工商学院土木系，1948年赴美留学。获北达科他州立大学硕士及博士学位，后任华盛顿州公路总局桥梁处副总工程师并获开业工程师执照。1955年10月与钱学森等同船回国，任同济大学道路桥梁系教授。1969年以"美国特务"罪被公安部门判刑，关进上海提篮桥监狱，1976年获释，予以平反。1992年退休，2013年获得茅以升桥梁大奖。专著有《结构理论及在桥梁上的应用》《现代混凝土基础理论》《箱形薄壁梁剪力滞效应》等。

张是我（1915— ）

江苏江阴人，经济学家。1938年入读武汉大学经济系。是年加入中共地下党，1940年脱党。1941年毕业后，先后任中国工业合作协会会计、中中交农四大银行联合办事处驻重庆复兴公司稽核员，资源委财务处技士。1947年10月赴美，1953年2月获艾奥瓦大学经济学博士学位，同年3月23日抵港回国。被分到财经出版社工作，1956年调入北京中国国际问题研究所任研究员。合译《美国各阶层的收入分配》《美国资本主义的动向》，论文有《美国农业中的流动工人》《美国农业中资本的增长和集中》《发展中国家的人口问题》等。

张松荫（1900—1992）

浙江临安人，畜牧学家。1923年毕业于南京大学畜牧兽医系。曾任北京香山慈幼院教员、南京中央大学农学院助教。1935在日本北海道帝国大学进修。1938后历任四川省农业改进所技正兼畜牧系主任、西北农学院教授、四川大学、华西大学、金陵大学教授。1946在英国考察畜牧业，1947在美国怀俄明大学研究羊毛。1949年9月回国，历任华北农科所技正兼畜牧系主任、西北行政院畜牧部技正、西北畜牧兽医学院教授。1958年后任甘肃农业大学教授。1982年其领导的养羊学教研室获国家科委、国家农委授予的"绵羊改良奖"，1983年甘肃省人民政府授予"先进生产者"荣誉称号。著有《绵羊与羊毛学》《中国绵羊和山羊品种》《养羊业进展》等，论文三十余篇。甘肃省政协第五届委员。

张堂恒（1917—1996）

浙江平湖人，茶学家。1938年浙江大学农业经济专业毕业，1940年任重庆复旦大学农学院茶叶专修科助教，1942年任重庆中央大学农业系讲师。1943年至1945年赴印度任中国远征军翻译。1947年9月考取教育部留美生，在威斯康星、路易斯安那、北卡罗来纳大学研究生院学习。1949年回国，在北京华北人民革命大学学习。1951年任浙江省农业厅特产局高级工程师。1953年任浙江农业大学茶学系教授，1979年至1984年任副系主任。编著有《中国制茶工艺学》《中国茶学辞典》《茶·茶科学·茶文化》《茶叶审评与检验》等，译著有《印度茶的栽培与加工》《茶树病虫害防治》等。与他人合作的"CR5型茶叶揉捻机"研究成果获1978全国科学大会奖。1956年至1988年任浙江茶叶学会副理事长。九三学社成员。

张万楷（ — ）

四川成都人，机电学家。1938年毕业于交通大学电机系，1950年获密歇根大学电机硕士学位，同年回国。曾任重庆电力公司工程师、厂务副主任。1951年后，历任四川大学工学院、成都工学院、成都科技大学教授。

张为申（1909—1966）

江苏苏州人，抗生素专家。1931年毕业于清华大学化学系，留校任助教，1941年升聘为专任讲师（副教授）。1946年公派赴美留学威斯康星大学，1948年和1950年分别获生物化学硕士和博士学位，后任该校研究员。1951年2月底回国，任西北农学院教授。1956年参加了国家十二年科技发展远景规划的制定工作，同年筹建中央卫生研究院（后为中国医科院）抗生素系，并任系副主任，1958年任抗菌素所所长。解决了青霉素进口原料代用品难题，先后完成土霉素、链霉素、红霉素的研制。组织出版过《抗菌素研究》《抗菌素讲演集》等多部论文集。1956年加入中国共产党。"文化大革命"中被划为反动学术权威受到批判。1968年8月与夫人谢瑞瑾自杀。卫生部1978年7月为其平反。九三学社成员。

张炜逊（1913— ）

生于美国洛杉矶，医学家，夫人梁思懿。1931年入读燕京大学医学预科，1939年上海医学院毕业，参加中国红十字救护总队，作为实习生到广西抗日前线工作。1941年赴美，在哈佛大学医学院从事病理学研究，后到纽约贝勒医院专攻儿科。1949年10月15日偕夫人与两子女抵港回国。历任山东省立医院儿科主任、院长、省卫生厅副厅长、卫生部对外联络室主任，中苏友好医院儿科主任。1970到农村接受改造，1972年调回医院任副院长。1973年受派遣出任世卫组织日内瓦总部副总干事。1975年在卫生部调其回国的前夕，恢复美籍身份，去美国加州赡养老母亲。曾被谴责为"叛徒"，后与夫人离婚，八十年代，儿女也去了加州。1958年加入中国共产党。著有《常见儿科病》。

张文裕（1910—1992）

曾用名张少岳，福建惠安人，物理学家。中国科学院院士（1957），夫人王承书院士。1931年燕京大学物理系毕业，1933年获硕士学位。1935年留学英国剑桥大学卡文迪什实验室，1938年获博士学位，同年回国。任四川大学、西南联大物理系教授。1943年赴美，任普林斯顿大学帕尔麦（现为亨利）实验室教授。1956年9月偕夫人王承书和孩子回国，历任中国科学院物理所研究员，苏联杜布纳联合核子所研究员、中国组长，原子能所副所长兼宇宙线室主任，高能物理所所长，中美高能物理联合委员会第一、二届中方主席。一生有多项重要发明和发现，最突出是发现 μ 原子。曾任《中国科学》《科学通报》主编，中国高能物理学会理事长。全国人大第二至六届代表，第四至六届常委会委员。

张希先（1911— ）

女，广东开平人，丈夫唐明照。幼年随母赴美国加州投奔出身华侨世家的父亲。1926年年回国在天津南开女中就读，毕业后入南开大学教育系后转到燕京大学读幼教，曾是燕京大学一二·九爱国学生运动的先锋。1936年夏毕业，在广州执教，1938年赴美，在哥伦比亚大学继续攻读幼儿教育学，获硕士学位，曾为中国常驻联合国代表团的三等秘书。1950年，偕女儿唐闻生离开美国，绕道古巴，再往英国，从欧洲回国，一度供职于外交部幼儿园。

张希仲（1922—2003）

浙江新昌人，热工学家。1946 年毕业于交通大学机械系。1951 年获加拿大萨斯喀彻温大学采暖通风专业硕士学位。曾任加拿大科学院建筑研究所初级研究员。1954 年 11 月回国。历任中国医科院卫生所、中国预防医科院环境与健康相关产品安全所研究员。曾任国务院学位委员会学位评议组成员，中国劳动保护科学技术学会副理事长，是国务院首批公布的享有特殊贡献津贴的专家。其研制的热球式电风速计、氯化锂露点式湿度计、电阻湿度计、热电堆式辐射热计、热流计及其校正设备获得推广应用。其中风速计和湿度计获得 1978 年全国科学大会奖。

张祥年（1927—　）

江苏仪征人，张庆年胞兄。1946 年考入北京辅仁大学，1947 年赴美留学，1950 年毕业于宾夕法尼亚州立大学工商管理系，获硕士学位，同年 8 月回国。在沈阳大学、大连财经学院、上海财经学院、复旦大学讲授工业管理。后照顾夫妻关系，去往香港在中国银行工作。八十年代末退休后，移居美国。

张香桐（1907—2007）

河北正定人，神经生理学家、中国科学院院士（1957）。1933 年毕业于北京大学生理系，留校任助教。1941 年，在贵州安顺任中央陆军军医学校教官。1943 年赴美，在耶鲁大学医学院生理系进修，1946 年获博士学位，后进入约翰斯·霍普金斯大学医学院生理系从事博士后研究。1947 年应聘回到耶鲁大学医学院航空医学研究室工作，先后担任教师和助理教授，1952 年任洛克菲勒医学研究所联系研究员。1956 年回国，任中国科学院上海生理生化所第二室主任，1984 年任中国科学院上海脑研究所名誉所长。1950 年，发现光强化效应，1954 年起被国际生理学界称为"张氏效应"。论文有《刺猬中脑下叠体之下行通路》《针灸针麻研究》《脑研究的崎岖道路》等。第二至六届全国人大代表。

张孝礼（　—　）

数学家，夫人彭毓淑。1947年赴美留学，获南卡州厄斯金学院数学博士。1951年偕夫人回国，历任四川大学、西南师范学院数学系教授。论文有《关于近似解析函数的一个定理》《囿型近似解析函数与椭性偏微分方程式的解的边界状态》，曾与彭毓淑合作发表《墨子与数学的必要及充足条件》。

张兴钤（1921—2022）

河北武邑人，金属物理学家，两弹专家，中国科学院院士（1991）。1938年入武汉大学矿冶系。1940年加入中国共产党，1942年毕业，分配到四川綦江电化冶炼厂工作。1945年考取公费留学，1947年赴美，先在底特律一家钢铁厂实习。1949年2月，获得麻省理工学院奖学金，从事蠕变机理研究，1949年获物理冶金硕士学位，1952年博士学位，留校做研究。1955年7月10日乘坐戈登号轮抵达深圳罗湖口岸。任北京钢铁学院教授。1963年任二机部第九研究院实验部主任、副厂长兼总工程师等职。开始直接参加到核武器的研制。1980年任核工业部军工局总工程师。1990年任中国工程物理研究院专家组成员，中国核学会核材料分会理事长。

张星联（1902—1986）

浙江宁波人，生于上海，英文翻译家。1919年留学美国，获耶鲁大学文学学士学位，哥伦比亚大学政治学硕士学位。1926年回国后，先后在上海私立光华大学任英语教授，在盐务稽核所任科长，在私营大业印刷厂仰光、乐山分厂任经理等。1950年再度赴美，在华盛顿乔治敦大学进修，1951年底回国，在外文局任高级翻译，曾译有《永乐大典》等，并独自编辑《中国考古词汇（汉英对照）》。

张雄武（1919—2013）

安徽芜湖人，外语教育家。1948年赴美国担任国民政府驻旧金山领事，其间在旧金山大学攻读国际关系，并选修西班牙语。1952年获学士学位，并获准入斯坦福大学研究院，因决定回国而放弃。1953年初归国，1954年起在北京外贸学院二系任教授，筹建西班牙语教学专业，任西班牙语教研室室主任、西班牙语系系主任。1990年退休。1959年编写出版的《简明西班牙语语法》（后更名《西班牙语语法》）成为新中国第一部西班牙语语法教材。八十年代初，任中国西葡教学研究会首任副会长，出任教育部西班牙语教材编写委员会主任。译著有《社会静力学》等多部。

张学德（1916—1981）

山东新泰人，内科学及传染病学专家，微生物学及病毒学家。1920年随家迁入南京，后考入南京金陵大学医学预科。1941年毕业于协和医学院获医学博士学位。历任北平协和医学院住院医师，南京中央大学医师，天津第一医院内科主任等职。1948年赴美国进修，任伊利诺伊大学医学院研究员。1950年回国，任北京协和医院内科学讲师，教授，内科副主任，并组建传染病专业组。1957年奉命组建全军传染病专科医院（解放军三〇二医院）并任第一任院长。1958年起兼任军事医科院微生物流行病研究所教授、研究员，副所长。中华医学会、中国微生物学会的常务理事。

张学远（1915—1997）

四川宣汉人，新闻史学家、经济学家。重庆中央政治大学新闻系第五期学员，在校期间发表了多篇新闻学文章，涉及新闻史论、新闻业务和新闻教育等领域，1942年毕业后任该校国际问题所研究员。1945年考取公费留学美国，获密苏里大学新闻学硕士学位和明尼苏达大学经济学硕士学位。1950年回国，先任上海复旦大学副教授，后任辽宁省经济研究所研究员。1957年被划成右派，被下放到四川农村劳动改造，妻子因此精神失常。1978年获改正后进入达县师专（后为四川文理学院），恢复教授职务。

张燕刚（1912—1989）

原名许慎，河北河间人，轻金属冶金专家。1934年毕业于南开大学化学系，曾任南京永利化学工业公司化工研究部副部长。1945年赴美，在哥伦比亚大学化工实习炼焦并采购设备，1947年底作为中国制碱专家被派往印度塔塔碱厂任顾问工程师，帮助该厂改造、试车、投产。1949年回国，历任山东铝厂副总工程师、高级工程师，郑州铝业公司副总工程师，郑州轻金属研究所所长。中国金属学会第二、三届理事。第三、五、六届全国人大代表。

张英伯（1913—1984）

河北武清人，树木生理学家。1937年毕业于北平师范大学生物系，后任北平静生生物调查所助理研究员，云南农林植物所和中央研究院工学研究所副研究员。1946年赴美，1947年获耶鲁大学林学及理工研究院科学硕士，1949年和1951年获密歇根大学资源学林学硕士和博士学位，后任威斯康星大学林产研究所研究员，1956年回国。历任中国林科研究院林业所研究员、树木生理生化研究室主任。曾主持创建中国林业科学研究院树木生理生化研究所。著有《北美造纸用材树种树皮解剖研究》《北美洲针叶树树皮构造》。为中国林学会树木生理生化专业委员会第一届主任委员，国际林业研究组织联盟树木生理学科部主席团成员兼木材生理组领导组成员。

张瑜英（1909—　）

福建人，1931年考入华南学院，1933转入福建协合大学，1935年肄业，到金陵女子学院附属寻珍高中任教。1939年赴英国牛津大学教育学院学习，肄业，1941年回国，在寻珍中学、协合大学任教。1949年赴美，在密歇根大学研究院英语系学习，1952年8月毕业，回国，1953年2月在复旦大学外文系任副教授。论文有《上海方言区学生英语发音错误初探》。

张育明（1913—2001）

辽宁法库人，农学家。1938年南京金陵大学农学院园艺系毕业，历任四川农业改进所江津园艺场技佐、四川北碚歇马场中国乡村育才学院讲师、国民政府农业部垦务总局技士。1947年赴美，在艾奥瓦州立大学农学院进修农业科技推广专业。1950年回国，历任沈阳农学院（沈阳农业大学）副教授、教授。辽宁省农学会理事、省果树学会副理事长。曾任中国侨联中央委员会委员、辽宁省侨联副主席。辽宁省政协常委，沈阳市人大代表。九三学社沈阳市委员，中国致公党中央委员、咨议，辽宁省委主委。

张渊才（1918—　）

生于北京，医药专家。1940年毕业于国立药学专科学校。历任西安西北医院药师、兰州卫生署西北防疫处技师和西北制药厂技术员、药师等。1945年调到新成立上海中央生物学化学实验处。1948年获美国药学教育基金会奖学金，到北卡罗来纳大学留学，后获得博士学位。1951年8月与陈涵奎同船回国，曾任军事医科院副研究员、总后勤部军医学校（后为北京军医学院，2010年撤销）副校长，《军队药品制剂规范》编委和总后勤部卫生专业高级技术职务评审委员会委员。

张元一（1928—2020）

又名张钦模，浙江宁波人，翻译家。张星联长子。1949年留美，在俄亥俄州欧柏林大学就学。1950年10月与夫人美籍华人关夏亭乘克利夫兰号回国。先后在外交学会、中国对外翻译出版有限公司工作，为联合国资深译审。曾组织翻译联合国教科文以及其他文献书籍十七种，其中《非洲通史》（第三至七卷）及《美国梦痕》获国家译作奖，国务院特殊贡献奖。1996年移居美国。

张远谋（1918—1996）

生于湖南长沙，化工专家。国军将领张辉瓒之子。1943年西南联合大学化工系毕业，留校任助教。1947年赴美留学，1948年年底获细菌生理硕士学位。1949年回国，任天津大学副教授，历任炼焦工艺专业教研室副主任，化工原理教研室副主任，化工系统工程研究室主任等职。"文化大革命"中受不公正待遇。1982年获评天津市优秀教育工作者，1985年获国家教委科技进步奖二等奖。编有《化工原理》《化学工程》等教材。1978年参加编写了全国统编教材《传递过程原理》，合译有《炼焦学》《化学工程》等著作。1985年加入中国共产党。全国政协第六、七届委员；天津市人大多届人大代表。中国民盟中央常委、河北省委常委、天津市委主委。

张云鹤（1921—1996）

湖南澧县人。1944年获南京中央大学文学士学位。留美，1949年获马里兰大学硕士学位。1949年9月回国，1950年华北革大毕业后，在哈尔滨师专任教。1953年在沈阳师范学院（后并入辽宁大学）任历史系教研室主任，讲师。1978年夫妇调到武汉大学历史系，任历史系世界史研究室副主任。1980年晋升教授。1980年至1981年公派赴法国讲学。中国英国史研究会理事、中国法国史研究会理事、武汉大学法国问题研究所研究员、《法国问题》季刊编委。九三学社成员。

张增年（1925—2012）

女，江苏仪征人，音乐学家，张庆年胞姐。四十年代在成都音乐学院学习。1946年赴美，先后在约翰斯·霍普金斯大学皮博迪音乐学院和纽约茱莉亚音乐学院进修。1950年9月乘威尔逊号回国，进入北京人民艺术剧院工作，1958年到北京市文化局工作。"文化大革命"时期下放农村劳动，"文化大革命"后调到首都师范大学音乐系任教。八十年代末退休。

张振仁（1913—1989）

江苏吴江人，生于山东黄县，石油机械专家，夫人孙观华。1937年南开大学电机工程系毕业。先后在国民政府经济部电业司任工程师，在资源委员会甘肃油矿局业务处任材料课长、工程师。1945年4月赴美，在洛杉矶、纽约等发电厂和田纳西等水电站实习。1947年在资源委员会驻美办事处工作，后在哥伦比亚大学选修经济管理的研究生课程，为留美科协"朝社"骨干。1949年2月奉调回国，历任中国石油公司工程师，因参加上海炼油厂建厂护厂，1950年获燃料部石油管理总局四等功臣。历任该局上海办事处副主任、石油部供应制造局计划处主任工程师。1969年下放到湖北潜江"五七干校"。1973年后任石油部大港油田供应处主任工程师。1981年任石油成套技术引进公司顾问、高级工程师。

张之光（1909—1998）

山东潍县人，昆虫学家。1932年南京金陵大学农学院农业专修科毕业，先后在沪杭甬铁路嘉兴苗圃、广西桂林县农场、柳州砂糖厂广西农事试验场、四川乡村建设学院等任职，1944年秋回到金陵大学农学院植物病虫害系学习。1947年毕业，获农学学士学位，又回乡村建设学院任教。1948年秋由乡村建设学院送往美国留学，1949年2月入加州大学伯克利分校农学院昆虫系攻读昆虫生理学、害虫生物防治等课程。1950年2月获硕士学位，同年夏回国，到山东农学院任副教授，1952年任植物保护系副主任、主任、教授。1987年退休。

张之毅（1911—2003）

天津人，国际关系史学家。曾任西北农学院、浙江大学副教授，中央研究院社会科学所副研究员。1946年9月公费赴美，并获斯坦福大学奖学金，1947年获该校社会科学院经济学与历史学硕士学位。1948年1月入约翰斯·霍普金斯大学国际关系学院进修。1950年与陈翰笙合作在美出版《亚洲枢纽》。1950年2月底离美经香港回国。历任中国科学院经济所研究员、印度研究所副所长、外交部亚洲司专门委员、中国驻印度大使馆一等秘书、北京外交学院国际关系史教授。长期从事国际关系史、印度问题及新疆地理和突厥史等方面的教学和研究。著有《新疆土地利用》《印度基本概况》《十七世纪东方外交与西方殖民主义》等。

张志禧（1916—1997）

山西阳曲人，机械学家。1942年大学毕业，后赴美，获俄亥俄州凯斯理工学院硕士学位。1950年4月回国，在四川铭贤学院任教授。1951年10月归入山西大学工学院，历任太原理工大学机械工程学院教授，机械系系主任。

张治道（1909—2010）

生于湖北荆州，医学内科专家。1939年毕业于昆明的上海医学院。1944年赴美留学，1948年获宾夕法尼亚大学医学研究所内科学硕士学位，1952年获加拿大医学博士学位。后回国受聘于武汉大学内科副教授、海南大学内科教授兼任医学院院长。1955年移居美国南加州。2003年回沪定居。

张致一（1914—1990）

山东泗水人，发育与生殖内分泌学家，中国科学院院士（1980），夫人郭季芳。1934年入山东大学生物系，1940年毕业于武汉大学生物系。后任中央大学医学院解剖系和同济大学生物系助教。1947年获美国艾奥瓦大学奖学金赴美，1948年获该校动物系硕士学位，1952年获博士学位，后任系副研究员。为留美科协会员，1957年9月偕夫人及两子回国，任中国科学院青岛海洋所研究员兼室主任。1959年调中国科学院动物所，任研究员、生殖生物学（国家重点开放）实验室主任、副所长。主要论著有《大鼠子宫内膜存在人绒毛膜促性腺激素样（hCG-like）物质结合部位的初步探讨》《促黄体素（LH）和促黄体释放激素类似物（LRH-A）防止内蒙古山羊流产的研究》等。中国科学院生物学部副主任、代主任。全国人大代表，全国政协委员。

张中允（1919— ）

四川江油人。1939年中央警官学校四期毕业，1942年任四川省三台县警察局长。1945年被国民政府第二批警政人员留学考试录取，同年10月转印度赴美。1946年1月入读华盛顿州立大学。1848年获警政学士学位，1950年获政治系硕士学位，后在俄勒冈州立大学攻读博士学位。1950年10月放弃学业，乘克利夫兰号抵港回国，在华北革大政治研究院第二期学习，1951年底毕业后被捕，1958年以"历史反革命"罪被判刑十年，旋即在安县大石坝磷肥厂劳改，1961年刑满就业。1975年"转业"回原籍，送进"残老院"。1979年调入绵阳农业专科学校教英语，享受副教授待遇。后在绵阳西南科技大学任教。1984年绵阳市中级法院撤销了对其"历史反革命"的判决。

张仲礼（1920—2015）

江苏无锡人，经济史学家，夫人郭瑞芳。1941年上海圣约翰大学经济系毕业，获学士学位，在上海银行界从业。1947年2月自费留美，1948年获西雅图华盛顿大学经济学硕士学位，1953年获博士学位。后任该校经济系副教授、远东研究所研究员。在美国期间出版著作有《中国绅士》《中国绅士的收入》《太平天国的历史与文献》。1958年12月放弃绿卡，与夫人和三个孩子回国，任上海社会科学院经济研究所研究员，副所长、院长。著有《沙逊集团在旧中国》《第三产业的理论与实践》《近代上海城市研究》。1982年获美国卢斯基金会中国学者奖。第六至九届全国人大代表。

张祖华（1908—1998）

女，江苏南京人，护理教育家。1929年毕业于上海妇孺医院附设协和高级护士学校。1934年赴美国学习。次年回国。曾任上海妇孺医院附设高级护士学校校长。1947年作为中国代表团员赴美参加国际护士大会，并留学美国，1950年获西储大学护理教育硕士学位，同年9月乘威尔逊号回国，任上海第一医学院附设护士学校校长。中华护理学会上海分会副理事长。九三学社成员。

张祖烈（1914— ）

安徽庐江人，金属铸造专家，1941年毕业于西北工学院航空系。1948年赴美，在密歇根大学机械系学习。1950年回国。历任沪东造船厂科长、总工程师、副总工程师、高级工程师。1951年应用球墨铸铁铸造了淮河闸门等大型铸件。1973年在研制成功冷硬呋喃树脂砂工艺，在国内最早用浇注大型铸钢件。著有《冷硬呋喃树脂砂》《纯氧顶吹转炉炼钢》等。

张祖绅（1920— ）

物理学家。1944年西南联大物理系毕业。曾在中央图书馆、上海交大工作。1948年赴美国留学，留美科协会员。1958年回国，到中国科学院物理所工作，先后在理论室、低温室工作，主要时间在中国科技大学任课。著有《超导性理论》。1965年1月去香港，探望先行从中国科学院心理所去港的夫人叶邦英，此后未回物理所。

张作干（1906—1969）

浙江温岭人，组织化学和解剖学家。1932年燕京大学医学院毕业，先后在燕京大学、山东齐鲁大学、北京协和医院任讲师，后任贵阳医学院解剖科教授。1947年赴美国康奈尔大学学习，1949年获博士学位，同年年底回国，先后任北京协和医学院解剖科教授，中国医科院实验医学所实验形态学系教授。为《解剖学报》主编。主要论著有《早期水鼠胚胎的碱性及酸性磷酸酶》，编著有《各种因素对于骨骼结构及发育的影响并论及畸形的成因》，译有《胚胎学》等。"文化大革命"中下放劳动。1969年3月17日，因脑溢血去世。

章纪川（ — ）

纺织机械专家。1943年中央大学机械系毕业。留美，获康奈尔大学博士学位，为留美科协会员，回国，在上海华东纺织工学院任三级教教。曾任上海市力学学会理事。曾获国家教委科学进步奖二等奖，纺织部专著二等奖，上海市教改二等奖等。

章守华（1917— ）

江苏苏州人，金属材料学家。1939年毕业于交通大学唐山工程学院矿冶系，获矿冶工程学士学位。后应聘到四川大渡口钢铁厂、四川綦江电化冶炼厂任助理工程师。1944年10月赴美留学，1945年1月入卡内基理工学院冶金系，1946年获硕士学位，在西屋电器制造公司任实习工程师，卡内基理工学院金属研究室任研究助理。1949年初回国，1949年9月在交通大学唐山工程学院任教，1952年参与筹建北京钢铁学院，后任金相及热处理系、工艺系教授兼系主任。1978年任金属材料系系主任。专著有《快速凝固技术与新型合金》；主编高等学校教材有《金属热处理》《合金钢》等。曾任中国金属学会材料科学学会副理事长、中国机械工程学会热处理学会副理事长等职。北京市政协委员。

章修华（1915—2002）

女，儿科医学家，丈夫潘绍周。湘雅医学院毕业。1943年在重庆中央卫生实验医院微生物室任技术员，1944年初任重庆中央医院儿科住院医师、总住院医师。1945年在重庆的上海医学院附属医院任儿科主治医师、讲师。1945年与潘绍周结婚。1948年赴美参加哈佛大学医学院儿科进修班，年底到波士顿市立传染病院应聘任住院医师。1950年9月偕丈夫与孩子乘威尔逊号回国。在中国医科大学工作。

章育中（1919—2013）

江苏常州人，药物分析化学家。1943年毕业于西南联大化学系，留校任助教。1947年赴美，1949年获明尼苏达大学药学院硕士学位，同年9月回国。

1950 后任北京大学医学院药学系讲师、无机化学教研室主任、副教授。1957年后任中国医科院药物所分析室副研究员，任所学术委员会委员。1981年后任中国中医研究院中药所副研究员，化学分析室主任、研究员，所学术委员会委员，任院学位评定委员会委员。"新药氢溴酸山莨菪碱"研究获国家发明奖二等奖，为卫生部甲级成果"正柴胡饮冲剂的研制"的获奖人之一。九三学社成员，1985年加入中国共产党。

章志鸿（1924—2008）

浙江湖州人，民族资本家章荣初长子，夫人马璧如。毕业于上海圣约翰大学，1947年6月乘戈登号赴美，在哥伦比亚大学读书，一年后转到波士顿大学，1950年获工商管理专业型硕士（MBA）学位，同年9月与夫人乘威尔逊号一起回国。回国后在父亲的荣丰纱厂工作。后任上海市机电局重机公司副经理、上海市机电局副局长。"文化大革命"中被抄家、批斗。1986年由上海市政府派驻香港任上海实业集团副董事长，总经理。上海市政协委员。民建成员。1992年退休，移居美国，2008年定居香港。

章周芬（1915—2017）

女，江苏无锡人，建筑专家，丈夫徐炳华。1939年毕业于中央大学建筑系。曾在工合旌德事务所任主任。1941年与徐炳华结婚。1942年在昆明创立炳华工程公司。1946年夫妇同去美国学习，先在宾夕法尼亚大学研究生院深造，后到费城建筑设计公司（Ballinger）工作。1950年9月与丈夫和孩子乘威尔逊号回国，在建设部工作。1956年夫妇调到沈阳，筹建建设部东北设计院。曾任主任工程师、副总建筑师、高级建筑师。第三、五、六届全国人大代表，辽宁省人大常委。

赵崇龄（1916—1996）

云南华宁人，经济学家。1932年考入云南省立昆华中学。1938年毕业后受聘为华宁县盘溪乡师范学校英语教员，1939年考入中央政治大学攻读会计学专业，1942年毕业，次年就职于中国侨民银行，兼任云南省财政人员训练所高级会计专修班教授，1947年调任广州分行经理。1948年5月离职赴美，就读于宾夕法尼亚大学沃顿研究生院国际贸易专业。1951年初回国，到云南大学经济系任教、曾任校学术委员。著有《外国经济思想通史》，论文有《农业发展战略问题》。1985年获云南省高校优秀教师。为《经济问题探索》杂志编委、全国外国经济学说史研究会理事、省技术经济学会副会长。民盟云南省经济委员会主任。

赵福基（1911—1968）

辽宁营口人。抗日战争时期流亡到浙江天目山，曾任浙西文化馆馆长并加入国民党，参与过救援美国飞虎队飞行员，担任翻译。战后赴美留学，1949年在纽约大学取得经济学硕士学位后回国。先后在苏州和上海任教。院系调整中，成为上海市财经学院教授。1958年被作为政治上不可靠的"内控对象"，遣往黑龙江省肇源县，几经转折后到哈尔滨交通学院。"文化大革命"开始后长期被批斗。1968年夏，在清理阶级队伍运动中，上海的家属接到其"畏罪自杀"的电报通知。"文化大革命"后获平反。

赵华明（1918—2009）

四川成都人，有机化学家。1943年毕业于中央大学化学系，后任四川省成都高级工业学校教员、重庆工业试验所技士。1948年赴美国华盛顿州立大学做研究生。为留美科协会员，1950年11月回国。历任重庆大学化学系副教授、四川大学化学系教授、系主任。1981年为美国密歇根州立大学访问教授。其领导研究组曾获全国科技大会奖；国家教委科技进步奖一等奖，四川省科技进步奖三等奖（两项）。著有《甾体化学》，合译《有机化学基础实验》。中国民主同盟成员。

赵寄石（1921—　）

女，江苏南京人，幼儿教育专家。1936年保送入苏州景海女子师范，毕业后留校，在附属小学和幼稚园工作。1948年赴美，先在得州大学读普通教育本科，1951年毕业到底特律大学美莱派墨研究生院读幼儿教育研究生，获硕士学位。1952年毕业回国，任教于南京师范学院幼教系，先后从事幼儿园自然教学法和语言教学法的教研工作。主编有《幼儿园渗透式领域课程》《幼儿园课程指导》《赵寄石幼儿教育论稿》等书。论文有《我国幼教科研的发展与展望》等。九三学社成员。

赵家宝（1918—2004）

上海人，夫人李美玉。1942年西南联大政治系毕业，在上海外资银行工作。1949年与夫人一同赴美留学，1951年7月犹他立大学研究院经济地理专业毕业，获硕士学位。同年偕夫人与两子女回国，分配到青岛四中任教。1957年划为右派，1958年开除公职，下放至山东淄博劳改农场劳动改造。1980年获改正，落实政策调入天津外国语学院基础部任教，后晋升副教授，1986年退休。参译《简明不列颠百科全书》和《顾维钧回忆录》。中国致公党成员。

赵景伦（1923—2015）

浙江德清人，燕京大学宗教学院院长赵紫宸幼子，夫人张素初，政论家。1944年毕业于西南联大经济系，全体被征调从军，在中印缅战区美军任翻译官。1947年11月赴美留学，1948年获范德比尔特大学经济学硕士学位，后获哈佛大学奖学金。一年后，通过博士学位候选人资格考试。因朝鲜战争爆发，未完成学位，1951年底回国，曾在外文出版局工作，1963年与张素初结婚。1980年获哈佛大学尼曼基金资助，作为尼曼研究员赴美进修。是《亚美时报》总主笔，为香港信报专栏作家，美国全国人文中心博士后研究员。2010年回国定居。

赵 澧（1919—1995）

四川阆中人，外国文学家。1942年毕业于重庆中央大学外文系，去美国空军抗战援华志愿队任翻译。1948年赴美，1950年获华盛顿州立大学文学硕士学位，同年乘威尔逊号回国，在毛泽东著作翻译委员会工作。1951年春调入四川大学任外文系系主任。1954年调往中国人民大学，历任外文系、新闻系、中文系副系主任和校务委员。1973年到北京师范学院中文系执教，从事翻译联合国文件的工作。1978年重返中国人民大学，任外国文学研究室主任。主编高校教材《外国文学史》获国家教委优秀教材奖一等奖。译作有劳克斯坦《艺术中的现实主义》、哈里台《莎士比亚》、考德威尔《英诗的发展》等。全国高等学校外国文学研究会副会长。

赵 绵（1918—2013）

又名赵贵绵，满族，北京宛平人，生物化学家、图书馆学家。1936年考入北京大学化学系，1940年西南联大化学系毕业。1941年任重庆的上海医学院助教，1945年回北平。1947年与同济大学校长徐诵明之女徐美英女士结婚。1948年5月赴美，在匹兹堡大学留学，1950年获硕士学位，后到哥伦比亚大学任教。1951年9月归国，在协和医学院参加创办生物化学系，任副教授。1957年被划为右派后，降职降薪下放到辽宁锦西化工研究院图书馆工作，1979年获改正。1984年被全国侨联认定为首批回国爱国华侨调回北京，在中国科学院环境化学研究所、中国林业科学院、中日友好医院工作。2001年1月被聘任为国家图书馆顾问，2010年被协和医院聘为顾问。

赵 沨（1920— ）

机械学家。1938年入上海交通大学。1949年毕业于伊利诺伊大学，获硕士学位，回国后任教于四川大学工学院（后为成都工学院、成都科技大学）机械系，二级教授。著有《机械振动学》，论文有《结构动态特性测试中保证测试精度的探讨》《自回归模型的转换和定阶的研究》等。

赵士杰（1916—2011）

河北赵县人，胸外科专家。1946年毕业于齐鲁大学医学院，获加拿大政府颁发的医学博士学位，曾留校做住院医生、总住院医师。1949年夏赴美国芝加哥市结核病医院学习工作。1955年回国，参与组建哈尔滨医科大学附属第二医院心胸外科。1959年成功实施了狗头移植实验的研究，并获得移植后存活五天零四小时的国内最好纪录。主持或参加编撰了《中华医学百科全书》医学史分册,《心脏外科手术学》《心脏血管外科学》和《外科基本功》等。2011年4月荣获中国医师协会心血管外科医师奖"金刀奖终身成就奖"。黑龙江省政协副主席，九三学社黑龙江省委主委，黑龙江省侨联主席。

赵天福（1921—2002）

河南荥阳人。农业经济学家。1945年毕业于中央大学农学院农业经济系，1947年10月至1948年12月在美国加利福尼亚州立农工学院和佛蒙特州立大学进修。1949年回国，任中央大学农学院讲师。1950年后历任东北农学院、东北人民大学、沈阳农学院讲师、副教授，教授、系主任。全国农业经济学会常务理事、《农业经济》杂志主编，辽宁省农业经济学会理事长、国务院学位委员会学科评议组成员。主编《社会主义农业经济学》，编著《农业经济史》《农业经济地理》等教材。沈阳市人大常委。九三学社成员。

赵同芳（1917—2000）

山东肥城人，农学家。1942年毕业于西北农学院园艺系，获农学士学位，在农林部门任职。1947年赴美留学，1952年春获明尼苏达大学博士学位，被吸收为美国园艺学会与植物生理学会会员。同年冬回国，先后任山东农学院教授、中国科学院植物生理所研究员。1961年调入浙江农业大学任教授，兼任商业部四川粮食贮藏研究所和上海粮食研究所顾问等职务。其"粮食自然缺氧保管的研究"获1978年全国科学大会优秀科技成果奖。合著有《作物生理》《实用种子生理》。

赵修复（1917—2001）

福建福州人，昆虫学家。1939年燕京大学生物系毕业，后在济南齐鲁大学生物系、福建省泉州培英女子中学、福建协和大学生物系执教。1948年赴美留学，1951年获马萨诸塞州立大学昆虫学博士学位，同年回国。历任福建农学院（大学）教授、植保系主任等。长期从事蜻蜓和寄生蜂分类及生物防治研究，先后发现昆虫新种八十多种。著有《中国棍腹蜻蜓分类之研究》《中国姬蜂分类纲要》等。中国昆虫学会理事长。福建省第五、六届政协副主席。民盟中央委员，福建省委主委。

赵养昌（1909—1981）

山西平遥人，昆虫学家。1935年毕业于北平师范大学生物系。在辅仁大学、西北农学院、清华大学农学院任教。抗日战争期间，由国民政府派赴美国留学，1952年获俄亥俄州立大学昆虫系博士学位，后任华盛顿州立专科学校副研究员。1952年回国，任中国科学院动物研究所研究员，从事仓库害虫和象虫分类研究工作。著作有《中国仓库害虫》《中国仓库害虫区系调查研究》《植物检疫害虫鉴定手册》《中国经济昆虫志》（第二册"象虫科"、第四册"拟步甲科")等。

赵一鹤（1923—1990）

四川酉阳人。1946年毕业于金陵大学历史系，1948年8月留美，在威斯康星州立大学新闻学院学习。1949年8月与郑依雍、龙绳文创办英文刊物《中国通讯》，油印了几十期，寄往美国各地，1950年停办，是年4月回国，先在中宣部毛选英译室工作，1954年调中央广布事业局对外部英语组任组长。"文化大革命"中下放至湖南等地，1976年调外文出版社（局），曾任副总编。

赵英琪（1922—2021）

女，浙江绍兴人，生于北京，英语学家，丈夫费近仁。1941年考入燕京大学西语系，1945辅仁大学西语系毕业，后在北京贝满女中任教。1948赴美，在美国欧柏林学院英美文学系入读。1950年9月偕丈夫乘威尔逊号回国。在燕京大学西语系任讲师，1952年到新华社工作，先在对外部任英文编辑，1958年任国际部副译审。"文化大革命"中经历抄家，被打和剃头。1981年任《经济参考》编辑部国际版编辑、译审，1984年任国际部译审。曾获得新华社优秀新闻工作者证书和全国三八红旗手奖章。论文有《日本的管理艺术》《计算机冲击下的美国公司》，译著有《大趋势》（第九、十章及结论）。

赵蕴如（1920—2014）

女，又名赵蕴茹、赵韫如，江苏武进人，艺术家。1940年南京国立戏剧专科学校毕业，去重庆，在抗战剧坛上成为一颗新星。1946年赴美，在耶鲁大学进修戏剧和表演。1950年回国，入北京人民艺术剧院。1979年在电影《蔡文姬》中扮演卞后。1980年退休后移居美国加州，在蒙特瑞的语言学院教中文，同时继续参加戏剧活动，组织、导演兼主演了话剧《蝴蝶夫人》，撰写了表演艺术回忆录《梦飞江南——我的戏剧求索之路》

赵曾玖（1910—1976）

女，安徽人，丈夫瞿同祖。1932年从培华女中毕业考入燕京大学国文系，是年与瞿同祖结婚，1936年毕业，1945年与丈夫赴美国，1950年带着儿女先行回国（因为合同和债务等原因，丈夫瞿同祖1965年回国），在中国科学院经济所工作，1959年被分配到贵州。"文化大革命"中，因其早于丈夫十多年回国，被认为有特务嫌疑，受迫害。1970年退休回湖南，与丈夫团聚，并且一起为中央领导翻译《艾登回忆录（清算）》三卷。

赵志华（1921—1966）

小提琴家。曾就读于上海大夏大学政治经济系，1943年在日本京都帝国大学获经济学士学位。回上海后学小提琴。1947年赴美，入得克萨斯大学音乐系及新闻系，期间考入奥斯丁交响乐团兼任第一小提琴手。1949年秋转学至波士顿音乐院，随波士顿交响乐团学琴。1950年12月回国，1951年进入上海交响乐团任第一提琴演奏员，兼该团业务委员会主任委员。1958年调入上海音乐学院任管弦系副教授，同时兼小提琴民族乐派实验小组的艺术指导。论著有《关于小提琴民族风格演奏手法的探讨》等。"文化大革命"中遭受迫害，1966年12月自尽身亡。

赵忠尧（1902—1998）

浙江诸暨人，核物理学家，中央研究院院士（1948），中国科学院院士（1955）。1925年南京高等师范学校毕业，在清华大学任教。1927年留美，1930年获加州理工学院博士学位，1931年赴英国剑桥大学卡文迪什实验室访问，同年回国，先后任清华大学、云南大学、西南联大和中央大学教授。1946年受国民政府委派，赴美国比基尼群岛参观原子弹试验，之后又在麻省理工学院、加州理工学院等处进行核物理和宇宙线研究。1950年9月回国途中被拦截关押在日本横滨两个多月。1955年主持建成了中国第一台质子静电加速器，进行了原子核反应研究。历任中国科学院近代物理所、原子能所研究员，中国科技大学近代物理系主任，中国科学院高能物理所副所长。中国核学会副理事长。全国人大第三至七届常委。

甄尚灵（1915—2012）

女，四川遂宁人，语言学家，丈夫张绍英。1939年华西协合大学毕业，留校在中国文化语言所工作。1946年获奖学金赴美，入西弗吉尼亚大学，1948年获英文硕士学位，同年获哈佛大学燕京奖学金，1949年获比较语言学硕士。之后继续攻读博士，1951年放弃博士论文，偕丈夫张绍英，与顾学稼、诚静容等人同船回国，受聘于四川大学中文系，任现代汉语教研室主任，教授。在推广普通话中，对汉语言，特别是四川方言有深入研究，发表论文十多篇。"文化大革命"期间被关押受审查。八十年代初，参加《中国汉语大字典》编撰，论著有《成都语音的初步研究》《四川方言代词初探》《古汉语中与语和言带宾语有关的句式》等。曾任四川语言学会副会长。民盟成员。

郑北渭（1921—2012）

浙江定海人，生于上海，新闻传播学家、摄影理论家。1946年毕业于成都的金陵大学外文系。1948年赴美，1951年获艾奥瓦大学新闻学院硕士学位。1952年回国，任教于上海复旦大学新闻系，专长新闻摄影及摄影理论。论文有《论摄影创作的艺术性》《论摄影艺术的审美特点》，主编《新闻摄影》上下册、《新闻学论丛》。译著有《美国资产阶级新闻学：公众传播学》。合译有《蒙哥马利元帅回忆录》。曾任中国摄影家协会上海分会副主席。晚年赴美国，在新泽西州病逝。

郑 炽（1923— ）

江苏宜兴人，化工专家。1945年毕业于上海交通大学化学系，任上海五洲药厂化学师。1947年留学美国，先后就读伊利诺伊理工学院和特拉华大学，分获化工硕士和博士学位。1950年9月乘威尔逊号回国，先在浙江大学任教，1954年去轻工部设计公司上海分公司工作，任专业工程师，1956年支援重点工程华北制药厂的建设去轻工部设计公司石家庄分公司任总工艺师、设计总工程师、室主任。1957年设计院迁回上海，隶属关系经几次变化。1964年任化工部设计院副院长，1983年任总工程师，1989年退休。上海市第五、七届人大代表。

郑德如（1921— ）

女，江苏武进人，财经统计学家。1943年获艾奥瓦大学研究院统计学硕士学位，1950年回国，历任之江大学、南开大学、复旦大学副教授，上海财经学院副教授、教授。论文有《第三产业和第三产业产值的计算》《自相关和自回归预测》等。著有《回归分析和相关分析》。主编《工业统计学》《资本主义国家经济统计》等教材。译有《抽样理论基础》等。九三学社成员。

郑国锠（1914—2012）

江苏常熟人，植物细胞学家，中国科学院院士（1980），夫人仝允栩。1942年毕业于重庆国立中央大学师范学院博物系，考上研究生并兼任助教。1947年毕业获硕士学位，同年获田纳西大学动物和昆虫系奖学金赴美留学，1948年7月年到威斯康星大学植物学系细胞研究室当研究生兼研究助理。1951年初获博士学位，为留美科协会员。1951年2月底偕夫人与孩子回国，到兰州大学任教授，历任兰州大学细胞研究室主任，植物系、生物系系主任，中国科学院细胞生物学所所长。论著有《细胞融合》《细胞生物学》《真核细胞内转录的调节》等。中国细胞生物学会副理事长、细胞生物学专业委员会主任委员。《细胞生物学进展》主编。甘肃省科协副主席。第三至五届全国人大代表，九三学社甘肃省委主委。

郑际睿（1914—2008）

广东潮阳人，生于上海，航空发动机专家。1939年上海交通大学机械系毕业，参加抗日战争，入航空委员会机械学校高级班学习，1940年后在空军多个单位任职。1944年考取航空委赴美实习，在美国空军若干部门接受飞机修护训练。1946年3月回国后任成都空军机械学校教官，筹建并任发动机实验室主任。1947年在空军参谋学校学习，后任上海大场空军供应总处课长。1949年4月脱离国军，在香港英资飞机修理公司任技术员。1950年2月回国，任重工业部航空工业局工程师，参加哈尔滨航空工业学校筹建并任教。1957年调南京航空学院发动机系任副教授、教授和实验室主任。曾任学院工会副主席、中国工程热物理学会理事。论文有《涡轮叶片复合冷却的实验研究》等，主编《传热学》。

郑林生（1922—2014）

广东中山人，实验物理学家。1944年西南联大物理系毕业。在昆明求实中学和南开大学物理系任教，1948年赴美留学。1951年获俄亥俄州立大学博士学位，留校任教。为留美科协会员，1956年1月回国，任中国科学院原子能所副研究员、研究员、室主任，1973年任中国科学院高能物理所实验物理部副主任、所学位委员会主任、所科技委员会主任。为中国高能物理学会秘书长、理事长。主要著有《粒子物理现状》《中间成像式 β 谱议》《穆斯堡尔效应》《粒子物理进展》等。中国高能物理学会秘书长和理事长。

郑　敏（1920—2022）

女，福建闽侯人，生于北京，文学家，丈夫童诗白。1943年西南联合大学哲学系毕业。1948年赴美，入读布朗大学。1949年出版《诗集：一九四二——九四七》，"九叶"诗派的重要成员。1952年获硕士学位。1955年6月与丈夫回国，至中国社会科学院文学研究所工作，1960年调入北京师范大学外语系任教授。诗集有《寻觅集》（获1986年中国作家协会第三届全国优秀新诗奖）、《心象》、《早晨，我在雨里采花》、《郑敏诗集：1979—1999》等；译诗有《美国当代诗选》；专著有《英美诗歌戏剧研究》《结构—解构视角：语言·文化·评论》《思维·文化·诗学》等。2012年出版《郑敏文集》六卷。2006年获中央电视台新年诗歌会"年度诗人奖"，2017年获第六届中坤国际诗歌奖诗歌创作奖。

郑思竞（1915—2013）

江苏靖江人，人体解剖学专家。1937年苏州东吴大学毕业。1940年获东吴大学硕士学位。1951年获美国哈佛大学医学博士学位，同年年底回国，历任上海第一医学院人体解剖学教研室主任、基础医学部主任、基础医学研究所所长。为《解剖学》杂志主编，上海解剖学会理事长。其《脊柱应用解剖》获1987年上海市科技成果奖二等奖。主编《中国解剖学名词》《人体解剖学》《中国人体质调查》等。1985年上海市劳动模范。

郑象铣（1915—1996）

地理学家，夫人杨德馨。留美，获伊利诺伊大学地理系硕士学位。1950年9月乘威尔逊号偕夫人回国，在铁道部工作。后几经调动，在天津第三设计院任工程师。中国建筑学会工程勘察分会委员。论著有《中国工程地质区划初议》《实用铁路工程地质学》《汉中盆地的自然与人生》《滇缅南段新订国界》等。曾为天津市第九届人大代表。

郑伊雍（1924—2007）

浙江诸暨人，生于宁波。1946年毕业于西南联合大学经济系，1947年半公费半自费赴美留学，1948年获内布拉斯加大学经济学硕士学位，1948年底在威斯康星州立大学学外贸。1949年去哥伦比亚大学学工商管理。1948年秋冬曾与龙绳文、赵一鹤合办英文刊物《中国通讯》，油印了几十期。1950年9月乘威尔逊号回国，曾在中国进出口公司上海分公司任秘书科长、柏林代表处业务秘书等。1962年调暨南大学外贸系任教。1971年调广州外国语学院英美问题研究室任联合国文件翻译总审校。1979年调中国国际信托投资公司，历任业务部及海外投资部副总经理、公司副总经理。1991年退休。著有《冷战一页——建国初期西方对我封锁禁运揭秘》，著译有《拿破仑一世传》《光荣与梦想》《教育经济学》等。

郑翼宗（1913— ）

台湾新竹人，细菌学家。1939毕业于日本东京慈惠医科大学。1945年获该校医学博士学位。曾任日本东京慈惠医科大学讲师、副教授，台湾大学医学院副教授、教授，美国哈佛大学医学院细菌科特别研究员。1950年前后回国，1953年后，历任北京医学院教授，北京结核病控制研究所细菌免疫学研究室主任、研究员。长期从事细菌学研究与教学工作，对细菌免疫学和细菌营养代谢的研究较深。1959年从结核病院地下污水分离出十七株非结核分枝杆菌菌株，发现胆固醇对结核菌有刺激及抑制生长的双重作用。著有《痢疾杆菌分离培养基的研究》，1992年出版《历劫归来话半生：一个台湾人教授的自传》。北京市第六届政协委员。台盟成员。

郑友揆（1909—1999）

浙江镇海人，近代经济史专家。1930年沪江大学肄业，1932年燕京大学毕业，任职于北平社会调查所、中央研究院社会科学所做研究生。1940年任国民政府资源委员会驻香港机构秘书，1942年被委派到美国，同时在哥伦比亚大学、哈佛大学进修研究生课程。1947年回国，次年又派往美国，到中国驻美大使馆任商务副参事。1949年在布鲁金斯研究所任经济研究员。1959年告别妻儿回国，在中国科学院经济所任研究员。1967年被怀疑为美国特务入狱。1975年底出狱，1979年获平反，提出回原单位，被拒绝后。1980年到上海社科院经济所任研究员和院学术委员会委员。著作有《1840—1948中国的对外贸易和工业发展》《中国埠际贸易统计》等书。

郑哲敏（1924—2021）

浙江鄞县人，生于济南，爆炸力学家，中国科学院院士（1980），中国工程院院士（1994），美国工程科学院外籍院士（1993）。1943年考入西南联大，1947年毕业于清华大学。1948年赴美加州理工学院，1952年获力学博士学位。为留美科协会员，1954年9月乘船辗转欧洲，于1955年2月回国。历任中国科学院力学所所长、非线性连续介质力学开放实验室主任，中国科学院技术科学部副主任等。为中国力学学会理事长，《力学学报》和《爆炸与冲击》主编。研究成果曾获国家新产品、新材料、新技术、新工艺展览会一等奖、全国科学大会奖，国家自然科学奖二等奖，国家科技进步奖一等奖和二等奖，中国科学院自然科学奖一等奖，国家最高科学技术奖励。专著主要有《高能成形》《相似理论与模化》等。

钟韶琴（1904—2003）

女，畲族，福建福州人，图书馆学家，丈夫邓衍林。早年就读毓英女子初级中学，1931年毕业于上海沪江大学社会学系，1931年至1938年在上海女青年会任劳工部干事，1938年至1945年任昆明女青年会总干事。1945年赴美，1946年哥伦比亚大学师范学院社会教育系毕业，获硕士学位。1946年至1950年在联合国新闻部国际人民团体联络司任专员。1955年至1956年到纽约长岛公共图书馆儿童部工作。1956年10月偕丈夫和两子女回国。在北京图书馆全国图书馆联合目录编辑组任职，从事外文图书期刊的汇编工作。全国妇联妇女运动历史编纂委员会委员。全国政协委员，民盟中央联络工作委员会委员。晚年移居美国加州。

钟香驹（1923—2015）

广东潮州人，生于香港，造纸专家。1944年毕业于西南联大学工系。1945年赴美，在"FAB-100"计划中，为在美受训的中国飞行员当译员。1948年毕业于缅因大学，获化工硕士。1949年年底回国，在广州岭南大学化学系任教。1950年后分别在轻工业部造纸处、北京造纸厂、汉口造纸厂筹备处、山东造纸厂任工艺工程师。1956年调至北京轻工业设计院（现北京工商大学）任工艺总工程师。1958年后在该院和西北轻工业学院任造纸教研室主任。1979年调回重建的北京轻工业学院，任化工系主任、教授。1994年退休。1992年和1996年两次荣获中国科协先进工作者称号，曾担任《中国造纸学报》副主编。

钟昭华（1901—1995）

女，生于浙江德清，幼儿教育家。1919年浙江弘道女中师范科毕业，留校任教。1923年，任陈鹤琴创办的南京鼓楼幼稚园幼儿教师，后转南京女中和上海大夏大学幼儿师范任教师，兼任幼稚园主任。1937年创办昆明师专实验幼稚园，继而创办成都第四保育院并任院长。1941年协助陈鹤琴创办江西幼儿师范学校，任主任。1946年赴美，在密歇根大学和哥伦比亚大学进修。1949年回国，历任上海市幼儿师范专科学校，南京师范大学幼教系、教育系副教授、教授。曾任全国幼儿教育研究会副理事长、陈鹤琴教育思想研究会顾问。著有《世界儿童节奏集》《儿童游戏》《儿童故事》《怎样办幼儿园》等。中国民主促进会中央委员。

周伯埙（1920—2009）

湖南长沙人，生于安徽芜湖，数学家。1942年毕业于金陵大学数学系，留校任教。1947年赴美，学习数论与代数学，1949年获芝加哥大学硕士学位，1951年获俄勒冈大学博士学位。同年回国，任南京金陵大学副教授。1952年后任南京大学数学系副教授，1963年任教授，1978年后任数学系副主任、系主任、1986年任图书馆馆长。为《数学研究与评论》副主编，创办并任《南京大学学报数学半年刊》主编。论著有《代数K-理论的源起及其发展概况》，专著有《高等代数》《同调代数》等。江苏省数学会第三届、第四届理事长。曾任江苏省政协常委，民盟中央委员。

周卜颐（1924—2003）

建筑学家。1935年苏州工专毕业，1940年获中央大学建筑学学士。后留美，1948年获伊利诺伊大学美术学院建筑科学硕士。1949年获哥伦比亚大学建筑科学硕士。回国后，1950年至1986年任清华大学建筑系副教授、教授。1952年曾任北京大学、清华大学、燕京大学三校建委会设计处处长，1953年至1957年任中国建筑学会理事。1982年至1984年创建华中工学院（现华中科技大学）建筑系并任首届系主任。1983年在华中工学院创办和主编《新建筑》杂志。著有《周卜颐文集》，译有《建筑的复杂性与矛盾性》等。

周春晖（1922—2008）

云南富源人，化工学家，夫人刘韵清。1941年入云南大学化学系，肄业。1945年赴美留学，1947年获麻省理工学院化工学士学位，1950年获特拉华大学化工硕士学位。1950年至1954年就读于密歇根大学，先后获应用数学硕士学位、化学系博士学位，在纽约州伦斯勒理工学院化工系任副教授。1957年偕夫人与孩子回国，历任浙江大学化工系主任、副校长，浙江树人大学校长等职。其研制的炼油精馏自动控制装置软件，获1986年国家教委科技进步奖二等奖。著作《化工过程控制原理》获1987年化工部优秀教材奖，著有《调节器参数工程整定和校验》《化工自动化》等。第四至六届浙江省政协副主席。

周德勤（1920—2002）

女，湖南长沙人，生于北京，营养学家。1938年就读于燕京大学和辅仁大学，1942年毕业，在上海中法药厂从事营养学研究工作，在此期间作为联合国救济总署成员，参加了湖南灾区的营养调查工作。1948年赴美，在堪萨斯大学留学，获博士学位。1952年初回国，到军事医学科学院工作，参加了该院营养系的早期建设，从事军队营养科学研究，为三级研究员。论文有《我国步兵维生素C需要量的研究》《维生素C衍生物强化食品的研究》《脂溶性维生素（A、D、E、K）营养需要量》等。1988年退休。

周光炯（1919—2018）

四川成都人，流体力学家。1938年被保送入西北工学院航空工程系，1943年毕业获工学士学位，被分配到重庆东南的南川第二飞机制造厂任职。1944年在四川大学任教，参与创建了航空工程系。1947年赴美，在明尼苏达大学航空系学习，1953年获博士学位，任纽约一家桥梁公司工程师。1954

年10月，绕道南美、欧洲，经由莫斯科回国，在北京大学数学力学系历任副教授、教授、系主任。为中国力学学会流体力学专业委员会第一、二届主委，中国空气动力学研究会副会长，国务院学位委员会学科评议组成员。论著有《关于多相流体力学》等，合译《湍流》上下册，合著有《湍流研究最近半世纪的一些发展》。

周光瑄（1925—2010）

农机专家。1946年西南联大机械系毕业。留美，明尼苏达大学毕业。1958年回国，"文化大革命"前在一机部农机研究所（后为中国农业机械化科学研究院）工作，历任研究员、副总工程师、中国农机学会副秘书长。"文化大革命"中在湖南常德"五七干校"，后留在湖南机械工业厅工作。

周华章（1917—1968）

江苏江阴人，生于上海，数学家。1939年从清华大学地学系气象专业毕业后考入南开经济研究所，攻读经济学硕士学位，毕业后回到南开大学教授《经济学原理》《财政学》《统计学》《公司理财学》，1948年通过了教育部出国考试，1949年春赴美国留学，入芝加哥大学经济学院攻读经济学，1952年6月获博士学位。1953年1月回国，先在上海华东纺织工学院任教，后任清华大学数学系教授，筹划成立全国最早的运筹学本科班级。"文化大革命"中被指为"特务""反革命"软禁在家中，1968年9月30日在住所跳楼自杀。1978年5月获平反。民盟成员。

周家骖（1915—1968）

四川成都人，英语学家，夫人索颖。1938年北京大学新闻系毕业。后入国际新闻学院学习，1945年毕业，任国际新闻局翻译。1947年赴美，在明尼苏达大学新闻系学习，1948曾短暂去加拿大工作后返回美国，1949毕业获硕士学位，12月偕夫人索颖回国。在北京外文出版社从事对外宣传与审校工作，任译审。中译英译作有《雷雨》《红日》《红岩》等，英译中译作有《受惊的巨人》《三K党内幕》《第三帝国的兴亡》等。1968年被划为反动学术权威，在北京郊区东北旺劳动时，被打伤昏迷，当天夜间不治死亡。1977年获平反。

周家炽（1911—1998）

曾用名周元之，江苏苏州人，植物病毒学家，1932年毕业于金陵大学农学院植物病理系，历任岭南大学农学院植物病理系助教、清华大学农业研究所助教、云南大学生物系植物学副教授。1946年赴英国剑桥大学进修植物病毒学，1948年赴美国考察、访问加州理工大学和十几所植物病毒研究室。1949年5月回国与大学同学、蔡锷之女蔡淑莲（1912—2001）结婚。任清华大学农学院副教授，北京农业大学植物病理系副教授、教授、系主任、副教务长。1953年任高教部农林卫生司副司长，1957年后任中国科学院应用真菌所和微生物所研究员，微生物所植物病毒室室主任，1978年任副所长。著有《植物病害概念》《病毒概念》等。1964年全国人大代表，1979年后为两届全国政协委员。

周　坚（1924—2006）

女，安徽合肥人，物理学家。1946年毕业于上海圣约翰大学化学系。1947年自费赴美留学，在美国期间，曾参加留美科学工作者协会和北美基督教中国学生会，为留美科协俄亥俄分会联络人。1953年毕业于俄亥俄州立大学，获物理化学博士学位。先后在俄亥俄州立大学和密歇根大学开展低温研究工作。1954年申请回国，但直到1956年才获美国当局许可。在中国科学院物理所任副研究员，从事低温物理化学研究，超导材料研制、极低温测量研究。

周　镜（1925—　）

江苏宜兴人，生于南昌，岩土工程专家，中国工程院院士（1994），夫人周小松。1947年毕业于交通大学，1949年毕业于美国俄亥俄州大学，获硕士学位。1950年9月偕夫人乘威尔逊号回国，任铁道科学研究院铁道建设研究所研究员，从事铁路路基土工方面的科研和工程技术工作。主要论著有《单桩承载力的探讨》《软土地基路基沉降的计算》《片状砂的动静力学性质及其应用》等。1993年获"詹天佑成就奖"，曾任中国《土木工程学报》主编，《岩土工程学报》编委会主任。为国务院学位委员会第二届学科评议组成员，国家科学技术发明奖评审委员会工程组委员，国务院参事。

周炯槃（1921—2011）

浙江上虞人，通信技术专家，中国工程院院士（1995）。1943年上海交通大学电机系毕业，在私营天昌电化厂、新安电机厂搞电化学和电机制造。考取自费留学资格，1948年赴美，1949年获哈佛大学应用科学系硕士学位，同年回国。历任上海新安电机厂和天津新安电机厂的总工程师和厂长。1955年调到北京邮电学院任教授，从事电视教学和科研工作。曾任《通信学报》主编。为国务院学位委员会评议组第一、二届委员，国家自然科学基金委员会评议组第一至三届成员，中国通信学会常务理事。出版研究生教材《信息理论基础》被评1988年全国优秀教材特等奖。1997年编著的《通信网理论基础》获邮电部科技进步奖一等奖。1984年加入中国共产党。北京市政协第二至六届委员。

周珏良（1916—1992）

安徽至德人，英国文学家，周叔弢（文物鉴赏家与收藏家）次子，周与良胞兄。1940年毕业于西南联大（清华学籍）外文系，1945年至1947年任天津工商学院、女子文理学院、北平清华大学外文系讲师。1947年9月公费留美，在芝加哥大学英语系研究院学习，1949年8月回国。在北京外国语学院英文系任教。1953年至1954年曾赴朝任志愿军翻译，1975年至1980年期间曾调外交部任翻译室副主任。为中国比较文学研究会常务理事、全国美国文学研究会常务理事。译著有《李尔王分析》《济慈论诗书简》《蒙太彭夫人书信选》《水手毕利·伯德》等。编著有《英美文学欣赏》，合译有《毛泽东选集》《毛泽东诗词》《周恩来选集》等。

周 卡（1915— ）

四川铜梁人，测绘学家。1935年南京中央陆地测量学校毕业。1944年赴美国学习航空摄影测量学，1947年获伊利诺伊大学硕士学位。1949年获加州理工学院地球物理学博士学位，任美国华盛顿陆军制图局P-4级数学及大地测量工程师。1950年回国，历任北京大学、清华大学、北京地质学院教授，武汉地质学院北京研究生部遥感测量研究室主任，北京测绘学会第一届副理事长，中国地质学会遥感专业委员会第一届副主任委员。著有《测量学》《空中摄影量测量解析法基础》《空中测量中的力学基础》等。

周连圻（1915—2012）

骨外科学专家。1941年毕业于圣约翰大学医学院，获医学博士学位。留美，1950年获宾夕法尼亚大学医学院骨科硕士学位。回国后历任上海第二医科大学附属仁济医院外科学教研组主任、骨科主任、医疗系二部副主任；中华医学会上海分会骨科学会主任等职。1979年首创腰椎横突融合术，1982年与上海船厂合作研究制成了SSII型下肢床，适用于各种电透下手术，可大大缩短手术时间。主编有《骨肿瘤学》，发表论文有《小儿肱骨髁上骨折合并血管和》《脊髓灰质炎后遗症的治疗》等。

周　履（1917—2005）

浙江湖州人，结构力学和固体力学家。1938年上海交通大学土木系毕业，留校任助教。1942年上海沦陷后到重庆綦江铁路工程处任工程师。1944年底赴美国康奈尔大学进修，1946年获硕士学位后回国，任上海市工务局技术室技士。1947年二度赴美，1950年获康奈尔大学工学博士学位，任波士顿市杰克逊·摩兰德工程咨询公司工程师。1951年回国，历任岭南大学和华南理工大学（原华南工学院）教授。1960年任数学力学系结构力学教研组主任、系副主任。曾为《复合材料》学报副主编，论著有《复合材料力学》等。曾任中国航空学会复合材料专业委员会副主委。广东省力学学会理事长。中国复合材料学会副理事长、中国复合材料学会副理事长。1956年和1958年被评选为广东省教育先进工作者。

周明镇（1918—1996）

上海人，古脊椎动物学家，中国科学院院士（1980）。1946年重庆大学毕业，1946年至1947年任台湾地质调查所技士，1947年赴美留学，1948年获迈阿密大学硕士学位，1950年获里海大学生物学博士学位。1951年回国，任山东大学副教授。1952年后任中国科学院古脊椎动物与古人类所研究员，1956年任高等脊椎动物研究室主任、新生代研究室副主任。1979年任所长。曾任国际古生物协会副主席、中国古生物学会理事长等职。曾任《古脊椎动物与古人类学报》和《化石》主编。全国政协第六、七届委员。曾任九三学社中央常委。

周其鉴（1920— ）

浙江杭州人，智能控制专家。1938年任中央防空学校驻长沙通信兵训练班准尉英语教员，1939年后历任中国红十字会译员、重庆清华中学教员、美军步兵训练中心译员、美军第十四移动手术医院译员。参加了腾冲战役等。1945年4月派赴美国，在"FAB-100"计划中，为在美受训的中国飞行员当译员。1946年5月入堪萨斯大学机械系，1951年1月毕业回国。历任贵州大学副教授，重庆大学教授、自动控制研究所所长。1979年提出仿人智能控制器的原型算法，1983年在国际学术刊物上正式发表，开创了智能控制新学科。仿人智能控制已经形成了比较完善的基本理论。论文有《智能控制器的鲁棒性》等。为四川省自动化及仪表学会副理事长，水电部热能动力类教材编审委员会副主委。中国民主同盟成员。

周世勋（1921—2002）

湖北黄陂人，物理学家，教育家。1945年毕业于中央大学物理系，在重庆医学研究所工作，1946年在南京中央大学物理系任助教。1948年赴美，为留美科协物理学术小组联络人。1950年获明尼苏达大学硕士学位，9月回国。历任天津北洋大学、沪江大学、复旦大学物理系副教授。1957年去苏联莫斯科大学进修，师从博戈留玻夫院士，从事高密度电子气能谱和超导电性基础理论研究。1959年回国任复旦大学物理系理论物理教研室主任。主持的"量子统计与多体问题"获1978年全国科学大会奖。著有《量子力学》《量子力学教程》等。1978年至1983年任上海市物理学会副理事长兼秘书长，1983年至1991任理事长。曾任中国物理学会教学研究委员会副主任，高教部理科教材编审委员会委员。1991年退休。

周寿宪（1925—1976）

江苏淮安人，计算机科学家。1946年毕业于重庆中央大学电机系。1947年赴美留学，1951年获密歇根大学电子工程博士学位。1951年至1955年在美国保罗（Burroughs）计算机公司从事研究工作。1955年7月回国，任清华大学无线电系副教授，负责筹建电子计算机专业，代表学校参加国务院"十二年科学技术发展远景规划"第四十一项"计算技术的建立"的撰写，参加中国科学院的计算机科学家代表团赴苏联考察。1968年在"清队"运动中受到冲击，1969年被强制送往江西鲤鱼洲农场（血吸虫疫区）劳动，身心遭受严重摧残，患精神分裂。1971年回校，持续受迫害，病情加剧，1976年5月在清华大学其寓所自缢身亡。1978年5月，清华大学召开全校追悼大会，为其平反。

周泰康（1921— ）

湖南长沙人，电机学家。1944年毕业于重庆中央大学电机系。1947年赴美入哈佛大学研究生院电力系，1949年获硕士学位，年底回国。任湖南大学电机系副教授。1952年院系调整到武汉华中工学院（后为华中科技大学），历任院筹备委员会委员，教研室主任、教授。武汉市科技委员会主任，武汉市政协常委，农工民主党武汉市副主委兼秘书长。1987年退休。

周廷冲（1917—1996）

浙江富阳人，生化药理学家，中国科学院院士（1980），夫人黄翠芬院士。1941年上海医学院毕业，在中国红十字会救护总队附属医院和中央卫生实验院药理学室工作。1945年4月赴英国牛津大学贝利奥学院进修，获药理学博士学位。1948年赴美国康奈尔大学酶化实验室和麻省医院从事生物化学研究。1950年9月偕夫人回国，任山东白求恩学院药理学教研室教授及主任，1953年后历任军事医科院药理系主任，国防科委和军事医科院基础医学所所长等。曾任中国药学会副理事长，国务院学位委员会第一、二届学科评议组成员，军事医科院学术委员会主任。成果曾获国家自然科学奖二等奖，军队科技进步奖二等奖两次、三等奖一次。著有《醋酸的代谢问题》《受体生化药理学》《药土药理学》等。

周廷儒（1909—1989）

浙江新登人，地貌学和地理学家。中国科学院院士（1980）。1933年毕业于国立中山大学地理系，留校任教。1940年在西南联大史地系任教。1941年在四川北碚中央研究院地理所任助理研究员、副研究员。1946年获庚款名额，赴美国加州大学伯克利分校留学，1948 年获硕士学位。1950 年回国，任北京师范大学教授，1952 年起至 1983 年任北京师范大学地理系主任。主要论著有《新疆地貌》《古地理学》《中国自然地理古地理》（新生代部分）等。1981 年加入中国共产党。中国地理学会常务理事、副理事长、《地理学报》副主编、国家教委教材编审委员会地理组委员。九三学社中央委员，第五、六届北京市政协委员。

周同惠（1924—2020）

广西桂林人，生于北京，分析化学家，中国科学院院士（1991）。1944 年北京大学理学院化学系毕业，留校任教。1946 年任资源委员会天津化学工业公司工务员。1947 任卫生署药品供应站技术员。1948 年赴美，1952 年获西雅图华盛顿大学分析化学专业博士学位。后任堪萨斯大学化学系助理教授、纽约宝威药厂分析化学研究员。1955 年 6 月回国，历任中央卫生研究院药物学系（中国医科院药物所）研究员，分析室主任。组建了中国第一个"运动员禁用兴奋剂检测实验室"，任国家药物及代谢产物分析研究中心主任。著有《分桥技术词典——色谱分析》《纸色谱与薄层色谱》等。曾任北京市化学会理事长。

周彤芬（ — ）

女，云南大理人，英语学家。丈夫饶敏。西南联大毕业，为陈香梅好友，抗战胜利后与丈夫（飞虎队翻译官）一起赴美学习深造，获密歇根大学英文硕士学位。1952 年回国，分配在南京解放军（军事）外国语学院四系任教英语口语，"文化大革命"中夫妇被"清理出阶级队伍"。1975 年夫妇重返外院执教英语口语。论文有《英语口语体的句法特征》。

周文彦（1924—2006）

浙江宁波人，生于武汉，建筑学家。1946 年毕业于上海大同大学，1947 年赴美，1949 年获得克萨斯州立大学研究院土木系硕士学位，1950 年再获伊利诺伊大学研究院理论与应用力学系硕士学位。1950 年回国，先后在北京民航局空港委员会设计部和民用建筑公司任副工程师，在北京工业建筑设计院、山西省建筑设计院和国家建委建筑科学研究院任副主任工程师，在中国建筑科学研究院和建设部建筑设计院任副总工程师。论著有《钢筋混凝土楼梯设计研讨》《钢构受水平荷载的简捷分析法》等。参加并主持设计过东川铜矿、西安国营第一纺织厂、团中央办公楼、巴基斯坦体育综合设计工程、塞拉利昂政府办公楼等工程。

周锡庚（1920—1999）

上海人，外科专家。1945年上海圣约翰大学医学院毕业，赴美，在伊利诺伊州环湖医院任外科医师，后入西弗吉尼亚州圣利亚医院硕士研究生班，1947年获医学硕士学位。1950年11月乘威尔逊号回国，在仁济医院工作。1957年调往瑞金医院，历任瑞金医院肛肠外科主任、教授、博士生导师，医院学术委员会委员。任中华医学会外科学会结肛肠外科学组组长，美国国际结直肠外科医师学会理事，《肿瘤杂志》《实用肿瘤杂志》编委，《中国胃肠外科杂志》顾问。先后获得国家科委、国家教委和卫生部及上海市的多项科技进步奖。论文有《130例高龄大肠癌的外科治疗》《直肠癌根治切除术中保留肛门问题》等。民盟成员。

周锡卿（1915—2004）

湖南宁乡人，英语教育家、翻译家。1936年毕业于上海交通大学管理系，1938年获美国宾州大学经济学硕士学位，同年回国，曾任湖南省省政府专员，兼湖南《国民日报》总编辑。1946年5月赴日本东京受聘于远东国际军事法庭，担任翻译工作。1947年7月至1952年3月在国民党政府驻日代表团赔偿及归还物资接收委员会任文秘技术专员。1954年回国，1956年任全国侨联联络委员。1964年在北京外国语专科学校英语系任教。1973年调入北京第二外国语学院英语系任教，兼学院学报《外语教学》主编。著有《现代英语词汇学概论》《语言学讲义》等，译著有《日本资本主义发展史》《管理学概述》等。曾任民革中央监委会秘书长，民革中央顾问、国务院参事。

周小松（1925—1986）

湖南长沙人，生于北京，翻译家，周鲠生之女，丈夫周镜。先后在重庆南开中学、重庆中央大学求学，1946年7月任南京外交部情报司科员，

1948年3月赴美，在旧金山总领事馆工作，同时在威斯康星大学学习英国文学。1950年9月偕丈夫乘威尔逊号回国，在外交部对外文化联络局从事翻译工作。

周洵钧（1917—1994）

浙江镇海人，化学家。1939年中央大学化学系毕业，任昆明同济大学助教、重庆中央大学化学系讲师。1945年随学校迁回南京。1948年赴美俄克拉荷马州立大学留学，1950年获化学硕士学位，同年3月回国。任浙江大学化学系副教授。1952年院系调整任浙江师范学院（后为杭州大学）化学系副教授、系副主任。撰有论文《碲氢化钠还原亚胺的方法》《对新薄荷烷基环成二烯基二氢及二氯化钼的合成》等，著有《有机化合物波谱分析基础》。曾任中国化学会理事，浙江省化学会副理事长、名誉理事和浙江省高等学校化学学科职称评审委委员。浙江省第四、五届政协委员。

周宜妙（1927— ）

女，曾用名周妙，广东开平人，1946年高中毕业赴美，田纳西大学肄业，1954年回国，在广州红十字会医院工作。第六届全国人大代表。

周永源（1919—1966）

结构工程专家。1942年毕业于上海交通大学建筑工程系。1948年赴美留学，就读于艾奥瓦大学，1950年获结构工程硕士学位毕业，同年回国，任建筑工程部北京工业设计院一室主任。六十年代初被借调到位于甘肃天水市的第一综合设计院工作，从事与"两弹一星"相关工作，长期奔波在四川、云南、青海、内蒙古等省区。因受辐射，患白血病，1966年5月在北京逝世。

周有光（1906—2016）

江苏常州人，汉语学家。曾就读于上海圣约翰大学，后转入上海光华大学，学习货币学，1927年毕业。三十年代曾赴日本留学，1935年回国，任职于教育界和银行界，1945年抗战胜利后由新华银行派驻美国纽约和英国伦敦。1949年底归国，历任上海复旦大学、上海财经学院经济学教授，并在上海新华银行中国人民银行华东区行兼职。1954年被中国文字改革委员会聘为汉语拼音方案委员会委员，后留在北京，任中国文字改革委员会和国家语言文字工作委员会研究员、第一研究室主任，兼任中国社科院研究生院教授，1958年在北京大学和中国人民大学讲授汉字改革课程，所著文字改革代表作有《汉字改革概论》，还著有《中国拼音文字研究》《语文风云》《现代汉字学》等。

周与良（1923—2002）

女，安徽至德人，微生物学家，周叔弢（文物鉴赏家与收藏家）次女，周珏良胞妹，丈夫穆旦。1946年毕业于辅仁大学生物系，获学士学位，1948年毕业于燕京大学生物系，获硕士学位。1949年、1952年先后获美国芝加哥大学植物病理学硕士学位和博士学位。曾任芝加哥大学助理研究员。1953年回国，曾任南开大学生物系教授，著有《真菌学》《高级细菌遗传学》。译有《分子微生物学》等。第八届全国政协常委，全国妇联第五届执委，九三学社第七、八届中央委员。2002年5月1日，在美国病逝。

周政岐（　—　）

石油化工专家。浙江大学化工系毕业。留美，在丹佛和密歇根大学学习化工。留美科协成员。1950年9月乘威尔逊号回国，任教于北京工业大学。论著有《石油裂解气色谱分析采样装置方案探讨》《不锈钢丝网填料存在时氮氧化物吸收过程》。

朱葆琳（1921—1996）

浙江杭州人，化学家。1943年毕业于浙江大学化工系。1948年12月获美国得克萨斯大学化学工程硕士学位，1949年2月回国，任浙江大学化工系副教授。1953年调任中国科学院大连化学物理所工作，历任研究室主任、研究员、所学术委员会副主任、副所长。曾为辽宁省大连市化工学会副理事长。其毛细管色谱与氢火焰离子化鉴定器，获1965年国家重大科技成果奖一等奖。其大型全自动制备色谱仪，获1986年中国科学院科技进步奖特等奖。主要论著有《电模拟法解边界层方程》《中空纤维膜N_2-H_2分离器性能的计算方法》《固定床接触反应的温度分布与浓度分布》等。曾获全国先进生产者、辽宁省优秀专家、大连市劳动模范称号。第三、四届全国人大代表，大连市政协第五至八届常委。

朱本源（1916—2006）

武汉人，哲学家。1942年国立中央大学毕业，留校任助教，1945年研究生院哲学部毕业，获硕士学位，留校任讲师、国立编译馆翻译委员会副编审、武昌中华大学教授。1947年赴美国纽约大学进修。1949年夏回国。1950年初，在华北人民革命大学政治研究院学习，1951年学习期满，留校任马列主义研究室研究员。1953年春分配到西安师范学院（后为陕西师范大学）历史系任教授。1957年至1977年作为右派被进行劳动改造。1989年离休。1991年获人事部"早期回国定居专家"待遇。在中国社科院主办的《历史研究》《世界历史》《史学理论研究》和《陕西师大学报》等刊物上发表学术论文四十多篇。

朱 勃（1919—1988）

云南宣威人，教育家。1939年考入昆华高级工业职业学校，是年6月加入中国共产党。曾在宣威和昆明师范学院任教。1948年5月经组织同意赴美留学，1949年秋获哥伦比亚大学硕士学位，随即与五十余名留美学生经香港到天津，9月到北京。先在北京华北革命大学学习，1950年7月到陕西师范大学教育系任副教授、党支部书记。1957年8月至1959年9月在苏联列宁师范学院进修。之后任校党委常委、系主任、教育研究所副所长。1963年调华南师范大学，先后任校党委常委、教育系和外语系党总支书记、系主任、广东省教育科学研究所副所长。曾任《世界教育文摘》《比较教育》主编、全国外国教育研究会理事。著有《比较教育史略》《比较教育研究方法》《教育三面向和今日比较教育》等。

朱 城（1921—1959）

力学教育家。1944年上海交大机械系毕业，1947年赴美，获麻省理工学院机械工程振动学博士学位。1950年11月28日抵港回国，任交大材料力学教研室主任。1956年随校迁西安。编著《材料力学》被教育部选定为通用教材。因患肝炎，英年早逝。

朱大成（1917—2017）

浙江宁波人，放射医学家。1941年毕业于震旦大学医学院，早年做过外科医生。1947年赴美，在辛辛那提大学医学院学习研究肿瘤和病理，1949年获硕士学位。1950年初回国，历任广慈医院（现瑞金医院）主持放射科工作，1955年任放射科主任、上海第二医学院放射教研室主任、上海交通大学医学院附属瑞金医院放射科主任。1985年离任。主译有《儿科X线诊断学》，为中华医学会上海放射学会分会主委，《中华放射学杂志》《临床放射学杂志》《影像医学》等杂志常务编委。中国民盟成员。

朱光亚（1924—2011）

湖北武汉人，核物理学家，中国科学院院士（1980）、中国工程院院士（1994），"两弹一星"功勋奖章获得者，夫人许慧君。1945年毕业于西南联大物理系。1946年赴美，1949年获密歇根大学物理专业博士学位。1950年3月底回国。回国前，与五十一名留美同学联名发出了《致全美中国留学生的一封公开信》。回国后，在北京大学物理系任教。1951年10月与许慧君结婚。后历任东北人民大学（现吉林大学）、北京大学物理系教授，二机部九院（现工程物理研究院）副院长、国防科委副主任、中国工程院院长等。第八、九届全国政协副主席，中共第九、十届中央候补委员，第十一至十四届中央委员，第三至五届全国人大代表。

朱浩然（1910—1999）

江苏常熟人，海洋湖沼学和藻类学家。1932年毕业于中央大学生物系，曾任中央大学副教授。1946年赴美国留学，1950年获美国西北大学博士学位。1950年9月乘威尔逊号回国。任南京大学生物系教授，著有《植物制片技术学》，撰有论文《中国色球藻志》《中国微观化石藻类的研究技术》等。任中国古生物学会古藻类理事会理事长。九三学社成员。

朱和周（1911—1968）

湖北沙市人，气象学家。1940年毕业于西南联合大学地理气象系。1948年赴美，在加州大学就读，1950年9月20日，响应赵九章和涂长望动员，中断学业回国，历任中央军委气象局技正，天气处副处长，中央气象局气象科学研究所副所长，1960年任南京气象学院天气动力学系（大气科学学院前身）教授和首任系主任。论著有《变压、变高的平流动力理论与应用》《远东冬季一个气压波的分析》《北半球500Mb环流形势的年度预报》等。

朱惠方（1902—1978）

江苏丹阳人，森林工业专家。早年留学德国和奥地利，1927年回国任浙江大学、北平大学、金陵大学教授、长春大学农学院教授院长。1948年任台湾大学农学院教授、森林系主任。1954年赴美，任纽约州立大学林学院交换教授。1956年回国，任中国林科院森工科学所研究员，室主任，副所长。著有《中国造纸事业与原料木材》《提倡国产木材的先决问题》《世界木材的需给状况》等。第五届全国政协常委，九三学社成员。

朱晋卿（1915—2004）

江苏江都人。金陵大学农学院毕业。1947年3月至1949年12月赴美考察农业技术。1950年在联合国合作总署工作。1954年10月偕夫人朱惠琛乘克利夫兰号回国，被安置在合作社朝内菜市场当售货员，"文化大革命"被立案审查。改革开放后作为外语人才调入国家科委情报研究所，后被武衡调走参加专利法工作，为《中国专利法》八位起草人之一。1980年1月作为中国代表团成员参加了WIPO的"修订《保护工业产权巴黎公约》外交会议"。被誉为"外国专利制度的活字典"。论著有《中国专利法与巴黎公约》《在变革中的美国专利》《从欧美各国实践看专利制度的作用与问题》等，译著有《五十国专利法一瞥》。退休后定居美国。

朱景尧（1916—2013）

河南宝丰人，经济学家。1941年武汉大学经济学系毕业，后留校任教。获美国李氏基金会奖学金，1947年赴威斯康星大学经济学系学习，获硕士学位。1949年在艾奥瓦州立大学统计学系学习。1950年1月回国，在武汉大学经济学系任副教授、教授。1965年在北美经济室（后为美加经济所）研究世界经济统计，经济预测。1983年赴美国印第安纳大学企业管理学院国际企业管理系研究国际比较经济统计课题。论著有《美国垄断资本经营多样化和混合联合公司》《美国新兴的供给学派》《经济预测的理论与方法》等。曾任湖北统计学会副会长，1986年退休。

朱康福（1921—2007）

江苏无锡人，石油化工设计专家，夫人吴崇筠。1942年毕业于西南联合大学化工系，后入昆明炼糖厂工作。1945年赴美留学，1949年获路易斯安那州立大学硕士学位，1950年2月在威斯康星大学学习博士生课程。1950年9月偕夫人乘威尔逊号回国。历任石油部北京设计院总工程师、院长，燃化部、石化部北京炼油设计院高工，石油部规划设计总院总工程师。中国石油化工总公司设计院总工程师。第三届全国人大代表。2004年退休。

朱康侯（1917—2004）

江苏无锡人，纺织机械专家，朱康福二胞兄。1943年西南联大机械系毕业，1946年在杭州工作，与1942届哲学系同学王映秋结婚。1948年留美，获乔治亚理工学院硕士学位，为留美科协会员。1950年回国，先后在江苏南通、河南郑州工作，1956年在华东纺织工学院任教。1966年奉纺织部令调往湖北沙市建设棉纺厂，任总工程师。1977年底提前退休，回上海养老。

朱可善（1920—　）

湖北随县人，土木工程专家。1943年毕业于中央大学土木工程系，后在重庆民生实业公司任土木工程师。1946年通过了国民政府自费留美考试，于1947年底在民生公司卢作孚的资助下，自费赴美留学，1949年1月获加州大学伯克利分校工程硕士学位，2月开始攻读博士。1950年10月回国。曾任重庆市设计院副总工程师，后调入中国科学院水工研究室任副研究员。1973年下放回重庆，在重庆建筑工学院任教授。撰有论文《岩石力学在地下工程中的应用》《岩洞水压试验》。九三学社成员，1985年加入中国共产党。

朱立宏（1921—2016）

广东兴宁人，农业遗传育种专家。1945年重庆国立中央大学毕业，获学士学位，任成都四川农业改进所技佐、南京国立中央大学农学院助教。1948赴美，1948年获密歇根大学硕士学位。1950年回国，历任黑龙江哈尔滨农学院、南京大学农学院讲师、江苏农学院副教授、南京农学院（大学）教授。论著有《稻矮秆遗传及其利用》《粳稻矮生性的遗传研究》《粳稻矮生性的遗传研究》等，成果获1991年国家教委科技进步奖三等奖。全国农作物品种审定委员会委员。获江苏省府优秀教育工作者、农业部振兴农业先进个人称号。1991年离休。

朱丽中（1932— ）

上海人，生物学家，丈夫吴锡九。1948年12月赴印度留学，1950年12月赴美留学，获加州大学伯克利分校副学士学位，波士顿西蒙斯学院生物系学士学位。1956年偕丈夫回国，在中国科学院动物所任职。论文有《大白鼠年龄变化的形态学观察》《同域分布的几种斧蛤的细胞耐热性与生境温度的关系》等，合著有《前列腺素》。1977年携一女赴美与家庭团聚，在美国宇航局工作至退休，定居加州。

朱良漪（1920—2008）

安徽旌德人，生于江苏扬州，仪器仪表工程技术专家，夫人单秀嫄。1938年进入北平燕京大学理学院工预系（机械专业）学习，1941年因珍珠港战事辍学一年半，1944年毕业于成都燕京大学物理系。1946年考取"官费"留美学生，1947年赴明尼苏达州立大学研究生院学习内燃机工程，1949年春获硕士学位，并通过了进修博士资格考试。1950年3月初偕夫人回国，历任重工业部、一机部通用机械生产技术及计划管理工程师、北京分析仪器厂副总工程师、北京市自动化工业公司总工程师、国家仪器仪表工业总局副局长、机械工业部仪器仪表工业局总工程师等。1957年被划为右派，后改正。其"大型汽轮发电机组状态监测系统"获国家教委1991年科学进步奖二等奖。

朱慕唐（1919— ）

经济学家。1944年国立中正大学经济系毕业。留美，1949年毕业于加州大学洛杉矶分校研究生院，获经济学硕士学位。1950年回国，历任山东工学院、上海财经学院、安徽财贸学院讲师、副教授。后任上海财经大学财经研究所副教授。论文有《也谈社会主义的商品制度》《解决政治经济学对象问题上观点分歧的出路何在》，主编《西方城市经济学》。

朱鹏程（1920—1993）

江苏无锡人，水利专家。辅仁中学1937年毕业后考入浙江大学土木系，1941年毕业后在中央研究院工作。1947年初被国民政府派往美国，研究三峡工程模型设计，任美国垦务局工程师，并在美国伊利诺伊大学进修，获科学硕士学位。1950年回国，参加中国水利水电科学研究院的创建工作，历任院咨询委员、高级工程师、博士生导师。先后参加了三门峡、刘家峡、花园口枢纽等全国大型水利工程解决泥沙问题的试验和研究，主编《泥沙手册》。

朱淇昌（1920—2003）

福建闽侯人，生于北京，电讯专家。1936年考入北洋工学院，后随学校南迁，入西北工学院电讯专业，1941年毕业。1945年赴美实习，入匹兹堡联合信号公司任工程师。曾任留美科协匹兹堡地区负责人，1951年回国，历任铁道部铁道技术研究院电工研究组组长、通信信号研究所所长，铁道部电务局总工程师。1978年退休。病故于香港。

朱启贤（1911—1968）

山东单县人，历史学家。1929年入北京师范大学教育系就读，创办《教育短波》杂志。1935年任山东省第三民众辅导区主任，全国战时教育协会常务理事兼总干事。1938年赴延安出席教育座谈会，1940年任四川科学教育馆员兼成都华西协合大学教授，1942年5月再赴延安，参加中共中央召开的文艺座谈会，在《新华日报》上发表了《战时教育改造计划》等文章多篇。1943年赴美国留学，1949年获哥伦比亚大学博士学位，留校任教授。在美期间，组织进步团体，建立民盟美国支部。1950年7月被驱逐出境，经香港回国，任北京师范大学教授。论著有《前进的教育与反动的教育》《文学、哲学与玄学》《论科学与民主》等。1957年被划为右派，1968年被批后自杀，1978年平反。

朱起鹤（1924— ）

北京人，分子反应动力学家，中国科学院院士（1995）。1947年毕业于南京中央大学化工系。1948年8月赴美国伯克利加州大学化学系，从事化学热力学研究。1951年初，获博士学位，同年3月回国，先后在燕京大学、北京大学、哈尔滨军事工程学院等任教，曾任哈军工二系（原子能工程系）副主任，负责培养核武器设计和核爆炸测试人才。1969年被诬为美帝间谍关进监狱达一年。1978年初调到中国科学院高能物理所负责研制超导磁体、超导微波腔和研究激光加速粒子。1981年底调到中国科学院化学所，负责创建分子反应动力学国家重点实验室。与黄寿龄教授合作的"束源转动式分子束激光裂解产物平动能谱仪"等成果获1987年中国科学院科技进步奖一等奖和1992年中国科学院科技进步奖二等奖。

朱士嘉（1905—1989）

江苏无锡人，地方志专家。1928年燕京大学历史系毕业，1932年获硕士学位，先后任辅仁大学讲师和燕京大学图书馆中文编目部主任。1939年到美国国会图书馆工作，1942年入哥伦比亚大学研究院，1946年获博士学位，是年下半年在美国档案馆学习档案管理法。翌年任西雅图华盛顿大学远东系副教授。1950年9月回国，任武汉大学历史系教授兼图书馆馆长。1953年调中国科学院历史所。1979年任湖北省文史馆副馆长，1983年任中国地方志协会副会长。为国务院中国古籍整理出版规划小组顾问、中国地名委员会顾问。著有《整理研究地方志刍议》《中国地方志浅说》《美国迫害华工史料》《十九世纪美国侵华档案资料选辑》等。曾任湖北省政协委员。

朱天孝（1920— ）

女，江苏镇江人，微生物学家，中国药理学家朱恒璧（1890~1987）之女，丈夫李华天。1948年9月赴美，在哈佛大学医学院研究细菌。1949年12月经港回国，任中国医科大学微生物学教授。论文有《甘草甜素免疫调节机理初探》《人脾细胞 α-干扰素的诱生及纯化的研究》等。

朱廷儒（1912—1998）

四川江油人，药物化学家。1937年毕业于成都华西协合大学制药系。曾任成都益友制药厂药师兼厂长、上海医学院讲师。1951年获美国哥伦比亚大学药学院硕士学位，因申请回国受阻，滞留美国期间先后在美国瓦克药厂研究室和杜蒙药厂任化学技师，后又到亚德菲大学化学系做研究生。1954年冬回国。1955年3月，由中央卫生部分配至沈阳药学院，聘为三级教授。历任沈阳药学院药物化学教研室、天然药物研究室主任。中国民主同盟成员。

朱新吾（ 　— 　）

纺织工程专家。1941年入江苏苏州工业学校（后为苏南工业专科学校）纺织科。留美，获乔治亚理工学院纺织硕士学位，留美科协会员，1950年回国。为江苏省纺织工程学会副秘书长。1983年至1988年曾任扬州市副市长。著有《我国棉纺工业之回顾与展望》。

朱应庚（1922—2004）

云南玉溪人，经济学家。1944年西南联大经济系毕业，1947年赴美，获密歇根大学经济学硕士学位，1949年12月回国。一直任教于云南大学，1980年后，历任经济系主任、校学术委员会文科副主委。为云南省经济学会会长、全国财政学会、中国国际金融学会等学术团体理事。译著有《费边论丛》《繁荣与萧条》，专著有《朱应庚经济问题探索文集》。云南省政协第五届委员，第六届常委，第七届副主席。

朱　永（1918—2005）

江苏靖江人，化学化工专家。1938年就读于中央大学理化系，1940年转学至武汉大学化学系。1943年毕业后进入重庆猫儿石天原化工厂工作，后又在上海民华染织厂、常州大成纱厂及香港大成分公司任印染工程师。1949年赴美，获乔治亚理工学院硕士学位，留美科协会员。1951年回国时在旧金山被移民局扣留，后坚持半工半读，在斯坦福大学学习有机化学，1953年9月通过资格考试进入俄勒冈大学攻读博士课程。1954年获移民局放行，12月抵港回国。执教于南京大学化学系，历任副教授、教授。主持合著有《量子有机化学》上、下册。1988年退休。

朱祖培（1921—2009）

安徽屯溪人，生于上海，建材专家。1944年浙江大学化工系毕业，1947年赴美，在阿里斯查默斯机器公司进修。1950年初回国，历任北京琉璃河水泥厂工程师、重工部北京建材工业设计院主任工程师、国家建材局天津水泥工业设计研究院总工程师、中国水泥发展中心总工程师等。主编《水泥工艺设计手册》，译著有《水泥的制造和应用》和《水泥化学》等。

朱祖祥（1916—1996）

浙江余姚人，土壤学家，中国科学院院士（1980）。1938年毕业于浙江大学农学院农化系，留校任农化系助教。1942在任浙江大学农学院讲师。1944年冬通过中华农学会的选拔和教育部组织的考试，1945年赴美密歇根州立大学主修土壤化学，1946年获硕士学位，1948年获博士学位。1949年回国，任浙江大学农化系主任、校务委员，1952年后历任浙江农学院、浙江农业大学土化系主任、校长。1957年加入九三学社，1960年加入中国共产党。论著有《土壤物理》《土壤化学》《土壤分析及研究法》等。浙江省科协副主席、名誉主席。第八届全国人大代表，第五、六届全国政协委员。九三学社浙江省委主委。

朱尊权（1919—2012）

湖北襄阳人，生于北京，烟草及卷烟生产工艺专家，中国工程院院士（1997）。1941年毕业于中央大学农艺系，获农学学士学位；1948年美国肯塔基州立大学农学院，获农学硕士学位，后在该校烟草研究室任助理研究员。1950年初回国后，曾任中国烟草总公司郑州烟草研究院副院长、名誉院长。承担的多个项目获得轻工业部、中国烟草总公司科技进步奖一、二等奖。《中国烟草学报》《烟草科技》主编。中国科协第四届全委会委员。

祝维章（1911—1968）

湖北黄陂人，药理学家。1936年毕业于湘雅医学院。抗日战争时期在贵阳医学院任药理学讲师，发掘提炼中药"云实"中一种有效成分，治疗疟疾，替代当时进口药品金鸡纳霜，获奖学金。1944年赴美国斯坦福大学医学院留学，后留校任教。1949年底回国，先后在沈阳中国医科大学、中南同济医学院、上海解放军军事医科院任教授。1957年被划为右派，先下放徐州，后被劳动教养，1968年死于苏北沂河劳改农场。

庄炳文（1919— ）

浙江杭州人，电力专家。1943年毕业于交通大学电机系。1947年赴美，获哈佛大学电机系硕士学位，曾任新英格兰电力公司设计师。1951年回国，历任闸北水电公司馈电科生技股股长，上海电业局基建处、生技处工程师，上海供电局工程师、高级工程师。论文有《对ISP型套管将军帽的改进》《上海地区SF$_6$电器应用概况》等。

庄长恭（1894—1962）

福建泉州人。有机化学家，中央研究院院士（1948），中科院院士（1955）。1919年北平国立农业专门学校农学科毕业，赴美国芝加哥大学，1921年化学系毕业，1924年获博士学位后回国。任东北大学教授兼化学系系主任。1931年前往德国，在哥廷根大学及慕尼黑大学访学研究。1933年回国任中央大学化学系教授，1934年任国立中央研究院化学研究所所长。1939年任上海国立北平研究院药物研究所研究员。1942年任昆明国立北平研究院药物研究所研究员、代所长。1946年至1947年，赴美国考察有机化学和药物化学研究。1948年6月至12月，任台湾大学校长。1949年回大陆，1950年至1962年任中科院上海有机化学研究所研究员、所长。国务院科学规划委委员。第一、二届全国人大代表。

庄逢甘（1925—2010）

江苏常州人，空气动力学家，中国科学院院士（1980）。1946年毕业于交通大学航空系，1947年赴美留学，1950年获加州理工学院博士学位。为留美科协会员，1950年8月30日抵达香港，回国，历任中国科学院数学所副研究员，哈尔滨军工学院教授。1956年调入国防部五院，筹建空气动力所。历任七机部一院副院长兼空气动力所所长，航天部总工程师和第一、第三研究院副院长等。从事导弹、火箭空气动力学研究，其火焰切割喷枪获国家发明奖三等奖。还有成果获 1978 年全国科学大会奖和 1985 年国家科技进步奖特等奖。曾为中国空气动力研究会理事长、中国航空学会副理事长、中国力学学会理事长，《中国宇航学报》主编、中国科协副主席。第三届全国人大代表、第五届全国政协委员、第八届常委。

庄慕兰（1921—2017）

女，上海人，外贸专家，丈夫邹斯颐。1940 年考入上海圣约翰大学医学预科。同年获美国威顿学院奖学金赴美，1944 年毕业，获心理学学士学位。1945 年在哈佛大学女校拉德克利夫学院学习工商人事管理学研究生课程。1946 年 10 月考入联合国秘书处中文科任行政助理，1951 年 12 月辞职回国。在外贸部国别地区局研究国别和商品，多次参加中国政府贸易代表团出国访问和贸易谈判，并兼任翻译。1960 年被评为外贸部红旗手，1963 年被评为外贸部妇女先进工作者。1973 年调国际贸易研究所任副研究员。1982 年与丈夫邹斯颐赴美，在纽约筹组中国贸易中心并任咨询部主任。1986 年离休。

庄涛声（1923—2004）

浙江宁波人，建筑学家，我国最早留学美国学习建筑工程学的建筑师庄俊之子。之江大学建筑系毕业，留美，获伊利诺伊大学建筑硕士学位，在纽约的英门建筑师事务所工作。1950 年 3 月和其他二十几位留学生回国。在天津大学建筑学院担任城市规划原理及建筑设计教学。曾任教于父亲母校唐山交大建筑系，1979 年调上海，任教于同济大学建筑系。著有《建筑的节能》。

宗之发（1905—1987）

江苏常熟人，电信专家。1927 年上海交通大学电机系电信专业毕业。1928 年赴美国进修，1930 年回国，任南京国民政府交通部国际电台工务主任。1948 年作为国民政府代表出席日内瓦国际电信会议。1949 年 12 月在该会议上宣布起义。1950 年初回国，历任邮电部国际关系司副处长、国际联络局副总工程师，北京邮电学院国际通讯教研室主任，电信总局顾问，邮电部顾问，曾任中国电信学会理事。第六届全国政协委员。

邹秉文（1893—1985）

江苏苏州人，生于广州，农学家。1910年留学美国，1912年补取为留美官费生，考入康奈尔大学机械系，后改学农科，专修植物病理学。1915年毕业获学士学位后又继续进修一年，于1916年回国，历任金陵大学和东南大学教授兼农科主任。1928年筹建以检验农畜产品为主的上海商品检验局，任局长；1932年到1947年任上海商业储蓄银行副总经理，首创办理农业贷款的农贷部。期间在南京建立了五万吨硫酸铔化肥厂，1943年起任联合国粮农组织（FAO）筹委会副主席、首任中方执行委员、农业部顾问，筹资帮助中国学生赴美学习。1948年起任美国纽约和昌公司董事长，经营中美间的化肥、种子和农产品。1956年8月回国，以一级教授身份出任农业部和高教部顾问。九三学社成员、第二届全国政协委员。

邹德华（1926—2016）

女，江苏苏州人，音乐家，邹秉文二女，丈夫王曾壮。1942年考入国立上海音乐专科学校，主修声乐。1946年赴美，在俄亥俄州的欧柏林大学音乐学院学习，后转入纽约的朱利亚音乐学院，1950年6月毕业，获学士学位，同年8月30日与许少鸿、郭挺章等人同船回国抵港，在北京人民艺术剧院任独唱演员、声乐指导。后调入中央歌剧院继续歌剧表演和独唱，任该院艺委会副主任，为国家一级演员。成立中国音乐剧中心后，任该中心主任，致力于西方音乐剧的推广，同时并自编自导中国民族主题的音乐剧。全国政协第五至九届委员，文化部侨联副主席，民盟中央文化委员会委员。

邹德真（1930—　）

女，江苏苏州人，生于上海，新闻学者，邹秉文三女，丈夫涂光涵。1947年赴美，1948年在纽约州韦尔斯（女子）学院和纽约市立大学的亨特学院新闻系学习，为北美基督教中国学生会（CSCA）纽约市组织委员。1950年3月偕丈夫回国，8月考入北京新闻学校，1951年7月结业，在中央人民广播电台和北京国际广播电台任编辑、记者和国际评论员。1982年再次赴美，获哈佛大学尼曼基金会研究员结业证书。1984年回国后，调入中国社科院新闻所，任广电室代理室主任，指导硕士研究生。1987年离休后，继续研究美国黑人种族问题，被上海和广西等地高校聘为新闻学荣誉教授去讲学授课。文章有《试论我国电视新闻和美国电视新闻之异同》《美国广播制度及其利弊》，合著有《比较新闻学》，译著有《杜波依斯自传》等。

邹海帆（1907—1969）

四川安岳人，口腔医学家。1937年毕业于华西协合大学牙医学院，获牙医博士学位，留校执教九年。1946年至1949年先后赴美国伊利诺伊大学和加拿大多伦多大学研修，获硕士学位。1950年回国，历任华西医大牙学院进修研究部主任、牙学院口腔医学系主任，牙学院副院长、口腔医学院院长。著有《牙周病学讲义》。1969年受迫害去世。

邹路得（1917—1999）

河南信阳人，耳鼻喉科专家。留美医学博士，1956年回国。历任北京协和医院耳鼻咽喉科讲师、副教授、教授、科副主任。1963年完成国内首例部分喉切除术，1978年完成插座式人工耳蜗植入术。论文有《短声重复率对人脑干听觉反应的影响》《多导电极耳蜗植入术重建全聋病人听觉的初步体会》《微电极埋植对猫耳蜗影响的扫描电镜观察》等。卫生部科学委员会耳鼻咽喉科专题委员会主任委员，北京生物医学工程学会第一、二届理事会副理事长。

邹斯履（1923—2015）

江苏苏州人，邹秉文次子。1939年加入中国共产党，1946年参加新四军，在中原突围去延安时被捕，获释后回到上海。1947年受中共安排随父亲邹秉文赴美，先在密苏里州的帕克学院半工半读，随后转入密苏里大学新闻系学习。后辍学到《美洲华侨日报》工作。1950年初回国，先进入中宣部毛选英译委员会任秘书长，后进入《人民日报》任国际评论员。1960年至1973年任广州华南师范学院外语系主任。1973年至1978年任广东省科技情报研究所所长和科学普及出版社广州分社社长，1983年离休。

邹斯颐（1922—1990）

江苏苏州人，经济学家，邹秉文长子，夫人庄慕兰。1939年在重庆南开中学加入中国共产党，同年入读西南联大经济学系。1941年赴美学习，1946年获哈佛大学经济学博士，而后出任纽约和昌公司经理。1951年回国后任中国进出口总公司业务处处长。1952年至1982年在对外贸易部三局、四局工作，后任出口局局长，期间（1962年至1982年）任广州出口商品交易会副主任。1982年赴美国纽约筹建中国贸易中心并任董事长兼总经理。1986年任全国工商联党组成员、全国工商联常委、中国工商经济开发公司副董事长兼总经理，国务院外贸体制改革领导小组成员，中共十三大代表。1990年因心脏手术去世。

祖振纲（1925—2003）

河南开封人，聋哑教育专家。1946年入读武昌艺术专科学校（时迁重庆江津）。1948年作为第一个中国聋人赴美，在华盛顿特区的加劳德特大学主攻社会学，1950年入麻省理工学院建筑系，1955年毕业获博士学位。到新加坡工作一年后，1956年回国，曾参加罗布泊国防科学工程的建设。1978年开始退出科学界，在上海市第一聋哑学校和上海市聋哑青年技术学校任教。为教育部盲聋哑教育处专家组成员。

左宗杞（1908—1989）

女，湖南长沙人，化学家。1931年毕业于中央大学化学系。1946年至1949年在美国伊利诺伊大学进修。回国后，参加兰州大学化学系的创建，历任兰州大学二级教授、化学系主任。专于化学分析和电化学分析，较早在我国开展库仑分析的研究。合译《化学试剂》《物理化学分析法》。九三学社成员，1957年和丈夫陈时伟（曾为兰州大学副校长）一同被打为右派分子。1958年丈夫被押夹边沟农场，1960年底去武威羊河农场，失踪，后女儿也失踪。七十年代中美关系缓和后移居美国，1989年在美国去世。

下辑

B

包启瑗（？—1961）

赴美，在多家医院任住院医生，进修妇科病理。1954年回国，1955年在复旦大学附属妇产科医院任职。论文有《304例乳癌的分析》《卵巢勃利奈氏瘤》《女性生殖系统中贤管腺癌》。

毕国箴（　—　）

山东莱芜人，美国哥伦比亚大学毕业，1949年底或1950年回国，后任南开大学教授。

卞维德（　—　）

1940年前后为中央大学工学院土木工程系铁道信号专业助教。后留美，获艾奥瓦州立农学与机械学院硕士。1950年回国，在北京市政部门工作，1956年参加人民英雄纪念碑兴建委员会。

C

蔡君陆（ — ）

眼科专家。1943年国立上海医学院毕业。1955年5月与黄葆同、王仁、吕家鸿、郭明达、骆振黄、沈心立、张家骅等人一起乘船回国。论文有《家兔的实验性近视》《防治近视眼的视觉训练方法》。

蔡梅雪（ — ）

1944年中央大学化学系毕业，留美，赴肯塔基大学学营养学，1950年9月乘威尔逊号回国。任职于上海铁道大学医学院预防医学教研室。为中国营养学会第二届理事会理事。论文有《硒，维生素E对血脂及脂质过氧化作用的影响》《β-胡萝卜素和维生素C对Ni_2O_3诱导人肺成纤维细胞转化的保护作用》。

蔡慕莲（ — ）

女，沪江大学毕业，之江大学校长黎照寰夫人。留美，学习社会学，1950年9月乘威尔逊号回国。1988年赠款交通大学设立黎照寰奖学金。1991年曾与丈夫的侄女黎慕霞一起将丈夫的坟地迁移至广东省佛山市南海区狮山镇。

曹继贤（ — ）

毕业于清华大学（一说东北大学第一期机械系毕业），曾在广西大学、中央大学机械工程系任教。后赴美留学。五十年代回国，任中国科技大学机械系教授。论文有《绘机构运动曲线的机构》。

曹静渊（ — ）

教育学家，曾创办"灵山小学"实验"道尔顿教育体制"。曾在宁波镇海中学任教。赴美，1950 年 2 月回国。

陈爱琴（　—　）

留美，赴麻省安德沃牛顿神学院学教育，1950 年 9 月乘威尔逊号回国。

陈本湘（　—　）

1949 年底或 1950 年回国。

陈炳辉（　—　）

经济学家，1950 年 9 月乘威尔逊号回国。

陈昌贤（　—　）

留美，1949 年底或 1950 年回国，曾任南京工学院土木工程学院教授、土木建筑系建筑设计院总工程师。编有《木结构》一书。

陈德华（1924—　）

上海圣约翰大学毕业，赴美留学哈佛大学经济系。曾与圣约翰大学同学章志鸿、凌志钧、余益年约好回国创业。1950 年 11 月 2 日与张存浩等四十八人乘威尔逊号抵达广州回国。"文化大革命"中因被抄出与外国同学合影照片，受批斗为美国特务，后跳楼自杀，妻子成了精神病。

陈光宗（　—　）

回国后在南开化工系任教。

陈惠生（　—　）

康奈尔大学经济硕士。1954 年回国。

陈继文（　—　）

香港人，岭南大学经济系毕业。1947 年或 1948 年以岭南大学交换生身份赴美，获某州立大学经济系硕士学位，后在哥伦比亚大学学习博士课程。1950 年前后回国，在暨南大学经济系任教。改革开放后去美国。

陈建和（　—　）

1950 年 8 月 30 日，乘克利夫兰号抵港回国。

陈君君（　—　）

1949 年底或 1950 年回国。

陈俊雄（　—　）

留美科协"建社"骨干会员，机械研究所专家。

陈曼宜（　—　）

陈民耿与吴语亭（民国女诗人、散文家）之女。1954 年或 1955 年回国。

陈美觉（　—　）

曾在西南联大和云南大学理化系任教。

陈奇英（　—　）

1952 年回国。

陈谦受（　—　）

广东防城港人，银行家，夫人蒋恩钿。1933 年清华大学经济系毕业。抗战时期，因资助抗日学生而入狱。1948 年，与夫人带着两子女到美国考察学习，1950 年偕夫人与两子女回国。1953 年，调往天津工作。2012 年防城港市建立"谦受图书馆"。

陈时侃（　—　）

留美，在芝加哥大学学化学。1954 年回国。

陈树裕（1921—　）

上海人，1939 年上海光华大学附中毕业。1941 年至 1946 年在昆明中国银行工作。1946 年至 1951 年在美国加州大学留学，1951 年至 1954 年在哥伦比亚大学留学，获学硕士学位。1954年回国。论文有《美国在拉丁美洲的投资与利润》。

陈泗柱（ — ）

1949年底或1950年回国。

陈松盛（ — ）

获芝加哥大学工商管理硕士。1953年回国。

陈诉闻（ — ）

1941考入交通大学，在渝校就读工学院机械系，1945年上海交通大学（时迁重庆）毕业。1952年回国。

陈维新（ — ）

留美，赴麻省安德沃牛顿神学院学习。1950年9月乘威尔逊号回国。

陈文训（ — ）

农艺专家。赴美国北加州大学留学。1950年9月乘威尔逊号回国。曾任职于吉林农业大学植物病理教研室。1956年后任福建农学院副教授、教授。论著有《龙眼生物学特性的研究》《荔枝果蛀虫爻纹细蛾学名的订正(鳞翅目：细蛾科)》等。

陈文耀（ — ）

留美学习社会学。1950年9月乘威尔逊号回国。

陈撷英（ — ）

女，湖南衡山人，陈衡哲堂姐。中国同盟会会员。1951年回国。

陈虚威（ — ）

1953年在美国加州大学伯克利分校留学，1956年回国。曾任职于中国科学院心理所。一说因有美国特务嫌疑，被判刑二十年，与王学泰等被关押在北京半步桥监狱。

陈燕园（　—　）

1949 年底或 1950 年回国。

陈以静（　—　）

曾在湖南农学院工作。

陈耀华（　—　）

1949 年底或 1950 年回国。

陈云岚（　—　）

女，丈夫张家骅。1955 年 5 月偕丈夫和不满周岁孩子回国。

陈肇华（　—　）

1950 年 9 月乘威尔逊号回国。在陕西省农林学校任教。论文有《新桑园的规划及栽植技术》《提高桑蚕茧上茧率解舒率的措施》《恢复和发展渭北旱原及陕北黄土丘陵地区蚕桑生产的浅见》。

陈震东（　—　）

1951 年回国。

陈至英（　—　）

1951 年回国。

陈卓思（　—　）

1954 年或 1955 年回国。

陈祖庇（　—　）

化工专家。1955 年前后回国。曾在石油化工科学研究学院工作。论文有《多产烯烃的催化裂化方法及其提升管反应系统》《裂化催化剂的发展沿革》《美国炼油工业面临的问题及其影响》等。

成嘉祜（　—　）

女、音乐家。1950 年 11 月乘威尔逊号回国。在西安音乐学院声乐系任教。

程家辉（　—　）

在加州大学学习英语文学。1949 年 11 月回国。

褚明馨（1910—1961）

1951 年 10 月乘克利夫兰号与胡世平等人回国。后移居美国。

崔淑瑗（　—　）

交通大学毕业。1945 年赴美实习铁路管理，1949 年回国。

D

戴延曾（ — ）

留美纽约大学。1950年9月乘威尔逊号回国。

戴誉斌（ — ）

电信专家。1950年10月乘克利夫兰号回国。

邓海泉（ — ）

1942年西南联大地质地理气象系毕业。留美，1951年回国。任中山大学地球科学系教授、北京矿业学院地质系主任。译著有《构造地质学：几何方法导论》。

邓培植（ — ）

夫人张焕民，1956年6月偕夫人和孩子与蔡用舒等人回国到广州。在建工部建研院市政工程研究所（一说在同济大学）任职。论文有《对"论曝气池的工作原理与设计方法"的讨论》。

邓伟才（ — ）

交通大学毕业。1939年考入上海交通大学本部，后转入渝校工程院土木系就读，1943年毕业。1945年赴美实习土木工程，1949年回国。

邓先仁（ — ）

1935年9月入武汉大学工科研究所土木工程学部水利工程读研究生。后留美。1950年9月乘威尔逊号回国。

邓巽保（ — ）

岭南大学毕业，四十年代末留美，1949年底或1950年回国。

刁开丽（ — ）

女，刁开智胞妹。1951年7月17日，乘克利夫兰号回国。

丁宝贵（ — ）

女，张愚山夫人，夫妇一起回国。会计。

董春光（ — ）

交通大学毕业。1949年赴美实习电机工程，1949年回国。

董 浩（ — ）

在华盛顿天主教大学学习经济。1950年10月乘克利夫兰号回国。

杜涛声（ — ）

1949年底或1950年回国。

端木镇康（ — ）

获艾奥瓦大学物理学硕士学位。1949年底回国。在江西教育学院任职。论文有《顺磁共振》《量子性亚电荷与电子结构的假设》。

F

范文龙（ — ）

1954 年或 1955 年回国。

冯蕊尊（ — ）

1949 年底或 1950 年回国。

冯永祥（1930— ）

1949 年赴美，获威斯康星大学机械工程和物理学双硕士。威斯康星中国同学会主席。在父亲和老师张霭墨（上海市留美学生家属联谊会副主委）动员下，于 1959 年回国。

扶学炼（1913— ）

留学美国机车制造专业。1951 年回国，在铁道部石家庄铁路运输学校任教。

傅安龄（ — ）

在多家医院任住院医师。1954 年回国。

傅为方（ — ）

曾任教于齐鲁大学。四十年代末留学美国。1949 年底或 1950 年回国。

G

高法悌（1916— ）

土建专家。1954年或1955年回国，在原建工部北京工业建筑设计院工作。

高思聪（ — ）

金陵大学毕业，1952年回国。或在南京艺术学院任教。晚年移居美国。

高廷庆（ — ）

哥伦比亚大学（一说伊利诺伊大学）工商管理专业毕业。1950年10月乘克利夫兰号回国。曾在天津中国银行工作，天津市政协委员。

葛安农（ — ）

迈阿密海军训练中心军官，1950年10月乘克利夫兰号回国。

葛果行（ — ）

1940年毕业于浙大电机系。赴美国密苏里大学留学。1950年10月乘威尔逊号回国，在华东科技大学物理系任教。论文有《接收脉冲信号时的竭致抗干扰性》，译著有《电路与系统》。

龚学孟（ — ）

在清华学习过。1947年岭南大学毕业，毕业论文《我国与南洋经济关系之研究》。后留美，1951年回国。

顾汉英（ — ）

1942年上海大同大学物理系毕业。1948年夏赴美，在加州大学读物理学。1951年夏回国时，被美国政府阻拦。1954年1月6日给毛泽东主席写信，请求通过外交途径帮助其回国。

顾启源（ — ）

建筑专家，城市形态学专家。1949年底或1950年回国。译著有《城市：它的发展、衰败与未来》。

顾瑞清（ — ）

留美学国际法。1950年11月2日乘威尔逊号到广州。

顾作铭（ — ）

江苏邳州人。1939年清华大学毕业，1944年赴美留学，获经济学和法律学双博士学位。1961年回国，先后在中山大学和暨南大学任教。

关允庭（ — ）

留美期间，曾与李恒德商量给爱因斯坦写信请求帮助留美学生回国事宜。1956年回国，在中国科学院力学所任助理研究员。参与"卫星回收方案研究"。后离开力学所。

关振文（ — ）

留美，赴普渡大学土木工程系学习，1950年回国。

归邵升（ — ）

毕业于普渡大学。回国后曾任同济大学和上海交大教授。

郭保国（ — ）

1951年回国。

郭懋安（ — ）

1949年底或1950年回国。

郭开华（　—　）

女，丈夫张汉，南洋华侨郭静川之女，郭开兰胞妹。南开女中毕业。1955年6月16日乘威尔逊号回国。改革开放后移居美国华盛顿特区。

郭志佩（　—　）

麻省理工学院学习染色工艺。1949年底或1950年回国。

郭忠信（　—　）

1949年底或1950年回国。

H

韩德兴（　—　）

疑为韩德馨。1949 年底或 1950 年回国。

郝荫方（　—　）

1951 年回国。

何广扬（　—　）

1937 年考入武汉大学外文系，1942 年考入本校经济理论研究生，毕业后留美。1950 年 9 月乘威尔逊号抵港回国，任职于辽宁大学。编译有《心理韧性儿童的社会能力自我觉知》《从行为管理学的角度看知觉过程》。民革成员。

何梅生（　—　）

女，可能毕业于西南联大（1938 年与林徽因有合影）。丈夫梅健鹰。1951 年偕丈夫与孩子回国。

何阳林（　—　）

曾为留美科协会员。

何祚佩（　—　）

1949 年底或 1950 年回国。

贺戴之（　—　）

1954 年或 1955 年回国。

洪宝林（　—　）

心理学家。毕业于清华大学心理学系，曾经在上海中学教英文，后留美。1950年回国后，任教于上海师范学院（师大）。译著有《智慧心理学》《苏联心理科学》，论著有《心理学探新》《心理和生活、实践的辩证统一关系》等。

胡继葛（　—　）

土木专家。1936年南洋公学土木系毕业。留美。1949年后回国，在冶金工业部武汉冶金建筑研究所任副总工程师。参加了武汉钢铁厂和攀枝花钢铁厂的建设。八十年代初又调到上海建设宝山钢铁厂。论著有《格构式钢制刚架组装建筑》。攀枝花市政协委员。

胡绍声（　—　）

留美，在哥伦比亚大学学习图书馆学，为留美学生通讯社成员。回国后任山西大学图书副馆长。被打为右派。1979年右派问题改正，与爱人（市妇联中层干部）复婚。参与编制《中国人民大学图书分类法》。

胡　微（　—　）

1951年回国。

胡玉璋（　—　）

或为华西医大眼科专家。1954年或1955年回国。

华世钧（　—　）

云南人。云南省留美预备班派往美国留学。回国后在昆明工学院任教。地主出身，"文化大革命"中自杀。九三学社成员。

皇甫奎（　—　）

重庆中央大学毕业，曾任南京永利钲厂设计室主任，1948年赴美，1951年回国，先在北京化工部工作，后调武汉化肥第四设计院任总工程师，曾任湖北省机械高级工程师技术职称评定委员会委员。

黄逢坤（1905— ）

广东开平人。兽医专家。1935年赴美留学，获兽医学位。1949年底或1950年回国，任职于北京农业大学兽医系，北京动物园兽医顾问。北京政协委员。

黄桂江（1921— ）

云南墨江人。云南省留美预备班派往美国留学。毕业于美国威斯康星大学（一说获俄勒冈大学食品加工专业）硕士学位。1951年回国，在云南工业大学任职。有"脚踏式真空加汁封瓶两用机""组合易开式罐头瓶盖"等多个食品加工实用新型专利。

黄国涛（ — ）

交通大学毕业，1945年赴美，学土木。或为1949年回国。

黄国祥（ — ）

物理学家，1958年回国。在中南工业大学任教。论文有《重磁位场波谱理论及其应用》《应用地球物理：磁法勘探》《用分形分析确定最佳重力布格密度的方法探讨》等。

黄鸿鼎（ — ）

留美。1955年回国。

黄鸿辉（ — ）

1949年底或1950年回国。

黄继昌（ — ）

云南大学毕业。留美。五十年代回国。曾在大连化学物理所工作，后调至哈尔滨。在石化单位工作。

黄金德（ — ）

1954年或1955年回国。

黄力强（ — ）

1951年回国。

黄丽丝（ — ）

1954年或1955年回国。

黄美丽（ — ）

留美。获旧金山神学院硕士，1954年回国。

黄荣翰（ — ）

1949年底或1950年回国。

黄　鑫（ — ）

原名黄仪宝，1945上海圣约翰大学经济系毕业，赴美留学。1949年回国，在天津工作，后移居加拿大。

黄绍基（ — ）

中央大学物理系1942年毕业，在资源委员会电化冶炼厂工作，后留美、回国。

黄渝江（ — ）

五十年代初回国。

黄玉锦（ — ）

1951年回国。

黄玉璞（　—　）

生于台湾，赴美留学，获硕士学位。1956 年、或 1962 年、或 1963 年回国，任中国科学院上海冶金陶瓷所副研究员，与石声泰为同事。

黄志明（　—　）

1949 年底或 1950 年回国。

黄梓祥（　—　）

1951 年 7 月 17 日与陆文发等回国。

侯启泉（　—　）

留美，在得克萨斯大学学习电机专业。1950 年 10 月乘克利夫兰号回国。

J

季麟征（ — ）

加州大学生物硕士。1956 年回国。在山东医学院微生物学教研组任教，论文有《布氏杆菌属生物学特性的研究》。

贾成允（ — ）

1949 年底或 1950 年回国。

简月真（ — ）

女，在波士顿大学学习家政。1950 年 10 月与丈夫毛以信同乘克利夫兰号回国。

江云镒（ — ）

1951 年回国。

金华光（ — ）

1952 年回国。

靳乃瑞（ — ）

留美学习 MBA。1956 年，乘坐克利夫兰总统号回国。到哈尔滨工程大学任教。后因为阶级成分问题被安排在图书馆当图书管理员。

L

李德沛（ — ）

留美学经济学。1950 年 11 月乘威尔逊号回国。

李芳兰（ — ）

福建诏安人。水利专业。在张贞（国军上将）资助下赴美留学，曾参加留美科协在美国比兹堡举行的成立大会。1949 年底或 1950 年回国。

李梅娇（ — ）

女，福建人，丈夫杨昌栋。毕业于华南女子文理学院教育系，曾在古田县任教员。1927 年夏与杨昌栋结婚，1933 年与丈夫一起赴美，1934 年秋季与丈夫一起回国，到福清龙田私立融美初级中学任教。1949 年随同丈夫再次赴美，1950 年 10 月与丈夫同乘克利夫兰号回国。

李 憨（ — ）

1949 年底或 1950 年回国。

李华桐（ — ）

江苏江都人，1937 年考入交通大学电机工程学院。大约 1945 年赴美实习电机制造，1949 年回国。

李继尧（ — ）

北京人，留学耶鲁大学。回国后到北航任教。后出国，在美国加州定居。夫人陈曼，福建人，北大数学系教授。

李家琨（ — ）

学经济学，在弗吉尼亚大学进修。1950年10月乘威尔逊号回国。

李嘉祥（ — ）

云南人。云南省留美预备班派往哈佛大学学习工商管理。1950年10月乘克利夫兰号回国。1950年11月15日出席《人民教育》杂志社邀请最近自美国回国的留学生和教授座谈，发表了对美国高等教的亲历亲见和感想。

李金沂（ — ）

1951年回国。

李立青（ — ）

1951年回国。

李明德（ — ）

在纽约大学学工商管理。1948年12月28日离美回国。又说1949年底或1950年回国。

李明真（ — ）

女，获南卡州大学医学学士，1953年回国。

李明珠（ — ）

1950年10月乘威尔逊号回国。

李鹏飞（1914— ）

番茄育种专家。1937年岭南大学毕业。留美，获宾州大学农业硕士学位。1949年回国，在岭南大学农学院、华南农业大学任教。

李其慧（ — ）

女，在新泽西州蒙特克莱尔州立学院学英文。1950年回国。

李琼华（ — ）

女，生化学家，丈夫彭琪瑞。留美，获生物化学硕士学位，1956年偕丈夫回国。

李瑞麒（1923— ）

江苏苏州人。获加拿大多伦多大学经济硕士。1952年偕妻子盘桂仙（当地华侨）、女儿李和珍、儿子李祖平和弟弟李瑞骅回国。六十年代全家赴加拿大定居。

李瑞震（ — ）

留美，学煤焦，1950年10月乘威尔逊号回国，先在重工业部钢铁工业局工作，1952年参与筹建北京钢铁学院。著有《土圆窑的快速炼焦》。

李时奇（ — ）

1949年底或1950年回国。

李 宋（ — ）

1950年10月乘克利夫兰号回国。

李 荪（ — ）

1951年回国。

李天铎（ — ）

1954年或1955年回国。

李天孝（ — ）

1949年底或1950年回国。

李廷杰（ — ）

在威斯康星大学学习动力工程。1949年11月回国。

李万英（1922— ）

女。土木专业。1943年中央大学工学院土木工程系卫生工程专业组毕业。后赴美国密歇根大学留学。1950年9月乘威尔逊号回国，在北京市工作。

李信德（ — ）

交通大学毕业或于1946年赴美实习探矿，1949年回国。

李秀娴（ — ）

1952年回国。

李延直（ — ）

交通工程学专家。1954年或1955年回国。参与筹建上海交通工程学会、参与设计广西柳州大桥。论文有《上海泖港大桥》。

李耀华（ — ）

交通大学毕业或于1945年赴美实习造船，1949年回国。

李育珍（ — ）

赴美留学，普渡大学电机系毕业。回国后任北京理工大学无线电系和计算机系教授，为学校建设中国第一个电视发射台参与者。

李元绩（ — ）

在佛蒙特大学学习法律。1949年10月回国。

李振家（ — ）

1945年6月，由金龙章护送四十名留学生，假道印度经加尔各答转孟买乘船，赴美留学。1949年6月回国。

李　棁（ — ）

1949年底或1950年回国。

李自然（　—　）

1948 年受北医地下党支持赴美国去留学。解放初回国后，1957 年被划成右派，"文化大革命"中遭受批斗，自杀。夫人杨贵贞（1923～2014），著名的免疫学家。

栗思提（　—　）

经济学家，清华留美同学会负责人。

梁守滨（　—　）

地质学专业。沪江大学毕业。1950 年 9 月乘威尔逊号回国。或后任职于南京大学地球科学系。

梁泽楚（1921—　）

湖南津市人。1947 年留美，科技专业，1949 年回国。在文化部科学普及局电化教育处任处长。同年冬，受中央人民政府文化部指派，与郑振铎等人赴南京，参加政务院指导接收工作委员会华东工作团文教组，将故宫博物院南京分院的文物运回北京本院。后任文化部群众文化局副局长。著有《群众文化史：当代部分》。

廖宝昀（　—　）

社会学家。清华大学毕业，留校任助教，在西南联大国情普查研究所任职。后留美，1952 年回国，任教于清华大学。译有《现代中国人口》。

廖瑞俭（1903—2001）

江西龙南人，农业经济学家。曾任菲律宾马尼拉中西学院院长。赴美，获得州农工大学农业经济学博士学位。1950 年 10 月乘克利夫兰号回国。

林冰峰（　—　）

女，新闻专业毕业。1950 年 9 月偕丈夫伍建峰乘威尔逊号回国。

林惠贞（ — ）

大约 1941 年赴美学习内科学，1949 年回国。

林健中（ — ）

1951 年 7 月 17 日回国。

林其新（1920— ）

留学加拿大安名大学，国际政治经济地理专业。1951 年 5 月回国，任河北师范学院地理系副教授（十级）。

林松年（ — ）

1952 年回国。上海师范学院副教授。

林同珠（1922— ）

女，1939 年入西南联大外语系。1943 年尚未毕业时被美国宾夕法尼亚大学文学院录取为研究生赴美。1949 年回国。文章有《美国一所高校图书馆》《杜赛尔大学图书馆》。改革开放后赴美，加入美籍。

林兴育（ — ）

清华大学毕业，1952 年回国。

凌志钧（ — ）

上海圣约翰大学毕业，在美国留学时曾与圣约翰大学同学章志鸿、陈德华、余益年约好回国创业。1949 年底或 1950 年回国，后被划为右派。

刘传琰（ — ）

获麻省理工学院数学硕士。1949 年 11 月与王光超、严仁英夫妇，及梁思懿、梁思礼等人同船回国。

刘福佑（ — ）

土木专家，普渡大学毕业，1950年10月乘克利夫兰号回国。某黑色冶金设计院工程师。

刘君谔（ — ）

女，植物病虫害专家。1934年发表《筶树害虫及其天敌的研究》，1939年作为中英庚款董事会派研究员到四川农学院（现西南大学）植物病虫害系，参与"柑桔褐天牛之生活史及防治方法"研究，历时两年半完成研究课题，并印有《柑桔褐天牛治虫浅说》。四十年代末赴美留学。1954年或1955年回国。

刘慕静（ — ）

留美，在华盛顿大学学习政治。1950年10月乘克利夫兰号回国。

刘 勤（ — ）

科罗拉多大学毕业，1949年底或1950年回国。任上海交大机械学院教授。

刘时中（ — ）

云南人。云南省留美预备班派出。1945年告别妻子和两个孩子赴美，入读加州大学农学院。在校期间精神有问题，1949年被学校送进医院治疗。1956年回国，要求在云南工作。

刘书元（ — ）

新中国成立前夕回国，参与筹建唐山工程学院。

刘天锡（ — ）

获艾奥瓦大学体育博士。1952年回国。

刘效乾（ — ）

女，丈夫刘有成，1954年偕丈夫与儿子刘瑞回国。

刘懿芳（　—　）

丈夫丁耀瓒。1948年沪江大学英文系毕业。伊利诺伊大学肄业，1955年偕丈夫回国。做图书馆工作。八十年代移居美国洛杉矶。

刘永光（　—　）

1952年回国。

刘振华（　—　）

云南人。与傅君诏同在昆工毕业。云南留美预备班派往美国留学。回国后在昆明工学院任教。"文化大革命"中自杀。九三学社成员。

楼启明（　—　）

1950年回国，在中国科学院自动化所任职。文章有《参加第七届国际人工智能会议的总结》。

楼启钥（　—　）

获匹兹堡大学经济硕士。1949年8月回国。

卢定涛（　—　）

1945年到重庆读大学。留美，获得克萨斯大学机械工程硕士。夫人邹梦周。1950年抵香港，1951年回国。

卢光荣（　—　）

留美科协"建社"骨干会员。回国后，曾任核工业部基本建设局局长。

卢鹤钟（　—　）

1940年赴美，学土木工程。1949年回国。

陆大年（1913—　）

江苏吴县人。1935年毕业于清华大学法学院经济系。曾任职于中央银行会计处、福建省政府统计室等机构。后赴美国密歇根州立大学留学。留美科协成员。1949年回国。后任教于南开大学。合译《经济论》《雅典的收入》。

陆善华（ — ）

化工专家。留美期间为留美科协佐治亚区会联络人。1950年9月乘威尔逊号回国，曾受聘交通大学唐山工学院化工系主任，1951年9月受聘于西南交通大学副教授、教学辅导委员会主任。1957年调入吉林大学化学系。被划为右派，后因患癌症去世。

路成铭（ — ）

1958年回国，在中国科学院西北生物所任职。

吕　方（ — ）

获加州大学教育硕士学位。1950年回国。

罗福祯（ — ）

1950年9月乘威尔逊号回国。

罗惠恬（ — ）

丈夫陈庆诚，1951年春偕丈夫回国。

罗世钰（ — ）

留美学经济。1950年11月乘威尔逊号回国。

骆传龙（ — ）

1954年或1955年回国。

骆美蕙（ — ）

英语教学研究专家，1954年或1955年回国。

M

马青华（　—　）

获伊利诺伊大学农业博士。1950年回国。

马作舟（　—　）

金融学家。留美赴伊利诺伊大学学会计学。1950年10月乘威尔逊号回国，曾在天津财经大学金融系任教。与王令芬合著有《现代外汇学》。

麦雷兰（　—　）

1951年回国。

毛以信（　—　）

1950年10月与夫人简月真同乘克利夫兰号回国。

梅柏翠（　—　）

女，在波士顿大学学英语文学。1953年回国。论文有《选用西方影片进行语言教学的分析和评价》。

梅勤志（1917—　）

1949获普林斯顿大学博士学位后回国。

梅贤豪（1923—　）

1950年4月与刘天怡、罗蛰潭、赵一鹤等十余人同船回国。任职于上海机电局电气电站设备公司、上海电气集团有限公司。1986年任上海市电机工程学会理事长。论文《如何充分利用现有基础通过调整走上发展前进道路》。

晚年移居美国旧金山。

莫如俭（ — ）

　　1945年在重庆中央政治学校新闻学院被招收为第二届学员，后赴美，在哥伦比亚大学新闻学习。1951年回国，在中国人民大学新闻系任教。1957年因发表"列宁办报原则过时了"言论，参加章伯钧储安平罗隆基赵琪争报纸活动，被划为右派。论文有《中国留美学生政治意见测验统计》《体育运动新闻的写作》。

N

聂际云（　—　）

1951 年回国。

钮志芳（　—　）

留美。归国后或任杭州基督教协会副会长。

P

潘锡麟（ — ）

1949 年底或 1950 年回国。

潘正方（ — ）

畜牧专家。1950 年 3 月，留美期间与朱光亚等五十二人发表《给留美同学的一封公开信》。回国后在中国农科院畜牧研究所工作。

裴惠毅（ — ）

1949 年底或 1950 年回国。

裴惠珍（ — ）

女。美国波士顿大学，1951 年回国，曾任上海工艺美术公司总经理。

裴明龙（ — ）

交通大学毕业，大约 1946 年赴美。实习土木工程，或在 1949 年回国。

Q

齐光斗（ — ）

1949 年底或 1950 年回国。

齐文卿（ — ）

赴美，在新泽西州德鲁大学神学院（Drew Theological School）学习。1950 年 10 月乘克利夫兰号回国。

钱祝钧（ — ）

金融经济专家。1949 年底或 1950 年回国。在西北大学任教，主要讲授金融学。

丘中杰（ — ）

小儿科专家，1950 年 9 月乘威尔逊号回国。就职于香港中文大学香港糖尿病及肥胖症研究所，建立丘中杰糖尿病检测中心。

全赓华（ — ）

1952 年回国。

R

任运祥（ — ）

甘薯栽培专家。1949年底或1950年回国，后任教云南农业大学，其"甘薯高产栽培研究"创造了亩产万斤的甘薯高产记录。

戎志浩（？—1968）

四十年代任江西九江同文中学校长。后应邀赴美国讲学并任职。1949年底或1950年回国，任九江磷肥厂工程师。"文化大革命"中惨遭迫害，屡受肉刑，不堪凌辱，于1968年夏投九江白水湖而逝。1979年获得平反，并召开追悼大会。

阮 柔（ — ）

女，哥伦比亚大学教育。1950年回国。

S

邵丙昆（　—　）

留学威斯康星大学学习农业经济学。回国后任西北农业学院教授。论文有《国际市场上天然橡胶的未来》。

邵振家（　—　）

留美芝加哥理工学院，学习土木工程。因患精神障碍，未读完博士，1955年回国。

沈　缄（　—　）

1954年或1955年回国。

沈杰飞（　—　）

1950年3月回国抵达青岛。

沈慕函（　—　）

1951年回国。

沈天然（　—　）

或为汉口人。宗教学专业。1950年左右回国，在湖北省基督教联合会任职。

沈心立（1922—2018）

1955年5月与黄葆同、夫妇、王仁、张家骅、吕家鸿、谢心正、骆振黄、郭明达、蔡君陆等一起乘船回国。在中南财经政法大学外国语学院任讲师。九三学社成员。晚年移居美国，在纽约病逝。

沈瑶华（ — ）

女，少数民族问题专家。1939年入读西南联大历史系。后留美。1950年2月与朱光亚等五十二人发表《给留美同学的一封公开信》，回国后曾任职于中国社科院民族学与人类学研究所。1958年参与承拍影视作品《扳族》《苦聪人》《独龙族》《新疆夏合勒克乡的农权制》等任顾问，撰写解说词。

施复言（ — ）

1951年回国。

施家韡（ — ）

女，丈夫钱寿易。留美。1958年8月偕丈夫及两个孩子回国。

施家桀（ — ）

1941年留学，1949年回国。

石中玉（ — ）

1951年回国。

史超礼（？—1992）

曾赴美留学，航空工程专业。1951年回国，到华北大学工学院任教，后为北京航空航天大学教授。著有《航空概论》《航空航天发展简史》。

宋秀圻（ — ）

地理学专业，南开大学校友。1950年9月乘威尔逊号回国。参与编撰《中国地理大百科全书》。

宋雪亭（1902— ）

安徽舒城人，英语学家，翻译家。1943年任浙江大学师范学院英语学系副教授。后赴美，在圣路易斯大学文学系学习。1950年回国，译著有《布莱克诗选》等。

宋耀林（　—　）

1949年底或1950年回国。

孙宝华（　—　）

留美，赴密歇根大学学习教育学。1950年9月乘威尔逊号回国。

孙常龄（　—　）

1937年考入长沙临大（南开学籍）生物系，后赴美，在纽约大学工商管理学院肄业。1949年9月回国。

孙汉书（　—　）

1950年2月回国。

孙以照（　—　）

租赁贸易专家。1952年回国。曾任职于对外经济贸易大学租赁研究中心。论文有《80年代的跨国公司与日本企业的位置》。

T

谭超凤（ — ）

1951 年回国。

汤素芳（ — ）

1949 年底或 1950 年回国。

唐马可（ — ）

赴美，在芝加哥艺术学院留学，1950 年 10 月乘克利夫兰号回国。可能滞留香港。

唐佩勤（ — ）

清华大学毕业，1940 年代赴美，学习理科，或于 1949 年回国。

唐启隆（ — ）

交通大学毕业。或于 1948 年赴美实习机械制造，1949 年回国。

唐丝威（ — ）

1954 年或 1955 年回国。

唐学乾（ — ）

赴美学习经济专业，1950 年 9 月乘威尔逊号回国。

陶巩霞（ — ）

1949 年底或 1950 年回国。

陶光允（ — ）

毕业于天津北洋大学。曾任台湾大学土木系讲师。1951年回国。1962年任陆浑水库修改技术设计项目负责人。

陶佩霞（ — ）

女，丈夫李道揆，1950年7月偕丈夫回国。先后在北京师范大学音乐、中国音乐学院歌剧系任教。译作有《防止歌唱艺术的衰退》《歌剧歌唱家嗓音的毁损》。

陶　铸（ — ）

云南人。1944年在西南联大物理系二年级借读。云南省留美预备班派往美国留学。回国后在昆明电业局，早年病故。其父为龙云手下军械处处长。

田洵德（ — ）

1954年或1955年回国，曾任福州大学工程力学教研室主任。

W

万迪钧（1914— ）

又名万杰人，湖北黄冈人。1943年黄埔军校第十八期毕业。抗战胜利后，办《军民周刊》。1947年赴美留学，1950年回国。后在辽宁大学任职。

汪导华（ — ）

留美科协会员。1955年6月16日乘威尔逊号抵港回国。

汪稷曾（ — ）

留美，在哥伦比亚大学学历史。1950年回国，与邵循道、沈慧等一百八十三人致电联合国秘书长等人，抗议美国扣留中国留学人员。

汪敏勇（ — ）

留美，获土木工程学硕士。1952年左右回国，在上海华东建筑设计院任主任工程师，总工程师。

汪通祺（ — ）

安徽全椒人，教育家，汪尧田胞兄。复旦大学教育系毕业。留美，1952年回国。论文有《中国战后之职业教育》《教育方针的讨论和一些需要研究解决的问题》，著有《新县制下之国民教育》《国民学校法之研究》。曾任北京市教育局副局长。

王长部（ — ）

留美回国，中国科学院自动化所某室副主任。

王传延（1921— ）

南京人。获犹他大学医学硕士学位。1950年回国，先后在河南医学院和洛阳医专任教，论文有《糖基化血红蛋白、糖基化血清蛋白与糖尿病》。

王德华（1922— ）

河北人。留美学习行政学和政治经济学。1952年回国，参与创办《北京周刊》。任职该刊英文部任主任。著有《中国民居》（英文版）。

王德馨（ — ）

皮肤病性病专家。1950年9月乘威尔逊号回国。在天津医科大学总医院皮肤科任职。1980年代任天津市皮肤科学会第四届主任委员。论文有《日本文献命名的皮肤病》《系统性硬皮病血液流变学研究进展》。

王鄂伟（ — ）

留美科协"朝社"骨干，电工专家。

王海北（ — ）

1949年底或1950年回国。

王海波（ — ）

1951年回国。

王合和（ — ）

1951年回国。

王河林（1922— ）

1943年中央大学农经系毕业，曾任教于河南农学院。1945年赴美，在"FAB-100"计划中，为赴美受训的中国飞行员当译员，后在纽约大学企业管理研究院经济系学习。1950年9月乘威尔逊号回国。在石油部供应制造局、中石油装配公司任职。晚年去美国。

王家祥（ — ）

留美学习经济专业，1950年9月乘威尔逊号回国。

王监二（ — ）

1949年底或1950年回国。

王 珏（ — ）

1949年底或1950年回国。

王俊铭（ — ）

1958年回国，在中国科学院考古所任职。译作有《苏联考古学家伯恩斯坦传略》。

王克勤（ — ）

1941年留美。1949年回国。

王立言（ — ）

留美，1955年回国，任职于中国水利水电科学研究院水工研究所。曾任《水利学报》第一届编委（1959年至1960年）。著有《锅峡水电厂投运初期水轮机存在问题情况调查》。

王庆章（1911— ）

山东泰安人，1939年北京师大教育系心理科毕业。先后在兰州铁路局司机训练班、四川省立剑阁师范、省立资中师范、重庆青年中学等任教。1948年8月自费留美，1952年获科罗拉多州立大学心理学硕士学位。1953年8月8日抵港回国。

王荣均（ — ）

广西大学毕业，1947年赴美，威斯康星大学机械系。1949年回国，在柳州机械厂，广西机械局任职。

王绍林（ — ）

留美回国，任职于中国农大。

王寿康（ — ）

威斯康星大学土木工程硕士。1949年12月回国。后可能就职于湖南大学土木工程学院。论文有《刚度有突变的弹性支承剪力墙分析》。

王 希（ — ）

1949年底或1950年回国。

王晓麟（ — ）

哈佛大学生物学。1952年回国，在中国科学院有机化学所任职。

王旭芹（1921—2005）

夫人麦任曾，程述尧表弟。1945年燕京大学毕业后到上海，与麦任曾结婚后留美。1950年与夫人一起回国。

王雪勤（ — ）

1950年9月乘威尔逊号回国。

王裕禄（1918— ）

女，1944年至1950年在俄亥俄州立大学矿物系。1950年2月回国，在煤炭部工作。

王之模（ — ）

1946年天津私立工商学院毕业，获犹他州立大学水利硕士学位，留美科协会员。1950年回国，在水利部任职。著有《管壁孔流》，合著《流体力学》。

王至道（ — ）

抗日战争时期在云南大学毕业。后赴美留学，入堪萨斯大学，获硕士学位。后回国。

王志导（　—　）

1951年回国。

韦安阜（　—　）

农业专家。1952年回国。

魏汉馨（　—　）

女，丈夫姓郑。

魏修徽（　—　）

女，学英语文学。出国前曾任南京金陵女中英文教师。1950年11月2日乘威尔逊号到广州回国。

温光钧（1925—　）

留美，波士顿大学法律系毕业，获硕士学位。1950年4月回国。分配在唐山市民政局建政科任科员（行政21级）。后任教于河北理工学院。

文汉生（　—　）

1954年回国，在中国科学院海洋生物所任职。

文和阳（　—　）

陶瓷专家。留美科协会员。1949年底或1950年回国。在建材部玻璃陶瓷研究院工作。

文勖铭（　—　）

丈夫吴福临。1950年6月偕丈夫从加拿大回国。后到教堂工作。"文化大革命"时期在幼儿园工作。大约于九十年代去世。

翁晶嘉（ — ）

1949 年底或 1950 年回国。

吴冰颜（ — ）

化工专家，毕业于普渡大学。曾任重工业部综合试验所主任，化学工业部沈阳化工研究院室主任，北京化工研究院室主任等职。

吴德亨（ — ）

留美回国，曾参与修建鸳鸯池大坝。

吴各周（ — ）

平阳师范学院毕业。教育学专业，1950 年 9 月乘威尔逊号回国。

吴光大（ — ）

地球科学教授。1949 年底或 1950 年回国。

吴国章（ — ）

获多伦多大学物理博士学位，1953 年回国。

吴　久（ — ）

1955 年回国，在中国科学院力学所任职。

吴培豪（ — ）

留美回国，在水力学研究所，所长陈椿庭。合译有《水电站动力装置中的过渡过程》。

吴晓光（ — ）

1954 或 1955 年回国。

吴 新（ — ）

1949 年底或 1950 年回国。

吴增菲（1926 — ）

建筑学家，夫人冯颖达为冯玉祥第五女。留美，1950 年回国，任清华大学土木工程系暖通教研组主任、教授。著有《采暖通风文集》。后定居美国。

吴增萍（ — ）

1949 年底或 1950 年回国。曾经加入中国人民志愿军，在朝鲜战场当翻译。

吴 徵（ — ）

1951 年 8 月，与程守洙、杨树勋、施子愉、郭可詹、孟繁俊等人同乘威尔逊号回国。

吴志顺（ — ）

女，1950 年 10 月与丈夫李加禄同乘克利夫兰号回国。

吴志云（1921 — ）

1945 年西南联大经济学系毕业。1948 年赴美，在密苏里大学研究院三学期，暑期至工厂及夏令营工作，学习财政及管理。1949 年 9 月 19 日抵港，经天津回北京。

伍建峰（ — ）

留美学经济专业。1950 年 9 月偕夫人林冰峰乘威尔逊号回国。

伍鸿森（ — ）

10 岁随同父母赴美，1950 年回国。

X

席佐荣（　—　）

1949 年回国后，在财政部工作，后因历史问题，转到中央财政金融干部学校任教，继而调到山东财政口工作。六七十年代去世。

向恕人（　—　）

女，中国基督教三自爱国运动委员会副主席陈见其之女，丈夫陈誉。金陵大学毕业，后留美，获哥伦比亚大学社会学硕士学位。1950 年 9 月偕丈夫乘威尔逊号回国。1950 年至 1952 年在沪江大学社会学系兼职讲师。

向知人（　—　）

1951 年回国。

项斯鹃（　—　）

女，丈夫朱永铭，留美，1954 年偕丈夫和儿子回国。

谢　赓（　—　）

1952 年回国。

谢秋成（　—　）

1954 年或 1955 年回国。

谢心正（　—　）

印尼华侨，留美赴明尼苏达大学学习，1955 年 5 月与黄葆同、王仁、吕家鸿、郭明达、蔡君陆、骆振黄、沈心立、张家骅等人一起乘船回国。任教中原大学财经学院统计学系。1959 年起任湖北省侨联主席二十多年。

萧前椿（　—　）

气象学家，留美回国。在中国科学院地理所任助研，与竺可桢、崔友文、熊毅考察内蒙古。著有《西藏高原的自然区域》《西藏高原的自然环境与农业生产》《西藏高原的自然概况》等。

萧孙祺（　—　）

沪江大学毕业。

忻鼎丰（　—　）

1949 年底或 1950 年回国。

邢傅芦（　—　）

清华大学毕业。四十年代留美，工科，大约 1949 年回国。

徐承德（　—　）

留美科协会员。回国后，曾在江苏农药研究所工作。

徐大壮（　—　）

留美，在朱丽雅德音乐学院主修钢琴。1953 年回国。

徐飞锡（　—　）

河北宛平人，留美十八年，获心理学博士学位。1953 年申请回国被扣，1955 年美国法院才告诉可以回国。1956 年 2 月与徐日光夫妇、陆启荣等十七人同船回国。夫人冯若斯和女儿留在美国未归。译著有《神经症患者——他的内外世界》。

徐广华（　—　）

1950 年 11 月从美国留学后回国，即被分到农业部双桥机耕学校工作，1952 年并入北京机械化农业学院。为原农垦局总农艺师，教授级高级农艺师。

徐 里（ — ）

戏剧学专业，1950年9月回国。

徐启刚（ — ）

获马里兰大学地理学博士。1956年回国。在北京大学任教，著有《土壤地理学教程》。

徐于美（ — ）

丈夫茅福谦，1950年9月乘威尔逊号偕丈夫回国。

徐祖甲（ — ）

1949年底或1950年回国。

许彼得（ — ）

在纽约大学学习牙科。1950年10月回国。有说滞留香港。

许海津（ — ）

浙江瑞安人，数学家。1944年浙江大学数学系研究生毕业。后留美。1958年回国，在中国科技大学任教。

许由恩（ — ）

赴纽约州科尔盖特罗彻特克鲁左神学院留学。1949年回国。

许振寰（ — ）

留美科协会员，1951年回国。论文有《专饲柘叶的家蚕品种选育简报》。

许志家（1917— ）

江苏吴江人，交通大学土木系毕业，留美，获北卡州立农工学院公共卫生硕士学位。1949年11回国。参与创建西安建筑工程学院公共卫生工程系。

宣国猷（1919— ）

上海人，英语学家。赴美，就读西雅图华盛顿州立大学研究生院国际关系专业，获硕士学位。1951年回国，在解放军外语学院教授英语。论著有《浅谈英语短语动词》。

薛光圻（ — ）

交通大学毕业。大约1947年赴美，实习铁路管理，1949年回国。

薛兆旺（ — ）

1941年赴美，理科。1949年回国。

Y

严连生（ — ）

清华大学毕业，1930年代赴美，理科。大约1949年回国。

杨安南（ — ）

邵阳人。1952年回国。

杨宝智（ — ）

1949年底或1950年回国。

杨才森（ — ）

1954年或1955年回国。

杨道南（ — ）

1952年回国。

杨德洪（ — ）

湖南长沙人，语言学家，中国科学院学部委员杨树达长子。留美，在丹佛大学学习数理统计。毕业后在美国银行工作。1949年后，经父亲一再写信动员，1953年回国，后因"特务嫌疑"，被控制使用。

杨光德（ — ）

激光物理学专家。留学美国，毕业后在水牛城美国纽约州大学研究X射线。1949年底或1950年回国。退休后去台湾省成功大学任物理系教授。

杨建生（ － ）

1949 年底或 1950 年回国。

杨庆生（ － ）

获耶鲁大学教育硕士，1951 年回国。

杨绍兰（ － ）

1949 年底或 1950 年回国。

杨绳武（ － ）

在肯德基大学进修农业，1950 年回国。

杨以运（ － ）

电力学专家。1949 年底或 1950 年回国。

杨　轸（ － ）

1949 年底或 1950 年回国。

姚　明（ － ）

女，丈夫佘守宪（北京交通大学）。1950 年偕丈夫回国。

姚秀华（ － ）

1951 年回国。

叶邦英（ － ）

1958 年回国，在中国科学院心理所任职。

叶德光（ － ）

四十年代在中国乡村建设育才院（1945 年更名中国乡村建设学院，1952 年并入西南大学）执教。留美，1949 年底或 1950 年回国。任职于中国农业大学。著有《科教片应该为工农业生产"大跃进"服务》。

叶洪泽（ — ）

1949 年底或 1950 年回国。

叶贻寿（ — ）

在纽约大学建筑学习。1954 年回国。

叶 英（ — ）

寄生虫病专家，留美，新中国成立初与夫人回上海，任第一医学院教授。"文化大革命"时自杀未遂，断了腿，又发肺炎被误诊为感冒而死。"文化大革命"后夫人带子女移居澳大利亚。

叶允恭（ — ）

毕业于交通大学，大约 1948 年赴美，实习铁路管理，1949 年回国。

尹孔殷（ — ）

1949 年底或 1950 年回国。任职华东电力设计院。

殷 放（ — ）

1950 年回国，在中国科学院硅酸盐所任职。

殷砺成（ — ）

管理学工程师，受国民政府资源委员会委派，赴美实习，于 1947 年 1 月 20 日到太平洋天然气及电力公司报到。后在加州太平洋大学学习经济。1950 年 10 月乘克利夫兰号回国。

余炳芳（ — ）

1956 年与何宪章和颜坚莹夫妇、靳乃瑞、温锡增和程澹如夫妇六人乘坐"克利夫兰总统号"轮船经过香港抵达广州，受到广东省教育厅留学生接待委员会热烈的欢迎。

余树湛（　—　）

华盛顿大学物理系，1950 年 10 月乘克利夫兰号回国。

余懿德（　—　）

中山大学毕业，1941 年赴美，学习物理专业。大约 1949 年回国。

虞之佩（1906—　）

女，散文作家和女诗人方令孺的外甥女，丈夫胡敦元。曾任留美学生兄弟会最后一任会长。1923 年跟随方令孺赴美。1951 年与丈夫胡敦元回国，在中国人民保卫世界和平委员会工作。

郁去非（1914—　）

上海人，法学家。郁知非胞兄。1946 年东吴大学法学院毕业，1948 年该院研究生毕业。1949 年获得美国印第安纳大学法律博士学位。1949 年底或 1950 年回国。曾任安徽财贸学院英语语言文学副教授。九十年代去世。

袁　宏（1912—　）

福建邵武人，留美，1950 年爱达荷州立大学毕业，获教育硕士学位。同年 9 月乘威尔逊号回国。在天津师范大学外语系副教授。

袁绩藩（　—　）

留美回国，在昆明云南大学教英语，译著有《费边论丛》《英国海外帝国经济史》《繁荣与萧条——对周期运动的理论分析》等。一说"文化大革命"中自杀。

袁绩恂（　—　）

云南人。大成公司电石厂厂长。云南省留美预备班派往美国留学。1951 年回国。译著有《费边丛论》《英国海外帝国经济史》。

乐嘉裕（　—　）

交通大学毕业。大约 1945 年赴美实习，1949 年回国。

Z

曾美霞（　—　）

1949 年底或 1950 年回国。

张炳熔（　—　）

地理学家。1949 年底或 1950 年回国。

张伯平（　—　）

武汉大学毕业。留美。1950 年 3 月与汪旭庄和萧嘉魁一起绕道英国回国。

张承启（　—　）

1951 年回国。

张传忠（　—　）

留美回国。后在安徽省机械厅任职。

张大同（　—　）

1949 年底或 1950 年回国。曾在农业部双桥机耕学校工作，1952 年随学校并入北京机械化农业学院。

张定令（　—　）

1947 年在美国获得工商管理博士学位。回国后任北京对外经济贸易大学海关管理系教授、国际经济管理系主任。

张 汉（ — ）

1954 年或 1955 年回国。

张宏基（ — ）

1942 年获中山大学电机系学士学位。1950 年获美国丹佛大学数学系硕士学位。1956 年调入成都电讯工程学院，参与创建管理工程系，并任第一任系主任。

张焕民（ — ）

女，丈夫邓培植。获纽约大学数学硕士学位，1956 年 6 月偕丈夫和孩子与蔡用舒等人回国到广州。

张家堃（ — ）

1955 年回国，在中国科学院地球物理所任职。

张景拭（ — ）

1951 年回国。

张 力（ — ）

1954 年或 1955 年回国。

张慕渠（ — ）

1951 年回国。

张其师（ — ）

江苏江都人，建筑学专家，重庆中央大学毕业。1947 年赴美留学，入读伊利诺伊大学，1949 年获建筑学硕士学位。1956 年偕夫人美国人魏励逊和孩子回国。曾任教于东南大学。

张汝楫（1922— ）

1941 年入武汉大学经济系，是学校"立达社"成员，毕业后，曾为国民党武汉大学党部宣传干事。后留美，为《留美学生通讯》主要成员。五十年代初回国，在长春东北大学任教授。曾任全国总工会副主席朱学范的秘书。

张绍钫（ — ）

水土保持专家。金陵大学毕业，留美。1949年底或1950年回国。

张胜瑕（1921— ）

汽车工程专家。留美，堪萨斯大学毕业，获硕士学位。1949年底或1950年回国，曾参加重工业部汽车工业筹备组。在北京拖拉机工业学校（后所在学校屡次更名为天津汽车拖拉机工业学校、洛阳工学院、河南科技大学等）任教务主任。

张盛祥（1916—1981）

1939年任西南联大国文系讲师，后升副教授，1943年任四川白沙女子师范学院副教授。后留美，获密苏里大学历史学硕士学位，1950年回国。

张湘英（ — ）

电机专家。沪江大学肄业。1949年底或1950年回国。

张宜谟（ — ）

1941年赴美。1949年回国。

张愚山（ — ）

留美学习国际法，1950年左右回国，在安徽财贸学院（现安徽财经大学财政与公共管理学院）任教。论著有《论财政属于经济基础范畴——从财政是物质关系谈起》。1983年翻译出版《公共财政学》，为首倡公共财政学的翻译方法。

张玉山（ — ）

1951年回国。

张治敏（ — ）

女，丈夫金永祚。1956 年 10 月 6 日，偕丈夫子女乘克利夫兰号回国到广州。后在中国人民大学教授英语。"文化大革命"后移居香港。

张宗明（ — ）

1949 年底或 1950 年回国。

张遵颂（ — ）

1950 年 3 月回国到青岛。

赵保国（ — ）

生物学家。1954 年或 1955 年回国，在武汉大学任教。青岛遗传学座谈会议上为批判主要对象之一。在"拔白旗"运动中被整肃，一度精神失常。

赵 达（ — ）

1949 年底或 1950 年回国。

赵鸿举（ — ）

赴美，在密苏里大学研究院学农业。1950 年回国。

赵民调（ — ）

1951 年回国。

赵盛铭（ — ）

留美，在丹佛大学学习国际关系。1951 年回国。

赵熊尧（ — ）

1951 年回国。

赵一民（　—　）

1955 年回国，在中国科学院林业土壤研究所任职。

赵增辉（　—　）

1949 年底或 1950 年回国。任职于西华师范大学政法学院。

赵忠勤（　—　）

女，留学加州大学经济专业，为留美科协成员。1950 年回国，在北京医学院任教。

郑成光（　—　）

1950 年前后回国，在大连医学院任解剖学教授。论著有《脑溢血急性期发展规律之临床研究》。

郑诚明（　—　）

四川成都人，留学加拿大，多伦多大学机械工程专业肄业。1954 年偕妻子林娟娴（加拿大华侨）回国。

郑逢濂（　—　）

1951 年回国。

郑国熙（　—　）

清华大学理科毕业。大约 1949 年回国。

郑　钧（1915—　）

江苏宜兴人，1938 年交通大学电机工程学院毕业。大约 1941 年赴美，实习电机。大约 1949 年回国。在南京理工学院任教。著有《电磁场与波》《线性系统分析》。有人说没回国。

郑 琨（ — ）

1949 年底或 1950 年回国。

郑 沫（ — ）

女，公共卫生学家。丈夫冯锡良，1950 年与丈夫冯锡良一起回国。为卫生部防疫专家。

郑如冈（ — ）

燕京神学院毕业，早年留学美国，在艾默里大学学习声乐，1950 年 10 月乘克利夫兰号回国，后任北京崇文门基督教堂主任牧师。"文化大革命"中被捕入狱。

郑顺辨（ — ）

1951 年回国。

郑亚清（ — ）

在范德比尔特大学学习国际关系，1950 年 10 月乘克利夫兰号回国。

郑翼棠（1917— ）

福建霞浦人，文学翻译家。武汉大学外文系毕业，后获美国纽约大学研究院英国文学硕士学位。1949 年底或 1950 年回国，在厦门大学外文系任副教授，从事英国文学的研究与翻译。译有《四季随笔》《吉辛经典散文选》。

郑永福（ — ）

西南联合大学毕业。1946 年考取美国留学，入范德比尔特大学，获硕士学位，又继续往哈佛大学教育研究院研究。1950 年 10 月乘克利夫兰号回国。

郑元樵（ — ）

1952 年回国。

郑真同（ — ）

大约留学美国康奈尔大学学习数学。1949年回国。

钟秉智（ — ）

清华大学毕业，1946年赴美，麻省理工学院化学。大约1949年回国。

钟　鹏（ — ）

土木学专业。1950年9月乘威尔逊号回国。

钟日新（ — ）

留美期间为留美学生通讯社成员。回国后任中山大学英文副教授。著有《试论萧伯纳的〈不愉快的戏剧〉》。

仲泽雄（ — ）

大学肄业，1950年回国。"肃反"入狱近三十年。

周德章（ — ）

在威斯康星州密尔沃基市阿丽斯机器厂实习。1949年底或1950年回国。

周光耀（ — ）

1951年回国。

周　鹤（ — ）

交通大学毕业，大约1947年赴美实习机械，1949年回国。

周礼庠（ — ）

获美国土木工程学硕士，1952年左右回国，在上海华东建筑设计院任主任工程师，总工程师。

周绍禹（　—　）

一说土木专业，一说经济专业。1950年9月乘威尔逊号回国。回国后任教于昆明大学。

周遂宁（　—　）

女，在辛辛那提大学学习。1951年回香港结婚，同年7月回北京，因怀孕又回香港，1952年10月随丈夫到英国，入曼彻斯特艺术学校，1953年8月第二次回到香港。1954年7月第二次回北京。

周维勋（　—　）

1951年回国，曾任华东地质学院教授。从事铀矿地质方面的工作，从事中国东部三大盆地（鄂尔多斯盆地、二连盆地、松辽盆地）砂岩铀矿工作。

周懿芬（1929—　）

女，周学章二女。留美，在春田学院、滨州大学和北卡州大学体育系分别进修学习了两年。论文有《美国的体育教学与科研工作》《有希望的奥林匹克中长跑运动员的形态和生理特点》《长时间跑中最大乳酸稳定状态的测试与评价》。

周祖德（　—　）

1958年回国，中国科学院药物所工作。

朱　昂（　—　）

经济学家，留美，1950年6月与俞惟乐等十人回国，曾在商贸部国际贸易研究所工作。

朱重民（　—　）

留美科协会员。五十年代回国后在苏州农业高级职业学校任教。

朱鼎励（ — ）

获圣路易斯华盛顿大学化学博士，留美科协会员。1951年回国。可能后来返回美国，在南佛罗里达大学任教。论文有《碲化镉（CdTe）太阳电池科学与技术》。

朱光焕（ — ）

植物遗传学家。1943年金陵大学毕业。留美，大约在明尼苏达大学学习。留美科协会员，回国。在华北农科所任职。1965年在中国农科院作物育种与栽培研究所工作时，从唐山农家品种中选育出我国第一个紧凑型的白粒自交系塘四平头。后大约调福建农学院。

朱铭麓（ — ）

1950年9月乘威尔逊号回国，曾任教于东北师范大学教育系。

朱汝荣（ — ）

清华大学理科毕业，1930年代赴美。大约1949年回国。

朱耀忠（ — ）

1949年底或1950年回国。

朱绮霞（ — ）

1951年回国。

朱永铭（ — ）

经济学家，夫人项斯鹃。留美，获纽约大学经济学硕士。1954年偕夫人和儿子回国。

朱　徵（ — ）

1942年西南联大师范学院教育系毕业，留美，1950年11月回国。后移居居美国密歇根。

朱子浩（—）

1959 年回国，在中国科学院计算机所任职。

诸耀武（—）

1951 年回国。

宗唯贤（—）

1952 年回国。

邹秋华（—）

1954 年或 1955 年回国。

邹思远（—）

密歇根大学土木工程硕士。1950 年 3 月与朱光亚等五十二人发表《给留美同学的一封公开信》，同年回国，任水利电力部上海华东勘测设计院总工程师。

邹荫芳（—）

儿科专家。留美，在密歇根大学医学院学习，留美科协会员。1950 年回国，先后在湖南医科大学和河南医科大学第一附属医院小儿科任职。论著有《围产儿失血性贫血》。

邹　瑛（—）

波士顿威尔克大学儿童教育学。1950 年回国。

附录：克利夫兰总统号和威尔逊总统号简介

第二次世界大战后，美国总统轮船有限公司（APL，American President Line Co. Ltd.）有两艘航行于太平洋上来往于中美之间的客货两用轮船，同时兼营邮政业务。这对姊妹船叫"克利夫兰总统号"和"威尔逊总统号"，都是从旧金山出发，途经洛杉矶、夏威夷，日本横滨，菲律宾马尼拉，到中国香港，航行时间大约三个星期。

克利夫兰总统号（President Cleveland）为伯利恒·阿拉曼达造船厂（Bethlehem-Alameda Shipyard）建造，龙骨铺设时原为海军运输服役，下水前改设计为民用。排水量2.38万吨，自重1.04万吨，载货总吨1.54万吨。全长186米，宽23米，设计吃水深度9米，时速20海里每小时；货运能力5490立方米，乘客舱位324个等级舱，454个经济舱。1944年8月28日下水，1946年6月23日处女航。1973年2月9日卖给海洋运输发展公司（Oceanic Cruise Development，Inc.，董浩云集团，C. Y. Tung Group），并更名为东方总统号（Oriental President）。1974年在高雄报废。

威尔逊总统号（President Wilson），规格同克利夫兰总统号，由同一家造船厂承造，也是下水前改设计为民用。1944年11月27日下水，1947年11月24日处女航。1973年4月27日卖给海洋运输发展公司（董浩云集团），并更名为东方皇后号（Oriental Empress），并移交给巴拿马旗下。在香港搁置了八年半后报废卖掉，1984年在高雄拆解。

后 记

在采集五十年代回国留美学者资料的过程中，本课题组得到很多史学家、上百位亲历者及其亲属、朋友、同事、学生的帮助，他们不但提供了广阔的人脉资源，更是通过我们向中国科协捐献了一批极具文物价值的老照片、同学通讯录、期刊资料等实物资料。

1990年前后接受当面访谈，提供人员信息资料的五十年代回国留美学者有：候祥麟、罗沛霖、余国琮、王守武、姜圣阶、王启东、颜鸣皋、虞福春、田曰灵、徐亦庄、谢希德、梅祖彦、吴仲华、李敏华、陈荣悌、李恒德、王明贞、师昌绪、杜连耀、疏松桂、何国柱、徐国志、何炳林、陈玉茹、黄茂光、林兰英、谢毓章、申葆诚、王天眷、谈镐生、李佩等。

2013年以来接受当面访谈并提供文物实物资料的五十年代回国留美学者有：张钦楠、刘静宜、蓝天、吴大昌、俞惟乐、张素央、陈国凤、杨伟成等。

2013年以来接受当面访谈并提供信息资料的五十年代回国留美学者有：李荫远、梁思礼、傅君诏、胡世平、陶鼎来、涂光楠、王祖耆、张士铎、赵景伦、顾以健、常沙娜、陈涵奎、陈秀霞、方正知、何诚志、何宇、何毓津、胡聿贤、戴月棣、黄飞立、黄叔善、冀朝铸、林戊荪、张庆年、索颖、巫宁坤、邬沧萍、朱起鹤、邹德真等。

2013年以来接受电邮、电话和间接采访并提供信息资料的五十年代回国留美学者有：龚正洪、彭毅、陶鼎来、王万钧、吴承康、吴良镛、周镜、朱可善、程迺欣等。

2013年以来，当年回国留美学者的亲属后代也接受过当面和书面采访，提供了大量信息资料，他们是陈道南女陈玟、陈涵奎女陈姮、陈荣悌子陈昌亚、陈铁云女陈芹、陈一鸣女陈庆、崔澂女崔岩、戴乾定女戴申生、丁渝子丁维謇、董彦曾宋娟娟女董令文、杜连耀子杜森、杜庆华女杜宪、方正知女方婉玲、费近仁赵英琪女费宜来、冯启德夫人羌宝、冯锡章女冯恩华、甘培

后记

根子甘平、高鼎三子高路加、高联佩许健生女高一虹、高钧子高尔新、韩德馨女韩苏、何炳林陈茹玉子何振民、何国柱刘豫麒子何乃君女何丹蕾、胡明正彭湘源女胡槿、胡日恒子胡建、黄林兰子张大星、黄茂光子黄围、黄士松婿孙建军、黄万里女黄肖路、黄武汉子黄洪亮、侯祥麟女侯珉、姜圣阶夫人尹贵芝、江士昂子江华、阚冠卿子阚凯力和阚坚力、李永熹女李京心、李德红、李正武孙湘女李漱碚、林一女林芷、刘尔雄子刘思晨、刘天怡子刘新陆、刘维勤子刘康年、刘永铭女刘红、卢鹤绂子卢永亮、卢肇钧子卢乃宽、陆文发子陆敏浩、陆子敬艾国英子陆家雷、罗沛霖子罗晋、吕忠恕女吕太平、梅祖彦刘自强子梅佳禾、孟繁俊女孟燕堃、孟庆彭张守仪子孟坚、彭浙女彭洒、钱学森蒋英子钱永刚、邵循恺子邵小舟、申葆诚女申璇、申恩荣女申丹、沈光铭女沈明珍、沈志荣子沈文玮、石声泰女石定朱、宋彧浙子宋小奇、陶葆楷子媳胡康健、童第周子童粹中、王积涛女王靖、王守武葛修怀女王义格、王天眷徐骅宝女王开绚、王有辉张惠珠子王绍民、王振通子王约翰、王志均女王宪、汪衡杨绯女汪丹熙、汪闻韶夫人严素秋、巫宁坤女巫一毛、吴仲华甥郭长铭、吴继辉子吴体康、吴新智女吴颂新、伍丕舜子伍凌立、夏良才廖韫玉子夏宁、谢家麟子谢亚宁、谢义炳女谢庄、谢毓章寇淑勤女谢玫、萧纪美洪镜纯子肖瑞琪、萧伦萧蓉春子萧东、徐厥中子徐怡、徐亦庄子徐弘、许国志蒋丽金子蒋箭平、许少鸿女朱方文、严忠铎子严俊、杨嘉墀徐斐女杨西、应崇福子应天林、俞元开子俞大畏、虞福春田曰灵女虞英曾、张大奇茅于文女张乃堔、张建候子张忻原、张慎余夫人郑祖心、张为申外甥孙宋铭恩、张熙年子张以都、张远谋子张炳学、张振仁子张人佶、张致一郭季芳子张小伟、赵绵子赵慰平、赵乐平、赵忠尧子赵维仁、郑际睿子郑会欣、朱良漪单秀媛女朱学群、朱光亚许慧君子朱明远、郑伊雍胞弟郑一奇、周寿宪子周捷、邹斯颐女邹幼兰。

还有业内一些留学史相关学者也给予了很大帮助：范岱年、姚蜀平、樊洪业、王作跃、刘训练、谈庆明、裘鉴卿、王守青、何春番、姚历农、胡大年、熊卫民、潘涛、李欣欣、李红英、尹晓冬、刘晓琴、程希、王丹红、张藜、吕瑞花。

本书在人物信息征编过程中，最值得说的是，通过吴颂新女士，我们联系上了张启营先生。张先生的父母张景哲徐伟都是五十年代回国的留美学者，张先生身在美国工作三十多年，潜心二十多年收集这批特殊海归的名单达一千多人。经与我们收集的名单对比，发现了我们先前未收录的二百余人的名单线索，并提出了颇有见地的编撰建议，进一步增加了本书的史料价值。

给予我们帮助的还有很多，比如一些单位离退休办（处/科）的工作人员，他们对编撰本书也做出了不少贡献，在此无法逐一列出。我们课题组谨对上述所有人员表示衷心感谢。

本课题组成员还有姜福祯、高颖。